Grotehenn • Briefe aus dem Siebenjährigen Krieg

Potsdamer Schriften zur Militärgeschichte

Herausgegeben vom
Militärgeschichtlichen Forschungsamt

Band 18

Johann Heinrich Ludewig Grotehenn

Briefe aus dem Siebenjährigen Krieg, Lebensbeschreibung und Tagebuch

In Zusammenarbeit mit dem
Militärgeschichtlichen Forschungsamt, Potsdam,
herausgegeben und kommentiert von
Marian Füssel und Sven Petersen
unter Mitarbeit von Gerald Scholz

Militärgeschichtliches Forschungsamt • Potsdam 2012

Bibliografische Information der Deutschen Nationalbibliothek
Die Deutsche Nationalbibliothek verzeichnet diese Publikation in der Deutschen Nationalbibliografie; detaillierte bibliografische Daten sind im Internet über www.dnb.de abrufbar.

2., korrigierte Auflage, 2012

Redaktion und Projektkoordination: MGFA, Schriftleitung
Redaktion/Lektorat: Wilfried Rädisch
Satz: Carola Klinke
Umschlagabbildung: »Stern chanze bey Giessen auffen Berge« aus den Briefen Grotehenns, Stadtarchiv Braunschweig H III: 3-64.

ISBN 978-3-941571-20-4

Inhalt

Vorbemerkung der Herausgeber

Die Briefe, die Lebensbeschreibung und das Tagebuch von Johann Heinrich Ludewig Grotehenn dokumentieren das Schreiben eines einfachen Mannes in der zweiten Hälfte des 18. Jahrhunderts über einen längeren Zeitraum. Zunächst als Soldat, später als Küster der Braunschweiger Garnisonkirche notierte Grotehenn seine Sicht auf Krieg und Frieden, alltägliche Probleme oder Zeitungsnachrichten. Durch seine ausgedehnten Märsche mit der alliierten Armee im Westen des Alten Reiches zur Zeit des Siebenjährigen Krieges weist Grotehenns Beobachtungsraum weit über die Grenzen Braunschweigs hinaus und bietet zahlreichen regional- und ortsgeschichtlichen Forschungen neue Einblicke in die Wahrnehmungen eines reisenden protestantischen Soldaten.

Spätestens seit Anfang der 1990er Jahre sind die Schriften Grotehenns der Forschung bekannt, aber bislang selten im Original ausgewertet worden. Eine erste Herausgabe von Hans Hölscher (1991–1993), die weite Teile ausließ und die Texte sprachlich modernisierte, weckte das Bedürfnis, eine vollständige Neuedition vorzulegen, die die Texte mit der notwendigen historischen Kontextualisierung versieht und sie einem breiteren Publikum zugänglich macht. Im Wintersemester 2009/10 waren Grotehenns Briefe über den Siebenjährigen Krieg Gegenstand eines Projektseminars an der Universität Göttingen, innerhalb dessen die Studierenden Teile davon transkribierten. Allen Teilnehmern sei an dieser Stelle für ihre engagierte Mitarbeit gedankt. Eine wissenschaftliche Edition machte jedoch eine vollständige Neubearbeitung erforderlich, der sich in der Folgezeit Gerald Scholz und Sven Petersen angenommen haben. Sven Petersen übernahm zusätzlich die Bearbeitung des Tagebuchs und der Lebensbeschreibung, sodass nun alle im Braunschweiger Stadtarchiv erhaltenen Selbstzeugnisse Grotehenns erstmals in einer vollständigen, wissenschaftlichen Edition vorliegen. Unser ganz besonderer Dank gilt dem Militärgeschichtlichen Forschungsamt in Potsdam, das großzügiger Weise die Edition in seine Reihe »Potsdamer Schriften zur Militärgeschichte« aufnahm und damit wesentlich dazu beigetragen hat, das Projekt zu einem gelungenen Abschluss zu bringen.

Marian Füssel und Sven Petersen

Johann Heinrich Ludewig Grotehenn (1734–1786). Innensichten eines Soldatenlebens im 18. Jahrhundert

Von Marian Füssel und Sven Petersen

Selbstzeugnisse gehören seit jeher zu den zentralen Quellen militärhistorischer Forschung. Bereits die ältere Generalstabshistoriografie bediente sich ihrer zur Rekonstruktion von Schlachten, wenn auch mit einer deutlichen Fokussierung auf die Ebene von Offizieren und kommandierenden Generalen[1]. Im Zuge einer sozialgeschichtlichen Erweiterung einer Militärgeschichte ›von unten‹ traten seit den 1970er bis 1980er Jahren jedoch verstärkt Zeugnisse ›einfacher‹ Soldaten in den Blick der Forschung[2]. Soldatische Selbstzeugnisse wurden nun unter anderem als Quellen für die Rekonstruktion von Körpererfahrungen, Gewaltwahrnehmungen oder Geschlechterkonstruktionen herangezogen[3].

Im Rahmen einer allgemeinen Neubewertung des Quellenwertes von Selbstzeugnissen wandelte sich auch der reflektierende Umgang mit Möglichkeiten und Grenzen dieser Quellengattung[4]. Auch wenn einzelne Forscher meinten, nun den historischen Akteuren gleichsam in die Köpfe schauen zu können, setzte sich doch allgemein ein kritisches Bewusstsein von Textualität und Konstruiertheit jedes dieser Zeugnisse durch[5].

Neben Fragen des methodischen Umgangs mit Selbstzeugnissen stellt jedoch nach wie vor zunächst einmal deren Erschließung und Zugänglichmachung eine vorrangige Aufgabe dar. Gerade der Siebenjährige Krieg hat eine Vielzahl von Selbstzeugnissen und Ego-Dokumenten hervorgebracht, von denen bislang nur ein kleiner Teil kritisch ediert vorliegt. Das Hauptaugenmerk der Sammler und Herausgeber entsprechender Quellen lag dabei lange Zeit vornehmlich auf den Soldaten Preußens. Eine Editionsreihe wie Hans Bleckwenns »Altpreußischer Kommiss: offiziell, offiziös und privat« legt hiervon eindrucksvolles Zeugnis ab[6]. Dieser Tendenz folgend konzentrierte sich die Militärgeschichtsschreibung meist auf einige Überlieferungsikonen der Armee Friedrichs II., wie die sogenannten Preussischen Soldatenbriefe,

1 Vgl. Militärische Erinnerungskultur; als allg. Überblick vgl. auch Harari, Military Memoirs.
2 Vgl. Latzel, Schlachtbank oder Feld der Ehre?; Latzel, Vom Kriegserlebnis zur Kriegserfahrung.
3 Dinges, Soldatenkörper in der Frühen Neuzeit; Möbius, »Von Jast und Hitze wie vertaumelt«; Möbius, »Bravthun«, »entmannende Furcht« und »schöne Überläuferinnen«; Harari, The ultimate experience.
4 Vgl. Ulbrich/Jancke, Vom Individuum zur Person.
5 Ulbricht, Aus Marionetten werden Menschen, S. 29.
6 Altpreussischer Kommiss.

den Musketier Johann Jacob Dominicus (1731–1775), Offiziere wie Christian Wilhelm von Prittwitz (1739–1807) und Ernst Friedrich Rudolf von Barsewisch (1737–1801), den Feldprediger Carl Daniel Küster (1727–1804) sowie allen voran dem »armen Mann aus dem Toggenburg« Ulrich Bräker (1735–1798)[7]. Gerade Bräker kann spätestens seit Gustav Freytags »Bildern aus der deutschen Vergangenheit« (1859–1867) als die historiografische Symbolfigur für die Kriegserfahrung des gemeinen Mannes gelten[8]. In jüngster Zeit wurden jedoch auch verschiedene Zeugnisse des westlichen Kriegsschauplatzes ediert, wie u.a. das Tagebuch des Celler Garnisonsauditeurs Johann Philipp Schowart (geb. 1707), das Tagebuch des Georg Ernst von und zu Gilsa (1740–1798) oder die *Kriegsgeschichte* des Barthold Koch (1742–1823)[9].

Grotehenns Schriften

In diesen Zusammenhang reiht sich nun auch die vorliegende Edition der Briefe, der Lebensbeschreibung und des Tagebuchs von Johann Heinrich Ludewig Grotehenn (1734–1786) ein. Gewähren die Briefe originelle Blicke auf die Ereignisse des Siebenjährigen Krieges im Westen des Alten Reiches, so erlauben das Tagebuch und die Lebensbeschreibung vor allem Einblicke in das Leben eines Soldaten nach dem Krieg und dessen Rückkehr in das zivile Leben[10]. Seine Ausführungen ähneln in der Lebendigkeit zum Teil denen Bräkers, sind jedoch aus der Sicht eines weitgehend konform in den Militärapparat Integrierten, nicht eines Deserteurs, verfasst. Sie ähneln daher eher dem Musketier Dominicus, sind im Vergleich zu ihm jedoch wesentlich gebildeter und suchen den Anschluss an die Offizierkultur.

In den rund 60 Briefen, die der spätere Küster der Braunschweiger Garnisonkirche während des Siebenjährigen Krieges vermutlich an seinen Vater verfasst hat, tritt uns ein breites Panorama militärischer Lebenswelten vom Schlachtfeld bis zum Winterquartier entgegen[11].

Grotehenn hat sie samt einer biografischen Skizze seines Lebens um 1767 abgeschrieben und binden lassen. Der Sammlung ist ein gedrucktes Titelblatt vorangestellt, woraus sich auf eine möglicherweise geplante aber nicht realisierte Veröffentlichung schließen lässt. So gilt es trotz aller alltagsgeschichtlichen Nahaufnahmen stets zu

7 Aus dem siebenjährigen Krieg; Barsewisch, Von Rossbach bis Freiberg; Prittwitz, »Ich bin ein Preuße ...«; Küster, Bruchstück seines Campagnelebens; Bräker, Sämtliche Schriften, Bd 4.

8 Vgl. Kloosterhuis, Donner, Blitz und Bräker.

9 Celle im Siebenjährigen Krieg; Adliges Leben am Ausgang des Ancien Régime; Koch, Kurze Kriegsgeschichte.

10 [Johann Heinrich Ludwig Grotehenn], Kurzer Entwurf von meiner Geburt und Herkunft, wie auch Ferneres Ergehen, angenehmer und widriger Schicksalen. Auch Briefe und kleine Nachrichten die ich während dem Kriege, welcher sich Anno 1757, im Monat April ereignete, an meinen Vater geschrieben, woraus theils zu ersehen, wie wir herumgewandert und was sich begeben. Hierinn zusammengetragen von mir Johann Heinrich Ludwig Grotehenn, Aedit. an der Guarnison-Kirche in Braunschweig 1767 (Stadtarchiv Braunschweig H III: 3-64).

11 Zum braunschweigischen Feldpostwesen vgl. Heinsen, Die Königlich Großbritannische und Churfürstliche Braunschweig-Lüneburgische Feldpost.

bedenken, dass der Text vor allem davon handelt, wie der Braunschweiger selbst gesehen werden wollte[12]. Da die Briefe keine Anrede und Grußformeln mehr enthalten und von Grotehenn bereits ausgewählt und bearbeitet sind, tragen sie nur noch eingeschränkt den ursprünglichen Charakter von Feldpost. Dennoch bilden die Aufzeichnungen des Braunschweigers eine der ausführlichsten alltagsgeschichtlichen Quellen zur Kriegserfahrung eines Soldaten auf dem westlichen Schauplatz des Siebenjährigen Krieges. Die erstmalige öffentliche Bekanntmachung der Quelle ist das Verdienst einer Teiledition von Hans Hölscher (1914–2001) aus dem Jahr 1991, die allerdings wissenschaftlich kaum brauchbar ist[13].

Grotehenn wurde am 18. August 1734 als Sohn eines Schulmeisters im Dorf Breitenkamp (im heutigen Landkreis Holzminden) geboren, wodurch sich wohl auch seine besondere Schreibfähigkeit erklärt. Als er 18 Jahre alt war, wurde General Johann Philipp von Imhoff, Kommandeur von Braunschweig, auf ihn aufmerksam, doch Grotehenn entzog sich zunächst dem Militärdienst und versteckte sich. Den Soldaten des Herzogs gelang es, ihn später festzunehmen und am 10. Dezember 1753 nach Braunschweig zu bringen, wo er gemustert, ausgerüstet und an der Waffe ausgebildet wurde. Seine Herrschaft erwirkte jedoch eine Beurlaubung, und so ging Grotehenn bis 1757 nur zu den jährlichen Musterungen nach Braunschweig. Gleich zu Beginn des Siebenjährigen Krieges stieg er zum Unteroffizier auf und diente bis 1763 bei den Truppen des Herzogs von Braunschweig. Während dieser Zeit berichtete Grotehenn von nur einer Verletzung, die er in einem Gefecht nahe Grünberg am 21. März 1761 erhielt und infolge derer er durch französische Kavallerie gefangen genommen wurde (Brief 38). Nach Ende des Krieges versuchte Grotehenn den Militärdienst zu verlassen und, wie sein Vater und später sein Bruder, in den Schuldienst zu wechseln. Dieses Anliegen wurde ihm zunächst durch General von Imhoff verwehrt, anschließend aber unter der Auflage, vor seiner Entlassung eine Anstellung vorzuweisen, gestattet. Die Suche nach einer freien Schulmeisterstelle im Herzogtum Braunschweig verlief zunächst schwierig. So wurde Grotehenn unter anderem durch den Sohn eines Bekannten des örtlichen Pastors übervorteilt. 1764 gab er daher seine ursprünglichen Pläne auf, wechselte in den Kirchendienst, wurde als Küster an der Garnisonkirche in Braunschweig angenommen und schied aus dem Regiment von Imhoff aus. Die folgenden Jahre beschäftigte ihn unter anderem die Suche nach einer Ehefrau, die er 1768 in Christina Maria Magdalena Vowinkeln, der Tochter eines braunschweigischen Leutnants, fand. Aus der Ehe gingen fünf Kinder hervor, deren Namen, Geburtsdaten sowie Taufpaten Grotehenn auf den letzten Seiten seines bis 1784 geführten Tagebuchs verzeichnete. Wie seine Briefe aus dem Siebenjährigen Krieg wurde auch das Tagebuch erstmals durch Hans Hölscher teilediert[14].

---

12 Vgl. Schulze, Ego-Dokumente, S. 17; siehe auch Greyerz, Einführung, S. 6 f.

13 Hölscher folgte keinen wissenschaftlichen Editionsgrundsätzen, modernisierte und paraphrasierte die Sprache und ließ zahlreiche Passagen, die ihm redundant oder unwichtig erschienen, einfach aus; vgl. Grotehenn, Die Geschichte eines Schulmeistersohnes; Grotehenn, Briefe aus dem Siebenjährigen Krieg.

14 Quod libet de Anno Dom[ini] 1763[–1784], (Stadtarchiv Braunschweig H III: 3–65); vgl. Grotehenn, Mein Tagebuch.

Militärische Lebenswelten aus der Nähe: Die Briefe

In jüngerer Zeit konnten Grotehenns Briefe u.a. bereits als Augenzeugenbericht für die Geschichte der Schlacht bei Minden, als Quelle für den Stellenwert materieller Kultur im Militärwesen oder für die konfessionellen Wahrnehmungsmuster eines protestantischen Soldaten herangezogen werden[15]. Ein beständiges Thema seiner Briefe sind Nahrung und Versorgung. Ganz gleich, ob es sich um ausführliche Berichte über die ungenießbaren Resultate und frühen Backversuche der Feldbäckerei (Brief 1), Salz- oder Tabakmangel (Brief 6), eine Kohlsuppe (Brief 9), allgemeine Versorgungsengpässe (Briefe 15, 24), reich gedeckte Speisetafeln (Briefe 15, 26) oder einen Schinken als Abschiedsgeschenk (Brief 40) handelt, stets wird detailliert über die Beschaffenheit und Wertschätzung von Nahrungs- und Genussmitteln Auskunft erteilt und damit ihr hoher Wert in der militärischen Lebenswelt verdeutlicht[16].

Mit einer ähnlichen Dichte beschreibt er Personen und Personengruppen, die ihm aufgrund seines Ranges sowie seiner territorialen Zugehörigkeit als *Fremde* begegneten. Adelige, Offiziere und gemeine Soldaten, Engländer, Schotten oder Franzosen finden häufig Eingang in seine Berichte. Die Offiziere der eigenen Armee, mit Fokus auf Braunschweiger adeliger Abstammung, werden durch Grotehenn besonders häufig glorifiziert (Briefe 8, 44), ihre Handlungen legitimiert (Brief 5) sowie in ihrem patriarchalen Verhältnis zu den Soldaten dargestellt (Brief 8)[17]. Das Verhalten der einfachen Soldaten betrachtet er hingegen kritischer. Besonders zu Beginn des Siebenjährigen Krieges äußert Grotehenn sich wiederholt missbilligend gegenüber dem Auftreten und Handeln der Soldaten in Form von Diebstählen und Erpressungen (Brief 14). Doch tritt diese Perspektive während der folgenden Jahre in den Hintergrund und er geht zu einer Darstellung des braven, standhaften Soldaten über (Brief 33). Bemerkungen zu Engländern, Schotten und Franzosen sind ebenfalls in vielen seiner Briefe zu finden. Besonders der Mut und die Standhaftigkeit der Briten fallen dabei auf (Brief 22)[18], die allerdings von ihren verrohten Sitten (Brief 54) und Exzessen (Brief 41) konterkariert werden[19]. Die gemeinen französischen Soldaten hingegen werden durch Grotehenn nicht etwa als dilettantische Erbfeinde dargestellt. Vielmehr sind die meisten Berichte an seinen Vater von der Anerkennung ihrer Ebenbürtigkeit geprägt, die ihren Ausdruck im normenkonformen soldatischen Verhalten der Franzosen findet (Briefe 10, 23, 51)[20]. Dennoch divergieren auch bei ihnen die Wahrnehmungen der gemeinen Soldaten und einfachen Offiziere von denen der französischen Generalität. Diese wird, gefördert durch Berichte zweiter und dritter Personen, als dilettantisch sowie kalt und hartherzig gegenüber den eigenen Soldaten dargestellt (Brief 10).

---

15 Vgl. Füssel, Ansichten des Krieges; Füssel, Der Wert der Dinge; Füssel, »Als Gefangener in ein ganz fremdes, abergläubisches Land gebracht zu werden, stimmte meine Seele trübe«.
16 Vgl. Sikora, Verzweiflung oder ›Leichtsinn‹?, S. 242.
17 Vgl. Möbius, Die Kommunikation zwischen preußischen Soldaten und Offizieren, S. 336.
18 Vgl. Savory, His Britannic Majesty's Army in Germany, S. 166 f.
19 Vgl. Möbius, »Haß gegen alles, was nur den Namen eines Franzosen führet«?, S. 142.
20 Vgl. Frankreich und Deutschland im Krieg, S. 93 f.

Einen der zentralen Aspekte seiner Ausführungen bildet das militärische Einquartierungs- und Unterbringungswesen des 18. Jahrhunderts. So rückt Grotehenn besonders die Anstrengungen des Lebens im Feldlager in den Fokus seiner Beschreibungen und notiert immer wieder die widrigen Umstände, unter denen die Soldaten während der Feldzüge leben mussten[21]. Mangelhafter Ausrüstung (Brief 7), unvorteilhaftem Untergrund (Briefe 1, 42) oder dem Mangel an Brennholz und Lagerstroh (Briefe 1, 35, 36) gilt dabei das Hauptaugenmerk. Doch nicht nur die Beschreibung der Situation in den Feldlagern veranlasste Grotehenn zu ausführlichen Darstellungen. Auch die im 18. Jahrhundert üblichen Einquartierungen von Soldaten bei Privatpersonen in Dörfern und Städten gaben ihm regelmäßig Anlass, seinem Vater zu schreiben[22]. Das Verhältnis zwischen Grotehenn und den Zivilisten variierte häufig, seine Erfahrungen können aber insgesamt in drei Kategorien gegliedert werden. Die erste umfasst sämtliche Zivilisten, die die Soldaten ausschließlich als Last empfanden, sich gegenüber ihnen ablehnend verhielten, es aber nicht zu offenen Konflikten kommen ließen (Brief 17). Die zweite rekrutierte sich aus Personen, die die Autorität des Militärs sowie Grotehenns nicht anerkennen wollten und auch offene Konfrontationen mit den Soldaten nicht scheuten (Brief 40). Die dritte schloss diejenigen Zivilisten ein, die sich gut um die Soldaten kümmerten und sie – aus seiner Perspektive – mit dem angebrachten Respekt behandelten (Briefe 18, 19, 31).

Weiterhin lag Grotehenns Aufmerksamkeit unablässig auf dem »Wert der Dinge«[23]. Seine Besoldung war dabei für ihn nur ein Teilaspekt, der ihm seine Versorgung mit Lebensmitteln sicherte (Briefe 3, 6, 14, 26, 35, 39). Wichtiger als der Sold erscheint die der Beute zugesprochene Bedeutung. In langen Passagen berichtet er seinem Vater ausführlich über errungene Beute wie Ausrüstung und Marschgepäck (Brief 13) oder die Eroberung der feindlichen Bagage (Brief 25) und die teilweise Rückgabe adeligen Privatbesitzes nach der Schlacht bei Wilhelmsthal (Brief 51). Auch der Verlust eigenen Besitzes an einen gegnerischen Reiter bei seiner Gefangennahme (Brief 38) findet Erwähnung – ohne dabei emotional aufgeladen dargestellt zu werden, was die Normalität des Handelns im materiellen Eigeninteresse sowie dessen allgemeine Anerkennung verdeutlicht[24]. Den wichtigsten Teil der materiellen Kulturen stellte für Grotehenn allerdings der Wert seiner Uniform dar, den er an Qualität und Zustand bemisst. Die Uniform bildet dabei ein wesentliches Distinktionsmittel und grenzte die Soldaten nach Außen – als eigenen Stand – ab. Sie fungiert weiterhin als bedeutendes Element militärischer Binnendistinktion und Repräsentation[25]. Dementsprechend schreibt Grotehenn ausführlich über seine Ersteinkleidung (Lebensbeschreibung) sowie seine Rückkehr aus der Gefangenschaft[26]. Die Selbst-

21 Vgl. Dinges, Soldatenkörper in der Frühen Neuzeit, S. 76 f.

22 Siehe Nowosadtko, Realeinquartierung als bürgerliche Last; Pröve, Stehendes Heer; Pröve, Der Soldat in der ›guten Bürgerstube‹.

23 Vgl. Füssel, Der Wert der Dinge.

24 Vgl. Voitgländer, Die preußischen Kriegsgefangenen, S. 18 f.

25 Vgl. Füssel, Der Wert der Dinge, S. 109, 120.

26 Der Austausch von Kriegsgefangenen erfolgte während der Frühen Neuzeit im Rahmen der sogenannten Kartelle. Dabei wurden gegnerische Gefangene im Austausch gegen eigene Gefangene glei-

und Fremdwahrnehmung als zerlumpte Gestalten gipfelte in einem Vergleich mit den »Hottentotten« durch seine Bekannten (Brief 39). Die Bedeutung der Uniform als »militärisches Statussymbol schlechthin«[27] scheint Grotehenn somit durchaus bewusst gewesen zu sein.

Stets präsent sind auch Grotehenns Wahrnehmungen und Deutungen von Religion und Glaube. Die Einordnungen alltäglicher oder außergewöhnlicher Ereignisse sowie der Umgang mit erfahrener Gewalt sind dabei wesentliche Aussagen in seinen Briefen. So werden etwa Himmelserscheinungen wie Nordlichter kontinuierlich mit religiösen Deutungen versehen (Brief 41). Ebenso stehen bei ihm die Darstellung von Gewalterfahrungen sowie ihre Verarbeitung in enger Verbindung mit einer religiösen Sinngebung (Briefe 13, 18, 22, 44). Dies offenbart die wechselseitige Beziehung dieser Themenfelder und verdeutlicht die Bedeutung von Religion in weiten Teilen der ›stehengebliebenen‹ Heere des mittleren 18. Jahrhunderts[28]. Die im Zusammenhang mit den Kämpfen gesammelten Gewalterfahrungen scheinen für Grotehenn insgesamt besonders extrem gewesen zu sein. Ob Erlebnisse, die so außerordentlich waren, dass er, eine verbreitete topische Formel bemühend, nicht von ihnen schreiben konnte (Brief 10) – zum Beispiel der Lautstärke der gegnerischen Artillerie und des schutzlosen Ausharrens in ihrem Feuer (Briefe 5, 18, 22) oder der direkten Beteiligung an einem Nahkampf (Brief 38) – stets wird Gewalt passiv erfahren, niemals hingegen aktiv ausgeübt, was als allgemeines Darstellungsmuster betrachtet werden muss[29]. Glaube und Religion dienen ihm dabei als wichtige Stütze, das Erlebte zu verarbeiten und bilden ein wesentliches Element seiner Motivation[30].

Weiterhin bieten die Briefe Grotehenns die Möglichkeit, die Auswirkungen des Militärdienstes auf eine einzelne Person unter den Prämissen der neueren Militärgeschichte zu untersuchen und deren Selbstbild sowie dessen Veränderungen und Projektionen zu beleuchten. Versuchte er zu Beginn seines Dienstes sich diesem noch durch Fahnenflucht zu entziehen (Geburt und Herkunft), so fügt er sich zu Anfang des Krieges eher gleichgültig in die Armee ein (Brief 1). Nach seinen Beförderungen zum Korporal und später zum Sergeanten verändern sich seine Selbstwahrnehmung und deren Präsentation jedoch grundlegend, sodass Grotehenn wiederholt von seinem eigenen Status und der damit verbundenen Reputation berichtet (Briefe 38, 40). Gerade der hohe Stellenwert der Uniform als symbolisch hoch aufgeladener Teil der materiellen Kultur des Militärs kommt hier deutlich zur Geltung. Die Generierung seines Selbstbildes erfolgt dabei stets auch in Abgrenzung zu den gemeinen Soldaten. Werden diese vorzugsweise undiszipliniert und verroht dargestellt, hebt er seine eigene Disziplin sowie seinen Anstand hervor (Briefe 14,

---

chen Ranges oder gegen einen vorher festgelegten Geldbetrag freigelassen. Siehe dazu: Voigtländer, Die preußischen Kriegsgefangenen; Hohrath, »In Cartellen wird der Werth eines Gefangenen bestimmet«, S. 162.

27 Löwe, Der preußische Unteroffizier, S. 138.

28 Vgl. allg. Militär und Religiosität.

29 Vgl. Latzel, Vom Sterben im Krieg, S. 24; auch Möbius, »Von Jast und Hitze wie vertaumelt«, S. 9, 22 f.

30 Vgl. Kroll, »Gottesfurcht« und »Vaterlandsliebe«, S. 231; auch Möbius, Mehr Angst vor dem Offizier als vor dem Feind?, S. 110.

38). Selbst kurz nach lebensbedrohlichen Situationen zeigt er eine ungewöhnliche, christliche Güte und versucht, das Leid verwundeter Gegner zu lindern und sie zu versorgen (Brief 13).

Jenseits militärhistorischer Fragestellungen im engeren Sinn sind Grotehenns Aufzeichnungen auch für eine allgemeine Wahrnehmungsgeschichte des 18. Jahrhunderts aufschlussreich, da sie verschiedene eingehende Beschreibungen von Land und Leuten enthalten. Hierin ähneln die Briefe zum Teil eher Reiseberichten als Feldpost. Die Orts- und Landesbeschreibungen fasste er meist in kampf- und ereignisarmen Zeiten ab und variierte bei der Themenauswahl beispielsweise zwischen Ebbe und Flut (Brief 7), den Eigenarten des Rheins und dem Aufbau einer Schiffbrücke (Brief 12), der Beschreibung von Schloss Wilhelmshöhe bei Kassel (Brief 47), der Darlegung besonderer Bräuche, wie denen des Stadtrates von Bad Wünnenberg (Brief 16) sowie der Darstellung lokaler Trachten und Bekleidungssitten in Altenburg (Brief 26). Was immer ihm ungewöhnlich und berichtenswert erscheint, schreibt Grotehenn seinem Vater. Dieses Verhalten sowie die detaillierten Beschreibungen erscheinen für einen Unteroffizier eher ungewöhnlich, lagen solche Interessenfelder doch meist eher im Blickwinkel der Offiziere[31]. Etwa der Kontakt mit katholischen Bevölkerungsteilen liefert beständig Anlass zum Schreiben, was an der Marienfrömmigkeit und den Gebräuchen im Münsterland (Brief 11) besonders deutlich wird[32]. Antikatholische Tendenzen treten dabei zwar nicht offen zutage, doch werden die Heiligenverehrung und angeblich von ihr ausgehende heilende Kräfte vom protestantischen Grotehenn mit einer gewissen Skepsis betrachtet und der Glaube daran belächelt (Brief 11). Von einer Stilisierung des Siebenjährigen Krieges zu einem Religionskrieg ist Grotehenn jedoch weit entfernt[33].

Seine Berichte erlauben somit exemplarisch tiefe Einblicke in die Lebensumstände und Interessen eines Soldaten, die vorwiegend kriegsbedingt und -motiviert erscheinen, aber dennoch Vernetzungen mit anderen, zivilen Bereichen wie der Religion oder seinem ›ethnografischen‹ Interesse erkennen lassen. Durch die Kombination dieser unterschiedlichen Bereiche und seine fortwährenden Berichte generiert und präsentiert er seine eigene Lebenswelt in Abgrenzung zu jener der unteren militärischen Chargen und versucht, kulturellen Anschluss an die über ihm stehenden Ränge zu erhalten.

Stationen: Die Lebensbeschreibung

Der Briefsammlung beigefügt ist eine aus mehreren Einzelschreiben bestehende »Lebensbeschreibung«, in der Grotehenn zunächst über seine eigene Herkunft, seine Eltern und seinen Werdegang bis zur Einberufung berichtet. Seine schulisch-religiöse Ausbildung sowie der Versuch, sich dem Militärdienst zu entziehen ma-

31 Vgl. Frankreich und Deutschland im Krieg, S. 87.

32 Vgl. zum Kontext Freitag, Volks- und Elitenfrömmigkeit.

33 Vgl. dazu: Externbrink, Frankreich und die Reichsexekution; Fuchs, »Man versuchte den Krieg zu einem Religions-Kriege zu machen«.

chen dabei den Großteil der Beschreibungen aus. Das zweite Schreiben handelt von seiner Eingliederung in die Armee, seiner Ausbildung und Beurlaubung bis zur Wiedereinberufung bei Ausbruch des Siebenjährigen Krieges. Die ersten beiden Schreiben überbrücken somit den gesamten Zeitraum von seiner Geburt bis zum Beginn der Briefsammlung, was ein Bewusstsein Grotehenns für die Wichtigkeit einer vollständigen Autobiografie anzudeuten scheint. Dies wird zusätzlich durch den direkten Anschluss weiterer Schriften nach dem Krieg unterstützt, in denen er von den Hindernissen bei seiner Rückkehr ins Zivilleben und der Schwierigkeit, einen Posten zu erhalten, schreibt. Auch ein Brief an den Seelsorger in Kemme, wo er sich um eine Anstellung als Schulmeister bewarb, ist angegliedert und ermöglicht einen Einblick in die Auseinandersetzungen Grotehenns. Ebenfalls in einem gesonderten Schreiben berichtet Grotehenn von seiner Anstellung als Küster an der Garnisonkirche in Braunschweig. Diesem fügt er eine Abschrift seines Entlassungsschreibens an, dem er einige weitere Überlegungen und eine Erzählung über die Suche nach einer Ehefrau nachstellt.

Ereignisgeschichten: Das Tagebuch

Neben der Briefsammlung liegt ein in einem gesonderten Band geschriebenes, von Grotehenn zwischen 1763 und 1784 geführtes Tagebuch vor. Die erste Eintragung datiert auf den 26. Januar 1763 und ist somit vor dem letzten Brief an seinen Vater verfasst worden. Die Jahrgänge 1763–1767[34] enthalten dabei nur sehr wenige Eintragungen, was möglicherweise auf die zusätzlich verfassten Teile der Lebensbeschreibung zurückzuführen ist, da letztere in diesem Zeitraum entstanden. Das Hauptaugenmerk Grotehenns beim Führen des Tagebuchs liegt dabei einerseits zunächst auf Meldungen schwerer Unwetter, außergewöhnlicher Witterungen sowie Kuriositäten wie hohes Alter und Missgeburten, andererseits auf sämtlichen die Stadt Braunschweig sowie das Herzogtum Braunschweig-Wolfenbüttel betreffenden Ereignissen. Besonders die Jahre 1770 und 1771 mit ihren Missernten und den folgenden Hungersnöten stellt Grotehenn ausführlich dar und notiert detailliert Getreide-, Fleisch- und Butterpreise. Vorwiegend Jahre und Ereignisse mit existenzgefährdenden Inhalten lädt er durch Bibelverse, Kirchenlieder, Gedichte und Verweise religiös auf und erbittet den Schutz seines Schöpfers. Doch immer wieder kommt er auf den Ausgangspunkt seines Schreibens, die aus dem Siebenjährigen Krieg stammenden Briefe, zurück und notiert etwa den Tod des Generalleutnants von Imhoff (1768) oder den des britischen Generalleutnants Granby (1770). Er verbindet diese mit positiv konnotierten Erinnerungen an die beiden Offiziere sowie seinen eigenen Kriegsdienst.

Auch kriegerische Ereignisse finden Eingang in seine Aufzeichnungen. So berichtet er vom 5. Russisch-Türkischen Krieg (1768–1774), dem Bayerischen Erbfolgekrieg (1778–1779) sowie dem amerikanischen Unabhängigkeitskrieg (1775–1783). Dabei rücken besonders die Aktivitäten braunschweig-wolfenbüttelscher Prinzen

[34] Das Jahr 1764 ist nicht Bestandteil des Tagebuchs.

sowie der Einsatz braunschweigischer Kontingente in den Mittelpunkt. Seine eigene Perspektive drückt er dabei wiederholt sehr deutlich aus, indem er für die Vernichtung der Türken betet oder die gegen die Briten kämpfenden Kolonisten als »Rebellen« bezeichnet, die sich »wieder Ihrem könig empört« haben. Die späteren Jahrgänge ab 1777 werden im Umfang deutlich kürzer als die zu Beginn des Jahrzehnts geschriebenen und betragen am Ende des Tagebuchs nur noch wenige Seiten. Dennoch ermöglicht das Tagebuch, besonders in Kombination mit den Briefen und der Lebensbeschreibung, tiefgehende Einblicke in die Selbstwahrnehmung und -darstellung Grotehenns, was an einem Beispiel verdeutlicht werden kann. Als er nach seiner Gefangennahme 1760 von einem gegnerischen Reiter durchsucht wurde (Brief 38), verlangte dieser die Herausgabe seiner Taschenuhr und seines Bargeldes. Weder Uhr noch Geld führte Grotehenn bei sich, obwohl beides nach Meinung des Kavalleristen zur Ausrüstung eines Unteroffiziers gehörte. Einer der ersten Einträge in seinem Tagebuch spielt bei der Rückkehr nach Braunschweig auf diese Kriegsszene an: »[am] 31ten Januar kaufte ich mir eine Silberne taschen Uhr für 5. Louis d'or". Somit glich er seine Fremdwahrnehmung – symbolisiert durch den Kavalleristen – seiner Selbstwahrnehmung als Unteroffizier an und nutzte sie zur Selbstdarstellung und Selbststilisierung eines idealen Unteroffiziers.

Die letzten drei Seiten seines Tagebuchs nutzt Grotehenn für die Darstellung der Geschichte seiner eigenen Familie und führt sein Heiratsdatum sowie die Geburtstage seiner Kinder mit deren Namen und Taufpaten an. Diese abschließenden Seiten ermöglichen eine Analyse der gesellschaftlichen Position und Beziehungen Grotehenns nach dem Krieg, da sich unter den Paten u.a. ein Schulmeister, der Vorsteher des örtlichen Waisenhauses sowie der Kommandeur seines ehemaligen Regiments – Oberst von Koppelow – befinden.

Das Tagebuch endet mit dem Jahr 1784. Am 15. Februar 1786 stirbt Johann Heinrich Ludewig Grotehenn in Braunschweig im Alter von 51 Jahren an Fleck- bzw. Faulfieber (Typhus)[35].

[35] Vgl. den Eintrag des Kirchenbuchs der Garnisonkirche in Braunschweig vom Februar 1786: »Monat Februario 1786, den 15ten Febr. der bisherige Garnison Opfermann Johann Heinrich Lud. Grotehenn so am 11ten ejusd. Abends um 7 Uhr von 51 Jahren 6 Monaten seines Alters am Faulfieber gestorben.« Grotehenn, Die Geschichte eines Schulmeistersohnes, S. 33.

Editionskriterien

1. Die Groß- und Kleinschreibung des Originals wird übernommen, Wortanfänge mit Kleinbuchstaben aber deutlicher Überlänge sowie Satzanfänge werden großgeschrieben.
2. Die Interpunktion wird originalgetreu übernommen.
3. Die Orthografie des Originals bleibt vollständig beibehalten, was besonders auf Eigennamen, Orte und Begriffe bezogen wird und auch für mögliche Inkohärenzen bei Wiederholungen gilt. Die jeweils erste Nennung ist dabei stets mit einer auflösenden Anmerkung versehen. Einzig das in der Kurrentschrift vorkommende »ſ« wurde durch »s« ersetzt, um eine bessere Lesbarkeit zu erreichen. Wortanfänge mit »J/j« werden beibehalten.
4. Trennungen zusammengeschriebener, nicht zusammengehöriger Worte sowie Wortdoppelungen bei Seitenumbrüchen werden ohne Vermerk aufgehoben. Zusammengehörige, aber getrennte Wortfragmente bleiben nach Vorlage des Originals erhalten.
5. Die Umbrüche von Seiten werden durchgehend mit [///] angegeben und das Ende eines Briefes, Schreibens oder Jahrgangs des Tagebuchs durch /// markiert und sind gänzlich in den Text eingearbeitet. Zur besseren Lesbarkeit des Textes wurde auf eine Zeilenzählung sowie Hervorhebung der Zeilenumbrüche verzichtet.
6. Durch den Autor vorgenommene Streichungen im Text sowie *fremde Hände* sind durch entsprechende Markierungen und Verweise kenntlich gemacht.
   Streichung = [~~und~~]
   fremde Hand = *kursiv*
7. Abkürzungen, Kürzel und Ligaturen werden vollständig aufgelöst.
8. Währungs- und Maßeinheiten werden aufgelöst und wie folgt wiedergegeben:
   lb. = Pfund
   Hbt. = Himbte
   ₰ = Pfennig
   mg. = Mariengroschen
   ggr. = guter Groschen
   rt. = Reichsthaler
9. Ergänzungen von Lücken und Zusätze durch die Herausgeber werden mit [ ] kenntlich gemacht.
10. Unbeschriebene Seiten sowie die Seitenzählung des Originals werden nicht gesondert erwähnt.

Ansichten des Siebenjährigen Krieges: Die Briefe im Überblick

Von Sven Petersen

1757

Die Briefe 1–8 berichten vom Kriegsjahr 1757, das Grotehenn von Braunschweig über Bielefeld, Hastenbeck, Kloster Zeven und Stade nach Celle führte. Im ersten Brief, vom 9. Mai 1757, schildert er kurz den Ausmarsch aus Braunschweig und den Weg nach Bielefeld, den Franzosen entgegen. Er berichtet von den ungewohnten Strapazen, Versorgungsschwierigkeiten und schlechten Lagerbedingungen sowie ersten Gefechten mit den Franzosen. Der zweite Brief, vom 22. Mai 1757, schließt nahtlos an den vorigen an und handelt von den Erkrankungen und Ausfällen infolge des nassen Untergrundes. Im dritten Brief, vom 4. Juni 1757, beschreibt Grotehenn mit Lebensmittelknappheit und Hygienebedingungen die allgemeinen Lebensumstände im Lager sowie die durch die unmittelbare Nähe der Franzosen verursachten zusätzlichen Anstrengungen, die sich durch das Aufwerfen von Feldschanzen ergaben. Sein vierter Brief, vom 23. Juni 1757, ist en gros mit der Erzählung der ersten größeren Kampfhandlung angefüllt, an der Grotehenn selbst beteiligt war. Sie beginnt mit der Auflösung des Lagers bei Brackwede, dem Ausweichen vor dem französischen Vorstoß und den damit verbundenen Kämpfen, kulminiert allerdings in einem versehentlichen nächtlichen Gefecht mit den verbündeten Preußen nahe Bielefeld, bei dem Grotehenns Gewehr zerstört und er beinahe verwundet wurde. Die weiteren Bewegungen der Armee beschreibt er nur stichpunktartig, einzig die Auflösung der Versorgungsmagazine und die Vernichtung erheblicher Mengen an Lebensmitteln werden ausführlicher dargestellt. Der fünfte Brief, vom 7. August 1757, handelt vorwiegend von der Schlacht bei Hastenbeck am 26. Juli 1757. Grotehenn berichtet dabei von den beiderseitigen Vorbereitungen sowie später von der eigentlichen Schlacht und der besonderen Wirkung der feindlichen Artillerie. Auch die durch ihn gesehenen Gründe für den Abbruch der Schlacht und den folgenden Rückzug nach Nienburg finden detailliert Beachtung. Seinen Brief endigt er mit einigen Zeilen seinen durch eine Verwundung verstorbenen Cousin und seine eigene Gefühlslage betreffend. Seinen sechsten Brief konnte Grotehenn, wie er selbst bemerkt, erst am 9. Oktober 1757 nahe Stade verfassen. In ihm berichtet er stark verkürzt vom weiteren Rückzug der preußisch-alliierten Armee von Nienburg über Rotenburg und

Kloster Zeven nach Stade. Sein Hauptaugenmerk liegt allerdings auf dem Lager bei Rotenburg und dem dort herrschenden Salz- und Tabakmangel, der die Soldaten zu zahlreichen Experimenten bezüglich des Würzens ihrer Speisen inspiriert. Im siebten Brief, vom 18. November 1757, widmet sich Grotehenn zunächst der Konvention von Kloster Zeven und den Folgen für die braunschweigischen Truppen, ihrer Rückkehr nach Braunschweig. Dabei gelingt es ihm kaum, seine Begeisterung für das vermeintliche Ende des Kriegsdienstes und die Enttäuschung beim durch hannoversche und hessische Kavallerie vereitelten Abzug zu verbergen. Seinen Brief beendet er mit seinen ersten natur-geografischen Beobachtungen und der Beschreibung von Ebbe und Flut. Den letzten Brief des Jahres 1757 verfasste Grotehenn am 21. Dezember. In ihm berichtet er anfangs von der Kommandoübergabe durch den Duke of Cumberland an den Herzog Ferdinand von Braunschweig, der Aufhebung der Konvention von Kloster Zeven und dem Vorstoß des Herzogs auf Celle. Besonders dem Verhalten der Franzosen, die Teile der Stadt niederbrannten sowie der gesundheitsgefährdenden, großen Kälte und schlechten hygienischen Bedingungen im alliierten Lager widmet Grotehenn eingehende Ausführungen.

1758

Die Briefe 9–14 entstammen dem Kriegsjahr 1758. Im neunten Brief beschreibt Grotehenn zunächst den Abmarsch von Celle und das erste Weihnachtsfest im Krieg, das seine Kompanie zunächst unter freiem Himmel und erst am 2. Weihnachtstag in einem Haus verbringen konnte. Die Bewohner versorgten die gesamte einquartierte Kompanie mit einer warmen Kohlspeise und zudem mit etwas Butter, was durch Grotehenn anerkennend erwähnt wird. Anschließend beschreibt er kurz den Marsch zum Sammelplatz bei Uelzen und stellt einige Mutmaßungen über die Pläne Ferdinands von Braunschweig an. Den folgenden Brief sandte Grotehenn aus Lübbecke bei Minden am 19. März ab. Er beschreibt den schnellen Vormarsch der Alliierten seit dem 14. Februar über Bremervörde, Hoya und Nienburg nach Minden. Den Großteil seiner Aufmerksamkeit widmet er allerdings Nienburg und dem dortigen französischen Hospital und gibt Gehörtes und Gesehenes über die Zustände im Lazarett wieder. Reuige Deserteure und ihre baldige Rückkehr zur Armee sowie die Aufgabe Mindens durch die Franzosen bilden den Abschluss des Briefes. Nach einer zweimonatigen Pause ließ er seinem Vater einen weiteren Brief zukommen. In ihm erzählt Grotehenn von der Marienfrömmigkeit im Münsterland und verdeutlicht diese am Beispiel der Pietà von Telgte. Deretwegen kommt es zu einem unterschwelligen Glaubenskonflikt zwischen Grotehenn und seiner Quartierwirtin, da er sich, als er erkrankt, wiederholt ihren Aufforderungen widersetzt, dem katholischen Ritus der Marienwallfahrt Folge zu leisten, den er als Aberglauben betrachtet. Dennoch übte die Schmerzhafte Muttergottes eine gewisse Faszination auf ihn aus, und er berichtet ausführlich über die Geschichte ihrer Entstehung und den Volksglauben an sie. Auch die Täuferkörbe von Münster sowie eine nahe gelegene Gerichtstätte finden Erwähnung. Freudig notiert er weiterhin die Rückkehr des Generals von

Imhoff und stellt abschließend einige Mutmaßungen über bevorstehende französische Operationen an. Im 12. Brief, vom 22. Juni, liegt Grotehenns Hauptaugenmerk zunächst auf den über den Rhein geschlagenen Schiffbrücken, die der Alliierten Armee den Vorstoß auf das westliche Ufer ermöglichten. Detailliert beschreibt er dabei den Aufbau der Brücken, die dazu benötigten Materialien und Schiffe sowie die Kosten, die diese verursachten. Durch seine Verlegung auf eines der Wachboote erhielt er die Möglichkeit, den Rhein und seine Eigenarten näher zu betrachten und diese mitzuteilen. Ein vergeblicher französischer Angriff über den Rhein auf die Schiffbrücken erregte ebenfalls seine Aufmerksamkeit und wird ausführlich erörtert. Über das Gefecht bei Kloster Kamp leitet er zu eher zivilen Interessenfeldern über und berichtet ausführlich über die Stadt Rees und ein Mittagessen, das er dort in einer Laube unter einer Linde eingenommen hat. Der 13. Brief vom 6. August beginnt mit Ausführungen über die Schlacht bei Krefeld, die jeweiligen Verluste und die durch Ferdinands Truppen erbeuteten Siegeszeichen. Auch Truppenbewegungen der Franzosen, die von Frankfurt nach Norden zogen, erwähnt er. Hauptsächlich meldet Grotehenn allerdings das Gefecht bei Meer, an dem er selbst teilnahm. Eindrucksvoll beschreibt er dabei den Kampf, das Plündern der französischen Hinterlassenschaften und das Schlachtfeld nach Beendigung der Kampfhandlungen. Seinen 14. Brief verfasste er am 18. September bei Dülmen. In ihm widmet er sich der Beschreibung von Kontributionserhebungen in der Stadt Bocholt, der Weigerung der Einwohner, diesen nachzukommen und den Sanktionen, die Herzog Ferdinand verhängte. Auch die nach Grotehenn rechtmäßige Bestrafung eines marodierenden Soldaten schilderte er seinem Vater, um auf die schlechten Lebensumstände der Landbevölkerung hinzuweisen, die unter Kontributionsforderungen, Einquartierungen und unrechtmäßigen Plünderungen litt.

1759

Die Briefe 15–25 schrieb Grotehenn im dritten Kriegsjahr 1759. Zwischen seinem letzten Schreiben aus dem Jahr 1758 und seinem ersten aus dem Jahr 1759 vergingen nahezu 5 Monate. Den 15. Brief schrieb Grotehenn am 16. Februar aus seinem Winterquartier in Bad Wünnenberg und berichtet in ihm von den Ereignissen seit seinem letzten Schreiben. Zu Anfang erwähnt er kurz die militärischen Begebenheiten und die Notwendigkeit, einen französischen Vorstoß auf Münster abzuwehren, der die Alliierte Armee aus ihren Winterquartieren zwang. Der Großteil des Briefes ist aber der schwierigen Versorgungssituation der Bevölkerung im Paderborner Land und seiner eigenen Lage beim Erreichen der endgültigen Winterquartiere am 14. Februar in Bad Wünnenberg gewidmet. Gegen Ende seiner Ausführungen kommt er wieder auf militärische Belange zurück und berichtet mit wenigen Sätzen über die Auffrischungsvorhaben der Alliierten. Die zweite Nachricht des Jahres, den 16. Brief, datierte Grotehenn auf den 18. März 1759 und vermerkte erneut Bad Wünnenberg als Absendeort. In ihm meldet er zunächst einige Scharmützel bei Dülmen und Haltern und bekundet Sorge über seinen dort gehabten Wirt und dessen Familie. Auch Angriffe auf das Korps des Prinzen von Isenburg in Hessen erwähnt Grotehenn, da diese dazu führten, dass sich die Hauptarmee marschfertig halten musste. Nachträglich fügte er diesem Brief eine kurze Anekdote über Rat und Ratskleidung in der Stadt Bad Wünnenberg an. Der 17. Brief stammt vom 6. April aus Fulda und so liegt auch sein Hauptaugenmerk auf den Ereignissen innerhalb der Stadt. Anfangs beschreibt er seine eigene Situation und den Konflikt zwischen ihm und seinem Wirt, der den Soldaten ablehnend gegenüberstand und Grotehenn durch sein Auftreten häufig zum Verlassen des Hauses veranlasste. Dies verschaffte Grotehenn Gelegenheit, die Stadt und ihre Sehenswürdigkeiten zu erkunden. So berichtet er vom Schloss, dem Abt der Stadt sowie der Geschichte des Doms. Auch ein im Dom zu Fulda zu Ehren Herzog Ferdinands abgehaltenes Konzert findet Erwähnung. Abschließend kehrt Grotehenn erneut zum Krieg zurück und meldet den erfolgreichen Vormarsch des Erbprinzen Karl, der am 4. April bei Meiningen große Teile dreier Regimenter der Reichsarmee gefangen nahm. Nach einmonatiger Unterbrechung verfasste Grotehenn am 3. Mai in Gudensburg seinen 18. Brief und schildert in ihm die Schlacht bei Bergen am 13. April 1759. Detailliert beschreibt er den eigenen Vormarsch während der Schlacht, die feindlichen Stellungen, die Verluste insgesamt, den Tod einiger Angehöriger seiner Kompanie sowie den gegnerischen Artillerieeinsatz. Anschließend berichtet er von den ersten Tagen des Rückzugs und den beständigen französischen Angriffen. Seine Ausführungen schließen mit einer kurzen Notiz über seine dortige Unterkunftssituation und der Begeisterung für seinen Quartierwirt, einen ehemaligen Fasanenmeister am Hof des Landgrafen von Hessen-Kassel. Am 30. Mai verfasste Grotehenn seinen 19. Brief, dessen Inhalt vorwiegend den Abschied vom Fasanenmeister behandelt. Die zweite Hälfte des kurzen Berichts betrifft die Bewegungen der Armeen und deren Vorrücken nach Lippstadt. Entsprechend handelt sein 20. Brief vom 28. Juni aus Rietberg von der versuchten Einnahme Lippstadts mithilfe des aus hessen-kasselschen in französische Dienste übergelaufenen Generalleutnants von Fürstenberg und dessen Vorhaben, die Stadt durch eine Täuschung handstreichartig zu erobern. Auch das Scheitern der Franzosen durch ein ebenfalls einfallsreiches Manöver der Alliierten beschreibt Grotehenn eindringlich. Den 21. Brief verfasste Grotehenn am 28. Juli nahe Minden. Zunächst meldet er den Vorstoß der Alliierten über Osnabrück auf Minden und einen gescheiterten Angriff Ferdinands auf das nahe gelegene französische Feldlager. Seine Ausführungen abschließend berichtet er von den durch die Nähe zum Feind bedingten, beständigen kleinen Gefechten und Scharmützeln. Nach einer einmonatigen Unterbrechung schrieb er den 22. Brief in seine Heimat und meldete den Sieg der Armee unter Herzog Ferdinand über die Franzosen und Sachsen bei Minden. Zu Beginn stehen besonders der Einsatz und die Wirkung der Artillerie, die hohen Verluste der Gegner und die Bravour der Engländer im Fokus seiner Beschreibungen. Auch das Nichtbestatten des Generalleutnants von Fürstenberg in Abgrenzung zur ordentlichen Beisetzung der anderen französischen Offiziere wird von Grotehenn erwähnt. Abschließend notiert er die Verfolgung der Gegner nach Hessen sowie die Erbeutung der Bagage Xavers von Sachsen in Dortmund. Aus Gießen beschreibt Grotehenn in seinem 23. Brief den Marsch der alliierten Armee nach Hessen. Die Einnahme der

Städte Wetter und Marburg sowie die Flucht des französischen Generalleutnants Fischer im Schlafgewand aus Wetter bilden darin den Kern der Erzählungen. Den 24. Brief verfasste er am 20. Oktober in Gießen und beschreibt in ihm die Situation auf dem hessischen Kriegsschauplatz sowie die sich verschlechternde Witterung und die Mängel bei der Versorgung. Das Ende bilden Vermerke über die mehrmonatige Belagerung Münsters sowie den Tod der englischen Prinzessin Elisabeth Caroline. Den letzten Brief des Jahres 1759 sandte Grotehenn am 1. Dezember aus Fulda ab. Dieser 25. Brief beginnt mit Berichten über die Belagerung Münsters, den dadurch entstandenen Brand und die darauf folgende französische Übergabe der Stadt an General von Imhoff, zu dessen Unterstützung Grotehenns Regiment unterwegs war. Anschließend vermerkt er einige Zeilen über den beschwerlichen Rückmarsch nach Hessen, um ausführlich vom Erfolg der alliierten Armee auf dem Münsterfeld bei Fulda und dem Geschick des Erbprinzen Karl bei der Verfolgung der Gegner zu schreiben. Die am Folgetag der Schlacht stattfindende Auktion der Beute bildet mit zwei Anekdoten über einen französischen General und einen gefangenen protestantischen Feldprediger den Abschluss des Briefes.

1760

Während des Jahres 1760 verfasste Grotehenn die Briefe 26–37. Auch der erste Brief dieses Jahres, vom 2. Januar aus Freiberg, handelt von den Vorkommnissen seit dem letzten Brief und bezieht sich vorwiegend auf den Dezember 1759 und den Marsch eines Korps der Alliierten Armee zur Unterstützung der preußischen Hauptarmee nach dem »Finckenfang« bei Maxen. Detailliert notiert Grotehenn die Ortschaften und Regionen, die er auf dem Marsch von Hessen/Fulda bis ins Erzgebirge/Freiberg durchquerte. Häufig kommt er dabei auf die schlechten Witterungsbedingungen und die Strapazen für die Soldaten zurück, berichtet aber aus vielen durchzogenen Städten von ihm interessant oder auffällig erscheinenden Dingen, die er anekdotenhaft wiedergibt. Zu diesen zählen unter anderem die Glocke des Doms von Erfurt, der Prinzenraub von Altenburg sowie die Trachten im Altenburgerland, die ihn zu Vergleichen mit »Jesuwieter[n]« und »Schwartze[n] Husaren« verleiten. Mit »friede, friede« notierte er am Ende seines Schreibens den seiner Meinung nach einzigen Wunsch der Zivilisten und Soldaten. In seinem 27. Brief, vom 18. Januar aus Oederan, beschreibt Grotehenn seine dortige Wohnsituation und den Konflikt mit der Frau des Wirtes, die ihm zu reinlich erscheint und die Soldaten gerne aus dem Haus hätte. Auch sein tägliches Orgelspielen für den Wirt erwähnt er und bemerkt, dass dieser über seine Anwesenheit sehr erfreut sei und ihm das Musizieren bei seinem Abmarsch vergelten wolle. Grotehenn vermutet, dass es sich bei dem Geschenk um die Orgel handeln könne und vermerkt weiterhin, dass er mit diesem Instrument während des Krieges nur Last hätte und sich seiner notfalls entledigen müsse. Der 28. Brief, vom 10. März aus Lüdgeneder, handelt hauptsächlich vom Rückmarsch des Korps des Erbprinzen nach Hessen, und so beginnt Grotehenn sein Schreiben mit einem kurzen Bericht über das versprochene Abschiedsgeschenk seines Wirtes, das in einem schwarzen Amtsrock bestand. Im Folgenden notiert er ausführlich die Marschroute – von Oederan in Sachsen bis Lüdgeneder in Hessen – sowie die durchquerten Orte und vermerkt zwei Wirte, die ihm durch ihr zuvorkommendes Verhalten und gute Verköstigung besonders positiv in Erinnerung geblieben sind. Am 24. April schrieb Grotehenn mit dem 29. einen weiteren Brief. In diesem meldet er die Verluste, die das Korps bei seinem Rückmarsch durch Kälte und Krankheiten erlitten hat sowie den Wunsch der Bevölkerung Lüdgeneders nach einem baldigen Abzug der Soldaten und drückt diesem Verlangen sein vollstes Verständnis aus. Der 30. Brief folgt am 23. Mai aus Fritzlar und berichtet in der ersten Hälfte vom Abmarsch aus Lüdgeneder und dem Bezug des Feldlagers bei Fritzlar. Im zweiten Teil beschreibt Grotehenn die Verstärkung der Armee durch Auffrischungen und Neuaufstellungen von Regimentern. Am 20. Juni meldet er seinem Vater aus Fritzlar im 31. Brief von der Einladung durch den Wirt aus Gudensburg. Der ehemalige Fasanenmeister und seine Frau waren ihm bereits im vergangenen Jahr sehr freundlich begegnet und luden ihn zu Pfingsten zu sich ein. Grotehenn nahm die Einladung an und berichtet vom Wiedersehen, dem Besuch der Kirche, einem gemeinsamen Essen sowie dem Erhalt eines Geschenkes. Auch von der Beförderung eines Freundes zum Leutnant und dessen Versetzung erzählt er seinem Vater und drückt gleichzeitig sein Bedauern wegen des Verlustes eines guten Freundes aus. Den 32. Brief verfasste Grotehenn am 18. Juli nahe Sachsenhausen und schreibt zunächst von einem Scharmützel bei Korbach, bei dem der Erbprinz Karl verletzt wurde. Anschließend notiert er einen Rapport über das Gefecht bei Emsdorf und die erhebliche Anzahl an Gefangenen, die die Alliierten machten. Der große Wassermangel im Lager und der Wunsch der Soldaten, diese Gegend zu verlassen, bilden den Abschluss seines Schreibens. Der 33. Brief datiert auf den 8. August und wurde bei Warburg aufgesetzt. Grotehenn erörtert in ihm den eiligen Vorstoß auf Warburg, um den dort in einer Schlacht stehenden Erbprinzen zu unterstützen. Da er selbst nicht an der Schlacht teilnahm, berichtet er nur kurz ihm vom Hörensagen Bekanntes und leitet auf die eigenen an diesem Tag ausgestandenen Anstrengungen hin. Seinen Brief endigt er mit einem Bericht über das angebliche Vorhaben der Franzosen, Hannover zu besetzen, weshalb er eine weitere Schlacht befürchtet. Auch den folgenden, 34. Brief vom 25. September, schrieb Grotehenn aus dem Feldlager nahe Warburg. In ihm teilt er seinem Vater den großen Holzmangel im Lager sowie die Leiden der Bevölkerung mit, die sich aufgrund der mehrjährigen Präsenz großer Kontingente kaum mehr mit Lebensmitteln versorgen können und daher die ehemals bei ihnen einquartierten Soldaten aufsuchen, um Brot und Geld bitten und Hilfe erhalten. Einen weiteren Brief, den 35. des Krieges, sandte Grotehenn am 14. Oktober ebenfalls aus Warburg in seine Heimat. Zunächst berichtet er von den Positionen der Armeen und dem Vorhaben des Erbprinzen, Wesel zu erobern, kommt allerdings schnell auf die sich weiter verschlechternden Lebensbedingungen im Lager zu sprechen und meldet anschließend einen französischen Überfall auf die Abteilung seines Freundes Cruse, der ihm in einem Brief davon berichtete. Der 36. Brief, vom 12. November, wurde von Grotehenn ebenfalls in Warburg aufgegeben. Nach einigen spitzen Bemerkungen bezüglich der Länge des Aufenthalts wird der weiter zunehmende

Brennholzmangel zum einzigen Thema des Schreibens. Grotehenn erwähnt vorwiegend die Maßnahmen, die Soldaten und Obrigkeit ergriffen, um diesem Umstand Abhilfe zu schaffen, indem sie Büsche, Wurzeln und Heiligenbilder verbrannten. Das Abbrechen von Häusern in Warburg zur Versorgung der Feldbäckerei wird von ihm neidvoll bewundert und ausgiebig beschrieben. Aus Peckelsheim schrieb Grotehenn am 20. Dezember den letzten Brief des Jahres 1760. Er meldet zunächst die Rückkehr des Erbprinzen, der zur Belagerung Wesels aufgebrochen war und anschließend den Sieg Friedrichs II. bei Torgau. Den Großteil seiner Ausführungen aber widmet er dem Dank für den Abzug aus Warburg und die Verlegung in die Winterquartiere in Peckelsheim. Die dortige Einquartierungssituation, Überfüllung und die daraus resultierenden Konflikte zwischen Soldaten und Zivilisten bilden den Abschluss.

1761

Die Briefe 38–47 stammen aus dem Jahr 1761, Grotehenns fünftem Kriegsjahr. Den ersten Brief des Jahres schrieb er erst am 1. April 1761 aus Holzminden und berichtet in ihm vom Verlassen Peckelsheims und den ersten, vergeblichen Versuchen, die Franzosen in Mittelhessen zu einer Schlacht zu zwingen. Auch den französischen Überraschungsangriff auf das Korps des Erbprinzen, bei dem auch er stand, meldet er seinem Vater und beschreibt den feindlichen Angriff wie auch die eigenen verzweifelten Verteidigungsversuche. Seine in diesem Gefecht erhaltene Verwundung, die Gefangennahme des Regiments und die Plünderung der Soldaten durch die gegnerische Kavallerie sind die wesentlichen Informationen seines Berichtes. Notizen über seine mehrwöchige Gefangenschaft, das Verhalten der Zivilisten und gegnerischen Soldaten gegenüber den Gefangenen sowie ihre Übergabe an die alliierte Armee im Rahmen des Kartellwesens beschließen das Schreiben. Den darauf folgenden 39. Brief verfasste Grotehenn am 10. April in Braunschweig. Die Rückkehr des Regiments von Imhoff sowie die Verärgerung seines Kommandeurs wegen des schlechten Zustands der Soldaten werden zu Beginn von ihm geschildert. Im Folgenden beschreibt er die Neuausrüstung und -uniformierung der Einheit sowie den Drang der Soldaten, sich rasieren zu lassen. Durch seine Freude über die Unversehrtheit seiner Freunde gibt Grotehenn dem Brief einen weiteren persönlichen Aspekt, der in deren Neugierde über das Erscheinungsbild Grotehenns beim Einzug nach Braunschweig kulminiert. Nach einem kurzen Aufenthalt brach Grotehenn mit seinem Regiment nach Herford auf und schrieb von dort am 19. Mai seinen 40. Brief. Zu Beginn notierte er seine Aufgaben, die ihm als Unteroffizier anvertraut wurden und ihn mit 20 Untergebenen in das Dorf Ahmsen führten, wo sie in einen Streit mit einem ansässigen Adeligen gerieten. Doch, so berichtet er weiter, verbesserte sich das Verhältnis zum Junker mit zunehmender Dauer des Aufenthalts. Während seiner Freizeit ging Grotehenn seinem Interesse an fremden und beeindruckenden Dingen nach, indem er mehrfach den Dom von Herford besuchte und seine Impressionen ebenfalls im Brief niederschrieb. Am 16. Juni verfasste Grotehenn seinen 41. Brief und meldet seinem Vater den Abmarsch aus Ahmsen am 1. Juni sowie das gute Verhältnis zwischen ihm, seiner Wirtin und dem Junker, das sie gegen Ende des Aufenthalts pflegten. Da sich die Quartiersituation an ihrem neuen Aufenthaltsort verschlechterte, vergleicht Grotehenn in diesem Brief Feldlager und Unterbringung im Haus. Die Beschreibung eines Himmelszeichens und seine Deutung als Warnung vor weiteren Schlachten und Unglücken fließt am Ende seiner Meldung ein. Aus Werl stammt vom 2. Juli Grotehenns 42. Brief. Er beginnt mit einigen Bemerkungen über die schlechte Platzierung des Lagers, da der Erdboden voller Insekten war und die Soldaten sich vor einer Schädigung durch diese fürchteten. Der Aufbruch der Armee nach Soest, um den Gegner zu attackieren, dessen Rückzug sowie der Mangel an Lebensmitteln im neuen Lager bilden den Abschluss des Schreibens. Den anschließenden 43. Brief sandte Grotehenn bereits am 6. Juli aus dem Feldlager bei Bergkamen und berichtet in ihm von den in den vier vergangenen Tagen durchlebten Anstrengungen, als sie versuchten, den Gegner zu umgehen und nach einem anstrengenden 48-stündigen Marsch anzugreifen. Dieser zog sich allerdings zurück und Grotehenn beschreibt das Gebiet vor dem ehemaligen französischen Lager, in dem mehrere Dörfer abgebrannt wurden, um ein freies Schussfeld zu erhalten. Auch die toten und verbrannten Tiere und Menschen, die zwischen den Gebäuden liegen, erwähnt er kurz und merkt an, dass der Anblick »nicht zu beschreiben ist«. Einen weiteren Brief, den 44., schrieb Grotehenn am 31. Juli aus dem Feldlager bei Rüthen. Die Schlacht bei Vellinghausen bildet das Hauptthema seines Berichts, wobei er besonders Einsatz und Wirkung der Artillerie mit dem Attribut »schrecklich« und den Worten »der Erdboden schütterte einen untern füßen« eindrucksvoll zu schildern versucht. Anhand der Beschreibung der großen »Hitze« versucht er, seinem Vater die Gefahr und Eindringlichkeit der Schlacht zu beschreiben. Sein Bericht endet mit einigen Notizen über die gegnerischen Verluste an Menschen und Material, der Überhöhung der eigenen Generalität und einem stolzen Blick auf die eigenen Leistungen sowie einem kurzen Dank an seinen Schöpfer für den Erhalt seiner Gesundheit.

Sein 44. Brief endet mit einem mehrzeiligen Rapport über die Verwundung des braunschweigischen Prinzen Albrecht Heinrich und dessen Versorgung durch vom französischen Oberkommandierenden gesandte Chirurgen. Zwei Wochen später, am 14. August, berichtet Grotehenn aus Blomberg über die weiteren Ereignisse des Feldzuges. In seinem 45. Schreiben führt er zunächst die beständigen Vorpostengefechte zwischen den beiden Armeen aus, die sich langsam in Richtung Weser bewegten, und drückt im Folgenden das Missvergnügen der Einwohner der Grafschaft Lippe über die Anwesenheit der vielen Soldaten und ihr häufiges Fouragieren aus. Den Abschluss seines Briefes bildet die Meldung des Todes des Prinzen Albrecht Heinrich und der der Armee verordneten Trauer. Aus Unterlistingen sandte Grotehenn am 4. Oktober seinen 46. Brief und beschreibt anfangs den beschwerlichen Marsch nach Trendelburg seit seiner letzten Nachricht. Die Belagerung der Stadt, ihr Brand und die französische Übergabe der Stadt und des Schlosses sowie die Erbeutung der dortigen Magazine bilden dabei die wesentlichen Aspekte. Im späteren Teil des Briefes berichtet er zunächst kurz von der Sababurg und dem ehemals dort befindlichen Gestüt, um auf eine ausführliche Beschreibung des Schlosses

Weisenstein und der Herkules-Statue bei Kassel hinzuleiten, die er mit einer kleinen Anekdote über die Bezahlung der Arbeiter bei den Bauarbeiten versah. Den letzten Brief des Jahres 1761 verfasste Grotehenn am 13. November in Markoldendorf. Zu Beginn beschreibt er seine dortige Einquartierung in ein kleines Haus mit 18 weiteren Soldaten. Weiterhin erwähnt er den Besuch des Schlachtfeldes der Schlacht von Hastenbeck, versieht ihn mit einigen persönlichen Erinnerungen und leitet auf die augenblickliche Situation der Armee über. Er meldet den Angriff auf ein französisches Lager bei Eschershausen und die Erbeutung großer Mengen an Bagage und Magazinen. Der Bericht über einen erfolgreichen französischen Überfall auf das Regiment von Mansberg stellt das Ende seines Briefes dar.

1762

Im für Grotehenn sechsten Kriegsjahr, 1762, schrieb er mit den Briefen 48–56 neun weitere Schreiben an seinen Vater. Der 48. Brief vom 3. Januar aus Steinhagen ist ein Bericht Grotehenns über seine seit dem letzten Brief gehabten Unterkünfte bei einem jüdischen Handwerker, einem blinden Greis, einem reichen Bauern sowie seinem Winterquartier. Ebenfalls in Steinhagen verfasste Grotehenn, am 12. April, seinen 49. Brief. In ihm teilte er seinem Vater die Ankunft seines neuen Kommandeurs mit, mit dem er wegen seines Ranges mehrfach in persönlichen Kontakt kam. Auch den allgemeinen Wunsch nach Frieden unter den Soldaten und der Bevölkerung meldet er seinem Vater, um über seinen Alltag im Quartier zu berichten, in dem er seine Fertigkeiten am Klavier verfeinert. Des Weiteren schreibt er von zahlreichen Heiraten zwischen den braunschweigischen Soldaten und Teilen der Bevölkerung, die während des viermonatigen Aufenthalts stattfanden und das Verhältnis zwischen Zivilisten und Militär erheblich verbesserten. Sein 50. Brief, datiert auf den 18. Juni, stammt aus dem Feldlager bei Paderborn und berichtet über den Abmarsch aus Steinhagen und die Trauer unter den zurückgelassenen Ehefrauen. Weiterhin erwähnt Grotehenn die durch die Vertrautheit mit den durchziehenden Heeren hervorgerufene Gleichgültigkeit der Paderborner gegenüber den Soldaten und ihrem Aufzug und gibt eine kurze Nachricht von der Versammlung der französischen Armee in Südhessen. Bereits am 25. Juni schreibt er erneut und meldet in diesem 51. Brief den Sieg in der Schlacht bei Wilhelmsthal am 24. Juni. Detailliert erörtert er den Angriff auf das französische Lager und die Verfolgung der sich zurückziehenden Gegner bis hinter Kassel. Anschließend berichtet er von der großen Beute, die besonders den leichten Truppen zugefallen war, und der Rückgabe der persönlichen Bagage an den Prinzen von Soubise sowie einer gestohlenen Rinderherde an ihre ursprünglichen Eigentümer.

In seinem 52. Schreiben, vom 12. August aus Brunslar, meldet Grotehenn zunächst einen Doppelangriff des Generals von Walthausen und des Prinzen Friedrich bei Kassel, der die Stadt gänzlich von der Versorgung abschnitt. Er schließt ihn mit einem Appell gegen die Verschwendung von Lebensmitteln, um auf die Situation der völlig ausfouragierten Region um Paderborn zu verweisen, aus der ihn ein ehemaliger Wirt besuchte und um Almosen bat. Den 53. Brief versandte Grotehenn am 28. August aus einem Feldlager in Mittelhessen. Er enthält zahlreiche Siegesmeldungen aus kleineren Gefechten – u.a. Gießen – sowie der Schlacht bei Reichenbach, endet allerdings mit einer Anekdote über einen Vorfall auf dem Vormarsch auf Frankfurt, bei dem zwei Hirsche ins Lager der Alliierten Armee gerieten und einer zur Beute der Soldaten wurde. Der 54. Brief datiert auf den 13. September und wurde nahe Schweinsberg aufgegeben. In ihm gibt Grotehenn einen Rapport über das für die Alliierten nachteilig ausgefallene Gefecht bei Friedberg und berichtet von der Verwundung des Erbprinzen Karl sowie der Gefangennahme zahlreicher Soldaten. Diese Gelegenheit nutzt er, um den Ablauf einer typischen Gefangenschaft darzustellen und erinnert an seine eigene Gefangennahme im März 1760. Sein Schreiben beendet er mit einigen Bemerkungen über die Verköstigung im Feld mit Zwiebeln und stellt die Eigenarten der Engländer kurz am Beispiel des Zwiebelessens dar. Aus dem Feldlager bei Betziesdorf schrieb Grotehenn am 24. Oktober den 55. Brief an seinen Vater. Anfangs berichtet er von den nach dem Gefecht bei Friedberg stattfindenden Rückzugsbewegungen bis Marburg, dem anschließenden Stellen der gegnerischen Armee sowie dem Gefecht bei Amöneburg, dem er als Teil der Vorhut beiwohnte. Durch die Ohm getrennt bezogen die Armeen ihre Lager und diese Nähe, so schreibt Grotehenn, führte zu häufigen Gesprächen zwischen den gegnerischen Vorposten. Auch dem allgemeinen Wunsch nach Frieden verleiht er in seinem Schreiben Ausdruck und meldet abschließend Siege der Briten – auf Kuba – sowie der Preußen bei Schweidnitz. Den letzten Brief des Jahres schrieb Grotehenn am 8. Dezember aus Schellerten, nahe Hildesheim. Er beginnt ihn mit einer kurzen Darstellung seines Besuchs in Kassel, das die Franzosen wenige Tage vor Friedensschluss übergeben mussten, berichtet weiter von der dortigen desolaten Versorgungssituation und verbindet sie mit einem leichten Spott über die, seiner Meinung nach, nahrungstechnisch verwöhnten Franzosen. Anschließend meldet er den Frieden von Fontainebleau und beschreibt die in ihm festgelegte Grenzlinie zwischen den beiden Armeen. Es folgt ein Bericht über seinen Rückmarsch in Richtung Braunschweig, über Hildesheim und seinen dortigen Wirt.

1763

Die Briefe 58–60 berichten vom letzten Kriegsjahr 1763[1]. Seinen ersten Brief dieses Jahres, den 58. aus Schellerten, richtet er am 1. Januar an seine Eltern, um erneut vom nahenden Frieden und seiner baldigen Rückkehr nach Braunschweig zu berichten. Der Großteil des Schreibens ist allerdings mit einem an Gott gerichteten Dank für den Erhalt seiner Gesundheit und das Ende des Krieges sowie zahlreichen Dankesbekundungen an seine Eltern, die ihn während des Krieges finanziell und moralisch unterstützt zu haben scheinen, gefüllt. Den letzten Brief sandte Grotehenn am 28. Februar aus Braunschweig in seine Heimat und schreibt von seiner Rückkehr nach Braunschweig und dem Empfang für das Regiment. Auch einen

[1] Der 56. Brief ist nicht in der Abschrift Grotehenns enthalten.

Bericht über seinen dortigen Quartierwirt fügt er an und meldet abschließend die Unterzeichnung des Friedens von Hubertusburg und das Ende des Krieges. Der 60. Brief enthält ausschließlich eine, zur Melodie »Nun jauchzet dem Herrn« gesungene Lobes- und Danksagungsarie.

Kurzer Entwurf
von meiner
Geburt und Herkunft,
wie auch
Ferneres Ergehen,
angenehmer und widriger Schicksalen.

Auch
Briefe und kleine Nachrichten,
die ich währendem Kriege, welcher sich Anno 1757.
im Monat April eräugnete, an meinen Vater geschrieben,
woraus theils zu ersehen, wie wir herumgewandert
und was sich begeben.
Hierinn zusammengetragen von mir
Johann Heinrich Ludewig Grotehenn,
Küst. an der Guarnison-Kirche in Braunschweig.
1767.

Faksimiledruck der Titelseite von Grotehenns Briefen,
Stadtarchiv Braunschweig H III: 3-64

ARIA

Ein Soldate bin ich eben
und steh vor meinen feind,
In freud und leid muß leben
wie mirs gott Hat bereit,
und wenn ich stehe in feld
und lieg in meinen zelt
Hab ich mich gott befohlen
Er mags wie es ihm gefält.

Wenn nun der Tambour rühret
Sein spiel und schlägt rewell
Hab. ich mich resolviret
und Hab meinen leib und Seel
befohlen Meinen gott
In leben und in Todt
Weil ich mit ihm geschloßen
Einen Ewigen accordt.

Und wenn der feind anrücket
woll an das vaterland
Denn sich auch Mancher bücket
Wie uns ist wohl bekant
So schlagen wir dem feind
und Machen braße brut
und die im Todt verbleiben
kommen zur Himmels freud.

Und wenn die Kugeln sausen
von stück und klein gewehr,
thut mir doch gar nicht grauen.
die weil der Officier
doch allezeit geht vor an
ruft zu, so lange er kan
und thu auch Chargiren
gleich wie ein krieges Mann.

Wenn die Cartaunen knallen
So mann erschrecken thut
Und viele Cammeraden fallen
und liegen in dem blut,
Wir leiden auch gefahr
doch ists einmal war
daß ohne gottes willen
Uns kränckt der feind kein Haar.

Mann muß auch Stürmen lauffen
So lange die Rüstung wärt
Mann fält wohl übern Hauffen
Und sich nicht lang bewegt
bekömt mann kein Pardon
Hat mann zu seinen lohn
In Ewigkeit zu Hoffen
Die Schönste freuden Cron.

Drum will ich allzeit bauen
auf meinen lieben gott
Jhm allzeit vertrauen
Im leben und in Todt
bey tag und bey der Nacht
Im feld und auf der wacht
In Seel und leibes gefärden
Nimt er mich wohl in acht.

Briefe aus dem Siebenjährigen Krieg

EXTRACTE
Aus denen brieffen, So ich aus Campagnen[1] an Meinen Vater geschrieben

1. Brief aus dem Feldlager bei Bielefeld, auf der Schildeschen Heide, vom 9. Mai 1757

Marsch ins Feldlager bei Bielefeld – Ausmarsch aus Braunschweig – Feldlager bei Hameln – Weserüberquerung – Feldlager bei Aerzen – Missstände bei der Versorgungslage

Der 1. Brieff Aus dem lager bei Bielefeld[2] auf der Schilscher Heyde[3] von 9ten May 1757.

Am 20ten Aprill. 57. Marchirten wir aus braunschweig[4] und der Regierende durchl[auchte] Herzog[5] [Karl I.] und Erb Printz[6] [Karl Wilhelm Ferdinand] waren an der spitze unsers zuges, dieses ist kurtz zu beschreiben, allein der Menge der Menschen und zu schauers ist nicht zu beschreiben, und unter selben wurde mann welche gewar die zu unsern March Gratulirten, und andere Condolirten, ich zu meinen theil bekümmerte mich um beides nicht, sondern ging meinen Schicksaal gelaßen und getrost entgegen, ich freuete mich nicht auf ein etwa bevorstehendes glück, und beunruigte mich auch nicht, daß das gegentheil mich berühigen mögte ·ʃ. der

[1] *Campagnen* = Feldzüge; vgl. den Art. »Campagne«, in: Kriegs- Ingenieur- Artillerie- und See-Lexicon, S. 140. »Campagne, T[eutsch] Feld-Zug [...] wird von der Zeit gesagt, in welcher die Armée zu Felde liegen, fänget gemeiniglich mit dem Junio an, und endiget sich im November, währet aber auch zuweilen bey schweren Belagerungen noch länger«.

[2] Bielefeld, kreisfreie Stadt in Nordrhein-Westfalen; zur Zeit des Siebenjährigen Krieges: Stadt im Königreich Preußen, Grafschaft Ravensberg; vgl. Weddigen, Bielefeld und das Haus Milse.

[3] Schildesche Heide in Bielefeld.

[4] Braunschweig, kreisfreie Stadt in Niedersachsen; zur Zeit des Siebenjährigen Krieges: Haupt- und Residenzstadt des Herzogtums Braunschweig-Wolfenbüttel.

[5] Karl I. von Braunschweig-Wolfenbüttel (* 1.8.1713 in Braunschweig; † 26.3.1780 ebd.), Herzog zu Braunschweig und Lüneburg, seit 1735 Fürst von Braunschweig-Wolfenbüttel-Bevern.

[6] Karl Wilhelm Ferdinand von Braunschweig-Wolfenbüttel (* 9.10.1735 in Wolfenbüttel; † 10.11.1806 in Ottensen bei Hamburg), Fürst von Braunschweig-Wolfenbüttel, 1773–1806 Herzog zu Braunschweig und Lüneburg, preußischer Feldmarschall, als Oberbefehlshaber der preußischen Armee in der Schlacht bei Jena und Auerstedt 1806 tödlich verwundet, im Siebenjährigen Krieg Generalmajor der braunschweigischen Armee und Kommandeur des Leibregiments.

erste tag wurde uns fußgängern sehr sauer, ein Jeder trug eine schwere [///] last, und die Hitze der Sonne stach, so daß von fürstl[iche] Leib. Regiment[7] 7. Mann gesticket sind[8]; Abends um 7. Uhr kahmen wir in großen Solche[9] ins Quatier, unsere Wihrte ließen sich auch recht angelegen sein uns wiederum zu erquicken. und so auch die übrigen Tage, wurden wir nach zurück gelegten March guth beherberget, Am 26ten Ejusdem bezogen wir bey Hameln[10] daß erste feldlager, Hier wurden nun zwar Quartire genug aufrichtet, allein es war weder feuer noch Herdt darin, viel weniger was zu gerichtetes, Wir waren die ein Quartirte und auch zu gleich wirth von Hause, folglich konnte sich ein jeder so guth bekostigen[11] als er wollte und konte; Es war zwar bereits die gnädige vorkehrunge, von S[einer]r Herzogl[ichen] Durchl[aucht] [Karl] gemacht, daß unsere brodt Wagen also bald von Hameln im lager ankahmen, allein selbige war[en] mit lauter brodt, und keiner mit fleisch butter oder dergleichen beladen; daß liebe brodt welches bereits in feld backofen gebacken war wolte unsern zarten geschmack nicht schmecken[12] Ein jeder fing an seinem Schnapsack[13] zu Visitiren[14] ob noch ein knustgen bauerbrodt, Wurst oder [///] speck darin vorrähtig war ·ſ. Am 30 Aprill. Marchirten wir über die Weser, woselbst eine Schifbrücke geschlagen war, und kahmen bey Artzen[15] ins 2te lager, Hier wurde noch selbigen abent Pulver und bley statt brodt ausgetheilt, weil wir mit letztern noch versehen waren, und das erstere Nöthig hatten, weil schon Nachrichten von der frantzosen Ankunft ein lieffen, Hier fing schon bey fielen der Appetit zum Eyteln brodt Eßen, an zu wachsen und andern verging der Muth noch mehr, indem ihre annoch theils jungen und Schwachen Rücken durch das empfangene bley desto mehr belästigt wurden ich dancke meinen gott, vor die stärcke meines leibes Am 1ten May abends sehr späth kamen wir bey Lemgo[16] ins lager, am 2ten dito Hier auf diese Bielefeldsche, oder so

7 *Leib Regiment* = das Regiment, das durch den Fürsten oder kommandierenden General eigenständig angeführt wurde und meist auch als dessen Leibwache diente; vgl. den Art. »Leib-Regiment«, in: Kriegs- Ingenieur- Artillerie- und See-Lexicon, S. 493 f. »Leib-Regiment, F[ranzösisch] Regiment du Roi, de la Reine, Prince, &c. wird dasjenige Regiment genennet, über welches eine Königliche oder Fürstliche Person das Commando, oder welches desselben Nahmen führet, auch öffters gar zu seiner Leib-Gard diente«.

8 *Gesticket* = erstickt, durch die Kombination von ungewohnten körperlichen Belastung, engen Uniformen, Trageriemen und staubigen Straßen sowie großer Hitze verloren auf Märschen häufig Soldaten das Bewusstsein oder ihr Leben; vgl. den Art. »ersticken«, in: Grimm/Grimm, Deutsches Wörterbuch, Bd 3, Sp. 1013.

9 Groß Solschen, Gemeinde Ilsede, Landkreis Peine, Niedersachsen.

10 Hameln, Kreisstadt des Landkreises Hameln-Pyrmont, Niedersachsen.

11 *Bekostigen* = verköstigen, versorgen; vgl. den Art. »beköstigen«, in: Grimm/Grimm, Deutsches Wörterbuch, Bd 1, Sp. 1428.

12 Das Feldbäckereiwesen in den Heeren des 18. Jahrhunderts entsprach in der Regel nicht den Anforderungen der Armeen. Zum einen lag die Kapazität meist unterhalb der benötigten Menge, sodass ein Teil der Soldaten nur unzureichend mit Brot versorgt werden konnte; zum anderen war die Qualität des Brotes meist minderwertig, wodurch es einen geringen Nährwert besaß oder nicht verzehrt werden konnte; vgl. Luh, Kriegskunst in Europa, S. 37 f.

13 *Schnapsack* = Rucksack.

14 *Visitieren* = Besuchen, hier im Sinne von durchsuchen; vgl. den Art. »Visite«, in: Zedler, Grosses vollständiges Universal-Lexicon, Bd 48, Sp. 1857 f. »Visite, der Besuch oder Zuspruch«.

15 Aerzen, Landkreis Hameln-Pyrmont, Niedersachsen; zur Zeit des Siebenjährigen Krieges: Amt im Kurfürstentum Braunschweig-Lüneburg (Hannover).

16 Lemgo, Stadt im Landkreis Lippe, Nordrhein-Westfalen.

genanndte Schilschersche Heyde, der Erdboden alhier ist so naß und faul daß wir keinen trockenen fuß behalten, ja daß waßer dringet durchs lager stroh, so das wir des Nachts auch in Naßen liegen müßen, unser tägliches Tractament[17] bestehet in 2 [Pfund] brodt und 17 [Pfennig] geld, das brodt so uns Hier aber gelieffert worden, ist so schlecht, ungar, und sehr unrein, so daß es fast keiner Eßen kan, und sind bereits dieser halb beschwerden an dem Herzog [Wilhelm August von] Cummerland[18] [///] ergangen, wir müsten Hungers sterben, so wir kein g[e]nießbar brodt bekommen würden, Nun wird uns so eben an befohlen, das erhaltene brodt wieder abzulieffern, und sollen beßers haben. lebensmittel werden zwar ins lager genug gebracht, allein alles sehr theuer, unser größestes verlangen ist, nur erst ein anders lager auf trocknen boden zu haben; Am 4ten dito ist ein Commando von 6000 Mann Nach Closter Retberg[19] geschicket um alda einen Haupt Paß zu besetzen[20], und Heute gehet die Rede wie unser Commando gestern mit feindl[icher] frey Parthey[21] einen Charmützel[22] gehabt, Wobey ein Lieut[enant] Blessirt[23] und 20. bis 21. Mann Hannov[erscher] Cavalderisten geblieben wären, dieses unsere Commando soll noch Heute verstärckert werden, und kan vielleicht sein das ich mit dahin komme. Es gehet über haupt die Rede wir würden Hier nicht lange mehr bleiben, welches auch sehr zu wünschen ist. ///

---

17 *Tractament* = Verpflegung, Tagesration; vgl. den Art. »Tractament«, in: Zedler, Grosses vollständiges Universal-Lexicon, Bd 44, Sp. 1804. »Tractament, oder Tractement [...], heißt insgemein die Verpflegung oder Bewirthung, so man jemanden erweiset. Bisweilen aber bedeutet es auch die tägliche Speise, oder der Unterhalt«.

18 Prinz Wilhelm August (* 26.4.1721 in London; † 31.10.1765 ebd.), Herzog von Cumberland, Kommandeur der preußisch-alliierten Truppen im Siebenjährigen Krieg bis zur Konvention bei Kloster Zeven am 10.9.1757.

19 Kloster Rietberg, Franziskanerkloster, Kreis Gütersloh, Nordrhein-Westfalen.

20 Die Besetzung des Klosters dauerte bis zum 9.5.1757 an. Erst der Vorstoß der Franzosen auf Warendorf bewegte den Herzog von Cumberland zur Rückberufung des Detachements; vgl. Feldzüge der alliirten Armee, S. 41.

21 *Frey Parthey* = irreguläre Truppen, die aus Freiwilligen bestanden und in unabhängige Einheiten eingeteilt wurden. Durch ihre Geschwindigkeit und Unabhängigkeit kamen ihnen Aufgaben wie Feindaufklärung, Geländeerkundung, aber auch Überfälle auf feindliche Magazine, Ortschaften und exponiert stehende Einheiten sowie das Stören des feindlichen Nachschubs zu. Sie wurden durch ausgewählte Offiziere angeführt und häufig aus Gebieten europäisch-peripherer Randlage geworben. Im Reich geworbene Truppen orientierten sich an deren Organisations- und Kommandostrukturen und übernahmen häufig Teile ihrer Uniformen; vgl. den Art. »Parthey«, in: Kriegs- Ingenieur- Artillerie- und See-Lexicon, S. 613; zu den Aufgaben siehe auch Bothmer, Einiges aus der Geschichte.

22 *Charmützel* = Scharmützel, kleines Gefecht; vgl. den Art. »Scharmützel«, in: Zedler, Grosses vollständiges Universal-Lexicon, Bd 34, Sp. 486. »Scharmützel, Escarmouche, ist ein Gefechte einiger von beyden Partheyen gecommandirten Soldaten, welche entweder von ohngefehr auf einander treffen; oder aber auch zu dem Ende ausgecommandiret werden, damit man Gelegenheit erhalte, sich mit dem Feinde in ein allgemeines Treffen einzulassen«.

23 *Blessirt* = verwundet, verletzt; vgl. den Art. »Blessiren«, in: Adelung, Grammatisch-kritisches Wörterbuch, Sp. 1066.

2. Brief aus dem Feldlager bei Brackwede, vom 22. Mai 1757

Erkrankungen in der Truppe – Dankfest wegen eines Friedensschlusses

Der 2. Brief Aus dem lager bey Brackweden[24] *von 22ten May 1757.*

Am 19ten May Haben wir die faule und Naße Heyde vor Bielefeld verlaßen, und stehen nunmehro auf einen trockenen guhten boden ich bin gottlob bis hieher noch gesund, allein von der Armee sind bereits über 300. Mann krancke Nach dem Hospital gebracht, nicht zu gedencken derjenigen so noch als Halbkrancke bey uns sind Heute ist in Hiesiger gegend in allen brandenb[ur]g[ischen] kirchen ein dankfest gefeyret, wegen einen friedens accord[25], so der könig [Friedrich II.] von Preussen[26] mit der königin [Maria Theresia] von Ungern[27] glücklich getroffen. ///

3. Brief aus dem Feldlager bei Brackwede, vom 4. Juni 1757

Erste Feindkontakte mit der französischen Armee – Schwierigkeiten beim Reinigen der Bekleidung im Feldlager – Befestigung des Feldlagers und Schanzarbeiten

Der 3. Brief Aus dem Lager bey Brackweden von 4ten Juny 1757.

Wir stehen nun der feindlichen Armee so nahe daß wir ihre Retiret[28] oder Canonenschüße täglich Hören können, und gehet die rede, daß wir Hier bald weg Marchiren würden, entweder Nach Lipstadt[29] oder Paterborn[30], indem der feind immer Näher anrücket, Am 31ten May brachten unsere Patroullien[31], 1 Lieut[enant]

---

24 Brackwede, Stadtbezirk von Bielefeld; zum Lager von Brackwede vgl. Beckmann, Das Lager der Armee.

25 *Friedens accord* = Vergleichsfrieden; vgl. den Art. »Accord«, in: Zedler, Grosses vollständiges Universal-Lexicon, Bd 1, Sp. 281. »Accord, heist der Vergleich, in welchen zwo streitende Partheyen einwilligen.« Grotehenn meint hier wahrscheinlich den Friedensvertrag des Ersten Schlesischen Krieges zwischen Friedrich II. und Maria Theresia vom 28.5.1742.

26 Friedrich II. (* 24.1.1712 im Berliner Stadtschloss; † 17.8.1786 in Potsdam), König von Preußen, Kurfürst von Brandenburg.

27 Maria Theresia von Österreich (* 13.5.1717 in Wien; † 29.11.1780 ebd.), regierende Erzherzogin von Österreich, Königin von Ungarn und Böhmen, Ehefrau des römisch-deutschen Kaisers Franz I. Stephan.

28 *Retiret[schuß]* = einzelner Schuss aus einem Geschütz, der den Zapfenstreich signalisiert; vgl. den Art. »Retraite«, in: Kriegs- Ingenieur- Artillerie- und See-Lexicon, S. 714. »Retraite, oder Retrait-Schuß, ist ein Schuß, der des Abends im Felde geschihet, da hernach der Zapfen-Streich angehet«.

29 Lippstadt, Kreis Soest, Nordrhein-Westfalen; zur Zeit des Siebenjährigen Krieges: Festungsstadt mit geteilten Hoheitsrechten zwischen der Grafschaft Lippe und dem Königreich Preußen. War zu Beginn des Krieges in der Festung eine preußische Garnison stationiert, wechselte die Besatzung der Stadt im Verlauf des Krieges mehrfach zwischen Frankreich und Preußen. Nach dem Frieden von Hubertusburg 1763 wurden die Festungswerke geschleift; vgl. Hagemann, Die Festung Lippstadt.

30 Paderborn, Kreisstadt in Nordrhein-Westfalen; zur Zeit des Siebenjährigen Krieges: Hauptstadt und Bischofssitz des (Fürstbistums) Hochstift Paderborn; vgl. Kindl, Der Siebenjährige Krieg.

31 *Patroullien* = Patrouille, bezeichnet eine militärische Taktik, bei der kleine Einheiten zur Erkundung oder temporären Besetzung einer Position sowie zum Einbringen von Gefangenen eingesetzt

und 15 Mann frantzösische Truppen, als gefangene Nach Bielefeld [///] die lebens mittel werden immer theurer, so das wer ohne seine besoldunge nichts Hat, der muß schmal an beißen, und daß nicht allein sondern muß so gar selber waschen und Plaschen[32], denn 1 Hemd zu waschen kostet 1 g[uten] gr[oschen] und dafor wirds aus kalten waßer gewaschen, Wenn nun etwa ein lebendig thiergen in dem hemde Logirt[33], das wird vor dem 1 g[uten] gr[oschen] nicht einmahl todt gebrandt; daß verfloßene Pfingstfest Habe schlecht gefeyret, dem ersten tag kam ich von der Wache denn 2ten in Schantz arbeit, denn 3ten in Piquet[34] Es werden Hier So große Schantzen gemacht so das täglich 300. Mann in arbeit müßen Es ist dahero leicht zu glauben, daß Mann Uhrsache Hat mit dem gefangenen zu babel zusagen, wie können wir in fremden lande frölig sein[35], ich getröste mich mit dem Worten Pauly, der Herr wird mich ausheben[36] und noch mahls von diesem joch erlösen[37] ·ſ. Heute sollen wir noch unser lager verändern, und ½ Meile[38] zu rück ziehen. ///

werden; vgl. den Art. »Patrolle«, in: Kriegs- Ingenieur- Artillerie- und See-Lexicon, S. 617 f. »Patrolle, Schaar-Wache [...], ist eine Anzahl von Soldaten mit einem Unter- zuweilen auch Ober-Officier, die aus einer Wache, oder Corps de Garde, abgehet, und auf den Gassen und Strassen, wie auch unter den Thoren, sonderlich bey Nacht, zuweilen aber auch am Tage patrolliren gehet, um Acht zu haben, daß keine Unordnung, oder gar Aufruhr entstehe. Sie geschiehet auch ausser der Stadt, wenn ein Feind vorhanden ist, aber alsdenn thut sie die Reuterey«.

32 *Handschrift:* Plaschen, wahrscheinlich: PLÄTSCHEN, PLETSCHEN verb., 2) transitiv, mit platschendem Schall breit schlagen, überhaupt breit drücken, schlagen; vgl. den Art. »plätschen«, in: Grimm/Grimm, Deutsches Wörterbuch, Bd 13, Sp. 1899.

33 *Logirt* = beherbergt, untergebracht, hier im Sinne von lebt; vgl. den Art. »logieren«, in: Der Duden, Bd 5, 9. Aufl., S. 608.

34 *Piquet* = eine in Lagern oder Bivouaks hinter den Feldwachen zur Unterstützung derselben oder überhaupt zum Ausrücken bereit gehaltene Truppenabteilung; vgl. den Art. »Piket«, in: Grimm/Grimm, Deutsches Wörterbuch, Bd 13, Sp. 1847; vgl. den Art. »Piquet«, in: Kriegs- Ingenieur- Artillerie- und See-Lexicon, S. 636 f.; vgl. den Art. »Piquet«, in: Zedler, Grosses vollständiges Universal-Lexicon, Bd 28, Sp. 434. »Piquet oder *Biovac*, Bereitschaft, (lat.) *Statio excubitorum anterior*, ist eine ausserordentliche Wache, welche des Nachts durch die gantze Armee gehalten wird, und escadrons und bataillonsweise in Bereitschaft stehe muß, um entweder die Circum- und Contravallationslinie zu besetzen, oder sonst des Feindes Uberfall zu verhindern. Bey den Belagerten rücket das Piquet in den bedeckten Weg auf den attaquirten Posten. *Cheveaux de Piquet* ist eine Anzahl Pferde bey der Artillerie, so allezeit angeschirret in Bereitschaft stehen müssen, um im Fall der Noth gleich können gebraucht zu werden. *Coucher, ou Biovac*, oder *Piquet*, heisset, wenn ein gewisses Commando die gantze Nacht auf einem gewissen Posto in Bereitschaft stehen muß«.

35 »An den Strömen von Babel, da saßen wir und weinten, wenn wir an Zion dachten. Wir hängten unsere Harfen an die Weiden in jenem Land. Dort verlangten von uns die Zwingherren Lieder, unsere Peiniger forderten Jubel: ›Singt uns Lieder vom Zion!‹ Wie können wir singen die Lieder des Herrn, fern, auf fremder Erde?« Ps 137,1–4.

36 *Handschrift*: aus.eb.en, Wort unleserlich.

37 »Der Herr wird mich erlösen von allem Übel, und aushelfen zu seinem himmlischen Reiche, welchem sei Ehre von Ewigkeit zu Ewigkeit.« 2 Tim 4,18.

38 *Meile* = Historische Meile, in den unterschiedlichen deutschen Territorien ca. 5–10 km; etwa preußische Meile: 7,5325 km, Hannover: 9,323 km; vgl. den Art. »Meile«, in: Zedler, Grosses vollständiges Universal-Lexicon, Bd 20, Sp. 306–311.

4. Brief aus dem Feldlager bei Holzhausen, vom 23. Juni 1757

Nächtliches Gefecht vor Bielefeld – Versehentlicher Schusswechsel mit den preußischen Verbündeten – Marsch an die Weser – Auflösung der Versorgungsmagazine an der Weser

Der 4. Brief Aus dem Lager bey Holtzhausen[39] *von 23ten Juny 1757.*

Nachdeme sich die feindliche Armee [~~sich~~] unsern lager bey Brackweden so sehr genähert das wir uns entschließen musten, entweder ein treffen[40] zu wagen, oder zu retiriren[41], das letztere musten wir ergreiffen und antreten, Am 13ten Juny. Abends um 7. Uhr brachen wir unser lager ab, und stunden an front, erwarteten des feindes ankunft, diese war aber von solcher macht, daß wir ihr nicht wiederstand thun konten, Jedoch zogen wir nicht ohne gegenwehr gleich ab, sondern es wurde aus Cannonen und kleinen gewehr[42] unter wärenden March beständig gefeuret so daß wir des Morgens mit tages anbruch noch keine Meile Marchirt waren, um 1. Uhr des Nachts fielen wiederum kleine gewehr schüße zwischen uns, und gegen über an einer Anhöhe Hatten 2. Preusische Regimenter gestanden, wir glaubten aber, selbige würden längstens vor uns weg sein, weil sie Nahe vor Bielefeld stunden und wir eine Meile weges weiter gestanden [///] hatten, solche waren aber noch da, und weil wir so Nahe zu sammen kahmen da glaubten die Preußen, wir wären frantzosen und wir Meinten von Jhnen des gleichen, und kam unter dieser irrigen Meinunge zu einen Hefftigen feuer,[43] zu unser allerseits glück kamen die großen Heu und stroh Magazine[44] vor Biefeld immer in größern brandt, im gleichen unser lager brandte

---

39 Holzhausen, Stadtteil von Porta Westfalica, Kreis Minden-Lübbecke, Nordrhein-Westfalen.

40 *Treffen* = Schlacht; vgl. den Art »Schlacht, Treffen«, in: Kriegs- Ingenieur- Artillerie- und See-Lexicon, S. 772. »Schlacht, Treffen, F[ranzösisch] Bataille [...], heißet, wenn zwo feindliche Partheyen oder gantze Arméen miteinander in Action geraten, und miteinander schlagen«.

41 Retiriren = sich zurückziehen; vgl. den Art. »Abzug, Retraide, Retirade«, in: Zedler, Grosses vollständiges Universal-Lexicon, Bd 1, Sp. 230. »Abzug, Retraide, Retirade ist eine honette Zurückziehung vor der feindlichen Armee, die entweder an der Zahl mächtiger, oder wegen Vortheilhaftigkeit des Ortes überlegen ist. Wann man so gestalten Sachen feinen Abzug mit guten Fortgang nehmen will, so muß man dahin trachten, einige Defiléen, oder enge Wege und Pässe, durch welche wenig Leute neben einander paßiren können, vor sich zu bringen, oder mit einer Höhe sich zu bedecken, oder aber den Feind aufzuhalten, indem man mit einer geringen Anzahl Soldaten Feuer auf ihn giebt, damit die andern Zeit gewinnen, sich in Sicherheit zu setzen«.

42 *Kleinen Gewehr* = Gewehr, Musquete; vgl. den Art. »Gewehr«, in: Kriegs- Ingenieur- Artillerie- und See-Lexicon, S. 363. »Gewehr [...], 2) Schieß-Gewehr, [...], darunter wird alles dasjenige Gewehr verstanden, womit geschossen wird, als da sind Büchsen, Carabiner, Flinten, Musketen, gemeine und gezogene Vogel- und Pirsch-Röhre, Stutze, u.s.w.«.

43 Dieses »friendly fire« wird auch von anderen Augenzeugen des Treffens wie dem braunschweigischen Offizier Heinrich Urban Cleve (1733–1808) geschildert; vgl. Wilbrand, Über ein militärisches Tagebuch, S. 5.

44 *Magazine* = Versorgungsdepots der Armee, in dem Lebensmittel, Stroh, Heu, Munition sowie andere kriegswichtige Güter zusammengefasst wurden; vgl. den Art. »Magazin«, in: Kriegs- Ingenieur- Artillerie- und See-Lexicon, S. 517 f. »Magazin [...], heisset insgemein ein jeder bequemer Ort, allwo man einen Vorrath an allerhand Lebens-Mitteln, Kriegs-Munition, Kriegs-Geräthschafft, und andere zum Kriege nöthige Dinge darinen verwahren kann«.

auch, so daß die gantze gegend auf einmahl beleuchtet[45] wurde, und wir ein ander sehen und erkennen konten, da legte sich die ungerechte aber auch unwißende feindtschaft, Nachdem es doch Mannigen leben und gesundheit gekostet, Wovon ich, um ein gar geringes mit einer gewesen [wäre], Mein Gewehr wurde mir oben ¼tel von Ende mit einer Cartetschen kugel[46] gantz abgeschoßen. Und übersende Hiebey das Ende von dem Eysern lauf und bitte selbigen zum andenken aufzuheben, Hiebey ist zu sehen, wie die gühte gottes es von mir gewendet, indem solche kugel mir sehr Nahe an Kopf gewesen, statt knochen [///] aber Eysen zerschmettern müßen. Am 14ten [Juny] kahmen wir früh durch Bielefeld und bezogen gegen abent ein lager bey Herfort[47], Nun ist gar leicht zu erachten, wie Müde ein Jeder untter seiner last die 24. Stunden geworden, und freuten uns nicht wenig daß einen jeden eine Portion brodt gereicht wurde, worauf Mann einen trunck waßer thun konnte ·ʃ. Am 16ten dito Marchirten wir bey Rodenhoff[48] über die Weser, und bezogen das Jetzige lager, dieses war auch ein saurer tag, die Menschl[ichen] kräffte wären bey den Mehersten erschöpfet, die Strabatien[49] hielten bey großer Sonnen Hitze an, und Marchirten in denen Feldern durch das lang gewachsene korn ·ʃ. In denen Städten an der Weser Herauf, als Flotho[50] und Minden[51], woselbst unsere Magazina waren, ist alles in die Weser geworffen, viele 100. Fäßer mit Mehl, Reiß, Säcke mit korn und alles was nur mann weg geschaffet werden konte, damit es dem feind nicht in Hände kähme, und wie solches geschehen sind die Schieffe theils unter waßer gesetzet, die übrigen an unsere land Seite [gebracht], die kostbare brücke [///] So bey Minden über die Weser gehet, ist gantz mit Pulver angesetzet, und soll bey ankunfft der feinde gesprenget werden. Am 25ten Juny bezogen wir das lager by Notthurm[52], ohnweit

45 Handschrift: bel.chtet, Wort unleserlich.

46 *Cartetschen Kugel* = Kartätsche, bezeichnet eine vorwiegend durch mittlere und kleine Kaliber eingesetzte Munitionsart der Artillerie. Sie bestand aus einem hölzernen oder metallenen, mit Kugeln gefüllten, Behälter, der gegen Ziele unter 500 Metern eingesetzt wurde; vgl. den Art. »Cartetsche, oder Hagel-Büchse« in: Kriegs- Ingenieur- Artillerie- und See-Lexicon, S. 155. »Cartetschen oder Hagel-Büchsen [...] sind, 1) wenn mann in eine blecherne Büchse bleyerne Mousqueten-Kugeln thut, den obern Deckel befestiget, und rings herum verzwicket [...] Diese Art Cartetschen, werden gemeiniglich aus Geschütz von kleinem Caliber geschossen [...] So nennet man auch 39) dieses Cartetschen, wenn man eine hölzerne Büchse, mit Nägeln, Stücken von Ketten, altem Eisen, Rade-Kuppen, und andern Stücken Eisen anfüllet, den Deckel derselben wohl befestiget, und aus den Canonen verschiesset«.

47 Herford, Kreisstadt in Nordrhein-Westfalen.

48 Rodenhoff, Lage des Ortes unklar; wahrscheinlich: Rehme, Stadtteil von Bad Oeynhausen, Kreis Minden-Lübbecke, Nordrhein-Westfalen; vgl. Weserübergang der alliierten Armee am 16. Juni 1757. In: Elster, Geschichte der stehenden Truppen, S. 232.

49 *Strabatien* = Strapazen, Anstrengungen; vgl. den Art. »Strapatze«, in: Zedler, Grosses vollständiges Universal-Lexicon, Bd 40, Sp. 672. »Strapatze, Strapatzien, Strapatzirung [...], heißt eine übermäßige Ermüdung, oder unerträgliche Anstrengung eines Menschen und Viehs, stärcker zu lauffen und zu arbeiten, als ihm nach Beschaffenheit seiner natürlichen Kräffte, und deren ohnbeschadet, zu thun möglich ist«.

50 Vlotho, Stadt im Landkreis Herford, Nordrhein-Westfalen.

51 Minden, Kreisstadt des Kreises Minden-Lübbecke, Nordrhein-Westfalen.

52 Thurm, Gehöftgruppe in Wietersheim, Stadtteil von Petershagen, Kreis Minden-Lübbecke, Nordrhein-Westfalen.

Preuschminden[53]. Am 10ten July bezogen wir ein lager bey Schauenburg[54], gegen Rinteln[55] über, Am 11ten dito bey Hastenbeck[56], Am 18ten bey Halle[57] und Huntzen[58], am 19ten dito wieder zurück Nach Hastenbeck. ///

5. Brief aus dem Feldlager bei Drakenburg und Nienburg, vom 7. August 1757

Niederlage in der Schlacht von Hastenbeck – Rückzug der preußisch-alliierten Truppen in den Raum Nienburg – Tod des Vetters Christoph Meyer bei Verden

Der 5. Brief Aus dem lager bey Drakenburg[59] und Nienburg[60]
von 7ten August 1757.

Am 24ten July Sontag Morgens, da wir geruhig im lager waren, und ordre Hatte uns fertig zu machen die Predigt in dem Gottes dienste anzuhören, kam also bald ordre der feind wäre in an Marsch, wir musten Eyligst vors lager Rücken, und erwarten was kommen würde; einige Grenadier[61] Battaillon wurden aber Nebst einigen Canonen, in dem vor uns stehenden Wald Commandirt, So daß wir selbigen tag gar keinen anfall hatten, des abends zogen wir uns eine stunde [///] zurück und lagerten uns unter freyen Himmel Hinter Hastenbeck. Am 25ten dito Morgens um 6. Uhr da ging es an ein Heftiges Cannoniren, Allein wir Hatten die Nacht viel schweres geschütz aus Hameln erhalten, und konten dem feind guhten wiederstand thun, und litten keinen sonder[lichen] schaden, einige Constabel[62] und ein geschul-

53 Preußisch-Minden, heute: Minden, Nordrhein-Westfalen.

54 Schaumburg, Stammsitz der Grafen von Schaumburg; Burg bei Rinteln, Landkreis Schaumburg, Niedersachsen.

55 Rinteln, Landkreis Schaumburg, Niedersachsen.

56 Hastenbeck, Stadtteil von Hameln, Landkreis Hameln-Pyrmont, Niedersachsen.

57 Halle, Landkreis Holzminden, Niedersachsen.

58 Huntzen, Gemeinde Halle, Landkreis Holzminden, Niedersachsen.

59 Drakenburg, Landkreis Nienburg/Weser, Niedersachsen.

60 Nienburg (Weser), Kreisstadt in Niedersachsen.

61 *Grenadier* = Soldatenklasse der Infanterie, die zusätzlich zu Muskete und Seitengewehr mit Granaten ausgestattet ist; vgl. den Art. »Granadierer«, in: Kriegs- Ingenieur- Artillerie- und See-Lexicon, S. 371. »Granadierer, F[ranzösisch] Grenadier [...], ist ein Soldat, welcher bey einem Angriff mit Hand-Granaten, unter die Feinde spielt. Sein Ober- und Unter-Gewehr ist eine Flinte, Säbel und Bajonet, nebst einer Tasche [...], in welcher er die Granaten trägt. An statt des Hutes trägt er eine spitzige Mütze [...], mit einer besondern Verzierung. Seit dem die guthen Dienste, so die Granadierer bey Stürmen und andern Anfällen leisten, durch die Erfahrung bewähret worden, hat man die Zahl derselben gemehret, und entweder bey einem Regiment ein oder zwey Compagnien, oder bey jeder Compagnie eine gewisse Anzahl, oder auch gantze Regimenter von Granadierern gerichtet«.

62 *Constabel* = bei der Artillerie dienender Soldat; vgl. den Art. »Constabel«, in: Kriegs- Ingenieur- Artillerie- und See-Lexicon, S. 194. »Constabel, Büchsenmeister, Canonnier [...], ist ein Bedienter bey der Artillerie, so zu den Stücken bestellt ist, dieselben zu laden, zu richten und abzufeuern, auch sonsten in Befertigung der Ernst-Feuer gebraucht wird«.

ter Ingenieur Officier[63] wurden auf einer Schantze[64] erschoßen, und ein Paar Pulver karn wurden uns in brand geschoßen, unsere Infantery stund in einen etwas tieffen felde, Woselbst die feindl[ichen] Canonen kugeln über uns weg gingen: Am 26ten dito Morgens sehr früh, da fing der feind mit einer weit Heftigern Canonade an[65], als tages zu vor (da er sein Schwere geschütz noch nicht über die Weser gehabt.) und auf Nachricht einiger Deserteur von uns, seine Canonen nun mehro so gepflantzet[66] das die kugeln nicht über uns weg, sondern allezeit zwischen uns schlugen, unter wärender Cannonade, Hatte sich die feindl[iche] Armee so um uns gezogen, so daß wir bey Nahe von 300000. Mann[67], umzingelt waren, Mittages um 17. Uhr Attaquierte der feind unsere Grenadier, welche aber[mahl] in Walde Posto gehabt, weil selbige Nun der überlegenen Macht nicht wieder stehen konten [///] So wurde alles in dem Wald Commandirt, was noch in felde stund, allein der berg war so steigig[68] und so Heiß, nicht allein von der großen Sonnen Hitze, sondern am Mehrsten von Cannonen und gewehr feuer, und die äste so mit dem großen kugeln von dem bäumen geschoßen wurden fielen Menschen und Pferde zu schanden; große bäume zerspalteten, wenn Sie von einer 24 [Pfund] kugel getroffen wurden, Unsere Herrn Officier Commandirten bald Rück bald vorwärts allein es war aller orten kein guth stehen Mein Lieut[enant] d[er] H[err] v[on] Voigts[69] wurde dicht an mir Todt geschoßen ·ʃ. d[er] H[err] Gen[eral] Major v[on] Behr[70] wurde sein Pferd untern

63 *Ingenieur Officier* = Person im Offiziersrang, die Festungs- und Schanzarbeiten plant, vorbereitet und überwacht und daher über mathematische und kartografische Kenntnisse verfügt. Entspricht etwa dem heutigen Pionier; vgl. den Art. »Ingenieur«, in: Kriegs- Ingenieur- Artillerie- und See-Lexicon, S. 422 f. »Ingenieur, T[eutsch] Kriegs-Baumeister [...], ist eine Person, welche die Fortification, oder Kriegs-Bau-Kunst übet, und also nicht allein die Festungen anzugeben vermögend ist, sondern auch die Attaquen, und alle Feld-Arbeiten bey den Belagerungen anzugeben weiß. Ubrigens soll er auch eine gründliche Wissenschaft in der Arithmetic oder Rechen-Kunst, der Geometrie, der Geographie, der Civil- Bau-Kunst, der Artillerie, Mechanic, Zeichen-Kunst und Perspective haben, damit er sich bey allen vorfallenden Gelegenheiten selbst zu rathe wisse, und nicht nöthig habe, sich bey andern erst Raths zu erholen«.

64 *Schantze* = Befestigung, Verteidigungswerk; vgl. den Art. »Schantz, Feld-Schantz«, in: Kriegs-Ingenieur- Artillerie- und See-Lexicon, S. 751. »Schantz, Feld-Schantz [...], nennet man überhaupt ein jedes kleines Befestigungs-Werck, so im Feld entweder zu Versicherung eines Passes und Ubergangs, zu einer sicheren Retirade, oder zu Beschirmung der Linie, so um das Lager gezogen, oder zu Behauptung eines Posten, u.d.gl. in Eile aufgeworffen wird«.

65 Die Schlacht bei Hastenbeck vom 26.7.1757 wurde durch die französische Armee als Sieg reklamiert, da der Herzog von Cumberland das Feld eher mit seinen Truppen verlassen hatte. Obwohl die Franzosen ebenfalls bereits den Befehl zum Rückzug erhalten hatten, gelang es ihnen dennoch, das Feld zu besetzen. Die Verluste auf preußisch-alliierter Seite beliefen sich auf ca. 321 Tote, ca. 886 Verwundete und ca. 207 Vermisste, die der Franzosen auf ca. 1054 Tote sowie ca. 1277 Verwundete. Zur Schlacht bei Hastenbeck am 26. Juli 1757 siehe Die Kriege Friedrichs des Großen, Bd 5; Oppermann, Die Schlacht bei Hastenbeck; Niemann, Die Operationen im Westen.

66 *Gepflanzet* = ausgerichtet, in Stellung gebracht; vgl. den Art. »Pflanzen«, in: Kriegs- Ingenieur- Artillerie- und See-Lexicon, S. 628. »Pflantzen [...], ist im Krieg und bey der Artillerie sehr gebräuchliches Wort [...], insonderheit aber wird es bei der Artillerie in Stellung der Stücke gebrauchet, als da man nicht saget, die Stücke setzen oder stellen, sondern pflantzen«.

67 Heutige Schätzungen gehen von etwa 60 000 Mann aus.

68 Handschrift: steckel, Bedeutung unklar.

69 Second-Lieutenant von Voigts († 26.7.1757 bei Hastenbeck).

70 Jacob Georg Moritz von Behr (* 3.1.1693; † 30.6.1760), Generalmajor und Kommandeur eines braunschweig-wolfenbüttelschen Infanterieregiments. Wurde im Mai 1760 zum General-

leibe erschoßen und er selbst gefangen genommen ·ʃ. Summa wir Musten unsere Blessirten und Canonen Nebst Munition in stich laßen und retiriren so guth wir konten Allein nun ging erst eine recht doppelte Canonade an, indem der feind so wohl mit unsern, als seinen eigenen Canonen schoß; Hameln war zwar mit einen guhten Commando von uns besetzt hinterlaßen, allein selbiges Hatte sich noch die Nacht an die frantzosen übergeben müßen[71] und zwar mit dem guthen accord[72], daß selbiges nicht zu unserer [///] Armee, sondern Nach Hannover durch die frantzosen solte Transportirt werden; unser auffenthalt war also noch auf keinen haltbaren lande und orte und der feind verfolgte uns, Am 27ten bezogen wir ein lager bey kleinen Bremen[73], Am 29. Bey Lockum[74] Am 1ten August bey Nienburg, Am 8ten dito gingen wir bey Fehrden[75] über die Aller, und bezogen bey gedachter Stadt ein lager, Mein lieber Vetter, und gewesener treuer zelt Cammerad Christoph Meyer ist alda gestorben, d[er] H[err] General Lieut[enant] v[on] Imhoff[76] Haben ihn aus dem lager in ihr Jhr Quartier bringen laßen, um ihm alda beßer verpflegen zu können, allein es Hat alles nichts Helfen wollen ist gestorben und ich habe ihn in Kirchlinteln[77] ordentlich mit zur Erden bestättigt, diesem Todes fall bitte seinen Eltern kund zu thun, ich habe mich eine zeither auch Miserabel befunden. ///

---

leutnant befördert, verstarb allerdings zeitnah; vgl. R. Jacobs, Behr, Jacob Georg Moritz von, in: Braunschweigisches Biographisches Lexikon, Bd 1, S. 75 f.

71 Die kampflose Übergabe Hamelns an die Franzosen erfolgte am 29.7.1757; vgl. Pieper, Die Festung Hameln, S. 11; als zeitgenössisches Zeugnis vgl. Herr, Wohl und Wehe der Stadt Hameln, unpag. [S. 11].

72 *Guthen accord* = im Einvernehmen, mit beiderseitiger Zustimmung; vgl. den Art. »Accorder«, in: Kriegs- Ingenieur- Artillerie- und See-Lexicon, S. 8. »Accorder, T[eutsch] sich vergleichen, Accordiren, wird absonderlich gebraucht, wenn ein Commandante in einer Festung sich mit dem Feinde sucht zu vergleichen, um den Ort auf gewisse Puncten zu übergeben«.

73 Kleinbremen, Stadtteil von Porta Westfalica.

74 Loccum, Stadtteil von Rehburg-Loccum, Landkreis Nienburg/Weser, Niedersachsen.

75 Verden, Kreisstadt in Niedersachsen. Zu Verden im Siebenjährigen Krieg siehe Möller, Verden im Siebenjährigen Kriege.

76 Philipp Freiherr von Imhoff (*17.12.1702 in Nürnberg; † 4.4.1768 in Braunschweig), braunschweigischer Generalleutnant, im Siebenjährigen Krieg Kommandeur des Infanterieregiments »von Imhoff«; vgl. Poten, Imhoff, Philipp, in: Allgemeine Deutsche Biographie (ADB), Bd 14, S. 54 f.; Westphalen, Geschichte der Feldzüge, Bd 1, S. 565–567.

77 Kirchlinteln, Gemeinde im Landkreis Verden, Niedersachsen.

6. Brief aus dem Feldlager bei Schwinge, vom 9. Oktober 1757

Rückzug der preußisch-alliierten Truppen in den Raum Stade – Missstände in der Versorgungslage: Mangel an Salz und Tabak

Der 6. Brief Aus dem lager bey EschenSchwinge[78], *ohnweit Staade*[79] *von 9ten Octob[er] 1757.*

Am 22ten Aug[ust] bezogen wir ein lager bey ottersen[80] Nach dem wir bey unsern abmarsch von ferden die Schöne brücke, so alda über die Aller ging abgebrand, und gäntzlich ruinirt hatten, denn [///] der feind verfolgte uns, Am 24ten zogen wir wieder zurück nach Ferden, Am 25ten bezogen wir ein lager bey Hunderstedt[81], am 26. Bey Rohtenburg[82] Hier war das Saltz so Rahr, das nicht allein vor geld gar nichts zu bekommen war, sondern ein jeder Hatte seinen vorrath gäntzlich Consumirt und wurden die ersten speisen alda mit Pulver gesalzen, dieses schmeckte beßer als es aus sahe, in Meinem zelt versuchten wir, und kochten Mohren und Cartuffeln[83] mit Heiringen, dieses war auch kein Natürlicher Saltz geschmack, in deßen wurden doch die Marque[ten]der[84] ihre Heiringe zimlich loß, und wen diese zu Ende waren, wurde die Heiringsbrüh, Stadt der Heiringe und Saltz gekauft und verkauft. Hier äußerte sich nun das 4te Campagnen Schicksaal, Hunger, durst, feindes schläge Hatten wir schon empfunden, Hier war nun der Mangel an dem Edlen Saltz als dem besten gewürtze, und das ich nicht vergeße, der rauchtoback war eben so wenig zu haben, allein dieses war doch nicht ein so algemeiner Mangel denn ich vor mich, und derer Mehr spüreten dieses gebrechen nicht, allein die Welche [///] ihrer gewohnheit nach beständig schmauchten denen war es so schmertzhaft, das sie denn Mangel des Saltzes dagegen vor nichts rechneten wir als die gegen seitigen verlacheten ihren Jammer, und gaben ihnen dem Rath ihre Tobacksbeutel zu käuen, selbe hätten doch noch geschmack und geruch; diesem Übel wurde aber noch eher als dem Saltzmangel abgeholffen, indem der Herzog [von Cumberland] solches erfahren, es wurde also in kurtzer Zeit Toback in großen fäßern gelieffert und an die Regimenter aus getheilet, dieses war nun ein starcker Toback und noch halb unbereitet, deßen ohngeachtet rauchten die starcken liebhaber so hefftig, und wolten das versäumte Nachholen Allein es bekam einigen nicht alzu wohl, und fingen an Rauschent und halb un-

78 Schwinge, Ortsteil der Gemeinde Fredenbeck im Landkreis Stade, Niedersachsen.
79 Stade, Kreisstadt in Niedersachsen.
80 Otterstedt, Ortsteil der Einheitsgemeinde Ottersberg im Landkreis Verden, Niedersachsen.
81 Unterstedt, Ortsteil der Stadt Rotenburg (Wümme) im Landkreis Rotenburg (Wümme), Niedersachsen.
82 Rotenburg (Wümme), Kreisstadt in Niedersachsen.
83 *Cartuffeln* = Kartoffeln.
84 *Marque[ten]der* = Marquetender, ziviler Angehöriger des Trosses, der die Armee mit Lebensmitteln versorgt; vgl. den Art. »Marquetender«, in: Kriegs- Ingenieur- Artillerie- und See-Lexicon, S. 529. »Marquetender [...], ist einer, der das Kriegs-Volck mit Lebens-Mitteln versiehet, dieselben der Armée nachführet, und öffentlich zu verkauffen befugt ist«.

klug zu werden dieses machte mich und Meines gleichen noch mehr Aversion[85] zum Tobacksrauchen. Am 31ten bezogen wir das lager bey Ottendorff[86], Am 1ten Sept[em] b[er] bey Closter Zeeben[87] Am 2ten bey Hasseln[88], Am 3ten bey Estorff[89], und Am 4ten dito in dieses jetzige lager Am 18ten dito wurde dieses lager zwar verändirt Allein wir behielten eben die front und stellunge wie vorhin, und stehen bis Heute Hier ohne weitere bewegunge, Nur es ist schwerer dienst alhier. ///

7. Brief aus dem Lager vor Stade, auf dem sogenannten Schwarzen Berg, vom 18. November 1757

Gescheiterter Abzug des braunschweigischen Kontingents von der preußisch-alliierten Armee nach der Konvention von Kloster Zeven – Festnahme von General Imhoff und Erbprinz Karl durch hannoversche und hessische Truppen

Der 7. Brief Aus dem lager vor Staade auf dem sogenandten Schwartzen berge[90]
von 18ten Nov[ember] 1757.

Bis Heute haben wir in dem lager bey Eschenschwinge gestanden, wir hatten uns daselbst so verschantzet, und die Erde gemient, oder beßer zu sagen unter irdische Wohnunge gebauet, so daß wir uns bereits ergeben hatten denn bevorstehenden Winter alda zu verbleiben, allein unsere Augen wurden sämtlich thränen queelen, und die leiber zu rauchschwalben geworden sein. bisHer Hat es immer geheißen ein theil unserer Armee würde über die Elbe ins Holsteinsche, und die Cavallerie in der gegend Bremen[91], Alteland[92], land Hadel[93] und Kedingerland[94] zu liegen kommen, Allein wie unvermuhtet musten wir diesem Morgen unser lager abbrechen, mit der freudigen bottschaft, wir Hätten mit dem kriege nichts mehr zu schaffen, und die frantzosen würden uns bis in brau[n]schweig begleiten [///] und Transportiren, und als denn solte das braunschw[eigische] land gäntzlich von dem frantzosen verlaßen werden[95] unsere zelter welche sehr gebrechlich waren, wurden dennoch mit stürmerhand abgerißen, in Meinunge selbige Niemahlen wieder zu gebrauchen; Unser

---

85 *Aversion* = Ablehnung, Abneigung; vgl. den Art. »Abneigung«, in: Grimm/Grimm, Deutsches Wörterbuch, Bd 1, Sp. 82. »Abneigung, f. sinnlich das herabneigen, dann aber der Gegensatz von Zuneigung, aversio«.

86 Abbendorf, Ortsteil von Scheeßel, Landkreis Rotenburg (Wümme), Niedersachsen.

87 Kloster Zeven, Landkreis Rotenburg (Wümme), Niedersachsen.

88 Haaßel, Gemeinde Selsingen, Landkreis Rotenburg (Wümme), Niedersachsen.

89 Estorf, Gemeinde im Landkreis Stade, Niedersachsen.

90 Schwarzer Berg, Höhenzug 1 km westlich von Stade.

91 Bremen, Hauptstadt des Bundeslandes Bremen.

92 Altes Land, Teil der Elbmarsch südlich der Elbe zwischen Stade im Westen und Hamburg im Osten.

93 Land Hadeln, Marschlandschaft zwischen Elbe- und Wesermündung in Niedersachsen.

94 Kehdinger Land, Teil der Elbmarsch südlich der Elbe zwischen der Mündung der Oste in die Elbe im Norden und Stade im Süden.

95 Grotehenn verweist an dieser Stelle auf die am 8.9.1757 zwischen dem französischen Marschall Richelieu und dem Herzog von Cumberland geschlossene Konvention, die am 10.9. erweitert wurde. Einer der Zusätze besagte: »die Truppen der hannoverschen Bundesgenossen sollen in ihre

March wurde mit freuden angetreten, Allein wir Hatten kaum ¼ Meile zurück gelegt, und glaubten eine französische Escorte[96], würde uns nun bald [~~in~~] empfangen (denn viele von unsern vorwitzigen, wusten schon, welche köstliche Quartire die frantzosen uns schon auffen abent bestellet hätten.) da wurden wir von der gantzen Hannoverschen und Heßischen Cavallery um zingelt mit der anrede, so bald wir nicht einen halt machten, und wiederum zu ihrer Armee kehrten wolten Sie feuer auf uns geben, d[er] H[err] General Lieut[enant] v[on] Imhoff, als braunsch[weigischer] General Lissimus, wurde gleich Arretirt[97], Hernach der durchl[auchte] Erb Printz [Karl], und Nach Staade in Arrest gebracht; Nun stunden wir armen Soldaten als Schaaffe die keinen hirten hatten; Musten aber auch also bald um kehren, und wurde uns auf diesem so genandten Schwartzenberge ein lager Platz angewiesen; Nun waren unsere zelter sehr zerrißen, und auf diesem berge [///] war der Nordwind so hefftig, so das wir uns unsere verlaßenen rauchkammern Hertzlich wünscheten denn Holtz und stroh war sehr schön da in dem vorigen lager, allein Hier ist gar nichts, also ist leicht zu gedenken das wir ein großes von Regen, Wind und Kälte in unsern durchl[öcherten] Häusern ausstehen müßen, Unsere leute die aus dem vorigen lager fleißig Nach der Stadt Staade und dem vor der Stadt gelegenen Wirthshause, in letzten Heller genand, gingen, um sich einmahl zu wärmen, werden nun nochmehr dahin gehen, ich selbst [bin] offt dahin gewesen, um Hauptsäglich vom Waßer Canal, worauf die Schieffe von der Elbe in die Stadt kommen, zu sehen, und wie es mit der Ebbe und fluth beschaffen wäre, dieses Hat mich recht gewundert, Wenn das Wasser ankömt so kommen die Schieffe mit dem selben, und so es wieder abgehet, so stehen die Schieffe auf bloßer Erde, so lange bis es wiederkömt, und an lebens mitteln ist Hier gar kein Mangel, Nur an gelde, Es Heißet unserer durchl[auchter] ErbPrintz [Karl] und d[er] H[err] Gen[eral] Lieutenant [von Imhoff] würden als Arrestanten nach braunschweig oder Hannover gebracht werden. ///

Heimatländer zurückgeschickt und keineswegs als Kriegsgefangene angesehen werden«. Zit. nach Renouard, Geschichte des Krieges in Hannover, Hessen und Westfalen, Bd 1, S. 284.

96 *Escorte* = Kommando, das etwas oder jemanden sicher an dessen Ziel begleiten soll; vgl. den Art. »Escorte«, in: Kriegs- Ingenieur- Artillerie- und See-Lexicon, S. 262. »Escorte, Convoi, T[eutsch] Geleit, Bedeckung [...], heisset ein gewisses Commando, so wohl von der Cavalerie als Infanterie, so beordert wird, etwas zu begleiten, um dasselbe vor allen feindlichen Anfällen zu beschützen«.

97 *Arretirt* = in Arrest nehmen, Bezeichnung für die Verhaftung von Militärangehörigen; vgl. den Art. »Arrestiren«, in: Kriegs- Ingenieur- Artillerie- und See-Lexicon, S. 40. »Arrestiren, einen anhalten, in gefängliche Hafft nehmen, setzen lassen«.

8. Brief aus dem Feldlager bei Altenhagen, vom 21. Dezember 1757

Übernahme des Oberkommandos der preußisch-alliierten Armee durch Herzog Ferdinand von Braunschweig-Wolfenbüttel – Belagerung und Einnahme von Celle – Niederbrennen Celles durch die Franzosen – Versorgungslage im Feldlager vor Celle

Der 8. Brief Aus dem lager bey Altenhagen[98]*, ohnweit Zelle*[99]
*von 21*ten *Decemb[er] 1757.*

Nachdeme wir vor Staade bis d[en] 26ten Nov[ember] In trübsaal zu gebracht, denn so kann man es mit recht nennen sind wir Endlich alda weg Marchirt Es ist alda die letzte Zeit noch so viel gearbeitet, an vestungs Werckern, Nahe vor der Stadt war eine Anhöhe Worauf der vornehmste kirchhof[100] der Stadt befindlich, diese Höhe wurde von vielen 100. Arbeitern mit schiebkarren abgefahren, um eine darunter liegende tieffe aus zu füllen, und eine Ebene gegend vor der Stadt zu machen, da wurden die Todten körper theils in, und theils ohne Särgern in schiebkarren hin unter gefahren, und ihre städte war nicht mehr auf der Höhe funden ·ʃ. Anjetzo kan mann mit recht sagen, Wir sind auf der frantzosen Jagd, denn wir Haben nun in vergleich zu reden, einen Scharffen schützen und Jäger Meister zu unsern Anführer, Nachdeme der Herzog von Cummerland, von uns abschiedt genommen, und sich bedancken laßen vor die dienste So wir ihm geleistet; Haben wir dem Printz und Herzog Ferdinand von braunschweig[101] [///] als unsers Regierenden Herzogs [Karl] Herrn bruder bekommen, dieser Herr scheinet zu gleich viele Menschen liebe Nächst seiner großen klugheit zu besitzen, wie er uns das erste mahl Musterte[102] grüßete er uns mit einen guhten Morgen und Nennete uns seine landsleute, So das wir vor furcht und liebe recht brandten ·ʃ. Am 26ten Nov[ember] brachen wir vor Staade auf, wie oben schon angeführt, und Marchirten Nach Boxtehude[103], Woselbst ich in ein guhtes Quartier

---

98 Altenhagen, Stadtteil von Celle.

99 Celle, Kreisstadt in Niedersachsen.

100 *Kirchhof* = Friedhof; vgl. den Art. »GOttes=Acker«, in: Zedler, Grosses vollständiges Universal-Lexicon, Bd 11, Sp. 373–378. »GOttes=Acker oder Toden=Acker [...], ist der Ort, wo die toden Leichen ordentlich begraben werden. Weil sie gemeiniglich an und um die Kirchen gelegen, werden sie Kirch-Höfe [...] genennet«.

101 Ferdinand von Braunschweig-Wolfenbüttel (* 12.1.1721 in Wolfenbüttel; † 3.7.1792 in Braunschweig), Prinz von Braunschweig-Wolfenbüttel-Bevern, ab 1735 Prinz von Braunschweig-Wolfenbüttel, Herzog von Braunschweig und Lüneburg, Generalfeldmarschall in preußischen Diensten, ab dem 24.11.1757 Oberkommandierender der preußisch-alliierten Armee im Siebenjährigen Krieg.

102 *Musterte* = Musterung, diente dem Feldherren dazu sich über den Zustand seiner Einheiten zu informieren; vgl. den Art. »Musterung«, in: Kriegs- Ingenieur- Artillerie- und See-Lexicon, S. 571. »Musterung [...], heisset im Kriegs-Wesen, wenn derjenige, der Kriegs-Völker oder Troupen hat, dieselbigen entweder insgemein oder Regimenter-Weise, sich versammeln lässet, damit sie entweder vor ihme selber, oder dem darzu bestellten Inspecteur und Kriegs-Commissario, ingleichen der vornehmsten Officiers, Mann vor Mann vorbey passiren, damit das Haupt solcher Troupen erfahre, ob sie complet, und in gutem Stande seyn«.

103 Buxtehude, Stadt im Landkreis Stade, Niedersachsen.

kam, am 27ten Nach Beckendorff[104], alda blieben wir 2. Tage, Am 30 Nov[ember] bezogen wir wieder ein lager, bey Wüttenberg[105], indem sich die Armee nicht in dörffer zerstreuen durffte, denn der feind war aller orten fast um uns her und haben seitdeme täglich Marchirt und feldlager bezogen, bis am 13ten Decemb[er] kahmen wir Hier bey Zelle, und sind die frantzosen bisher immer ohne widerstand vor uns geflohen, ohne Haarburg[106] da muste erst vor Canonirt und Bloquirt werden, weil ein festes Schloß darin ist,[107] sondern Boxtehude, und lüneburg Haben wir frey erhalten Allein Hier vor Zelle siehet es noch schlecht [///] aus, daselbst fliest die Aller durch, und dieser fluß ist die scheidunge anjetzo zwischen uns und unsern gegener Jedoch wird von beiden seiten täglich Cannonirt und Bombardirt, in Zelle Hats bereits 3. Tage gebrand und sagt mann das eine kirche und Waisenhauß Nebst andern gebäuden von dem frantzosen angesteckt[108], um sich an dieser seite der Stadt freyen Platz zu machen: Wegen der anhaltenden und zu Nehmenden kälte und Schnee komt hier Mancher Mensch um seine Gesund[heit], und das arme Pferde vieh Crepirt gar, theils vor kälte und theils vor hunger, Es ist noch eine Herliche Sache, das wir immer unser brodt richtig kriegen, und dieses ists auch Womit mann sich Nebst Waßer, erhalten muß, und da man nun seit 2. Monat kein hemde hat können gewaschet kriegen, so stehet leicht zu gedencken wie sich bey jeden die Mit Eßer an finden, und die noch übrigen lebens säfte mit aus saugen helffen, denn wir Müßen tag und [Nacht] in voller kleidunge sein und bleiben; in dem Sommer langen tagen Wünschete mann, wie die Tages länge durch die Nacht theils abgekürtzet würde anjetzo da nun die Nächte so lang und kalt sind, verlanget man mehr tages licht zu haben. ///

104 Beckdorf, Gemeinde im Landkreis Stade, Niedersachsen.

105 Wüttenberg oder Wüstenberg, Lage des Ortes unklar.

106 Harburg, heute Stadtteil von Hamburg.

107 Die Übergabe der Festung und des Schlosses in Harburg an die Franzosen durch den hannoverschen Oberst von Schultzen erfolgte am 5.9.1757. Die Belagerung der französischen Besatzung durch die Truppen Herzog Ferdinands begann am 28.11., die ehrenvolle Übergabe der Festung durch die Franzosen erfolgte am 30.12.1757; vgl. Schmidt, Die Kämpfe um die Festung Harburg, S. 55–67.

108 Brand von Celle 1757: Um den Vormarsch der alliierten Truppen über die Aller aufzuhalten, befahl Louis François Armand de Vignerot du Plessis, Herzog von Richelieu und Marschall von Frankreich, am 13.12.1757 in Celle das Haus des Garnisonpredigers und Garnisonküsters, das St.-Annenhospital, die Garnison- oder St.-Annenkirche, das Waisenhaus und den Straßenzug Fritzenwiese in Brand zu stecken. Anschließend brachten die Franzosen durch Kanonenfeuer die Allerbrücke zum Einsturz; vgl. Geschichte der Stadt Celle, Bd 2, S. 53–56. Zur Beschreibung des Brandes und der Kämpfe um Celle siehe auch: Celle im Siebenjährigen Krieg, S. 118–121.

9. Brief aus den Kantonierquartier zu Bremervörde, vom 10. Februar 1758

Weihnachten auf dem Marsch in die Kantonierquartiere – Kohlsuppe im Quartier

Der 9. Brief Aus den Cantonir Quartier[109] *zu Bremerferden*[110]
von 10ten Febr[uar] 1758.

Am 24ten Decemb[e]ra[nni] p[raeteriti] Marchirten wir vor Zelle weg, ohne Haupt operationen vor zunehmen denn die Jahreszeit und Witterunge ließ solches nicht zu, An diesem abent schlugen wir so wenig zelter auf, als in Häuser und dörffern Quartier zu nehmen, sondern wir lagerten uns in einen Walde, ohnweit des so genandten Schaaffstalls, da war die Erde unser stuhl und der Schne das küßen und bette, sehr Hart gefrohren brodt unsere speise, und aus geschmoltzener Schne unser tranck, und wäre kein Schne gewesen, so Hätten wir bey nachtzeiten in dem unbekanten Walde kein Waßer erreichen können; dieses war nun die erste Weynachts Nacht, dem ersten und andern Weynachts tag Marchirten wir wieder, allein die Nacht wurden zelter aufgeschlagen, am 3ten festtage kahmen wir in Quartire, allein die gantze Compagnie in ein Hauß, Nun stehet leicht zu gedencken, wie große freude oder Labsaal alda zu bekommen war, die frau Wihrtin unserer [///] Compag[nie] Hatte vor ihr Haus gesinde einen braunen kohl[111] auf die gantze Woche gekocht, selbigen Wollte Sie gerne Hergeben, allein sie sagte was [ist] das unter so viele hungerige Männer, Sie beschloß dem kohl in [einen] großen keßel zu schütten, und noch ein Paar Eymer Waßer auf zu gießen und damit aufkochen zu laßen, dieses wurde, um nur was warmes in den leib zu kriegen, beliebt, und wolte fast ein Jeder helfen das feuer nach zulegen, um denn löffel kohl ins kochen zu bringen, unter derzeit wurde auf der gantzen Hauß dele von einen bis zum andern Ende feuer gemacht, und zu beiden Seiten stroh hingelegt, welches die Schlaf und lager statt sein solte, zu erst legte ein Jeder seinen knust brodt ans feuer um den frost daraus zu vertreiben, Nach eingenommenen löffel kohl gab unsere frau Wihrtin einen Jedem unter uns, eine guhte Meßerspitze voll butter; Wozu Sie dennoch unter 130. Mann einen schönen topf voll aus theilte, des Nachts wie alles geruhig war, kahm feuer in unserer lagerstatt zwischen uns, der Wihrt aber so wachsam gewesen kam einen daraus entstehenden unglück zu vor, Mit an bruch des tages setzten wir uns wieder in den March, und wurde selbigen [///] tag unsere Schwere Bagage, Nebst einen theil Arttillerie von der Armee weg geschicket und ein

[109] *Cantonir Quartier* = besondere Art des Lagerns einer Armee, bei der die Soldaten nicht mehr in Feldlagern stehen, allerdings weiterhin in enger räumlicher Anordnung zu den übrigen Regimentern liegen; vgl. den Art. »Cantonniren«, in: Kriegs- Ingenieur- Artillerie- und See-Lexicon, S. 143 f. »Cantonniren [...] heisset, wenn eine Armée zwar aus dem Felde gehet, jedoch aber die rechten Winter-Quartiere noch nicht beziehet, sondern in nahe bey einander liegenden Oertern, um auf den Nothfall dieselbe bald wieder bey einander zu haben, einquartiret ist«.

[110] Bremervörde, Stadt im Landkreis Rotenburg (Wümme), Niedersachsen.

[111] *Braunen kohl* = Braunkohl, auch Grünkohl genannt, bezeichnet eine norddeutsche Kohlspezialität, die vorwiegend im Spätherbst und Winter gegessen wird; vgl. den Art. »Kohl«, in: Zedler, Grosses vollständiges Universal-Lexicon, Bd 15, Sp. 1409–1413.

Commando dabey gegeben, Hiebey wurde ich mit Commandirt, und wir gingen ab und wurden Nach dem dorf Habekott[112], ohnweit der stadt Ültzen[113] geschicket, Hier waren wir beynahe ein Monat und ob wir gleich viele Wachen thun musten, So stunden wir doch beßer, als diejenigen so ihren dienst beym Regiment verrichten musten, denn der Herzog Ferdinant nahm unter derzeit große und wichtige operationen vor, und glückte alles so guth, das fast kein rath vor alle gefangengenommene frantzosen konnte geschaffet werden; Endlich da sich die Hefftige unruhe etwas gelegt, wurde das Commando Nebst der Bagage und Arttill[erie] zum Regimentern geruffen, also bin ich nun gestern in der Stadt Bremerferden angekommen, und höre von Meinen Cammeraden, was Sie vor saure Strabatzen gehabt, wir müßen [uns] aber beständig March fertighalten, und wenn ich nur erst ein Paar gantze Schu an füßen hätte ich wolte gerne Marchiren, es ist zwar bishero nichts ungewöhnlichs das Mancher wie ein Hund auf seinen eigenen leder gehen muß. ///

10. Brief aus dem Kantonierquartier zu Lübbecke, vom 19. März 1758

Angriff auf die Stadt Hoya – Beschreibung eines französischen Massengrabs in Nienburg – Meldung von der Übergabe der Stadt Minden durch die Franzosen

Der 10. Brief Aus dem Cantonir Quartier zu Lüpke[114] *von 19ten Mart[ii] 1758.*

Am 14ten Febr[uar] verließen wir die Stadt Bremerferden, und setzten unsern March wieder Nach Ferden hinauf und die frantzosen machten uns bis dahin keinen auffenthalt, unser durchl[auchter] ErbPrintz [Karl] führte die Avantgarde und Attaquitirte Am 23ten die Stadt Hoja[115] Wobey das fürstl[iche] Leib-Regiment von braunschweig gewesen, Es Hatten die feinde sich tapffer gewehrt, aus thüren fe[n]stern, und von dächern geschoßen, und wie sie sich endlich gefangen sehen haben haben sie die eine vorstadt, Nebst dem daselbst stehenden gräfflichen Schloß in brand gesetzet, und auch einige gebäude bis in dem grund abgebrand, die Weser fließet durch diese Stadt, ich habe mich sehr gewundert, Wie wir des andern tages in die Stadt Hoja kahmen, wie es so leicht möglich gegewesen, denn feind so bald zu überwinden denn es sollen 5000. Mann darin gewest sein, Es ist daselbst ein groß Hospital, Nebst Magazinen erbeutet, und in der Stadt Ferden des gleichen, Am 27ten Febr[uar] kam unser Regiment in Nienburg[116] Woselbst eine Steinern brücke über die Weser gehet [///] daselbst hatten die frantzosen Nebst einen großen Hospital vieles in stich gela-

112 Havekost, Gemeinde Römstedt, Landkreis Uelzen, Niedersachsen.

113 Uelzen, Kreisstadt in Niedersachsen.

114 Lübbecke, Stadt im Kreis Minden-Lübbecke, Nordrhein-Westfalen.

115 Hoya, Stadt im Landkreis Nienburg (Weser), Niedersachsen. Zur Einnahme der Stadt im März 1758 siehe Westphalen, Geschichte der Feldzüge, Bd 1, S. 483–485; Sichart, Geschichte der Königlich-Hannoverschen Armee, Bd 3, S. 320–325; zur Situation der Zivilbevölkerung vgl. exemplarisch Sorger, Der Abschiedsbrief der Mutter.

116 Vgl. Feuerle, Garnison und Gesellschaft, S. 188–191, zur Einrichtung des Hospitals ebd., S. 344.

ßen, und in die brücke lauter Minen[117] gemacht, und mit Pulver angefült ich habe nicht allein das frantzosen Hospital sondern auch ihren kirchhof in augenschein genommen, und nach aussage der krancken wärter, wären über 400. Mann, so fast alle dem Todte sehr Nahe zu sein schienen,[118] ich sahe sehr viele unter selben, denn hände und füße gantz zu schanden gefroren waren, auch theils denn bereits verfrorne glieder abgenommen waren, Jhr kirchhof war ein loch wie ein großes Hauß in umfang, Woselbst bereits an die Tausent liegen solten, und zwar alle Nackent ein übern ander Herein geworffen bis das die grube voll ist, und wenn die Todten Wagen vor dem Hospitälern auf laden, so werden diejenigen so dem Tode sehr Nahe sind, gleich lebendig mit aufgeladen, und in die grube geworfen, und Nach aussage Meines Wihrts, so ein buchbinder war, sollen die Todten wagen des abends späth noch welche Hinaus gefahren haben, wo noch lebendige unter gewesen, wovon des Nachts einer vors thor [///] wieder so Nackent aus dem grabe gekommen sein welchen die Wache wieder Herein genommen[119]; Was die bürgerleute uns alle erzählet, ist fast nicht möglich allesamt wieder aus zusprechen, Was nemlich die frantzosen alda vor Wihrtschafft getrieben: die Preusische Stadt Münden, wurde aber Hertzhaft von dem frantzosen vertheidigt und [~~wurde~~] von verschiedenen Seiten von uns Bloquirt, So daß sich die feinden am 15. Mart[ii] genöthigt sahen ohne weitere gegen wehr, und zwar mit accord zu ergeben, daselbst sind wieder allerhand reiche Magazine, von kriegesbedürffen erbeutet[120]; die Steinerne brücke über die Weser, war eben wie bey der Nienburg mit Pulver angesetzet, So wie nun der frühling immer beßer wird, und unser krieges Avansiment[121], unter göttlichen beystand bisher guht von statten gegangen, So werden wir auch aufs Neue wieder belebt, und vergeßen beynahe, was wir in Winter ausgestanden, und diejenigen so uns vor Zelle so häufig Deserteurten schreiben nunmehro schon brieffe, die voller reue, ihrer gewesenen untreue sind, und es werden selbe sämtlich auf gesucht, und wieder zur Armee geschicket werden. ///

117 *Minen* = Mine, bezeichnet eine Grube oder einen Gang, der unterhalb von Bauwerken angelegt und mit Pulver gefüllt wurde, um selbiges durch Sprengung unbrauchbar zu machen; vgl. den Art. »Mine«, in: Kriegs- Ingenieur- Artillerie- und See-Lexicon, S. 553–555. »Mine, T[eutsch] Spreng-Grube [...], [heisset] ein Graben, holer Gang oder Untergang der Erden gegen ein feindliches Bollwerck oder ander Werck, welches man durch das darein versperrete Pulver in die Höhe zu sprengen und nieder zu stürtzen willens ist«.

118 Zu den Verlustzahlen vgl. Sichart, Geschichte der Königlich-Hannoverschen Armee, Bd 3, S. 324. Dort ist die Rede von 100 getöteten Franzosen, 250 Verwundeten in den Hospitälern und weiteren 420 Verwundeten und Gefangenen; vgl. auch Berger/Gatter/Klusmann-Burmeister, Ruhe süße Ruhe schwebe, S. 27.

119 Eine ähnliche Geschichte berichtet Herr aus Hameln; vgl. Herr, Wohl und Wehe der Stadt Hameln, unpag. [S. 14].

120 Zur Einnahme von Minden siehe Sichart, Geschichte der Königlich-Hannoverschen Armee, Bd 3, S. 328–339.

121 *Kriegs Avansiment* = Kriegsanstrengungen; vgl. den Art. »Avancer«, in: Zedler, Grosses vollständiges Universal-Lexicon, Bd 2, Sp. 2098.

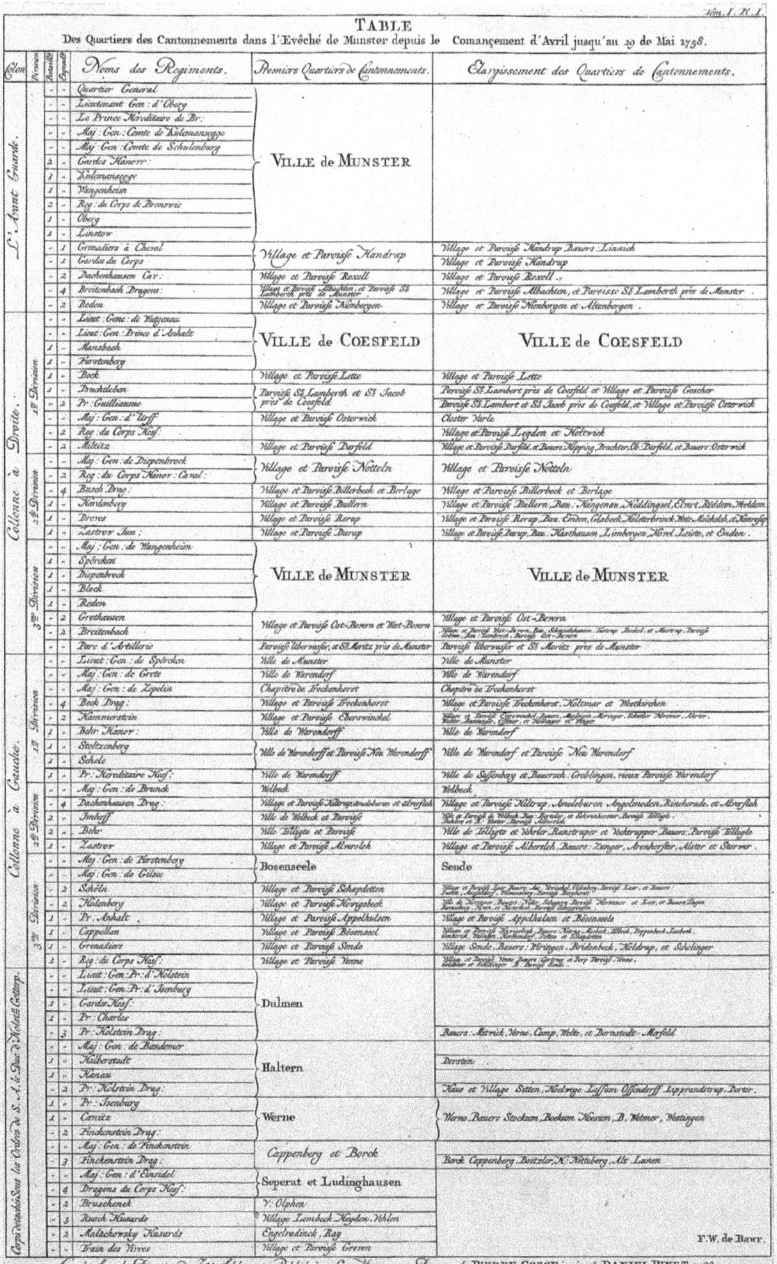

Tableau der Quartiere der Kantone im Bistum Münster seit Anfang April bis zum 29. Mai 1758, Urheber F. W. de Bawr, Druck: Pierre Gosse junior & Daniel Pinet, Den Haag, Aufstellung über die Quartiere im Bistum Münster 1758, Kupferstich aus dem Jahre 1766 [Table des Quartiers des Cantonnements dans l'Evêche de Munster depuis le Comançement d'Avril jusqu'au 29. de Mai 1758], Bestand/Sign. HStAM Karten WHK 25/41.

11. Brief aus dem Kantonierquartier zu Wolbeck, vom 18. Mai 1758

Marienfrömmigkeit in Telgte – Erkrankung im Quartier zu Wolbeck – Sehenswürdigkeiten und Anekdoten von Münster

Der 11. Brief Aus dem Cantonier Quartier zu Wolbeck[122] *von 18ten May 1758.*

Nachdeme die Stadt Preußisch Münden am 15ten Mart[ii] mit accord von dem frantzosen, an uns übergangen, haben wir täglich Marchirt, und unsere Avantgarde ist vermögsam genug gewesen, uns allezeit freye wege zu machen, so das wir bisher von dem feind keinen wiederstand gehabt, und die dorfschafften, wo wir durch gekommen und Quartier genommen, freuen sich sehr, das die frantzosen so flüchtig geworden wären, Am 2ten May kam unser Regiment in dem Nächsten dörffern der Stadt Telchte[123] in Quartier, daß fürstl[liche] Leib Regim[ent] kam in die Stadt zu liegen bey selbigen hatte ich einen guhten freund, diesem besuchte ich an dem tage, und kam mit dieser gelegenheit in die Stadt Telchte; Meines freundes sein Herr Wihrt, Hörte wie ich zum ersten mahl in der Stadt wäre, Redete mich an ob ich nicht lust hätte, ihren gnadenthron[124] bey dieser gelegenheit zu besehen, ich stelte mich sehr devot[125] wie ich von gnadenthron hörte, und antwortete daß ich selben sehr gerne sehen mögte wenn [///] ich anderst das glück haben könte, Jch wurde gleich von dem Ehrl[ichen] Mann über die straße geführt, da kahmen wir auf einen kirchhof, darauf stund eine ansehnliche kirche und Capelle, ich wendete mich Nach dem Hauptgebäude, Nein sagte der Mann in dieser Capelle ist der gandenthron, wir gingen hin ein, und ich wurde daselbst unter unzähliger Menge schildern von gold und silber, auch andern zierraten, ein Mutter gottes oder Marienbild gewahr, diese stund auf einen Hohen throne, in köstlicher kleidunge und allerhand Schmuck an gethan, Nun eröffnete mir mein anführer; dieses bild sprach er, ist oben aus einen großen Wallnußbaum gewachsen so wie es Hier zu sehen ist, ohne daß ihr nur bey Jetziger zeit, Nach unterschiedener art und fest tagen andere kleider angelegt werden, und diese H[eilige] Maria läßt sich alle Noth und kranckheiten vortragen, und es mag vor Menschen oder ungesundes vieh sein, Sie weiset keine bitte von sich, und wenn der Jährl[iche] processions tag mit ihr einfält, so stellen sich nicht allein die leute aus dem gantzen Münsterlande hieselbst ein, sondern von mehr denn 20. Meile weges werden allerhand [~~hand~~] krancke Menschen, krancke Pferde kühe und Schweine gebracht ʃ.und so diese patienten hier gewesen, und lebendig wieder Nach hause kommen [///] wird an deren genesunge Niemahlen gezweiffelt; Es wurden mir

---

122 Wolbeck, Stadtteil von Münster.

123 Telgte, Stadt im Landkreis Warendorf, Nordrhein-Westfalen.

124 Pietá von Telgte: Das um 1370 aus Pappelholz geschnitzte Gnadenbild der schmerzhaften Gottesmutter mit dem gekreuzigten Jesus im Arm soll nach einer Sage aus der Marienlinde, einem alten Baum am Telgter Stadttor nach Münster, geschnitzt worden sein; vgl. Freitag, Volks- und Elitenfrömmigkeit.

125 *Devot* = untergeben, unterwürfig, hier im Sinne von erfreut; vgl. den Art. »Unterwürfig«, in: Grimm/Grimm, Deutsches Wörterbuch, Bd 24, Sp. 1914 f.

unten in der Capelle eine große Menge krücken und kleine wagen gezeigt, welche von krancken alda zu rück gelaßen, so ihr gebeht nicht eher gegen die H[eilige] Maria geendigt bis Sie ihnen hülffe geschafft; auch fing er ferner an, mir zu erzählen wie Sie bey Jetzigen zeiten und groser krieges unruhe so viele thränen vergöße und fast tag und Nacht Weinete, Wovon ihr gantz Naßes Halstuch zeugete, Es wäre dieses alles vor dem Bischoff gebracht, selbiger hätte dieses zu hertzen genommen, und gleich befehl gegeben, einen Wagen mit 6. Pferden zu bespannen, und das H[eilige] Bild Nebst allen Jhrem zu behör Nach Cöllen[126] zu bringen, dieses alles wäre auch bewerckstelliget, allein wie dieser Wagen an das Stadt Thor gekommen[~~wäre~~], hätten alle Pferde stille gestanden, und hätte alles Peitschen kein Pferd vorwärts bringen können Endlich wäre beschloßen, dem Wagen um zu wenden da hätten die Pferde denselben ohne kutscher wieder vor die Capelle gefahren, das aber der größeste theil ihrer goldenen und silbern schilder auch kleinodien, in des Bischoffs verwarunge Nach Cölln gebracht, solches Hätte Sie gerne geschehen laßen ·ʃ. In diesem Meinen Jetzigen Quartier [///] So 2. Meilen davon ist, bin ich von gedachten gandenthron noch mehr unterrichtet, Nemlich am 3ten May bezogen wir diese Jetzigen Quartiere, und Mein Herr Wihrt war ein Rusticus[127], Allein erhatte einen schönen küchen garten, Worin so gar ein lusthauß[128] stund, ob gleich vielleicht vor langen [Jahren], kein fenster mehr darin gewesen Hier Logirte[129] ich mich, um desto beßer von der Nachtigall und dem frühen vogel gesang provitiren zu können, Allein Nach verlauf einiger Nächte befiel ich wegen der starcken durchziehenden luft, mit einen hefftigen Catarr[130] und muste mich ins Wohnhauß begeben, Meine kranckheit kam zu einem brust fieber, und Muste einen chirurg[us] kommen laßen, welcher mich zu erst zur ader ließ[131], und deßen Würckunge nun erwarten wolte, wie dieser mich verließ kahm Meine frau Wihrtin zu mir vors bette, Gratulirte mich zum aderlaßen und trug mir an, so mich Mein leben noch lieb wäre und ich hätte glauben an Jhre Mutter gottes zu Telgte solte mich ihr Mann dahin bringen, Sie hätten doch ein kranck Pferdt, da wolte ihr Mann auf dem processions [Tag] überdem damit hin

126 Köln, kreisfreie Stadt in Nordrhein-Westfalen.

127 *Rusticus* (lat.) = Bauer.

128 *Lusthauß* = Kleines Haus, dass zu Vergnügungsaufenthalten in einem Garten errichtet wurde; vgl. den Art. »Lusthaus«, in: Grimm/Grimm, Deutsches Wörterbuch, Bd 12, Sp. 1338.

129 *Logirte* = einquartieren, Quartier beziehen; vgl. den Art. »Logement d'un homme de Guerre«, in: Zedler, Grosses vollständiges Universal-Lexicon, Bd 18, Sp. 258. »Logement d'un homme de Guerre, wird der Ort genennet, wo sich ein Soldat aufhält, es sey in Baracken, Casernen oder Zelten«.

130 *Catarr* = Krankheit, die mit Husten, Schnupfen, Heiserkeit, Gliederschmerzen und Fieber verbunden ist und der zeitgenössischen Ansicht nach im »wässerigen Theil des Geblüts entstehe«, somit der Humoralpathologie oder Vier-Säfte-Lehre entstammt. Es entspricht einer Grippe oder einem grippalen Infekt; vgl. den Art. »Catarr«, in: Zedler, Grosses vollständiges Universal-Lexicon, Bd 5, Sp. 1442–1453.

131 *Zur ader ließ* = Aderlass, seit der Antike bekannte und bis ins 19. Jahrhundert angewandte medizinische Behandlung, bei der dem Patienten eine kleine Wunde zugefügt wurde. Dem Austreten des Blutes wurde dabei eine heilende Wirkung zugesprochen, da nach Ansicht der praktizierenden Mediziner die im Blut gesammelten schädlichen Gase entweichen konnten. Das Verfahren kam bei einer Vielzahl von Leiden und Beschwerden zur Anwendung; vgl. den Art. »Aderlaß«, in: Zedler, Grosses vollständiges Universal-Lexicon, Bd 1, Sp. 493–495.

geritten sein, die Mutter gottes versagte aber zu keinerzeit hülffe, so solte ich mich aufs Pferdt setzen und Morgen früh hin reiten, vielleicht kähme ich Morgen abent mit samt dem krancken Pferde gesund zu hause ·ſ. [///] ich bedanckte mich vor das gühtige anerbieten, und bath noch ein Paar tage mit mir in gedult zu stehen, ich wolte erst sehen wie ich mich nach dem ader laßen befinden würde, und wäre überdem nicht zu verantworten, das der eine krancke auf dem andern patienten, zum artzte Reiten wolte, dieses mögte der H[eiligen] Helfferin verdrießen, die beßerunge Meiner kranckheit folgte in der gebehtenen frist sehr geringe die guhte frau stellete mir wiederum für wie jetzo so viele leute an Meiner kranckheit stürben wie ich Ja gestern an einen Mann von Meiner Compag[nie] ein Exempel gehabt, (dieser war gestorben.) Jch lehnete aber die gesundheits Reise damit ab, ich dürffte es ohne wißen Meines Cheffs nicht thun, Nach verlauff 8 tagen konte ich aber wieder auf stehen und da wir nun noch immer hier sind, so bearbeite ich zur danckbarigkeit Meines Wihrts garten, sähe und Pflantze darin, und die frau Wihrtin Hat ein vergnügen daran, und sagt immer es wäre Tausend schade wenn ich gestorben wäre, oder noch solte vorn feind erschoßen werden und da ich einsmahls einen Jungen Haasen gefangen hatte, und ihr denselben schenckte, da sagte Sie voller freuden, wenn ich nur statt des blauen einen grünen Rock hätte, so wäre ich ein unvergleichlicher Jäger und gärtener ·ſ. [///] Nachdeme ich nun zimlicher Maßen wieder hergestelt bin, so mache ich mir allerhand veränderungen, nicht um Appetit zum Eßen zu erwecken, sondern selben theils damit zu vertreiben, indem die lebens mittel hier sehr behände sind; in der Stadt Münster[132] belustige ich mich die Clöster und kirchen zu besehen, selbige stehen denn gantzen tag offen, wenn eine hora[133] aus ist gehet die andere wieder an; das Citadell vor Münster ist auch sehens würdig, An einer kirche in der Stadt ist noch ein wahrzeichen oben an den thurm, Woselbst 3. Eysern körbe hengen, Worin ehedem 3. Verrähter von fliegen lebendig verzehrt, So zu vor erst Nackent aus gezogen und mit Honig überstrichen worden:[134] zwischen Münster und Telchte auf einer großen heyde stehet ein gericht, solches ist wegen der vielheit der galgen und Räder als ein Wald anzusehen, dabey ist warzunehmen, wie ein Jude in einen Eysern korbe beym beinen aufgehencket, und ein anderer Henget in einen doppelten galgen Wo 2. Auf einander stehen, dieser soll in seinen Arrest gesagt haben, er könte doch nicht höher gehenget werden als ein galge wäre, darum Henget er nun in zweiten; ich glaube diese große Justitz ist darum an dem wege Nach Telchte, weil die bekehrten armen [///] Sünder desto eher hülffe von dem Telchtschen gnadenThrone erlangen können. Am 10ten May ist unser Herr Major

[132] Münster, Kreisstadt in Nordrhein-Westfalen; vgl. Huppertz, Münster im Siebenjährigen Kriege.

[133] *Hora* (lat.) = Stunde, hier = Stundengeläut.

[134] Gemeint sind die drei Täuferkörbe am Turm der Kirche St. Lamberti in Münster. Diese wurden nach der Eroberung Münsters und der Zerschlagung des sog. *Täufer-* oder *Wiedertäuferreichs* durch ein protestantisch-katholisches Bündnis unter dem Fürstbischof Franz von Waldeck 1535 zum Transport einiger der Rädelsführer: Jan van Leiden, Bernd Krechting sowie Bernd Knipperdolling angefertigt. Nach ihrer Hinrichtung in Münster am 26.1.1536 wurden die Körper der verstorbenen in den Käfigen fixiert und zur Warnung und Abschreckung am Turm von St. Lamberti angebracht; vgl. Kirchhoff, Die »Wiedertäufer-Käfige«.

von Walmoden[135] in der Stadt Wolbeck gestorben, und daselbst in die kirche begraben, dieser Herr wird von gantzen Regiment, wegen seiner leutseeligkeit beklagt, und ungern gemißet, Am 12ten dito kam ein Transport Recruten[136] von Braunschweig alhier an; Wobey sich diejenigen mit befunden so vor Zelle Deserteurt waren, die Summa dieser Manschaft war 560. Mann, und diesem soll bald ein anderer Transport von 600. Mann noch nachgeschickt werden. Also das wir wieder in einen Completen stand kommen. Am 16[ten] May bekammen wir unsern theuren Herrn General Lieut[enant] v[on] Imhoff wieder zu sehen welcher uns bey Staade am 18[ten] Nov[ember] a[nni] p[raeteriti] entzogen wurde. Unsere feld Equipage[137] ist nun volkommen in stande, und wir haben ordre uns March fertig zu halten, Es gehet die rede als wolten die frantzosen sich vorn Rein festsetzen, und mit einen theil ihrer Armee oben ins Hessenland Marchiren unsere Recruten sind nun mit ein gestelt und wird täglich Exercirt[138]. ///

135 Major von Walmoden († 10.5.1758 in Wolbeck), Kompaniechef im 1. Bataillon, Regiment von Imhoff.

136 *Recruten* = Rekrut, bezeichnet einen neu angeworbenen Soldaten respektive dessen ersten Dienstgrad; vgl. den Art. »Recruten«, in: Kriegs- Ingenieur- Artillerie- und See-Lexicon, S. 699. »Recruten [...], nennet man das Kriegs-Volck, welches angeworben wird, um den erlittenen Abgang bey einem stehenden Regiment oder Compagnie wieder zu ersetzen. Auf gut Teutsch kann man sie Ergäntzungs-Völker nennen«.

137 *Feld Equipage* = Gesamte Ausrüstung, die eine Armee während eines Feldzuges mit sich führt; vgl. den Art. »Equipage«, in: Zedler, Grosses vollständiges Universal-Lexicon, Bd 8, Sp. 1453. »Equipage oder Equippage, ist aller Vorrath, welchen man zur Reise oder Führung seines Standes nöthig hat, z.E. Diener, Pferde, Carossen, Kleider, Waffen, und dergleichen mehr«.

138 *Exercirt* = geübt, hier im militärischen Sinne die Übung im Umgang mit den Waffen und Bewegungen im militärischen Verband. Im Allgemeinen auch als Drill bezeichnet; vgl. den Art. »Das Exerciren«, in: Kriegs- Ingenieur- Artillerie- und See-Lexicon, S. 268 f. »Das Exerciren, oder die Kriegsübung [...] ist die Unterrichtung der Soldaten, wie die Mousquetirer mit der Flinte oder Mousquete, die Grenadirer mit ihrem Granaten-Werffen, die Carabinirer mit der Carabine, und die Reuter mit Pistol-Schiessung [...] wohl umzugehen, angewiesen werden, und bestehet das Exerciren vornehmlich in diesen dreyen Stücken, als: 1) Hurtig und geschickt sich zu wenden. 2) Die Waffen recht zu führen und zu gebrauchen, und 3) Die Ordnung zu halten«.

12. Brief aus dem Feldlager bei Mehr, vom 22. Juni 1758

Schiffbrücken über den Rhein – Herzog Ferdinand operiert mit der preußisch-alliierten Hauptarmee jenseits des Rheins – Schiffsgeleit für die Pontonbrücken durch das Korps von General Imhoff – Nächtliches Gefecht um die Schiffbrücken – Meldung von der Schlacht bei Kloster Kamp – Der Marktplatz von Rees

Der 12. Brief Aus dem lager bey Meer[139] *ohnweit der Stadt Rees*[140] *an Rein*[141], *von 22*^{ten} *Juny 1758.*

Am 25ten May verließen wir unsre bisherigen Quartire, und bezogen das erste lager bey Notteln[142] unsere bisherigen Quartire waren mehrentheils alte bauerhäuser, und Jetzo haben wir lauter Neue Wohnungen, allein was doch die gewohnheit thut, Wir wären nach frey gelaßener Wahl doch lieber in den Räucherigen bauerhäusern geblieben, wodoch noch Manniger ein geräuchertes stück speck oder Wurst vorgefunden, allein Hier ist freye luft und nicht viel zu schnappen. Der Herzog Ferdinand und der ErbPrintz [Karl] sind mit der großen Armee am 2ten Juny übern Rein Marchirt, und d[er] H[err] General Lieut[enant] v[on] Imhoff stehet mit einen Commando von 4000. Mann dießeit dem Rein, um damit die übern Rein geschlagenen 2. Schiffbrücken zu decken, Wobey sich unser Regim[ent] mit befindet, und haben wir hier schweren dienst, von der Wache, auf Commando, von da zum Piquet, ohne was sich sonsten zu trägt an kleinen Fatiguen[143], und müßen wir uns dem feind so wohl von der land als waßerseite vermuhten sein, vorwärts unsers lagers [///] wird täglich ein starckes Piquet und hinterwärts [in] der Stadt Rees, und auf dem Rein Commando von 300. Mann aus gestelt, Am 9ten Juny kahm ich mit auf Commando Nach der Stadt Rees, und wurde Detachirt[144] auf einen Schiffe Posten zu halten, denn es waren eine Stunde über der Stadt 3. Schiffe auffen Rein die lagen vor ancker, Nach diesem großen Schiffen wurden wir nun in kleinen fahrzeugen durch die Schiffer hinüber gefahren, Es war des tages ein so starcker Wind, das wir noch eine Stunde fast an dem Rein herauf gehen Musten ehe uns der Schiffer wolte ein Nehmen und dieser Schiffte immer an gestade herauf, denn er sagte bey dem Winde Hätte er mitten auf dem fluß noch genug zu thun das er auf das mittelste Schiff zukähme; Endlich Musten wir uns [~~ein~~] Einsetzen er Nahm allezeit 10 Mann [~~ein~~], denn so viel kahmen mit einen unter Officier in ein Schiff, allein Wie wir erst ein wenig weit in den fluß gesetzet und uns der Strom und Wind recht faßete, (der Rein fließet etwas

---

139 Mehr, Stadtteil von Rees, Nordrhein-Westfalen.

140 Rees, Stadt im Landkreis Kleve, Nordrhein-Westfalen.

141 Rhein, Fluss.

142 Nottuln, Stadt im Landkreis Coesfeld, Nordrhein-Westfalen.

143 *Fatiguen* = mühsame Arbeiten, Anstrengungen; vgl. den Art. »Fatigiren«, in: Zedler, Grosses vollständiges Universal-Lexicon, Bd 9, Sp. 302. »Fatigiren, müde und verdrossen machen, daher Fatigues, mühsame Arbeit und Sorgen«.

144 *Detachirt* = abgestellt, abseits der Hauptarmee aufgestellt; vgl. den Art. »Detachement«, in: Zedler, Grosses vollständiges Universal-Lexicon, Bd 7, Sp. 677. »Detachement, Ausschuß, ist eine gewisse Anzahl Officiers u. Soldaten, so man von denen Regimentern, abgiebt, u. zu einem gewissen Dessein entweder zu Belagerung eines Orts oder zu einem andern Absehen verschickt und gebrauchet«.

schnell.) da flog der Cahn fast mit uns hinunter und der Schiffer hatte seine volle arbeit, das er nur immer weiter [///] in die breite Schiffte, Als wir bald an das große Schiff stoßen wolten, da musten wir alle an eine Seite an bort treten, und unsere gewehre vor aus über bort halten, das wir gegen das große Schiff stoßeten denn wenn wir dieses nicht gethan, der hefftige Wind hätte uns mit seiner forsche, samt dem kleinen Cahn unter das große Schiff gestoßen, Nun wurde uns eine leiter, von Tagel werck[145] gemacht, Heraus gehangen, da stiegen wir an herauf, denn ein So großes Schiff Hat 3. Bis 4. Boden übern ander, und oben des Schiffers Wohn zimmer, Stuben und kammern, sind mit Schönen hellen und großen fenstern, auch Wohl aus Möblirt denn viele Schiffer haben fr[au] und kinder mit auffen Schiffe, auch sind die Schiffe von außen mit schöner Mahler und bildschnitzer arbeit [~~geziert~~], und führen 3. Masten, oben mit schönen flaggen geziert, diese Schiff Commandos Musten allezeit 48. Stunden stehen, und [~~allezeit~~] wohl acht geben das auffen Rein nichts feindliches herunter kahm, so uns unsere beiden Schifbrücken Ruinirte, die erste Nacht, Meiner Wache, da das das wetter noch sehr stürmisch war, hatte der Ancker loß gelaßen, und das Schiff war ohne das wir es gewar [///] wurden, bey Nahe nach der brücke hinunter gefloßen da hatte der Ancker wieder festen grund gefast, der Schiffer sagte, daß solches der Wind veruhrsachte indeßen wenn die Ancker Seile nicht Rißen so könte der Ancker von selbst nicht lichten, sondern Riße immer in grunde, wie eine Pflug schaare fort, bis er festen grund faßete, des Morgens sahen wir uns mitten auffen fluß allein, unsere beiden Neben Schiffe, so jedes ein Paar Hundert Schritt[146] rechts und links vor Ancker lagen, konten wir kaum in solcher entfernunge sehen, Nachdeme es nun ein wenig stille, lichtete der Schiffer denn Ancker, und fuhren wieder auf unsern Posten: Einige tage Nachher da ich nicht mehr auf Commando stund, warn zu nachtszeiten von Wesel[147] große gerüste gekommen, aus langen tannen balcken zu bereitet mit lauter Eysernen SchneideWerk versehen, welches die Seile womit die Commando und brücken Schiffe geanckert waren, abschneiden solte, und ruine der theuren Schiffbrücke damit anzurichten, diese gerüste, waren zu beiden Seiten mit Schiffen begleitet damit es Nicht hengen blieb, oder zur Seite [///] ginge, die Schiffe waren starck mit französischer Manschaft besetzet, und wie diese nun auf unsere ersten Commando Schiffe gestoßen, geht's gleich an ein Charmuciren, diesem Scharmützel war aber also bald daß Commando auf der brücke gewar geworden, und wird überall Alarm gemacht So das gleich alles untern gewehr gestanden, und in verschiedene kleine Schiffe werden Piquets gegeben so gleich dem feindl[ichen] entgegen fahren, und es zu einen lebhaften gefecht gekommen, die frantzösischen Schiffe aber so nun zwischen unsern eingeschloßen gewesen Hatten sich gefangen

145 *Tagel werck* = hier Takelage, bezeichnet das Tauwerk auf Schiffen; vgl. den Art. »Tackel, Tackel-Werk«, in: Kriegs- Ingenieur- Artillerie- und See-Lexicon, S. 887 f. »Tackel, Tackel-Werk [...], heisset alles, was Tauen, Segel, Segel-Stangen, Rollen, Anckern, Kabeln, Stücken u.s.w. zu Ausrüstung eines Schiffes gehört«.

146 *Schritt* = Längeneinheit, die einer Länge von 5 Fuß entspricht und ca. 1,5 m ausmacht; vgl. den Art. »Geometrischer Schritt«, in: Zedler, Grosses vollständiges Universal-Lexicon, Bd 10, Sp. 953 f. »Geometrischer Schritt [...], wird eine Länge von fünf Fuß genennet«.

147 Wesel, Kreisstadt in Nordrhein-Westfalen; vgl. Carl, Wesel im Siebenjährigen Krieg; Benninghoff-Lühl, Impressionen aus der besetzten Stadt Wesel.

gegeben, und [die] Schneidende und schädliche Rüstunge war aufgehalten, So daß kein Schade an unsern brücken dadurch geschehen, zu einer andern zeit bin ich wieder auf Commando gewesen, dieses mahl Hatte ich aber Meinen Posten auf der einen brücke, da wurde von dem Herzog Ferdinant, durch ein Commando, ein starcker Transport, feindl[icher] gefangen, 2. Standarten, 3. Fahnen und 2. Pauken Herein, in die Stadt Rees gebracht welche in einer Attaque bey Closter Kampen[148], übern Rein, am 12. Juny erbeutet waren[149]; bey der dis mahligen gelegenheit Nahm ich die Schiffbrücke und deren bau recht in augen schein, und ging Meine [///] betrachtunge in sonderheit dahin, was die kosten dieser beiden brücken wohl wären, und er fuhr ich Nach aussage eines Schiffers, daß ein Jedes Schiff täglich 4. Duc[aten] kostete, So lange Sie mit dem selben stille halten musten und es zu der brücke hergeben, ich antwortete das mir dieses ein Hoher Preiß bedünckte, Er erwiederte, es wäre nicht zu viel, und sie wollen lieber ihren geschäften damit Nachfahren, als so stille liegen, indem sie in gefahr stünden, daß ihre schiffe von dem feind zerschoßen würden, Nun habe ich die Schiffe unter jeder brücke gezählt und waren derer 46. Macht unter beiden 92. Schiffe, diese brücken haben nun bereits seit dem 1ten Juny gelegen, also stehet leicht zu gedencken was selbe ohne die große Menge balcken und bretter kosten, wo [von] eigentlich die brücken [~~von~~] auf die Schiffe gemacht sind; ich habe auch bey dieser gelegenheit denn Rein zum plæsier[150] offt überschritten, und trug deßen breite 565. Schritt aus: Auch habe in der Stadt Rees zur mittages zeit auffen Marckt gespeiset, Woselbst eine große Linde stehet, dieser baum ist zu einer Laube optirt[151] selbige bestehet aus 3. Etagen, und jede Etage Hat einen brettern boden, und gehet mann auf Höltzern treppen von einen boden auf [///] dem andern, Woselbst tische und bäncke stehen, und umher mitt gitterwerck Ein gefast, so mit des baums grünen zweigen alles bewachsen, und jährl[ich] beschnitten und im stande erhalten wird, in dieser Räumlichen Laube wurde täglich so viel zu Eßen gebracht Sallat, braten Eyerkuchen süße und saure Milch, bier, und brante wein brodt butter, speck und Wurst ·ʃ. und Hatten alle diese Marquetender zu unserer zeit besonders, guhten abgang, und kahmen auch viele andere leute, und eine Menge Schiff volck alda täglich zu speisen und zu trincken, auch funden sich daselbst eine Menge spieler ein, die ihr geld nicht allein vor allerhand Eßen und trincken, sondern auch vor daß Würffel plæsier hingaben, denn ein kleiner Regen machte Jhnen Hieran keine hinderniß, Es ist überhaupt alhier eine fruchtbare gegend besonders an der viehzucht, Meinen Wihrt so ich daß mahl in der Stadt Rees

---

148 Kloster Kamp, Zisterzienserkloster in der Stadt Kamp-Lintfort, Kreis Wesel, Nordrhein-Westfalen.

149 Das Gefecht zwischen den preußisch-alliierten Truppen unter Führung Ferdinands von Braunschweig und den französischen Truppen unter Graf Clermont am 12.6.1758 endete mit einem Sieg für die Preußisch-Alliierten. In dem als »Schlacht bei Kloster Kampen« bezeichneten Gefecht vom 15.10.1760 gelang dagegen den Franzosen unter Marquis de Castries gegenüber den von Ferdinand von Braunschweig angeführten Truppen ein taktischer Sieg; vgl. Mediger, Herzog Ferdinand von Braunschweig-Lüneburg, S. 194–196 und S. 543–547.

150 *Pläsir* = plaisir (franz.), vergnügen; vgl. Art. »pläsier«, in: Grimm/Grimm, Deutsches Wörterbuch, Bd 13, Sp. 1899.

151 *Optieren* = vom Recht der Option Gebrauch machen, wählen; vgl. den Art. »Option«, in: Der Duden, Bd 5, 9. Aufl., S. 734; Grotehenn meint jedoch hier die Optik (= das äußere Erscheinungsbild) annehmen.

hatte hieß Wilhelm von der Drüte, dem Commando wurden allezeit etliche Häuser angewiesen Worin sie die 48. Stunde ihre Tornüster[152] ablegten, benandtes Städgen ist nicht über groß, aber sehr plæsant, die Mehrsten straßen sind zu beiden seiten mit linden bäumen bepflantzet, und der Rein fließet hart an der Ringmaure herunter. ///

13. Brief aus dem Feldlager bei Mehr, vom 6. August 1758

Schlacht bei Krefeld – Gefecht des Korps von General Imhoff bei Mehr – Besuch der Wahlstadt bei Mehr nach dem Gefecht

Der 13. Brief. Aus dem Lager bey Meer, ohnweit der Stadt Ress an Rein von 6ten August 1758.

Wir stehen noch in dem lager, aus welchen ich Meinen letztern Brief geschrieben, und was ich in denselben von Rein Strom und deßen jetzigen brücken gemeldet, wird genug sein: Jch will demnach meinen Brief vor dieses mahl mit andern Nachrichten anfüllen Am 23ten Juny. Hat der durchl[auchte] Herzog Ferdinandt Nach Weisen und reiffen überlegen mit unserer grosen Armee, einen Angriff der feinde gethan allein da ich diesem unternehmen nicht mit bey gewohnt, so kan keine genaue beschreibunge davon machen, Nur dieses ist gewiß, das der Angriff einen starcken wiederstand gehabt haben soll, indem der feind an einigen vortheilhaften ort sich sehr verschantzet hätte, dennoch aber ist das gedeihen von oben über unsern Waffen gekommen und haben vor das mahl obgesiegt, der Wahlplatz[153] ist die Heyde bey Crefeld[154] gewesen, denn feindlichen verlust, an Todten Blessierten, und gefangenen rechnet mann ohngefehr 8523. Köpffe, der unserign soll nach eingeliefferten Listen 4000. Mann sein[155], Wobey die Hannoveraner dem größesten verlust gehabt haben sollen, [///] An Sieges zeichen sind unsern d[em] H[errn] General Lieutenant von Imhoff abermahl 2. Fahnen 5. Standarten und ein Paar Pauken in verwarunge geschicket, die erbeuteten Canonen sind bey der Großen Armee geblieben: Am 13. July kahm ein Transport braunschw[ei]g[ischer] Recruten 900. Mann starck, davon Hat unserer H[err] Gen[eral] Lieut[enant] v[on] Imhoff die ihm zu geschickt behalten, die andern sind übern Rein nach der großen Armee; Am 18ten July ging ein Transport Hannoveranner, recruten übern Rein, so 4000. Mannstarck, Worunter 200. Mann Constabel, einige tage nachher kahmen 2000 Mann Heßische recruten, also daß

---

152 *Tornüster* = Tornister, im Militär übliche, auf dem Rücken getragene Tasche; vgl. den Art. »Tornister«, in: Grimm/Grimm, Deutsches Wörterbuch, Bd 21, Sp. 895 f.

153 *Wahlplatz* = Schlachtfeld; vgl. den Art. »Wahlstatt«, in: Zedler, Grosses vollständiges Universal-Lexicon, Bd 52, Sp. 846 f. »Wahlstatt, Französisch Champ de Bataille, heißt das Feld und der Ort, wo zwey feindliche Armeen einander eine Schlacht liefern«.

154 Krefeld, kreisfreie Stadt in Nordrhein-Westfalen. Zur Schlacht bei Krefeld siehe Die Kriege Friedrichs des Großen, Bd 7; Hermkes, Die Schlacht bei Crefeld; Schaumburg, Die Schlacht bei Crefeld.

155 Die offiziellen Zahlen weichen von den von Grotehenn genannten ab. Die Verluste der Alliierten beliefen sich auf ca. »10 Offiziere und 302 Mann an Toten, 40 Offiziere und 1182 Mann an Verwundeten, 2 Offiziere und 77 Mann an Vermißten«, was einen Gesamtverlust von 1613 Mann bedeute. Die Verluste der Franzosen werden auf ca. 4198 Mann beziffert; vgl. Die Kriege Friedrichs des Großen, Bd 7, S. 182.

unsere Armee nun zimlicher Maßen wieder recrutirt[156] ist: Mann spricht anjetzo bey uns, das 25000. Mann frantzosen ihren March durch Hessenland Nehmen wollen, solte dieses gegründet sein, so würden sich selbige des braunschw[ei]g[ischen] und Hannoverschen landes bald mit bedienen, denn da es ihnen übern Rein nicht gelungen so machen sie andere Minen, um unsere Armee erst wieder dißeit dem Rein zu locken, weil dem feind dadurch, daß wir dem Rein behaupten besonderer großer schaden geschieht: Am 5ten Aug[ust] als gesterigen tages, machte der feind einen versuch auf uns, und waren deßen Meinungen, Nach aus sage der Deserteurs, unseres Commando, die 4000. Mann auf zu heben und nach Wesel zu führen; dieses unternehmen war unsern H[errn]Gen[eral] Lieut[enant] v[on] Imhoff Am 4ten Aug[ust] gegen [///] abent in einen brieffe[157], deßen verfaßer sich nicht unterschrieben, gemeldet, d[er] H[err] Gen[eral] Lieut[enant] waren Hiebey besorgt und stunden in zweifel ob dieser Brief von einen freund oder feind geschrieben wäre, die absicht eines freundes konten es sein, um uns dadurch desto aufmercksahmer zu machen, die andere absicht konte auch gedeutet werden, das denn Brief ein feind geschrieben, und uns dadurch zuschrecken, das wir von selbst die gegend und unsere bisherigen Posten verlaßen solten, d[er] H[err] Gen[eral] Lieut[enant] resolvirten[158] sich dennoch kurtz, und wir musten Abends um 10. Uhr in aller stille unser lager abbrechen, und Marchirten die Nacht vor die Stadt Rees, in freyen felde machten wir halt, und d[er] H[err] Gen[eral] Lieut[enant] gab ordre, das sich keiner von seinen gewehr entfernen solte; unsere Zelter und Bagage waren etwas seitwärts geschicket, wir brachten die Nacht unter freien Himmel zu, Morgens um 4. Uhr, da mann noch nichts feindliches vernahm, gab d[er] H[err] Gen[eral] Lieuten[ant] das zeichen zum abmarsch, und zwar in unsere alte lagerstadt, Nach 6. Uhr trafen wir da ein, unsere zelter zu gleicher zeit, das Lager wurde wieder ordentlich formirt, alle Wachen und Piquets Postirt, die übrigen legten sich schlafen, d[er] H[err] Gen[eral] Lieut[enant] selbst, so die gantze Nacht zu Pferde geseßen, Hatte sich mit voller Mondierunge[159] aufs feldbett gelegt, ich vor meinen theil war auf der fahnen Wach[160]; Nach [///] verlauf einer stunde, kahm einer von dem aussehen [auf] feld Posten aus dem vor unsern lager stehenden gebüsche, gejagt, mit der Nachricht der feind rückte an, dieser machte

156 *Recrutirt* vgl. Anm. 136, hier im Sinne von aufgefüllt.

157 Die Benachrichtigung von Imhoffs durch einen Unbekannten fand auch in der Historiografie Erwähnung: »als ihm am Abend des 4. August aus Wesel von sicherer Hand die Nachricht zukam, daß die Franzosen die Absicht hätten ihn in der nächsten Nacht anzugreifen«. Schäfer, Geschichte des Siebenjährigen Krieges, S. 171.

158 *Resolvirte* = auflösen, zerteilen, hier im Sinne von nachdenken; vgl. den Art. »Auflösen«, in: Grimm/Grimm, Deutsches Wörterbuch, Bd 1, Sp. 688.

159 *Mondirunge* = Bezeichnet die gesamte, aus Uniform, Gewehr, Riemen und Taschen bestehende Ausrüstung eines Soldaten; vgl. den Art. »Montirung, Mundirung«, in: Kriegs- Ingenieur- Artillerie- und See-Lexicon, S. 563. »Mondirung, Muntirung, F[ranzösisch] Monture, Equipage [...], heisset bey der Infanterie, die Kleidung und das Gewehr der Soldaten; bey der Cavalerie aber noch die Pferde, und das darzu gehörige Zeug«.

160 *Fahnen Wache* = Vorposten; vgl. den Art. »Fahnen- oder Brand-Wache«, in: Kriegs- Ingenieur- Artillerie- und See-Lexicon, S. 273 f. »Fahnen- oder Brand-Wache, ist eine Wache im Felde von 25. bis 30. Gemeinen, nebst ein paar Unter-Officiers und einem Tambour, von einem Leutenant oder Fähndrich commandiret, so etwan 24. bis 30. Schritt vor die Fronte des Regiments postiret«.

uns aufs Neue Attent[161], allein wie vermehrte sich diese Attension, wie in dem gebüsche bey unsern vor Posten erst gewehr schüße fielen, und noch mehrere von unsern feld Jägern[162] zurück gejagt kahmen, unser lager kahm gleichfals in Allarm, und alles grief zum gewehr, und wurden an front gestelt, die feinde drungen mit solcher gewalt auf das wir uns genöhtigt sahen entweder zu weichen oder an zu rücken, das letztere wurde Comandirt, Nach dem alles gehörig abgetheilt, da Hies es in gottes Herrn Nahmen March, die Cannonen eröffneten mit ihren feuer die Attaque von unserer seite, die feinde Hatten eine Anhöhe Worauf ihre Canonen stunden, Es gingen demnach, wenn unsere kugeln sie trafen, die ihrigen über uns weg, der angriff von uns geschahe lebhaft, und der feind da er noch im anmarsch war, konte [in] keine ordnunge kommen und diese Confusion sahen[163] wir, und unsere Canonen wurden gerichtet das die kugeln dem feind beständig in die Flanque kahmen[164], da kahm[en] die frantzosen nach kurtzer gegenwehr, in die flucht, und retirirten mit zu rücklaßunge aller ihrer Canonen Munition Wagen[165] ʃ. Und die gesamten fuß völcker hatten müßen auf ½ Meile weges, ihre Tornüster und Schnapsäcke ablegen, um desto Hurtiger sein zu können, [///] Nun kahm keiner diesem weg wieder zurück, folglich Musten ihre Tornüster uns zur beute werden, dieser waren nun so viel, das mann darüber erstaunte und lagen sämtlich auf einer großen Heyde, Compag[nie] weiße auf ein ander, auf 3. Tage brodt und fleisch auf jedem Mann dabey; dieses wurde sämtlich verwüstet und geplündert, denn wir waren froh das wir das unsere behalten hatten, folglich hatten wir auch genug zu tragen, Wiewohl wir alle unsere zelter und Bagage, gleich wie die frantzosen zurück gelaßen, und hätte uns bey einer unglücklichen retirade noch übeler als dem feind gegangen, wir wären nicht allein um alle das unsere gekommen, sondern unsere große Armee wäre von uns geschnitten, die Schiffbrücken hätte der feind genommen; Allein der aller Höchste war unsere Hülffe und mit uns in streit ʃ. Nach aus rede der gefangenen und Deserteurs soll der feind 12000. Mann starck gewesen sein und wir waren nur 4000. Mann, der [ver]lust unserer seits ist nicht über 50. Mann, Hergegen der feinde ihrer ist sehr beträchtlich,denn dieselben wurden gar zu sehr Nieder geschoßen ehe und bevor sie sich einmahl in gegenwehr setzen konten Es war ihnen alles so leicht vor gemacht [///] mit den worten, wir wären nur als eine wachtparade anzusehen, und gebrauchte

161 *Attent* = aufmerksam; vgl. den Art. »aufmerksam«, in: Grimm/Grimm, Deutsches Wörterbuch, Bd 1, Sp. 692. »Aufmerksam, attentus, curiosus, das heutige wort, vor dem aufmerkig zurückgetreten ist«.

162 Die hier beschriebenen »feld Jäger[...]« waren ein Teil der bei der preußisch-alliierten Armee befindlichen leichten Truppen; vgl. auch Anm. 21.

163 *Confusion* = Konfusion, Chaos, Verwirrung; vgl. den Art. »Confusum«, in: Zedler, Grosses vollständiges Universal-Lexicon, Bd 6, Sp. 967. »Confusum Chaos, wird von einer verwirrten und verwickelten Sache gesagt«.

164 *Flanque* = Flanke, Seite einer militärischen Einheit; vgl. den Art. »Flanque«, in: Kriegs- Ingenieur-Artillerie- und See-Lexicon, S. 311. »Flanque [...], nennet man im Kriegs-Wesen die Seite, einer Compagnie, eines Regiments oder gantzen Armee, wenn sie in Ordnung stehet, daher die Redens-Art gebraucht werden: Dem Feind in die Flanque kommen [...], das ist ihn von der Seite angreiffen«.

165 Das Gefecht bei Mehr ereignete sich am 5.8.1758 unter dem braunschweigischen General von Imhoff und dem französischen General Chevert. Die Verluste der Alliierten betrugen ca. 200 Mann an Toten und Verwundeten, die der Franzosen lagen zwischen ca. 600–800 Mann; vgl. Heckmann, Die Schlacht bei Mehr.

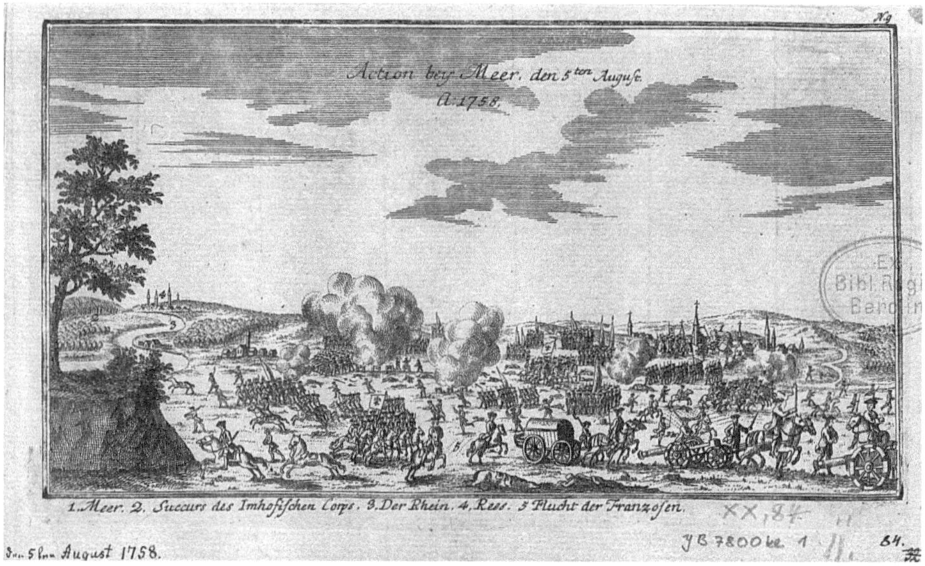

Action bey Meer. Staatsbibliothek zu Berlin Preußischer Kulturbesitz, Handschriftenabteilung YB 7800 kl.

fast kein schuß auf uns gethan zu werden, sondern es wäre nur das sie uns um zingelten, und gefangen Nach Wesell führten, und diesem Triumphirenden einzug könten sie schon Mittages um 12. Uhr thun; Allein Ach wie nichtig ach wie flüchtig ist der Menschen dencken[166] wir bezogen Mittages unser stehen gebliebendes lager [:ʃ.] funden unsere Sachen nicht allein wieder sondern brachten noch so viel mit, als ein Jeder hatte lust zu nehmen gehabt; des Nachmittages wurden unsere Todten, und des andern tages die frantzen, von den bauren begraben; des Nachmittages da uns erlaubt wurde, einzeln hinzugehen, wer lust hätte die Wahlstädte[167] noch zu besähen, da ging ich auch hin fand in dem gebüsche unter andern [~~noch~~] einen frantzosen der lebte noch selbigen waren beide beyne mit der Canonen kugel abgeschoßen, dieser gab mich zu verstehen daß er durstig war, denn es war ein warmer tag, diesem fülte ich waßer in einen nicht weit entlegenen sunffe, in dem Hudt und gab ihm zu trincken, so aber bald Nachher todt war, wurde auch des andern tages auf eben der stelle begraben. Wir stehen nun noch Hier, und Haben von der großen Armee noch 4. Regim[enter] Securs[168] erhalten, Es gehet aber die rede, das auch die große Armee mit ersten übern Rein zu rück kähme. ///

[166] Franck, Ach wie flüchtig, ach wie nichtig; Kornemann/Blindow, Ach wie flüchtig, ach wie nichtig.
[167] *Wahlstädte* = Wahlstatt, Schlachtfeld; vgl. Anm. 153.
[168] *Secours* = Hilfeleistung.

14. Brief aus dem Feldlager vor Dülmen, vom 18. September 1758

Vereinigung des Korps von General Imhoff mit der preußisch-alliierten Hauptarmee – Versorgungslage im Feldlager bei Dülmen – Hinrichtung eines devianten Soldaten

Der 14. Brief Aus dem lager vor der Stadt Dülme[n][169] *von 18ten Septemb[e]r 1758.*

Am 9ten August ist unsere Haupt Armee übern Rein wieder zurück gekommen, und Am 14ten dito verfügte sich d[er] H[err] General Lieut[enant] v[on] Imhoff mit seinem Corps nach der großen Armee, und vereinigte sich damit, und kahmen in dem lager bey dem Städtgen Brenkholtz[170] zu sammen; diese Stadt war tages zu vor mit einem Commando besetzet, und dadurch angedeutet nach dem lager garten gewächse zu lieffern, diesem befehl hatten sie [nicht] gehorsahmen wollen sondern demselben freventlich entgegen gehandelt, und so gar [~~sich~~] gegen das Commando gewalthätigkeit aus üben, und aus der Stadt jagen, wollen, dieses war sogleich an S[eine]r Herzogl[ichen] durchl[aucht Prinz Ferdinand] gemeldet da musten wir gleich auf brechen, und wurde ein lager Hart an der Stadt herdurch abgestochen und bezogen, da nun die Stadt keine ordnungs mäßige liefferung hatte thun wollen, so wurde uns alles Preiß gegeben, was in feld und gartes war, zu erst wurde durch das lager der größeste theil von feldfrüchten verdorben, die garten warn in einer stunde sämtlich Preiß gemacht[171], [///] die thüren Nebst ihren säulen, in ermangelunge andern Holtzes, wurden um gerißen und verbrand, ja viele kleine lusthäuser wurden nicht veschont, die darin befindl[ichen] Stühle und bäncke, wurden ins lager gebracht, und sahe mann vor vielen zelten dergleichen Sitze stehen, Nun Muste die Stadt alles bier so darin war ins lager bringen, solches wurde ohne entgeld unter uns aus getheilt, und wie die bürgers leute selber sagten, musten Sie vor unsern ab March 10000 [Reichsthaler] geldes lieffern, und muste nun der unschuldige mit dem schuldigen leiden, denn die vornehmen wären des Herzogs [Ferdinands] befehl zu wieder gewesen, und nun müßen sie dieserhalb allesamt leiden, Nachdeme wir nun 5. Tage alhier gestanden, und alles einer Wüsten sehr ähnlich war Marchirten wir weg, Am 19ten Aug[ust] bezogen wir ein lager bey Berken[172], am 20 dito bey der Stadt Cossfeld[173], alda stunden wir acht tage, und Hatten denn feind Nahe [gegen] uns über stehen, nur das zwischen uns, und Jenen, der Lippefluß, die stärkeste scheidunge ist; Am 28ten bey der Stadt Dülme[n] das jetzige lager bezogen, Am 1ten Septemb[e]r. Schoßen wir Victoria, über einen Sieg so der könig [Friedrich II.] von Preussen, über die Russen erfochten[174], Wir stehen Hier zwar in feindes lande, deßen ohnge-

[169] Dülmen, Stadt im Landkreis Coesfeld, zentrales Münsterland, Nordrhein-Westfalen. Zu Dülmen im Siebenjährigen Krieg vgl. Harding, Dülmen 1648–1803, S. 111 f.

[170] Bocholt, Stadt im Landkreis Borken, Nordrhein-Westfalen.

[171] *Preiß gemacht* = geplündert.

[172] Borken, Kreisstadt in Nordrhein-Westfalen.

[173] Coesfeld, Kreisstadt in Nordrhein-Westfalen. Zu Coesfeld im Siebenjährigen Krieg vgl. Sökeland, Geschichte der Stadt Coesfeld, S. 193–201; Oer, Coesfeld im 18. Jahrhundert, S. 225–227.

[174] Schlacht von Zorndorf am 25.8.1758 zwischen der preußischen und der russischen Armee. Beide Seiten reklamierten für sich den Sieg. Die Verluste der Preußen an Toten und Verwundeten

achtet, wird scharffe Manszucht gehalten[175], und der [///] Herzog [Ferdinand] laßen an dieser ordre oft erinnern, deßen Heilsahme befehle werden dennoch öfters übertreten Es wurde aber an einen solcher übertreter, Am 11ten Sept[em]b[e]r ein Nachdenckliches Exempel Statuirt[176], Es Hatte Nemlich ein Schaffer[177] auf einen adlichen guhte Foragirt[178] und sich nicht allein mit korn, Heu und stroh begnügen laßen wollen, sondern der Herr des ad[e]l[igen] guths hatte ihm noch geld zugeben sollen, wie er sich hierin wegert, ziehet der Schaffer seinen Säbel drohet ihn zu erst damit, dieses drohen würcket aber nicht; bis er endlich ihm einige Hiebe übern kopf gibt, da reicht der Herr ihm seine Uhr aus der tasche Er wird aber noch weiter gemißhandelt so das Endlich, Schreiber und bediente kommen ihren Herrn zu retten ʃ. Dieses boshaffte verfahren Hat der Edelmann S[eine]r durchl[aucht] dem Herzog Ferdinand in eigener Persohn gemeldet, dieser oben benandter Übeltäther wurde also am 11ten Sept[em]b[e]r. von 3. Grenad[ieren] Arquebusirt[179], Es war an einen dicken baum ein seßel stuhl von Rasen gemacht, da muste sich der Deliquent mit verbundenen augen [ein]setzen, und darauf wurde das zeichen zur todes straffe gegeben, Nach diesem wurde er gleich in das hintern baum stehende Sarg gelegt, und [///] nochmahls mit einen Mousqueten[180] Schuß ins Hertz geschoßen weil er sich vorhin in dem Sarg noch etwas rührete; dieser Excutionen gehen mehr [vor], wie wohl nicht immer, wie diese zum tode, aber doch so scharf, das ich schon einige weiß die Nach der schweren strafe von selbst gestorben sind ·ʃ. Es sind auch die armen landeseinwohner zu bedauren die überdem lasten genug zu ertragen haben; und da die guhten veranstaltungen bey uns sind, daß unser geld und brodt allezeit richtig erfolgt, So werde ich und viele andere mit mir, von unserer besoldung fertig, denn ich gedencke,

---

betrugen ca. 13 000, die der Russen ca. 18 000 Mann; vgl. Die Kriege Friedrichs des Großen, Bd 8.

175 *Manszucht* = Disziplin; vgl. den Art. »Zucht«, in: Zedler, Grosses vollständiges Universal-Lexicon, Bd 63, Sp. 998–1000. »Zucht, (Kriegs-) oder Kriegs-Disciplin [...], heist eine strenge und genaue Beobachtung derer von dem Kriegs Herrn seinen auf den Beinen habenden Kriegs-Völkern vorgeschriebenen Kriegs-Artickel und Ordern von dem Höchsten bis zum Niedersten«.

176 *Statuirt* = verfügt, verhängt; vgl. den Art. »Statuiren«, in: Zedler, Grosses vollständiges Universal-Lexicon, Bd 39, Sp. 1308.

177 *Schafer* = im Nieders. ist Schaffer der Anordner und Besorger einer Mahlzeit in Gilden oder Brüderschaften; vgl. Art., Schaffer«, in: Grimm/Grimm, Deutsches Wörterbuch, Bd 14, Sp. 2033.

178 *Foragirt* = fouragiert, Beschaffung von Futtermitteln für die Zugtiere der Armee, hier allerdings auch Beschaffung von Wertgegenständen; vgl. den Art. »Fourrage«, in: Kriegs- Ingenieur- Artillerie- und See-Lexicon, S. 326 f. »Fourrage [...], heisset insgemein, alles dasjenige, davon ein Pferd oder ander Zug-Vieh kann unterhalten werden [...] Fourrage, wird auch gesagt, von der Verrichtung der Reuter, welche ausreuten und mähen, und Graß, Korn, ect. auf dem Felde, oder Heu, Stroh u.d.g. in den Dörffern und Edel-Höfen wegnehmen«.

179 *Arquebusiert* = durch Erschießen hingerichtet; vgl. den Art. »Arquebusiren«, in: Kriegs- Ingenieur- Artillerie- und See-Lexicon, S. 39. »Arquebusiren, Archebusieren, F. passer par les Armes, ist eine Lebens-Straff unter den Soldaten, wenn ein Missethäter, nach dem Urtheil des Kriegs-Rechts, todt geschossen wird«.

180 *Mousquete* = Muskete, ein langes Vorderladergewehr, das die Arkebuse als Infanteriewaffe ablöste und nach der Einführung des Steinschlosses, im 18. Jahrhundert durch die *Flinte* abgelöst wurde. Dennoch blieb die Bezeichnung Muskete weiterhin im Gebrauch; vgl. den Art. »Mousquet«, in: Kriegs- Ingenieur- Artillerie- und See-Lexicon, S. 565. »Mousquet, alt Teutsch, Muskete [...], ist nicht sonderlich mehr im Gebrauch, und hat man an deren Stelle anjetzo Flinten, so auch vielmahls noch Musketen genennet werden«.

es ist ein großer gewinn, wer gottseelig ist und läst sich begnügen an seinen theil ·ſ. in dem ersten Winter haben wir bey dem großen unruhen eins mahl in 8 tagen kein brodt gelieffert bekommen, und Musten fast tag und Nacht Marchieren, und wo wir in ein Hauß kahmen, da wurde allezeit die gantze Compag[nie] 130. Mann ein quartirt, und ich habe nicht gestohlen, doch aber allezeit ein bröcklein brodt mit guhter Manier erhalten, ich war [also] vergnügt wenn andere über harte straffe zu schrien, wenn sie Nemlich kisten und kasten erbrochen und geplündert hatten: Wir stehen nun in diesem lager noch geruhig, Allein das Corps mit welchen unserer durchl[auchter] ErbPrintz [Karl] bisher Agirt[181], Hat saure Marche, und wiemann hört täglich Marchiren und oft Charmuciren [müßen]; von einen Haupt Paße zum anderen besonders in der Warendorffschen gegend[182] grafschafft Retberg, Lipstadt und Soust[183] ſ. ſ. Auch sich schon erdreistet über dem Lippe fluß zu gehen, und siehet es mit dem Winter quartiren[184] noch weitläufig aus. ///

15. Brief aus dem Quartier zu Bad Wünnenberg, vom 16. Februar 1759

Einquartierung bei einem Tuch- und Wollkratzer in Dülmen – Mangelhafte Lebensmittelversorgung der Zivilbevölkerung – Wachdienst in der Stadt

Der 15. Brief Aus dem Quartier zu Winneberg[185], *von 16ten Febr[uar] 1759.*

Zeit und gelegenheit hat es nicht gestattet eher einen Brief zu schreiben; indem wir seit Meinen letzten brieffe von 18ten Sept[em]b[e]r a[nni] p[raeteriti] unruhige zeiten gehabt, Am 8ten Octob[e]r verließen wir das lager bey der Stadt Dülme[n], und Marchirten in die gegend Paterborn weil sich der feind mit seiner großen Armee dahin zog, dieses war ein March von 18. Meilen, Wie wir solche zurück gelegt, und glaubten, da sich der feind zurück gezogen, Es würde nunmehro wegen der schlechten Witterunge zwischen beiden theilen ein Waffenstillestand getroffen werden, da lief Nachricht ein Es Marchirten 20000. Mann auf Münster, und wolten unser Commando darin belagern, Es wurde also gleich Marchordre gegeben, und musten eben denn weg wieder zu rück denn wir kaum hinterlegt hatten; bezogen also Am 6ten Nov[ember] vor [~~der~~] Münster ein lager und stunden daselbst bis d[en] 16ten dito; da ward unser Regiment beordert Nach der Stadt Dülme[n] auf Commando zugehen, Woselbst wir am 18ten Nov[ember] eintrafen; (Dülme[n] liegt 4. Meilen

181 *Agirt* = agieren, handeln; vgl. den Art. »Agiren«, in: Zedler, Grosses vollständiges Universal-Lexicon, Bd 1, Sp. 783. »Agiren, heist, etwas handeln, verrichten, wider einen klagen«.

182 Warendorf, Kreisstadt in Nordrhein-Westfalen.

183 Soest, Kreisstadt in Nordrhein-Westfalen.

184 *Winter quartiren* = Winterquartier, bezeichnet die Quartiere, die einer Armee während des Winters zugewiesen werden. Diese liegen häufig in Städten oder Dörfern, um die Soldaten in Häusern unterbringen zu können. Wurde eine Armee in die Winterquartiere verlegt, galt der Feldzug als abgeschlossen; vgl. den Art. »Winter-Quartier«, in: Kriegs- Ingenieur- Artillerie- und See-Lexicon, S. 1013. »Winter-Quartier [...], heissen die Oerter, allwo eine Armée, wenn sie wegen einbrechender grossen Kälte im Felde nicht länger subsistiren kan hin und wieder in die Quartiere verlegt wird«.

185 Bad Wünnenberg, Stadt im Landkreis Paderborn, Nordrhein-Westfalen.

[///] hinter Münster;) Es wurden uns Quartire angewiesen und die Mehresten unserer Herrn Wihrte freuten sich, Nemlich, darauf, das wir brodt mit uns bröchten, indem die gantze gegend so wenig feld als garten früchte behalten sondern es war alles, theils von uns, theils von dem frantzosen aus Fouragirt; Mein Herr Wihrt war ein tuch und Wolle kratzer, allein er fing selber an zu reden, und sagte wie er anjetzo nichts zu kratzen, folglich auch nichts zu beißen und zu brechen hätte sein Nahme war Joseph Marcks, und habe ich offt von seiner frau zu ihm sagen hören, O' Marcks, O' Marcks du must Nach Schaafwolle ausgehen, so frug er wo soll ich gehen, wo soll ich hingehen? Du weist wie fast keine Schaafe mehr in der Welt sind, sondern von besondern Wölffen[186] fast ausgerottet worden. In diesem schmalmeisters Wohnungen musten wir uns bis d[en] 2ten Febr[uar] aufhalten, und hatten daselbst schwere dienste und Commandos, Es Musten an 4. Orten, Jeder eine Meile von der Stadt, die Commandos aus stehen; indem dieses [die] Nothwendigkeit erforderte und stunden die feindlichen vor Posten nur 2. Meile von uns; indessen bleiben wir doch ohne alle Attaque, Am 2ten Febr[uar] wurden wir also von einen Commando Hannoveraner abgelöst, diese sollen aber bereits von dem feind Attaquirt sein, [///] Am 14ten Febr[uar] haben wir nun unsere angewiesene Winter Quartir bezogen, ich liege in dem flecken Winneberg, und Mein H[err] Wihrt ist ein bier und Eßigbrauer, und ich fand bey ihm von beiden geträncken noch vorrath, ich habe bereits ein sauergerichte Eßen und süße kalteschaale alhier gespeiset, und scheinen mir die leute, Mann und frau, sehr dienst fertig und umgänglich zu sein; dieses flecken Winneberg liegt 5 Stunde von Paterborn: Es sind bereits Unter Oficier ernandt, so nach braunschweig sollen und die Nöhtigen recruten zu holen; auch die Listen mit zu nehmen was an Neuer feldEquipage in der bevorstehenden Campagne erfordert wird, Woraus klar zu sehen daß noch an keinen frieden zu gedencken [ist], unser braunschw[ei]g[isches] Leib Regiment liegt seit dem 23ten Nov[ember] a[nni] p[raeteriti] in Paterborn, und dem vernehmen nach werden wir Hier bis ostern bleiben, Es werden einige von unsern leuten beuhrlaubt, da aber die uhrlaubsfrist nur in 10. Tagen bestehet, so ist selbe vor mich zu kurtz. ///

16. Brief aus dem Quartier zu Bad Wünnenberg, vom 18. März 1759

Meldung von Scharmützeln bei Dülmen und Haltern – Neue Rekruten und Rückführung von Deserteuren aus Braunschweig – Amtskleidung der 12 Ratsherren von Bad Wünnenberg

Der 16. Brief, Aus dem Quartier zu Winneberg von 18ten Mart[ii]1759.

Wir liegen noch geruhig in unsern Quartier Stande; allein aus der Stadt Dülme[n], woselbst wir auf Commando gestanden hatt man Nachricht erhalten, das die Hannoveraner so uns ablösten, bereits verschiedene Charmützel mit dem feind ge-

186 Gemeint sind die Soldaten, die durch ihre Anwesenheit einen Großteil der Lebensmittel und des Viehs verzehrten.

habt, Wobey zuletzt die Stadt Dülme[n], und Haltern[187] brandschaden gelitten; ich gedencke hiebey an meinen dasigen Wihrt, Joseph Marcksen, ob der vielleicht mit unter den unglücklichen ist; ach dieser fromme Joseph war zu meiner zeit schon genug, in Noth, was wolte er doch nun anfangen wenn sein Hauß und guth in Rauch aufgegeangen, ferner soll der Printz von Isenburg[188] in Hessenland, verschiedentlich von dem feind Attaquirt sein, diese begebenheiten veruhrsachten, daß wir uns March fertighalten müßen; Am 6ten Mart[ii] kahmen unsere recruten von braunschweig alhier an; und wird täglich bey uns Exercirt.

In diesem flecken ist ein ordentlich Rathhauß, Woselbst bey jeder Raths versamlunge 12. RathsHerrn auf zusammen kommen, diese haben nach hergebrachter gewohnheit Jeder einen blauen Mantel um, Nun ist Merckwürdig daß diese 12. Herrn 13. Mantel zu rathhause bringen, und Jeder doch nur einen um sich hat; Es verhält sich aber also vor einigen 30 Jaren ist ein gantz Neuer Mantel gemacht dem anjetzo der bürgemeister umhengt, und ist dagegen einer von denn 12. Alten zerschnitten, womit die andern 11. Mantel geflicket, der 13te Mantel wird also von 11. Persohnen zu rathhause gebracht. ///

17. Brief aus dem Quartier in der Stadt Fulda, vom 6. April 1759

Einquartierung bei einem Schmied in Fulda – Beschreibung und Anekdoten des Doms von Fulda – Konzert zu Ehren von Herzog Ferdinand

Der 17. Brief Aus dem Quartier der Stadt Vulda[189] *am 6ten Aprill. 1759.*

Am 24ten Mart[ii] verließen wir unsere Winter Quartier in dem flecken Winneberg, und Marchierten nach Cassel[190], unserer durchl[auchter] Erb-Printz [Karl] war aber bereits einige tage vor uns, und Marchierten ins Vuldische, und wir waren bestimt diesem zu folgen; und kamen am 1ten Aprill in der Stadt Vulda an, mein H[err] Wihrt war ein grobschmit, deßen ohngeachtet begegnete er uns samt seiner frau, sehr fein, Er bekam von uns 16. Mann in sein Hauß diese kleine gesellschafft, nahm er frölig an, allein als wir des andern tages, Jhm noch ferner unsere aufwartungen machten, nahm er eine andere Miene an, und dieses so fort alle tage und überdas alles ist Heute der 6te tag das solches geschehen, ich gehe dieserhalb viel aus dem Hause, und in der Stadt Spatziren, und ist alhier ein Schönes Schloß[191] und ein unbeschreiblicher garte dabey, Worin mann so viel seltesames antrift, das es nicht zu erzählen ist, auf dem

---

[187] Haltern am See, Stadt im Landkreis Recklinghausen, Nordrhein-Westfalen.

[188] Johann Casimir, Prinz von Isenburg-Birstein (* 9.12.1715 in Birstein; † 13.4.1759 bei Hanau), hessen-kasselscher Generalleutnant; vgl. Poten, Ysenburg, Johann Kasimir, in: ADB, Bd 44, S. 609 f.

[189] Fulda, Kreisstadt in Hessen.

[190] Kassel, kreisfreie Stadt in Hessen.

[191] Grotehenn meinte hier möglicherweise nicht das Stadtschloss, sondern das Barockschloss »*Fasanerie*« in Eichenzell bei Fulda; vgl. Schlösser, Burgen, alte Mauern, S. 94–96.

Schloß Logirt der Herzog Ferdinant indem der landes Herr, Ein gefürsteter Abt[192], nicht hier, sondern stehet in kayserl[ichen] diensten zu dieser kriegeszeit; Es stehet auch alhier eine kirche in der Stadt, welches der Dohm ist, deßen [///] gleichheit an inner und äußerlicher Schönheit [ich] noch nirgends angetroffen, die gantze bau art, ist nach einen guhten geschmack, und die innere aus bauunge, Nebst mahler arbeit, und andern zierahten, sind sehr gläntzend, Eine Orgel mit 4. Claviren; ·ſ. ·ſ. Es ist mir von einen kirchen bedienten erzählt, wie vor einigen 100. Jahren in die erste Dohm kirche überhaupt keine frauens Persohn hätte gehen dürfen; indem bey verfertigung derselben Prophezeit wäre, das sobald eine frauens Persohn in die kirche ginge, würde [~~also~~] ein feuer entstehen, das Niemand löschen könte, und die kirche verbrennen, Nun wäre die königin N. von England eins mahls da gekommen, und hätte die Dohm kirche besehen wollen, und da ihr sehr Submiss[193] eröffnet es dürffte keine frauens Persohn hereingehen, Hätte Sie sich gleich resolvirt, Hin ein zu reiten, Sie wäre aber keine viertel stunde darin gewest, da Hätte auch schon das gebäude in flammen gestanden, diese königin wäre so betrübt und traurig geworden, das sie solch unglück angerichtet, und ein gelübte gethan keine kirche wiederbauen zu laßen die beßer sein solte, als die abgebrandte gewesen wäre; das bildniß dieser königin ist in der kirche zu sehen und sitzet in lebens größe auf einen Weißen Pferde[194], auch ist in der kirche ein großes Radt[195], mit vielen [///] hundert wohl klingenden glöcklein behenget, dieses wird übern kirchen gewölbe durch etliche Menschen Regiert, so gehet das Radt um und die Schellen klingen dieses soll auch ein geschenck von gedachter königin sein, Am letzten ostertag Nachmittag hatten die Dom Herrn unsern Herzog Ferdinand auf eine kirchen Music ein geladen; dieses war ihnen auch gnädigst zugesagt dieser Music haben eine unzählige Menge volck zu gehört, allein es war auch was Himmlisches, 24. Violinnisten habe ich gezählt, und noch über 80. Mit andern Instrumenten, ohne die orgel, und das wohlklingende Radt, der Herzog Ferdinand stund in dem fürstl[ichen]stuhl mitten auffen Chor, gantz von spiegelglaß gebauet ·ſ. ſ. Am 4ten Apr[il] wurden 3. Regimenter krieges gefangene Nebst ihren fahnen und Canonen eingebracht, so der durchl[auchte] ErbPrintz [Karl] mit

---

192 Adalbert von Walderdorff (* 29.8.1697 in Molsberg; † 17.9.1759 auf dem Johannesberg im Rheingau), 1735–1757 Propst in Blankenau, 1757–1759 Fürstabt und Bischof von Fulda.

193 *Submiss* = untertänig; vgl. den Art. »Submissio«, in: Zedler, Grosses vollständiges Universal-Lexicon, Bd 40, Sp. 1562. »Submissio, Frantz. = Submission, die Demuth, Unterwerffung, Unterthänigkeit, der Gehorsam«.

194 Dom zu Fulda, St. Salvator: Seit der Gründung des Klosters Fulda 744 von Bonifatius war es Frauen, mit Ausnahme der Hl. Lioba von Tauberbischofsheim (einer aus England stammenden Weggefährtin Bonifatius'), verboten, die Kirche des Klosters zu betreten. Als die Kirche 2 Tage nach Aufhebung dieses Verbots (auf Ersuchen des Fürstabts Johann von Merlau durch Papst Bonifatius IX.) am 5.6.1397 durch einen Brand zerstört wurde, ist dieses als Strafe für das Abweichen von der Tradition gesehen worden. In diesem Zusammenhang ist auch die Entstehung der Sage von der englischen Königin, die trotz des Verbots auf einem Pferd in die Kirche reitet, zu sehen. So wurde auch das Reiterstandbild des Heiligen Simplizius, das über dem Eingang zur Bonifatiusgruft steht, als Darstellung der englischen Königin entsprechend der Sage umgedeutet; vgl. Pfaff, Der Dom zu Fulda, S. 13–15, 56 f.

195 Das mit 127 Glöckchen behangene »Goldene Rad« hing bis 1781 im Gewölbe des Hauptschiffs des Doms. Es wurde 1414 unter Fürstabt Johann von Merlau angefertigt und 1712 in den barocken Neubau des Doms übernommen; vgl. Pfaff, Der Dom zu Fulda, S. 39 f.

seinen Chor auf genommen, und bey der Reichs Armee gedient hatten[196], dieses Jahr wollen die frantzosen, in drey Armeen gegen uns Agiren, allein wenn wir allezeit so ungehindert in unsern Märschen bleiben, und fahren so Eyligst fort, als wir bishero gethan, können wir disem Sommer nach Pariss[197] kommen. ///

18. Brief aus dem Kantonierquartier der Stadt Gudensberg, vom 3. Mai 1759

Schlacht bei Bergen – Verteidigung des preußisch-alliierten Trosses – Einquartierung bei einem ehemaligen Bediensteten der hessischen Landgrafen in Gudensberg

Der 18. Brief Aus dem CantonierQuartier der Stadt Gudensburg[198] *von 3ten May 1759.*

Nachdeme wir am 7ten Aprill. Die Stadt Fulda verlaßen, haben wir denn weg nach Frankfurt[199] angetreten, auch sind wir ohne sonderlichen auffenthalt, bis Windecken[200] gekommen in dieser gegend kahm die Armee am 12. Aprill zu sammen die Nacht auf dem 13ten Aprill Marchirten wir in verschiedenen Colonnen denn feind entgegen, und um 4. Uhr, Morgens, ging es schon an ein Canoniren, wir traffen denn feind vor Bergen[201], ohnweit Frankfurt, in großer verschantzunge an, und Hat mann durch Nachricht eines Deserteurs erfahren das der feind in acht Schantzen 170. Schwere Canonen gehabt[202], womit er auf uns gefeuret; und unser schwere geschütz blieb zu lange zurück, und traf nicht auf die bestimte zeit bey uns ein, der angriff geschahe dennoch, und wurde der feind, ohn erachtet seines Hartnäckigen wiederstandes, aus 3. Schantzen geschlagen, allein die überlegenheit der völcker und geschütze that uns Endlich wiederstand, und zogen wir uns abens um 9. Uhr wieder zurück, mit hinden anlaßunge vieler Menschen, der Printz Ysenburg[203], welcher voriges Jahr unsere kleine Armee Commandirt ist von seinen Pferde geschoßen, der Obriste vom Mey[204], und ein Artillerie Capit[an][205] von unsern Regiment sind beiden mit Canonen kugeln Todt geschoßen ſ. ſ. Wir haben so viele denn Arm und bein abgeschoßen, und theils

[196] Bei Christian Heinrich Philipp Edler von Westphalen heißt es dazu: »am 1. April bemächtigte er [der Erbprinz] sich der Städte Meiningen und Wasungen und nimmt mit zwei Grenadier-Bataillonen die Reichs-Bataillone von Cöln, Elberfeld und von Nagel gefangen«, Westphalen, Geschichte der Feldzüge, Bd 3, S. 216.

[197] Paris, Hauptstadt Frankreichs.

[198] Gudensberg, Stadt im Schwalm-Eder-Kreis, Hessen.

[199] Frankfurt am Main, kreisfreie Stadt in Hessen. Zur Rolle der Reichsstadt im Siebenjährigen Krieg vgl. Stricker, Der Ueberfall der Reichsstadt Frankfurt.

[200] Windecken, Stadtteil von Nidderau, Main-Kinzig-Kreis, Hessen.

[201] Bergen-Enkheim, Stadtteil von Frankfurt am Main.

[202] Bei Bergen verfügten die Franzosen und ihre Verbündeten über insgesamt 111 Geschütze, davon 45 schwere; vgl. Die Kriege Friedrichs des Großen, Bd 9, S. 159.

[203] Printz Ysenburg = Johann Casimir Prinz von Isenburg-Birstein; vgl. Brief 16.

[204] Oberst von Mey († 13.4.1759 in der Schlacht bei Bergen), Kommandeur des 2. Bataillons, Regiment von Imhoff.

[205] Capitän Büttner († 13.4.1759 in der Schlacht bei Bergen), Kompaniechef im 1. Bataillons, Regiment von Imhoff.

noch an leben sind [///] und was hat Manniger in seines Cammeraden blut gestanden oder ist damit und deßen eingeweide besprützet, denn es flogen köpfe und halbe Menschen in die die luft, in vergleich wie eine ganß, wir haben allein von unserer Compag[nie] 6. Mann die gleich auf der stelle todt, ohne die tödl[ich] Blessirt sind, Ein Mann Nahmens Steinhoff, Ein einziger Sohn seiner Eltern, diesem Hatte sein vater in dem flecken Winneberg vor kurtzer zeit einen besuch abgestatte, und lauter Neue kleidungs und linnen Sachen gebracht, diesen wurden mit einer Canonen kugel beide beyne abgeschoßen, Wovon er also bald todt war, dem ansehen und gehör nach, solte mann geglaubt haben, es würde, und könte keiner von uns überbleiben, der gühtige gott hat mich gnädig bewahrt[206] ∫. ∫. Am 14ten dito Campirten[207] wir vor dis jahr zum ersten mahl bey Windecken, Am 15ten bey Closter Marienborn[208], am 17ten bey Blossfeld[209]. Am 18ten Cantonirten wir wieder, und kahmen in Häuser zu liegen, Marchirten aber alle tage, Am 21ten Aprill. Hatte unser Regim[ent] die bedeckunge, der Schweren Bagage, und wir musten durch einen 3. Stündigen Wald Marchiren Hier wurden wir nun außer ordentlich von feindl[icher] Cavallerie zu erst, und bald darauf mit Infantery zu gleich Attaquirt, und waren ihre absichten [///] so wohl das Regiment, als unsere Bagage zu erbeuten und wir konten nicht weiter fort kommen, als wir uns beständig mit unsern Regiments Canonen, und kleinen gewehr, freyen weg bahneten, denn hinter allen dicken bäumen, sahe mann zu Pferde und zu fuße frantzosen, Wir drungen dennoch aber glücklich durch ohn ein Paar Wagen Woran die Räder zerbrachen und von der Hannoverschen schweren Arttillerie, waren unter 2. Großen Canonen die Lafeten[210] zerbrochen, dieses musten wir liegen und in stich laßen, das beste wurde aber von dem Wagens abgepacket, und die Canonen verNagelt[211]; Am 24ten Aprill, kahmen wir in diese Stadt Gudensburg, alwo wir bishieher geruhig gelegen, Mein Herr Wihrt Heißet Wilhelm Koch dieser ist ein alter mann, und Hat eine betagte frau, in seinen Jüngeren Jahren ist er 30. Jahr Fasanen Meister an dem Landgräflichen Hofe, in Cassel gewesen Er Hat also bey Hof, und nicht bey dem Fasanen Hünern gelernt, wie er einen Jeden begegnen soll, und verlanget im gentheil von andern die mit ihm umgehen das selbige ein gleiches wißen, und observiren mögten; ich muß gestehen, daß ich in diese kriege noch

206 Zur Schlacht bei Bergen (13.4.1759) vgl. zuletzt Beringer, Blutiger Karfreitag. Die Verluste der Alliierten an Toten und Verwundeten sowie Vermissten beliefen sich auf ca. 2583, die der Franzosen auf ca. 3000–4000 Mann; vgl. Die Kriege Friedrichs des Großen, Bd 9, S. 174.

207 *Campirten* = in Zelten lagern; vgl. den Art. »Campiren«, in: Kriegs- Ingenieur- Artillerie- und See-Lexicon, S. 140 f. »Campiren [...] heisset, wenn die Soldaten zu Felde liegen, und ihr Lager würklich bezogen haben«.

208 Kloster Marienborn, ehemaliges Zisterzienserinnenkloster bei Büdingen, Wetteraukreis, Hessen.

209 Blofeld, Stadtteil von Reichelsheim, Wetteraukreis, Hessen.

210 *Lafeten* = Lafette bezeichnet den zum Abfeuern und Transport notwendigen, hölzernen Unterteil eines Artilleriegeschützes; vgl. den Art. »Laffete, Lavette«, in: Kriegs- Ingenieur- Artillerie- und See-Lexicon, S. 478. »Laffete, Lavette, gefäß oder Schafft [...], ist ein Gestell von zweyen grossen Wänden, (jedoch nach Proportion des Stückes,) so man Laffeten-Wände [...], und mit Riegeln [...], feste zusammen machet, worauf das Rohr des Stückes, die Haubitz, oder Mörser, in seinen Zapfen lieget, es sey nun zum Abfeuern, oder auf den Wercken hin und wieder zu führen«.

211 *VerNagelt* = Vernageln, Verstopfen des Zündlochs eines Geschützes durch das Eintreiben eines eisernen Nagels, was den zeitnahen Einsatz nach einer Erbeutung verhinderte; vgl. den Art. »Stücke vernageln«, in: Kriegs- Ingenieur- Artillerie- und See-Lexicon, S. 868.

Schlacht bei Bergen, Staatsbibliothek zu Berlin Preußischer Kulturbesitz, Handschriftenabteilung YB 8040 kl.

keinen Wihrt gehabt, der mir so gefallen, und angenehm begegnet hat, als dieser, Nebst seiner frau diese Stadt Gudensburg ist mit einer ringmaure, und Hat auf einen Hohen berge ein Schloß oder Castell[212], woselbst wir Wache stehen haben. ///

19. Brief aus dem Quartier zu Borgeln, vom 30. Mai 1759

Abschied vom Wirt in Gudensberg – Marsch in die Region Lippstadt–Soest–Hamm

Der 19. Brief Aus dem Quartier zu Bergeln[213]*, vom 30ten May 1759.*

Am 15ten May musten wir die Stadt Gudenburg verlaßen und ich konte mich nicht enthalten, von Meinen daselbst gehabten Wihrt und Wihrtin mit thränen abschiedt zu nehmen, diese alten braven leute haben mich nicht allein nach vermögen bewihrtet, sondern mich recht väter und Mütterlich geliebt, und da ich nicht einmal ein volles Monat bey Jhnen Logirt so kam mir wegen der kürtze der zeit nicht zu meßen, das ich mich um ihre liebe verdient gemacht habe, der Höchste vergelter wirds ihnen wieder vergühten; Wir nehmen unsern March vor jetzo noch auf Lippstadt,

212 Burgruine Obernburg; vgl. Knappe, Mittelalterliche Burgen in Hessen, S. 294.

213 Borgeln, Ortsteil von Welver, Kreis Soest, Nordrhein-Westfalen.

Soust und Hamm[214]; die bewegungen unserer, und der gegenseitigen Armee, scheinen dahin abzuzielen, als wenn es bald zu einen zusammenstoß und treffen kommen dürffte die feindlichen frey Partheyen Rücken mit großer macht immer weiter vor; Am 28ten May hatten selbige eine Patrollie von unserer Cavallerie erwischet, und gefangen genommen; Lippstadt ist zwarnoch von uns besetzet, dennoch scheint der feind Mine zu machen alda hin zu Marchiren. ///

20. Brief aus dem Feldlager bei Rietberg, vom 28. Juni 1759

Meldung des Scheiterns der Einnahme von Lippstadt durch die Franzosen mit Hilfe einer Kriegslist und eines hessischen Überläufers

Der 20. Brief Aus dem Lager bei Retberg[215]*, vom 28ten Juny. 1759.*

Am 6ten Juny bezogen wir, nach dem letzten Cantonierungs, daß erste lager, bey Kahmen[216]; und sind täglich Marchirt Am 19ten stunden wir bey Lippstadt, und Am 20ten Juny kahmen wir in dieses lager; dem vernehmen nach sind des feindes absichten, das Hannoversche und braunschweig[ische] land, diesen Sommer noch einzunehmen und zu überziehen, indeßen zweiffeln wir noch nicht daß des feindes Meinung vereitelt wird, denn es würden dieses Mal vielleicht größere verwüstungen in unsern Ländern von dem feinden vorgenommen werden, als bey ihren erstern dasein geschehen und gemacht sind: Unsere Armee Hat nun, mit zu ziehunge der besatzunge in Lippstadt, einen Canton bis Bielefeld gezogen, Wodurch der HauptPaß verwahret, dem der feind zu Marchiren gedacht; Am 25ten Juny ist vor der Lippstad eine seltsame begebenheit vorgegangen, Nemlich ein Hessischer General Major[217], der Ehedem in der Lippstadt auf Commando gestanden, dahero die vestungswercker und die ganz Situation kennete, ist seinen landes Herrn und unserer Arme, ungetreu geworden, und zu dem feind übergangen, und bey dem selben Gen[eral] Lieutenants Charge[218] erhalten, unter dem versprechen, [///] er wolte Lipstadt in der Franzosen gewalt schaffen zu diesem wichtigen und vortheilhaften unternehmen hat er sich 10000. Mann, mit blauer und rohter Mondierunge ausgebehten, indem unsere Arme diese beiden Couleuren[219] zu Uniforms hätte, Wie er nun dieses Corps erhalten, ist er Am Hellen tage mit selben grades weges auf Lipstadt Marchirt, und läst in einer nicht gar weiten entfernunge Hessischen March schlagen; um der besatzunge in der Stadt, die Meinunge einzuflößen, es kähme ein Commando, entweder

214 Hamm, kreisfreie Stadt in Nordrhein-Westfalen.

215 Rietberg, Stadt im Landkreis Gütersloh, Nordrhein-Westfalen.

216 Kamen, Stadt im Landkreis Unna, Nordrhein-Westfalen.

217 Generalmajor von Fürstenberg, 1753–1759 Kommandeur eines hessen-kasselschen Infanterieregiments († 1.8.1759 bei Minden).

218 *Charge* = Dienst, Rang; vgl. den Art. »Charge«, in: Zedler, Grosses vollständiges Universal-Lexicon, Bd 5, Sp. 2010. »Charge, eine Last, it. ein jegliches Amt und Bedienung bey Hofe, im Kriege und sonst im bürgerlichen Leben«.

219 *Couleuren* = Farben; vgl. den Art. »Couleur«, in: Zedler, Grosses vollständiges Universal-Lexicon, Bd 6, Sp. 1475. »Couleur, heist die Farbe«.

Sie abzulösen oder zu verstärckern, weil aber dem Commandant in der Stadt, von beiden nichts wißend, sondern vielmehr von dem Herzog Ferdinand aufgetragen war, sich wohl zu verhalten; und um Securs hatte er nicht gebeten; folglich war ihm die ankunft eines so starcken Corps verdächtig, schicket demnach einen bauersmann aus, so diesem volck in aller einfalt entgegen gehet unter einen gewißen [Signal], das wenn es frantzosen wären seiner wege fort zu gehen, Wo nicht solte er wieder zurück kommen dieser abgesandte, der schon frantzosen und Teutsche zu unterscheiden gewust hatte, siehet bey seiner ankunft gar bald welches geistes kinder [///] sie sind, ergehet also seiner wege, und die verstelten Allirte gleicher maßen, vermeinen dadurch, so gleich in die Stadt zu gehen; allein wie sind [Sie] bewilkomt als sie so Nahe gewesen, das alle Mousquetenschüße noch mehr aber die Canonen sie haben erreichen können, da sollen von denen fußgängern wenig zurück gekommen sein, diejenigen so zu Pferde gewesen, hatten sich gleich zersprenget, und mit der flucht gerettet; dem vernehmen nach werden wir noch weiter retiren, allein ob wir über die Weser gehen kan man noch nicht wißen, des feindes absichten sollen zu forderst auf Hameln gerichtet sein, und da wir hier ein starkes gebirge in Rücken haben, so würde uns der retirade March beschwerlich werden, in fall bey einen treffen der feind denn Sieg erhielte; Mann glaubt dahero das der Herzog Ferdinant, aus gedoppelten absichten die Armee weiter zurück ziehen werden, damit wir erst aus dem gebirge kommen, und unsern Magazinen gleichfals Näher gelangen werden; und zu dem ists eine alte und kluge Regel, das ein feld Herr ebenso guhte absichten auf die retirade, als Avansimentstraße haben muß, damit er bey einen unglücklichen treffen, und Rückzuge, nicht alzu sehr auf die Hacken getreten und desto mehr schade zugefügt wird. ///

21. Brief aus dem Feldlager bei Petershagen, vom 28. Juli 1759

Warten auf den Feind im Raum Minden

Der 21. Brief Aus dem Lager bey Petershagen[220]*, ohnweit Preusisch. Minden von 28*ten *July 1759.*

Nachdeme ich meinen letzten Brief geschrieben, haben wir nicht lange an einen ort gestanden, sondern fast täglich Marchirt, und ist unsere March Route über Osnabrück[221] [gegangen]. Am 8.ten July traffen wir alda ein, und stunden daselbst 2. Tage still, um daß unsere Bagage, erst sämtlich vor auf kommen konte, Am 16ten dito formirten wir dieses Lager, bey Petershagen, und der feind bezog gegen uns über gleichfals ein lager, so daß wir ein ander sehen konten; Am 17ten dito gingen wir dem feind in 9. Colonnien entgegen, und wolte der Herzog Ferdinant einen angrif wagen, allein unsere gegenner zogen sich zurück, und wir musten ein gleiches thun und bezogen unsern lager[rr] Platz wieder. Aber in was for unruhe wir leben, ist fast nicht zu beschreiben, keiner darf sich so wenig bey tage, als Nacht entkleiden, oder schuh

[220] Petershagen, Stadt im Landkreis Minden-Lübbecke, Nordrhein-Westfalen.
[221] Osnabrück, kreisfreie Stadt in Niedersachsen.

ausziehen und haben viele Commandos aus stehen, es fallen beständig Charmützel zwischen denen vor Posten vor, dem feindl[ichen] verlust rechnet mann täglich auf 100. Mann, indem sehr viele Deserteuren, welche ich mitrechne. ///

22. Brief aus dem Feldlager bei Battenberg, vom 28. August 1759

Schlacht bei Minden – Meldung der Verfolgung der sich zurückziehenden Franzosen durch das Korps von Erbprinz Karl

Der 22. Brief Aus dem Lager bey Pattenberg[222]*, von 28ten Aug[ust] 1759.*

Endlich ist unser Wunsch erfült, Nemlich daß wir samtlich verlangen trugen unsern stoltzen feind anzu greifen und zu überwinden; dieses geschahe folgender Maßen; Wir stunden noch in unsern lager bey Petershagen ohnweit Preusisch Münden, wie ich in Meinen letztern briefe von 20ten July gemeldet, auch darin angezeigt Wie wir Am 17ten July dem feind in schlachtordnunge[223] entgegen gegangen, allein ohn wirckunge wieder zurück ziehen müßen; Am 1ten August, geschahe ein eben dergleichen aufbruch, und Morgens um 6. Uhr wechselten die Avantgarden[224] bereits kugeln mit einander, und nach verlauf kurtzer zeit kahmen die Haupt Armeen so Nahe zu sammen das es zu einen lebhaften gefecht und Haupt Bataill kahm[225], so erst mittages um 12. Uhr sich Endigte, dieses Heist um so vielmehr eine Haupt Affaire, weil so wohl wir, als der feind, seine gantze Macht alda an bringen konte; unser Schwere geschütz welches wir Hier zu sammen, und wohl an gebracht hatten, that unvergleichliche Wirckunge So das der feind nach kurtzer zeit zum weichen ge- [///] nöhtigt wurde; Wie nun die feindl[iche] Armee retirirt soll nach aus sage eines Deserteurs, der Herzog Contadés[226] die lienie der Armee passirt sein und derselben zu gerufen haben, lieben Söhne ich bitte euch setzet euch wieder, und greift denn feind aufs Neu Muhtig an, der kluge Ferdinant ist bereits erlegt; dieser trost reichen an rede, wären sie gefolgt und mit Hertzhafter tapferigkeit denn 2ten angrief gewagt, allein mit desto größern verlust, als zu erst, denn Rück March antreten müßen, Wie nun der feind das feld verlaßen muste, da zog sich die Infanterie durch die Stadt Minden, und die Cavallerie durch den Weser fluß, Worin dann auch noch Mannicher ersof-

222 Battenberg (Eder), Stadt im Landkreis Waldeck-Frankenberg, Hessen.

223 *Schlachtordnunge* = Schlachtordnung, Aufstellung der Armee zur Schlacht; vgl. den Art. »Ordre de Bataille«, in: Kriegs- Ingenieur- Artillerie- und See-Lexicon, S. 597. »Ordre de Bataille, T[eutsch] Schlacht-Ordnung, heisset die Stellung einer Armée in einer oder mehr Linien oder Treffen [...], wenn dieselbe heraus gerücket ist, um dem Feind eine Bataille oder Schlacht zu lieffern«.

224 *Avantgarden* = Vorhut; vgl. den Art. »Avant-Garde«, in: Kriegs- Ingenieur- Artillerie- und See-Lexicon, S. 48. »Avent-Garde, H[olländisch] voor-hoedt, voor-tocht, L[atein] Acies prima, Frons, T[eutsch] Vortrab, Vortrupp, ist ein Theil der Armée, der vor dem gantzen Corpo her machiret. Wenn dieselbe in Schlacht-Ordnung stehet, so ist es die erste Linie«.

225 Zur Schlacht bei Minden (1.8.1759) siehe Die Kriege Friedrichs des Großen, Bd 11; Die Schlacht bei Minden. Die Schlacht wird als eindeutiger Sieg der Alliierten gewertet.

226 Louis Georges Erasme (* 2.10.1704 bei Beaufort in Anjou; † 19.1.1793 in Livry), Marquis de Contadés, seit 1758 Marschall von Frankreich, 1759 Oberkommandierender der französischen Truppen auf dem europäischen Kriegsschauplatz; vgl. Contadés, Louis-Georges-Erasme, marquis de, in: Dictionnaire des Maréchaux de France, S. 149.

fen, indem die Mehresten Pferde sehr ermüdet waren, dem verlust feindlicher Seite rechnet mann ohngefehr auf 12000. Mann, und dem unserigen auf 6000. an Todten und schwer Blessirten, An Sieges zeichen Hat unsere Armee von dem feind 85. Canonen, 15. Standarten, 10. fahnen, 4. Paar Paucken, und eben so viel Trompeten erbeutet[227], von denen benandten Canonen Hat daß Regim[ent] Wobey ich stehe 6. Vor [///] sich zur beute gemacht, und der erste der von unsern Regim[ent] erschoßen wurde, war Mein vetter und lands mann, Conrad Meyer aus Kirchbrack[228] selben wurde um 7. Uhr mit der Canonen kugel eine schulter gantz weg geschoßen, so das er gleich todt war; übrigens haben die Herrn Engländer, das Grenadier Chor, und die Hannoversche fuß Guarde bey unserer Armee am stärcksten gelitten, von einigen Regim[entern] Engländern, sind nicht so viel Männer mehr, als die zahl ihrer Nachgelaßenen frauens aus macht[229], durch das Hannoversche fuß Guarde Regiment: Hatte sich die frantzösische Gendarmerie zu Pferde[230] (welches sämtlich Edelleute, und geharnischt sind.) durch gehauen, allein wie ging es der Gendarmie wie sich selbige durch geschlagen, da schloß sich das Guarde Regiment wieder zu sammen; und unsere Cavallerie so Hinter uns stund, griffen die feinde so auf Sie, als Sieger kahmen, tapfer an, also daß die Gendarmerie zwischen Cavallerie, und Infanterie ein geschloßen war, und auch größesten theil Nebst ihren Pferden alda Nieder gemacht wurde, ihre Pauken und Silbern Trompeten Hat das Regim[ent] Guarde zum Siegeszeichen erbeutet; Nachdeme wir nun das feld behalten, und dem Sieg [///] davon getragen, blieben wir noch 2. tage alda in lager stehen; viele von unsern Hitzigen und gar zu tapfern Siegern und fernern kriegern sollen zu dem Herzog Ferdinand gesagt haben sie hätten lust dem feind auffen fuß zu folgen, allein es soll Jhnen der Herzog geantwortet haben, mann müste zu gehöriger zeit hitzig sein, und wenn der feind retirirte müsten selbigen güldene brücken gebauet werden, da mit er desto beßer fort kähme, also blieb unsere große Armee noch 2. tage alda, Nur der durchl[auchte] ErbPrintz [Karl] von braunschweig, verfolgte mit seinen Chor dem feind, damit sich derselbe nicht setzen konte[231], und es ist nicht allein in der Stadt Minden eine unbeschreibliche Menge Bagage, Magazine und die große beckerey zurück geblieben, sondern auf dem retirade Marche, ist dem feind noch so viel abgejagt, ohne was sie von selbst in stich gelaßen ſ. ſ. ſ. Wegen diesem so großen Sieg, wurde an dem Triumphierenden tage, abends um 6. Uhr durch die gantze Armee bey allen Regim[entern] dem Höchsten gedancket, und das Te Deum Laudamus[232] [///] unter Pauken und Trompeten Schall abgesungen, und nach Endigunge deßen, ein 3. faches freuden feuer aus großen und kleinen geschütz abgebrandt: Am 2ten Aug[ust] wurden die Todten unserer seits, begraben, Am 3ten

227 Die hier genannte Anzahl erbeuteter Geschütze ist übertrieben, da die Alliierten insgesamt nur 22 Geschütze als Beute einbrachten. Auch die Zahlen der übrigen Siegeszeichen liegen leicht über den tatsächlich erbeuteten; vgl. Die Kriege Friedrichs des Großen, Bd 11, S. 42.

228 Kirchbrak, Gemeinde im Landkreis Holzminden, Niedersachsen.

229 Die Verluste der englischen Einheiten beliefen sich auf ca. 1411, was mehr als die Hälfte der alliierten Gesamtverluste ausmachte; vgl. Die Kriege Friedrichs des Großen, Bd 11, S. 42.

230 Französisches Kavallerieregiment Gens d'armes.

231 Zum Rückzug der Franzosen nach Kassel siehe Die Kriege Friedrichs des Großen, Bd 11, S. 43–48.

232 Te deum laudamus (in deutscher Übersetzung: »Großer Gott wir loben dich«), Kirchenlied.

dito die frantzosen, welche aber kaum die helfte an dem tage unter die Erde, Wegen ihrer vielheit kommen konten; unter diesem Todten befand sich auch der Hessische General von Fürstenberg, so seinen landes [Herrn] ungetreu geworden und wie ich [oben]schon gemeldet, wie er bey dem frantzosen dienste genommen und dabey versprochen Jhnen die Lippstadt zu schaffen, so ihnen aber Miß gelungen; dieser wurde auf befehl des Herzogs Ferdinand nicht begraben, sondern soll wegen seiner schändlichen untreu auf der Erde von dem fliegen verzehrt werden[233]; Was die Todten Printzen und Generalen waren die Hatten die frantzosen gezeichnet, und ihnen ein strick oder stroh Seill um die Hand gebunden, selbige wurden auch allesamt ordentlich begraben, das dorf Halen[234], so zwischen unserer und der feindl[ichen] Armee stund, Hat einen brandschaden von 41. gebäuden bey der Affaire gehabt, so gäntzlich [///] in die Asche gelegt, die Todten Pferde die auf dem schlachtfelde, und in der gegend gelegen werden auf 6000. Stück gerechnet, und die Eyserne Curasse[235], Harnische, und brustschilder so die Reuter um sich gehabt, lagen alda so viel, als wenn mann Häuser so mit ziegeln belegt, abgedecket hätte; Nach aus rede der frantzösischen Deserteurs, soll der Herzog Contadés gesagt haben, Er müste so lange hinter Ferdinants Commando hergehen, und könte es nicht finden, würde es auch wohl nicht eher bis bey Staade in gänse winkel zwischen der Elbe und Weser[236] antreffen; Nun ließ der Herzog Ferdinand alle abent, statt des gewöhnlichen einen reteretschuß[237], aus 2. Canonen einen schuß thun, um das der Printz Contadés desto beßer Hören und vernehmen könte, wo sich der Herzog Ferdinant mit seinen Commando aufhielte; Am 7ten August Hat unser Grenadier Chor bey Dortmund[238] das Haupt Quartier, eines Sächsischen Printzen[239] Nebst dem Printz selbst, gefangen genommen, [///] die Bagage ist auf 500. Wagens gewesen, Worunter 2. mit geld beladen vor gefunden sind; 500. Mann als Commandirte, sind gefangen geworden,

233 Die Authentizität des Berichtes kann allerdings, da durch Schriften weiterer Autoren belegt, als wahrscheinlich gelten. So beschreibt etwa Christian F. von der Heyden den Vorfall ebenfalls: »der General Fürstenberg verlohr durch eine Canonen-Kugel den halben Kopf, sein Leichnam hat man unter dem gemeinen Hauffen der Erschlagenen liegen lassen, als eine Strafe, weil er von denen Alliirten zu denen Frantzosen übergegangen war«. Heyden, Das durch innerliche Kriege bedrängte Teutschland, S. 46.

234 Halen, Stadtteil von Minden.

235 *Curasse* = eiserner Brust- und Rückenpanzer, der namensgebend für die Kürassire war; vgl. den Art. »Küras«, in: Kriegs- Ingenieur- Artillerie- und See-Lexicon, S. 472. »Küras, Küriß [...], war vormahls eine Schutz-Wehr oder Rüstung, die den gantzen Mann, und zuweilen auch das Pferd bedeckte, und gegen Streiche seines Feindes verwahrte, [...] Solche schwere Rüstung ist heut zu Tage fast gantz abgekommen, ohne in gewissen Geprängen und Aufzügen, indem die heutigen Kürißier, oder Kürißier-Reuter, mehr nicht führen, denn Helm- Brust- und Rücken-Stück«.

236 Der Begriff »Gänsewinkel« beschreibt häufig kleine Halbinseln in Flüssen oder Seen, hier gemeint ist die Region zwischen Bremen und Hamburg, in die sich die alliierten Truppen unter dem Herzog von Cumberland nach der Schlacht bei Hastenbeck 1757 zurückzogen.

237 *Reteretschuß*; vgl. S. 34, Anm. 28.

238 Dortmund, kreisfreie Stadt in Nordrhein-Westfalen.

239 Franz Xaver Albert August Ludwig Benno von Sachsen, (* 25.8.1730 in Dresden; † 21.6.1806 in Zabeltitz), Graf von der Lausitz, Prinz von Sachsen aus der Linie der albertinischen Wettiner, 1763 bis 1768 Administrator des Kurfürstentums Sachsen, im Siebenjährigen Krieg Generalleutnant eines kursächsischen Armeecorps, das durch einen Subsidienvertrag von 1758 in französischen Diensten stand; vgl. Poten, Xaver, Franz Xaver, in: ADB, Bd 44, S. 578–580.

die sämtl[ichen] Pferde sollen 2000. Stück sein, diese sind zum besten der Armee gebraucht, die Bagage [aber], zum besten des Grenadier Corps, So solche erbeutet, verkauft, und am 10ten dito in Paterborn eine ordentliche Auction damit angestelt; ferner Hört mann vor gewiß, daß unserer durchl[auchter] ErbPrintz [Karl] so dem feind verfolgt, am 15ten Aug[ust] 3000. Mann frantzosen zu gefangen gemacht, 15. Canonen und 3. Fahnen erbeutet haben soll, und ob der feind nun bishero, von des ErbPrintzen Corps allein verfolgt worden; So soll ihm der retirade March dennoch viel volck und Bagage gekostet haben, wir Marchiren dem feind immer zur Seiten damit er nicht auf Münster, oder wo er sonst vortheile machen würde, kommen kan: wir nehmen unsern March auf Frankenberg[240] und Marburg[241], und vielleicht Nach Giessen[242] zu und müßen wir uns allerdings mit nach dem feind und seinen Minen richten. ///

23. Brief aus dem Feldlager bei Gießen, vom 22. September 1759

Rückkehr des Korps von Erbbrinz Karl zur Hauptarmee – Marsch nach Hessen – Meldung von der Einnahme Marburgs durch preußisch-alliierte Truppen – Meldung eines Sieges der Engländer in Amerika

Der 23. Brief Aus dem lager bey Giessen von 22ten Sept[em]b[e]r 1759.

Wir haben nun gottlob das ober Hessenland wieder erreicht, welches wir in vor Sommer verlaßen musten, Am 30ten Aug[ust] vereinigte sich der durchl[lauchte] ErbPrintz [Karl] mit seinen Corps, Womit er dem feind von Preusisch Minden aus verfolgt, bey der großen Armee wieder; diese leute klagen sehr über die gehabten Strabatien, und diese klage ist auch zu glauben. Am 1ten Sept[em]b[e]r; Morgens in aller frühe Marchirten wir nach der Stadt Wettern[243], Woselbst der frantzösische Gen[neral] Fischer[244] mit seinen Corps inne war, dieses Corps bestehet theils aus Cavallerie und theils aus Infanterie, und Formiren eine frey Parthey, von diesem bekahmen wir 500. Mann gefangene, und nach aus sage derselben soll sich der General, mit der flucht, in Schlaf kammesohl[245] auf einen ungesattelten Pferde, davon gemacht haben; die feindliche Haupt Armee, stehet in der gegend ohnweit Marburg diese wurde aber wegen der vielen beunruhigungen [///] von unserer seite, genöhtigt, sich alda weg zu ziehen, allein daß Citadelle und feste Schloß, bey der Stadt Marburg war mit einen Commando von 1000. Mann besetzt geblieben, dieses machte uns noch einen auffenthalt und war es nicht rath, eher und bevor wir diesem Paß frey hatten,

240 Frankenberg (Eder), Stadt im Landkreis Waldeck-Frankenberg, Hessen.
241 Marburg, Kreisstadt in Hessen.
242 Gießen, Kreisstadt in Hessen.
243 Wetter (Hessen), Stadt im Landkreis Marburg-Biedenkopf, Hessen.
244 Johann Christian Fischer (* 17.1.1713 in Stuttgart; † 25.6.1762 bei Kassel), französischer Generalleutnant; vgl. Schön, Fischer, Johann Christian, in: ADB, Bd 48, S. 568 f.; Ribaucourt, La vie militaire.
245 *Camiso* = ein Hemd; vgl. den Art. »Camisol«, in: Grimm/Grimm, Deutsches Wörterbuch, Bd 2, Sp. 603.

weiter zu Marchiren: Es wurde demnach anstalt und Schantzen, und zwar sämtlich bey nachtszeiten gemacht, gedachtes Schloß zu Bloquiren und zu Bombardiren, und dieses wurde auf an ordnen des durchl[auchten] ErbPrintz [Karl] und d[es] H[errn] graf von der Bückeburg Lippe[246] bewerckstelliget[247]. Am 7ten Sept[em]b[e]r abends um 8. Uhr nahm die Bloquade ihren anfang, und dauerte bis d[en] 8ten [dito] abends um 6. Uhr, und ob gleich die feinde vermögsam genug waren eine lebhafte gegen wehr zu thun, und auch würcklich thaten; so versuchten sie dennoch des tages einige mahl auf eine gühtige Art zu Apeliren[248] und Accordiren; allein es wurde alles von dem Herzog Ferdinand verworfen; und muste sich die gantze besatzunge zu krieges gefangen ergeben, auf dem Schloß ist ein großer vorrath an Munition und lebens mitteln vorgefunden worden, Was von letztern, die bürgerschaft aus der Stadt hatten liefern müßen, ist dem Eigenthümern wieder gegeben. [///] Am 9ten dito Marchirte unsere Armee also ohne allen auffenthalt bey der Stadt Marburg vorbey, und bezogen ohnweit der Stadt ein lager, Am 11ten dito wurden die krieges gefangenen nach Cassel Transpotirt, Am 16ten dito wurde bey uns danckfest gehalten und freuden feuer gemacht, wegen eroberunge der Insel Niaar[249], welche die Engländer in America von dem frantzosen erhalten; Am 18ten dito sind wir so Nahe als möglich vor die Stadt Giessen Marchirt, und stehet unser lager gegen dem feindlichen grade über, so daß wir alle bewegungen, des feindes am tage sehen können, dieser so Naher gegenstand, erfordert eine ware Attention, und wachsamigkeit, und ist dahero leicht zu erachten, was vor schweren dienst wir alhier abzutragen haben, und allen ansehen und veranstaltungen werden wir hier noch eine zeitlang verbleiben, von denen feindlichen Deserteurs vernimt mann, wie sich die französische Armee gantz einschantzet und bey uns wird nun eben dergleichen mit aller Macht getrieben, und fort gesetzet. ///

24. Brief aus dem Feldlager bei Gießen, vom 20. Oktober 1759

Lage auf dem hessischen Kriegsschauplatz – Mängel bei der Truppenversorgung – Belagerung Münsters

Der 24. Brief aus dem lager bey Giessen, von 20ten Octob[e]r 1759.

Wir stehen noch eben in dem lager, woraus ich Meinen letzten Brief geschrieben, die Stadt Giessen ist eine zimliche festunge, Worin eine berühmte universität[250], und liegt

246 Wilhelm Friedrich Ernst (* 9.1.1724 in London; † 10.9.1777 auf Haus Bergleben, Wölpinghausen), Graf zu Schaumburg-Lippe, Militärtheoretiker, Generalmajor und Generalfeldzeugmeister der preußisch-alliierten Armee im Siebenjährigen Krieg; vgl. Falkmann, Wilhelm, Graf von Schaumburg-Lippe, in: ADB, Bd 43, S. 202 f.

247 Vgl. dazu Sieburg, Beschießung und Einnahme des Marburger Schlosses; Kolbe, Marburg und der siebenjährige Krieg, S. 30–32.

248 *Apeliren* = appellieren; vgl. Grimm/Grimm, Deutsches Wörterbuch, Bd 1, Sp. 538.

249 Insel Niaar: Begriff unklar, gemeint ist möglicherweise Fort Niagara, dessen französische Besatzung am 25.7.1759 kapituliert und das Fort an die englischen Belagerungstruppen übergeben hatte.

250 Universität Gießen. Die Universität wurde 1607 durch den Landgrafen Ludwig V. von Hessen-Darmstadt gegründet und führte dessen Namen bis 1945.

an einem fluß welcher die Lahne[251] genandt wird, dieser fluß ist die Hauptscheidunge, zwischen uns, und denen frantzosen, diese Seite wird von [uns], und der andere Ufer von dem feind Postirt und recognoscirt[252], die Stadt Giessen aber ist allein in der feinde verwarunge, und werden wir selbige diesem Herbst schwerlich in besitz kriegen, die Stadt Wetzelar[253] ist gleichfals mit frantzösischer besatzunge besetzet, unsere leichten Truppen haben bereits zweymahl, die feinde heraus gejagt, aber es ist denn unsern nach kurtzer zeit ein gleiches wiederfahren; unsere Armee stehet nun eben so, wie die feindl[iche] in einen festen verschantzeten lager, und die Jahreszeit wird es wohl nicht zu laßen; Haupt operationen, vor zu nehmen; Wir stehen nun, und sehen uns ein ander an, und ein Jeder wartet auf dem ersten aufbruch, Nur keiner will der erste sein, [///] die kälte nimt zu, die Tage werden kurtz, die Fourage sehr behände und raer, wir haben fast kein lager stroh in unsern zeltern, zwar Logiren wir nicht viel darin, sondern mann ist beständig in dienst, von der Wache auf Commando, und von da zum Piquet. Es ist leicht zu erachten, da wir so Nahe vorn feind stehen das wir wachsahm und auf unserer Hudt sein müßen: Es gehet uns Hier wie Paulus in seinen 2ten briefe an die Cor[inther] in 7. Cap[itel] 5. V[ers] schreibt. Nachdeme wir Hier kommen sind hat unser fleisch keine Ruhe, sondern allenthalben Trübsall, auswendig streit, inwendig furcht[254] ·ʃ. Unser Herr General Lieutenant von Imhoff stehet mit einen ansehnlichen Corps vor der Stadt Münster, und hält nun schon seit 2. Monaten die darin auf dem Citadell, frantzösische besatzunge ein geschloßen, auch erwartet derselbige alda 6000 Mann. Englische völcker, und Arttillerie, so längsten zu London abgegangen sein sollen: Am 16ten octob[er] legten die Herrn Officier unserer Armee, wegen absterben einer Engl[ischen] Printzeßin[255], auf 4. Wochen ein trauer zeichen an, der gefürstete Abt[256] zu Fulda soll Todt sein; und wir leben der Hofnunge, in die Fuldische landschaft ver quartirt zu werden. ///

---

251 Lahn, Nebenfluss des Rheins in Nordrhein-Westfalen, Hessen und Rheinland-Pfalz.

252 *Recognoscirt* = ausgekundschaftet, die Position und Stellungen des Feindes in Erfahrung bringen; vgl. den Art. »Recognosciren«, in: Kriegs- Ingenieur- Artillerie- und See-Lexicon, S. 698 f. »Recognosciren [...], ist ein Kriegs-Wort, und bedeutet, auf Kundschafft ausgehen, von dem Zustand des Feindes, oder eines Orts, den man zu attaquiren gesonnen, es sey eine Festung, Schantze, Platz, oder feindliches Lager, durch ausgeschickte Kundschaffter Nachrichten einzuholen, um zu sehen, wo der Angriff am vortheilhafftigsten geschehen könne«.

253 Wetzlar, Stadt im Lahn-Dill-Kreis, Hessen.

254 »Als wir nach Mazedonien gekommen waren, fanden wir in unserer Schwachheit keine Ruhe. Überall bedrängten uns Schwierigkeiten: von außen Widerspruch und Anfeindung, im Innern Angst und Furcht.«. 2 Kor 7,5.

255 Elisabeth Caroline (* 30.12.1740; † 4.9.1759), Tochter von Friedrich Ludwig von Hannover (* 20.1.1707; † 20.3.1751), Prince of Wales; vgl. Bailey, Frederic Lewis, in: Oxford Dictionary, vol. 20, S. 903–912, hier S. 908.

256 Adalbert von Walderdorff; vgl. Brief 17.

25. Brief aus der Stadt Fulda, vom 1. Dezember 1759

Meldung vom Beschuss und Brand Münsters – Schlacht auf dem Münsterfeld bei Fulda – Auktion mit Beutegut in Fulda – Anekdoten von einem französischen General und einem lutheranischen Feldprediger

Der 25. Brief Aus der Stadt Fulda von 1ten Decemb[e]r 1759.

Am 19ten Nov[ember] a[nni] c[urrentis] musten wir unser Mühsahmes lager vor der Stadt Giessen auf einmahl gantz unverhoft verlaßen, und ging die rede wir würden auf Münster denn Herrn General Lieutenant von Imhoff zum Secours Marchiren, Es wurde dieser March ohne einige aus ruhe tag fortgesetzet, Wie wir nun noch einen March von Münster waren, kahm uns ein Courier mit der freudigen Nachricht entgegen, der feind hätte die Stadt Nebst dem Citadell an d[en] H[errn] General Lieut[enant] v[on] Imhoff übergeben; allein nicht ohne äußerste Noth; Es wäre das Bombardement so Heftig gewesen, das Endlich in der Stadt feuer auf gekommen, wodurch 600 gebäude in die asche gelegt, und 4. Kirchen sehr beschädigt worden, wie nun die Hitze und angst zu groß geworden da hätten sich die belagerte ergeben[257]; Nunmehro war unsere Hülfe alda nicht Nöhtig, und wurde Contramandirt[258], und wuste keiner Wo wir hin kommen würden, allein wir præsumirten[259]; es müste was wichtiges in dem rath unsers Heerführers, (des Erb-Printzen [Karl].) beschloßen sein, wie sich dann auch am Ende gezeigt, und glücklich aus gefallen ·ʃ. [///] wir musten täglich von frühen Morgen, bis wieder in die Nacht Marchiren, zelter wurden zwar nicht mehr aufgeschlagen, allein bey dem Hauß Quartier war mann gleichfals schlecht daran, indem die mehreste zeit eine gantze oder halbe Compag[nie] in ein Hauß kahm daß bishero gewesene frostwetter ging auf, und wurde ein greulicher dreck, und übels Marchiren. Es ließ mancher seinen Schu absatz in der Erde stecken, und die sohlen trenneten sich von dem Oberleder, so daß viele wie ein Elends thier fort Patscheten; Am 29ten Nov[ember] Hörte mann von ohngefehr, wie der durchl[auchte] Erb Printz [Karl], ein Corps von der Reichs Armée, so der Herzog von Würtenberg[260] Commandirte, angreifen würde, allein Mann wuste nicht wie, oder wann solches geschehen soll, die Nacht auf dem 30. Nov[ember] brachen wir des Nachts um 2. Uhr auf, und Marchirten die gegend nach Fulda; der durchl[auchte] ErbPrintz [Karl] war an der spitze unsers Corps, und die Grenadier so bey uns waren, machten die AvantGuarde ohne was von Husaren, und leichter

[257] Die Belagerung von Münster begann Ende August 1759; die Kapitulation erfolgte am 21.11.1759; vgl. Huppertz, Münster im Siebenjährigen Kriege, S. 183–245.

[258] *Contramandirt* = aus dem Kaufmännischen entlehnter Terminus, der den Widerruf einer Transaktion oder eines Vertrages beschreibt, hier im Sinne von Widerruf eines Befehls; vgl. den Art. »Zahlung«, in: Zedler, Grosses vollständiges Universal-Lexicon, Bd 60, Sp. 1250 f. »Zahlung, (verbotene) inhibirte, untersagte, contramandirte oder wiederruffene Zahlung«.

[259] *Præsumirten* = zusammenzählen, hier im Sinne von erahnen; vgl. den Art. »Summieren«, in: Grimm/Grimm, Deutsches Wörterbuch, Bd 20, Sp. 1078 f.

[260] Karl Eugen, häufiger Carl Eugen (* 11.2.1728 in Brüssel; † 24.10.1793 in Hohenheim), 1737–1793 Herzog von Württemberg; vgl. Uhland, Karl Eugen, in: Neue Deutsche Biographie (NDB), Bd 11, S. 267–269.

Cavallerie war, Am 30ten Nov[ember] Mittages um 1. Uhr stunden wir schon einen Corps feindl[icher] Trouppen, von [///] 12000. Mann[261] in gesicht, so oben gedachter Herzog von Würtenberg Commandirte, Cavallerie und Infanterie war in schlacht ordnunge auf Marchirt[262], und hatten die Stadt Fulda, und der fluß gleiches Nahmens in Rücken, worauf sie sich theils verliesen, und von gedachter seite sicher zu sein glaubten, Sie fechteten also von der forderseite desto Mächtiger, Nach kurtzer Attaque, unserer Husaren und Cavallerie, wurden wir nach geschehener recognossation, um einen Hohen Hügel, so sich alda befand, geführt, und in schlacht ordnung denn feind offenbahr gegen über gestelt, die Cavallerie Hielte [in] Esquadrons[263], an, und um gedachten berglein, die Grenadier thaten in deß, Nebst der Artillerie einen angrief, unsere Regiments Canonen, des gleichen; die feinde welche unsern lebhaften angrief gar bald merckten, retirirten sich in die Stadt, und verrammeten die Thore und Marchirten großen theils durch, und schoßen mit ihren Canonen über den Fulda Fluss, und wir thaten ein gleiches, indeßen wurden die Thore geöfnet, und unserer durchl[auchter] Erb Printz [Karl] verfolgte dem feind; mit der sämtlichen Cavallerie so bey uns war, und die gesamte Infanterie [///] Marchirte gleichfals durch die Stadt, und wurden abermahl in einer linie an Fronte[264] gestelt, und blieben alda bis des nachts um 11. Uhr, wie nun der durchl[auchte] ErbPrintz [Karl] wieder zurück kahm, und 1400. Mann gefangene[265], 2. Canonen 4. Fahnen und eine Estandarte[266] von dem feinden mit brachte, Worunter Generals und andere Staabsofficier waren, Nebst aller ihrer Bagage; da Marchirten wir in die Stadt, und kahmen in Quartire, der feindliche verlust an Todten und schwer Blessirten, wird auf 800. Mann gerechnet, und der unserige wird kaum 20. Mann aus machen, Worunter sich d[er] H[err] Graf und obrist[e] von Plath[267] befindet, so mit einer kugel erschoßen ist; Heute ist in der Stadt Fulda fast auf allen straßen Auction und verkauffen die Husaren und Cavallerie die erbeuteten kutschen, Pferde, und Bagage Wagens Nebst allen Sachen so darauf befindlich; viele von dem gewesenen eigenthums Herrn, gedachten Sachen, kauften dem Husaren ihre Eigenen Mobilia ab, ein

261 Der Herzog von Württemberg hatte dem französischen König ein württembergisches Korps, das er selbst kommandierte, gegen Sold zur Verfügung gestellt. Dieses Korps traf am 21.11.1759 bei Fulda ein und wurde dort von ca. 1000 Mann französischer Kavallerie verstärkt; vgl. Tempelhoff, Geschichte des siebenjährigen Krieges, S. 373 f.

262 Gefecht bei Fulda am 30. November 1759; vgl. Siebenjähriger Krieg in Fulda. Tempelhoff, Geschichte des siebenjährigen Krieges, S. 371 f.

263 *Esquadrons* = als Schwadron bezeichnete Einheit berittener Soldaten; vgl. den Art. »Escadron«, in: Zedler, Grosses vollständiges Universal-Lexicon, Bd 8, Sp. 1850. »Escadron ist ein Corpo von Reuterey, welches zum fechten in Ordnung gestellet ist, es ey nun solches in einer ordentlichen Schlacht, oder in einer Rencontre. Sie bestehet in 100. bis 150. zuweil auch in 200. Pferden [...], und commandiret sie entweder der Maior, oder der älteste Rittmeister des Regiments«.

264 *Fronte* = Front.

265 39 Offiziere und über 1200 Unteroffiziere und Mannschaften gerieten in Gefangenschaft; vgl. Tempelhoff, Geschichte des siebenjährigen Krieges, S. 373.

266 *Estandarte* = Standarte, kleine Flagge, Ehren- und Feldzeichen der Kavallerie; vgl. den Art. »Standarte«, in: Kriegs- Ingenieur- Artillerie- und See-Lexicon, S. 842. »Standarte [...], ist eine kleine Reuter-Fahne, welche offtmahls sehr reich von Seiden, Gold und Silber gesticket, und mit Fransen umgeben ist«.

267 Graf von Plath († 30.11.1759 bei Fulda), Oberst in der preußisch-alliierten Armee.

General verlangete seine bespannte und bepackete kutsche wieder; Ehe und bevor sie die selbe durch Plünderten, davor wurden [///] 1000. [Reichsthaler] gefordert, 800. [Reichsthaler] both der General hier auf und erstand selbe davor; Nachdeme eröfnete er einen Coffre[268], und lies von seinen bedienten ein Chatoulle Heraus nehmen, wie diese der Herr aufschloß und die 800. [Reichsthaler] Heraus nahm, sahe mann so viel gold darin, das mann glauben soll es wären 6000. [Reichsthaler], nicht zu gedencken was in denen übrigen Coffres war, indem d[er] H[err] seine frau gemalin bey sich hatte, Es wurden aber auch viele Damen kleidungen, und pretiosa öffentlich verkauft; Ein feld Prediger so auch gefangen war fund sich an, wie sein wage und Coffre geöffnet wurde, bath dem Neuen Eigenthums Herrn, (einen Husaren.) ihm sein Schwartze Kleid so in Coffre wäre, gegen das blaue so er an leibe hätte, zu vertauschen, der Husar Examinierte[269] gedachten feld Prediger, was vor eine religion er Exercirte[270]? Bekahm die antwort Evangel[isch] Lutter[risch] Nun sprach der Husar, so sind wir beide eines glaubens, da hat er also sein schwartze kleidt und behalte das blau darzu, Mein könig gibt mir so viel blaue Peltze als ich gebrauche. Der feld Prediger war Hiermit zu frieden. ///

26. Brief aus dem Kantonierquartier in der Stadt Freiberg in Sachsen, vom 2. Januar 1760

Marsch zur Unterstützung der preußischen Hauptarmee ins Erzgebirge – Anekdoten aus Erfurt, Weimar, Jena, Altenburg und Freiberg – Festessen in Gera – Sehnsucht nach Frieden

Der 26. Brief Aus dem Cantonir Quartier, der Stadt Freyberg[271] *in Sachsen, von 2ten January 1760.*

Am 2ten Decemb[e]r a[nni] p[raeteriti] Morgens um 4. Uhr wurde General March geschlagen, und wir Marchirten aus der Stadt Fulda, ohne das von denen unter Commandeurs einer wuste wo wir unsern March hinnehmen würden, bis nach verlauf einiger tage vernahmen wir, wie die frantzosen, bey Giessen noch in ihren verschantzeten lager stünden, und unsere große Armée des gleichen, Nun war die absicht des durchl[auchten] ErbPrintzen [Karl], denn feind von hinterwärts in seinen lager anzugreifen, und der Herzog Ferdinant vielleicht zu gleicher zeit, von Vorwärts, diese Attaque wurde aber dadurch vereitelt, daß der feind da er unsere Ankunft auf der un verhoften seite, vermercket, sich frühzeitig, von selbst, theils übern Rhein,

---

268 *Coffre* = Koffer, Reisekiste; vgl. den Art. »Coffre«, in: Zedler, Grosses vollständiges Universal-Lexicon, Bd 6, Sp. 609. »Coffre, heist eine Reise-Kiste, gemeiniglich mit einem runden Deckel und Leder oder Haaren bezogen«.

269 *Examinierte* = prüfte, befragte, hier im Sinne von musterte; vgl. den Art. »Examinieren«, in: Grimm/Grimm, Deutsches Wörterbuch, Bd 3, Sp. 1207.

270 *Exercirte* = hier ausübte.

271 Freiberg, Stadt im Landkreis Mittelsachsen, Sachsen. Zur Zeit des Siebenjährigen Krieges Stadt im Kurfürstentum Sachsen, Erzgebirgischer Kreis, Kreisamt Freiberg; vgl. Blaschke/Jäschke, Kursächsischer Ämteratlas, S. 72 f.

und theils übern Mayen[272] gezogen: Wie wir dieses vernamen, da glaubte ein Jeder, nun würde alles volbracht sein, und es würden zweiffels frey der Armee, nach vielen aus gestandenen Strabatien und kälte nunmehro die Winter Quartire angewiesen werden; allein es äußerte sich gantz anderst, der Erb Printz [Karl] verstärckerte sein bisherige [///] Corps noch mit 8000. Mann, das wir also 20000 Mann starck waren, nun Marchirten wir wieder zurück und passirt eben die March Route, die wir vor einigen tagen abgemeßen hatten; Am 16ten Decemb[e]r hatten wir daß Hessenland bereits hinter uns, und kahmen in die beiden letzten Heßischen Städte Wanfried[273], und Eschwegen[274], in das nacht Quartier, Am 17ten dito Marchirten wir übers Eichsfeld[275], ohnweit Mühlhausen[276] vorbey, nach Langen Saltza[277] dieses war ein starcker March, Es war die Nacht zu vor ein starck und tiefer schne gefallen, und die kälte war heftig; Wir kahmen also abends sehr späth in die Stadt, weiß dahero nicht viel davon zu sagen, als nach aus rede meines Wirths, soll Lagensaltza eine guhte handels Stadt sein, der fluß so dadurch flöße, hieße die Saltza[278]. Am 18ten dito in aller frühe Marchirten wir wieder aus, und kamen nach der Stadt Erfurt[279], dieses ist eine sehr große Stadt [an der Gera][280] und hat Wall, Mauren und Waßer graben um sich, und findet sich die Welt bekante große glocke in dieser Stadt, Es soll aber nach aus rede meines daselbst gehabten Wihrts, die erste große glocke nicht mehr vorhanden sein, sondern duch einen schädlichen Wetterschlag[281] wäre die kirche und besonders der thurm abgebrand, worin die gr[oße] glocke gehänget, und [///] in selbigen feuer geschmoltzen; zum andencken, aber wäre nachhero eine dergleichen gr[oße] glocke wieder gegoßen[282] ·ʃ. Am 19ten dito früh Marchirten Wir wieder aus, und kamen selbigen tages Nach Sachsen Weimar[283]. Dieses ist eine feine Stadt mit

272 Main, Fluss.

273 Wanfried, Stadt im Werra-Meißner-Kreis, Hessen.

274 Eschwege, Stadt im Werra-Meißner-Kreis, Hessen.

275 Eichsfeld, Landschaft im südlichen Grenzgebiet zwischen Niedersachsen und Thüringen. Zur Zeit des Siebenjährigen Krieges Teil des Erzstifts Mainz.

276 Mühlhausen, Stadt im Unstrut-Hainich-Kreis, Thüringen. Zur Zeit des Siebenjährigen Krieges Reichsstadt.

277 Bad Langensalza, Stadt im Unstrut-Hainich-Kreis, Thüringen. Zur Zeit des Siebenjährigen Krieges Stadt im Kurfürstentum Sachsen, Thüringischer Kreis, Amt Langensalza; vgl. Blaschke/Jäschke, Kursächsischer Ämteratlas, S. 26 f.

278 Die Salza, Nebenfluss der Unstrut, nach dem die Stadt Langensalza benannt ist. Zwei Kilometer östlich der Stadt mündet die Salza in die Unstrut.

279 Erfurt, Landeshauptstadt von Thüringen. Zur Zeit des Siebenjährigen Krieges Stadt im thüringischen Teil des Erzstifts Mainz.

280 Gera, Nebenfluss der Unstrut in Thüringen.

281 *Wetterschlag* = Gewitter, hier Blitzschlag; vgl. den Art. »Wetter-Schlag«, in: Zedler, Grosses vollständiges Universal-Lexicon, Bd 55, Sp. 1075.

282 Bei der hier genannten großen Glocke handelt es sich wahrscheinlich um die 1497 durch Johann von Campen gegossene Glocke mit dem Namen »*Maria Clara Susanna*«, die im Dom der Stadt hängt und die 1472 beim Brand geschmolzene Glocke ersetzt; vgl. Bube, Thüringische Volkssagen, S. 43 f.

283 Weimar, kreisfreie Stadt in Thüringen.

einen schönen Schloß[284], und am fluß Ilm[285] gelegen, in dieser Stadt traf vielleicht keiner kein beßer Logie und nacht quartier als unserer durchl[auchter] Erb Printz[Karl] an, dieser hatte das unschätzbare vergnügen bey der landes Regentin, als seiner Printzeßin Schwester [Anna Amalia][286], zu pernoctiren[287]; ich vor meine Persohn Logirte bey einer Schneider Witwe, welche mich nach ihren und Meinen stande gleichfals wohl bewihrtete, und beherbergete, und leuchtete ihre erkentlichkeit, wegen des zurück gelegten Marchsches und aus gestandenen großen kälte, dadurch noch mehr hervor, daß sie mich und Meinen Cameraden ihr Schlafbette offerirte, indem sie weiter keine betten im hause hätte, dieses an erbieten wolte ich nicht acceptiren, sondern sprach wir wären im fall der Noth wohl gewohnt auf der Erde, noch beßer aber auf stühlen zu schlafen dieses alles fand aber nicht statt; sondern sie bedauerte uns schon wieder, auf dem andern, bevorstehenden [sauren] tag. [///] Am 20ten dito Marchirten wir durch die Stadt Jena[288] an der Saale gelegen, Hier ist eine berühmte universität[289] und soll um die Stadt Wein gebauet werden, auch sahe Mann außer der Stadt vor dem Thor nach Gera[290] lauter klippen und kleine berge, und ging fast in einen Jedem eine kellerthür, und sollen in diesem bergen unvergleichliche kellers sein; Wir hatten unser Nacht Quartier in Lobedau[291] eine Stunde von Jena. Am 21ten dito kahmen wir nach der Stadt Gera, dieses ist eine wohl gebaute Stadt an dem Elster[292] fluß gelegen, und hat wegen ihrer importenten handelunge und Manufacturen, denn zu nahmen klein Leipzig[293]; dieses alles konte ich um so mehr erfahren, weil wir am 22ten Decemb[er] alda ruhe tag hatten; Mein Herr Wihrt war ein Dammast macher[294], und hielte sich 12. Gesellen; sein tisch wurde zur speise zeit, so auf getragen und mit speisen besetzet das ich Meiner gewohnheit nach glaubte, Es müste ein besonderer gastmahls, oder Hochzeitstag sein, und ich wünschete in Meinen gedanken, Meines Herrn Wihrts arbeits gesell zu sein, in betracht des kostbahren Tractaments, wenn ich aber der arbeit zu sahe und bemerckte die wunderbaren blumen in dem Dammast, und die Mannigfalten tritte, so darzu erfordert wur-

---

284 Gemeint ist das Stadtschloss Weimars, das nach seinem Erbauer, Herzog Wilhelm IV. von Sachsen-Weimar, den Namen Wilhelmsburg trug. 1774 brannte das Schloss ab, wurde aber ab dem Jahr 1789 unter planerischer Mitwirkung Johann Wolfgang von Goethes aus- und neugebaut; vgl. Bothe, Dichter, Fürst und Architekten.

285 Ilm, Nebenfluss der Saale in Thüringen.

286 Anna Amalia von Braunschweig-Wolfenbüttel (* 24.10.1739 in Wolfenbüttel; † 10.4.1807 in Weimar), durch Heirat Herzogin von Sachsen-Weimar-Eisenach, Schwester des Erbprinzen Karl Wilhelm Ferdinand; vgl. Dadelsen, Anna Amalia, in: NDB, Bd 1, S. 302 f.

287 *Pernoctiren* = übernachten; vgl. den Art. »Nachten«, in: Zedler, Grosses vollständiges Universal-Lexicon, Bd 23, Sp. 262 f. »Nachten, übernachten, Pernoctare, ist so viel, als über Nacht an einem Orte bleiben, oder ein Nachtlager nehmen«.

288 Jena, kreisfreie Stadt in Thüringen.

289 Den Grundstein für die Universitätsgründung legte Johann Friedrich I. von Sachsen 1548 mit der Gründung der Hohen Schule. Ihren Lehrbetrieb nahm die Universität im Januar 1558 auf, nachdem Kaiser Ferdinand I. ihr 1557 die Privilegien einer Universität ausgestellt hatte.

290 Gera, kreisfreie Stadt in Thüringen.

291 Lobeda, Stadtteil von Jena.

292 Weiße Elster, Nebenfluss der Saale.

293 Zur Wahrnehmung Geras als Textilmanufakturstadt im 18. Jahrhundert vgl. Otruba, Europäische Commerzreisen, S. 256–258, 374.

294 Der Name dieses Gewebes leitet sich von der Stadt Damaskus ab.

den; da gedachter lieber bey Meinen Metiér zu bleiben [///] Am 23ten Decemb[er] kamen wir nach der Stadt Altenburg[295], dieses ist auch eine sehens würdige Stadt liegt an dem Pleisse[296] fluß; Mein Herr Wirth alda war ein angesehener kaufmann, selbiger erzählte mir wie vor einigen hundert Jahren ein Miß vergnügter Officier, Nahmens Cuntz von Kauffungen[297], von dem dasigen fürstl[ichen] Schloß 2. Printzen Ernestum[298] und Albertum[299] geraubt und entführen wollen, und wäre daß fenster noch zu sehen dadurch der Menschen dieb hin ein gestiegen, die altenburger besonders die land leute tragen kleidunge, Worin die Mans Persohnen wie Jesuwieter[300], und frauens Persohnen, wie Schwartze Husaren aus sehen, denn alles ist Schwartz, nur die land frauensleute haben am Sontage, eine Menge allerhand Couleur Seidene bänder um den kopf fliegen und hängen.[301] Am 24ten kamen wir in ein dorf, so Beny[302] heist, Am 25ten Nach Chemnitz[303], diese Stadt gefiel mir auch sehr wohl, liegt an einen fluß gleiches Nahmens Mein Wirth war eine Witwe, eines Cattun[304] machers frau gewesen, diese war mit Meiner Visite[305] gar nicht zu frieden, und als ich dieses Mercklich vernahm, war ich mit der Miß Vergnügten, eben so unzufrieden [///] Am 26ten Decemb[er] gelangten wir in Freyberg an, Woselbst wir königl[ich] Preusische besatzung an dem Thoren und in der Stadt das königl[ich] Preusische Haupt Quartier an trafen, dieses ist eine rühmens würdige Stadt, in dem Ertz-gebürgischen kreyße, an einen fluß, so die Freybergische Mulda[306] heist, Es ist ein silber bergwerck wie auch ander Ertze alhier, und höre ich wie die gantze Stadt

295 Altenburg, Stadt im Landkreis Altenburger Land, Thüringen.

296 Pleiße, Nebenfluss der Weißen Elster in Sachsen und Thüringen.

297 Kunz von Kaufungen, eigentlich Konrad von Kaufungen (* um 1410 auf Schloss Kaufungen, heute Teil der Stadt Limbach-Oberfrohna; † 14.7.1455 in Freiberg), sächsischer Ritter, Initiator des Altenburger (auch Sächsischen) Prinzenraubs. Durch die Entführung der Kinder des sächsischen Kurfürsten Friedrich des Sanftmütigen in der Nacht vom 7. zum 8.7.1455 sollte der Kurfürst gezwungen werden, Kunz von Kaufungen für seine im Sächsischen Bruderkrieg (1446–1449) verloren gegangenen Ländereien zu entschädigen; vgl. Schirmer, Kunz von Kauffungen und der Prinzenraub zu Altenburg.

298 Ernst (* 24.3.1441 in Meißen; † 26.8.1486 bei Colditz), Kurfürst von Sachsen, Landgraf in Thüringen und Markgraf zu Meißen, Stammvater der ernestinischen Linie des Hauses Wettin; vgl. Blaschke, Ernst, in: NDB, Bd 4, S. 620.

299 Albrecht »der Beherzte« (* 31.7.1443 in Grimma; † 12.9.1500 in Emden), Herzog von Sachsen, Gubernator von Friesland, Begründer der albertinischen Linie des Hauses Wettin; vgl. Rößler, Albrecht der Beherzte, in: NDB, Bd 1, S. 174 f.

300 Jesuiten, Mitglieder der katholischen Ordensgemeinschaft *Societas Jesu.* Die Ordensgemeinschaft zeichnet sich durch besondere Nähe zum Papst aus, wurde 1534 gegründet und war von 1773 bis 1814 in Europa verboten. Die Kleidung der Ordensmitglieder zeichnet sich durch eine häufige Verwendung schwarzer Stoffe aus.

301 Schon unter den Zeitgenossen fand die Altenburger Bauerntracht großes »proto-volkskundliches« Interesse vgl. Friese, Historische Nachricht von den merkwürdigen Ceremonien.

302 Penig, Stadt im Landkreis Mittelsachsen, Sachsen.

303 Chemnitz, kreisfreie Stadt in Sachsen. Zur Zeit des Siebenjährigen Krieges: Stadt im Kurfürstentum Sachsen, Erzgebirgischer Kreis, Amt Chemnitz; vgl. Blaschke/Jäschke, Kursächsischer Ämteratlas, S. 64 f.

304 *Cattun* = Baumwolle; vgl. den Art. »Baum-Wolle«, in: Zedler, Grosses vollständiges Universal-Lexicon, Bd 3, Sp. 776–781.

305 *Visite* = Besuch, hier unerwünschte Anwesenheit; vgl. den Art. »Visite«, in: Zedler, Grosses vollständiges Universal-Lexicon, Bd 48, Sp. 1857 f. »Visite, der Besuch, oder Zuspruch«.

306 Freiberger Mulde, ein Quellfluss der Mulde, Nebenfluss der Elbe.

von bergleuten unterminiret worden[307], der erste Mann so dem Ertz unter seinen hause gefunden stehet in lebens größe an einen Hause am Marckt, Im bildniß gehauen, und hat einen theil Ertz auf der Schulter, und die hacke in der hand, die Stadt Hat schöne gebäude, und Wohnen feine und artige Menschen darin, Mein Herr Wihrt ist ein Chirurgius, selbiger sucht mich und Meine Cameraden tag und Nacht mit seiner kunst zu dienen, Es darf kaum einer anfangen im geringsten worüber zu klagen, so forschet er gleich gründlich wie dem bevorstehenden übel vor zu beugen ist, auch leidet er nicht einmahl, daß wir uns von unsern feldscher Barbiren laßen, sondern wenn wir es verlangeten, so Rassirte er uns alle tage; Wir liegen nun seit dem 26ten Decemb[er] im Quartier müßen uns aber beständig March fertig halten, indeßen ists sehr guth, daß wir nur ein wenig zu uns selbst gekommen sind; Wir haben auf dem starcken und [///] langen Märschen, ein großes von kälte aus gestanden vielen sind hände und füße verfroren, und wenn mann gleich ein stück zu Eßen unterwegens bey sich hatte, so war nach verlauf einer stunde es so hart gefroren, daß mann es nicht genießen konte; die lebens mittel sind vor geld hier zwar zu bekommen, allein sehr theur 1. [Pfund] butter 12. G[roschen] 1. [Pfund] käse 8. G[roschen] ʃ. ʃ. Am 29ten ist daß königl[iche] Hauptquartier hier weg Marchirt, Es werden täglich Blessirte Herein gebracht die leichten Trouppen haben beständig Charmützel mit ein ander[308], und erwarten wir Alliirten mit sehnsucht, wie es noch mit uns ablaufen wird einige sprechen, wir würden zur königl[ich] Preusischen Armee treten, andere wollen wißen daß wir wieder zu rück Marchirten, die zeit wird es lehren; Jch muß gestehen daß ich noch an keinen ort, dem lieben gott habe Ernstlicher um dem Edlen frieden anrufen und bitten hören, als hier; gestern als am Neuen Jahr tage, Hörte mann keine andern Wünsche als friede, friede war daß einzige verlangen, in denen kirchen und Häusern. ///

27. Brief aus dem Kantonierquartier der Stadt Oederan, vom 18. Januar 1760

Einquartierung – Reinliche Hausfrau – Orgelspiel erfreut den Wirt

Der 27. Brief Aus dem CantonierQuartier, der Stadt Oedern[309]
von 18ten January 1760.

Am 12ten Jan[nuar] Marchirten wir aus Freyberg nach dieser Stadt, und besetzen so wohl die Thore als innere Wachen mit Manschaften, und wißen bis hieher noch nicht wie lange wir hier verbleiben werden, indeßen vernimt mann doch so viel, daß wir gegen das frühjahr wieder zu unser Alliirten Armee gehen würden; Mein

307 Zur Geschichte des Bergbaus in Freiberg siehe Geschichte der Bergstadt Freiberg.

308 Anfang Dezember 1761 begann Broglie damit, die französischen Truppen aus dem Raum Gießen nach Süden zu verlegen. Diese Truppenbewegung wurde durch Luckner zu Angriffen mit seinen Husaren genutzt; vgl. Bothmer, Einiges aus der Geschichte, S. 340–342.

309 Oederan, Stadt im Landkreis Mittelsachsen, Sachsen. Zur Zeit des Siebenjährigen Krieges Stadt im Kurfürstentum Sachsen, Erzgebirgischer Kreis, Amt Augustusburg; vgl. Blaschke/Jäschke, Kursächsischer Ämteratlas, S. 70 f.

Wirth alhier ist ein Zeug macher der allerhand Wollene Zeuge verfertigt, und ist wohl mit mir zu frieden, allein daß ich noch 4. Cameraden bey mir habe, das gefält ihm nicht alzu wohl, und die frau Wirthin wäre uns gerne alle 5. Quit, selbige ist der Häußlichen ordnunge fast gar zu sehr zu gethan, des abends wann ihr Mann und beiden Söhne feyerabent machen, so kricht sie samt ihrer tochter unter dem Webe stühlen herum, wischen und blasen dem Staub, der des tages von der arbeit gekommen, ab, und wenn wir sämtlich zu bette sind, so wird der gantze fußboden in der stube, wo wir des tages dreck hin getreten, abgewaschen, wenn wir des Morgens auf stehen wißen wir fast nicht wo wir hintreten sollen, weil mann billig die Mühe der fr[au] Wihrtin, und dem saubern boden bedauert. [///] Mein Herr Wirth und seine Familie, sind sehr gottesfürchtige leute, und er ist mit mir um so mehr zu frieden, weil ich ihm auf einer kleinen orgel, so er im hause hat, einen Morgen gesang vorspiele, und wünschet das ich dem gantzen Winter bey ihm bleiben mögte; indem er doch nach unser abwesenheit gleich andere ein Quartirunge bekommen würde; Jch habe indeßen bereits das versprechen von ihm daß wenn wir hier erst weg Marchirten, wolte er mir mein orgel spielen besonders vergühten; Es verlanget mir nunmehro fast nach der March ordre damit ich erfahre was ich erhalten werde, wenn er nur nicht auf dem einfall kömt und schenket mir das orgel werck, indem so wenig er, als seine Söhne darauf spielen können, Hiermit wäre mir zu Jetziger zeit nichts gedient, ich müste es damit machen wie die gefangenen zu Babylon, und hengen das große geschenck an einen baum, weil es mir zu lästig.[310] Wir leben noch zur zeit zimlich geruhig, und haben weiter keinen dienst, als die Wachen in der Stadt zu verrichten und ab zu tragen, unser fürstl[iches] Leib Regiment liegt hier auch in Quartier. ///

28. Brief aus dem Quartier in Lütgeneder, vom 10. März 1760

Abschiedsgeschenk vom Wirt – Rückmarsch nach Hessen – Einquartierung

Der 28. Brief Aus dem Quartier stande kleinen Edern[311] *von 10ten Mart[ii] 1760.*

Am 5ten Febr[uar] erhielte daß gantze Alliirte Corps Marchsordre denn andern Morgen in aller frühe aufzubrechen und sich in dem March zu setzen, und vernahm mann unter der hand, daß wir ohne verzug nach der Alliirten Armee Marchiren wurden, dieses war uns allesamt eine freudige ordre und Nachricht, mir kam von Neuen in die gedancken, was mir mein Herr Wirth laut seines versprechens, vor ein præsent, vor das bisherige orgel und Morgen Seegen spielen machen würde, ich erfuhr solches noch selbigen abent, und bestund in einen stück Schwartzen charge[312] dero, ob nun dieses an Jetzo gleich keine Couleur vor mich zu tragen ist, so habe ich

---

310 »An den Strömen von Babel, da saßen wir und weinten, wenn wir an Zion dachten. Wir hängten unsere Harfen an die Weiden in jenem Land«. Ps 137,1–2; vgl. S. 35, Anm. 35.

311 Lütgeneder, Ortsteil der Stadt Borgentreich, Kreis Höxter, Nordrhein-Westfalen.

312 *Charge* = Amt, Position, hier im Sinne von Amtsrock; vgl. den Art. »Charge«, in: Zedler, Grosses vollständiges Universal-Lexicon, Bd 5, Sp. 2010.

doch solches zu danck angenommen, und übersende es hiebey Meinen Hertzlieben Vater wiederum zu[m] præsent. Der guhte mann, sein Nahme ist Gotthelf Leberecht Gelbrick, Hatte von mich ohngefehr vernommen, wie ich wohl gewillet wäre, nochmahls ein geistlicher handlanger zu werden; Er mir also zu der ersten und Nöhtigen Anlage Schwartz zeug zum unter kleidungen geben wolte, zum zeichen seiner erkentlich und zum zeichen der geistlichkeit, dienet es denn auch. Am 6ten Febr[uar] kahmen wir in Chemnitz, in die Stadt wovon ich in [///] Meinen letzten briefe Meldunge gethan, Am 8ten dito Nach Luntzennau[313], am 9ten nach Altenburg, dieses mahl hatte ich in dieser Stadt einen Metscher[314] zum Wirth, der mir gleichfals viel guths erzeigte und mit kräftigen Suppen bewihrtete; Am 10ten dito kamen wir nach Zeitz[315], an dem Elster fluß gelegen; und haben daselbst am 11ten dito einen Rasttag gehabt, meinen Augenschein nach, ist es eine feine Stadt, Am 12ten dito kamen wir nach Naumburg[316], eine Stadt an der Saale[317], wo die Unstrut[318] hinein fält, 6 Meilen von Leipzig[319], es wird alda Wein gebauet, und alle Jahr eine privilegirte Messe gehalten[320]; Am 13ten dito nach Butstedt[321] d[en] 14ten dito nach Sömmern[322], d[en] 15ten nach Herbstleben[323], alda hatten wir einen ruhe tag, d[en] 17ten nach Neuheiligen[324] Am 19ten nach Mühlhausen, diese Stadt liegt an der Unstrut, und hatten wir daselbst am 20ten dito ruhe tag, es scheint mir diese Stadt sehr populös zu sein; d[en] 21ten nach Eschwege; einen Städtgen an der Werra[325] gelegen, Am 22ten dito nach ArmenSachsen[326] in Hessenland, Mein Wirth daselbst war ein armer Leineweber, seine Haußthiere, waren ansichtbaren Creaturen eine Ziege; und nach aus sage der fr[au] Wirthin bestünden die küchengeräthschaften in einen keßel einer Schaale, und anderthalb [///] Eßlöffeln, davon war der gantze, ein Höltzern, und der halbe ein abgebrochener blecherner, ich hatte noch 2. Mann bey mir, wir ließen uns bier holen, und fragten die fr[au] Wirthin ob sie uns eine bier Suppe kochen wolte, dieses versprach sie, mit vorbehalt, ihren kleinen Mägden ein Paar löffel voll zu geben, diese Suppe wurde wegen des Holtzes Mangels, bey ungebrackten flachs gekocht; des Nachts war unser lager ein wenig aus gedroschenes Erbsen stroh, des Morgens wie ich mich gewaschen und [~~mich~~] nach einen handtuch um sahe, aber keinen ansichtig wurde, grief die frau Wirthin in die Wiege und zog einen kinder tuch hervor, wie sie

[313] Lunzenau, Stadt im Landkreis Mittelsachsen, Sachsen.

[314] *Metscher* = Metzger, Fleischer.

[315] Zeitz, Stadt im Burgenlandkreis, Sachsen-Anhalt.

[316] Naumburg (Saale), Burgenlandkreis, Sachsen-Anhalt.

[317] Saale, Nebenfluss der Elbe.

[318] Unstrut, Nebenfluss der Saale.

[319] Leipzig, kreisfreie Stadt in Sachsen.

[320] Gemeint ist die »Peter-Pauls-Messe« in Naumburg. Bei ihr handelte es sich um eine der bedeutendsten Handelsmessen in Mitteldeutschland, sie wurde vom 13.–18. Jahrhundert ausgerichtet, verlor allerding durch den Aufstieg Leipzigs zunehmend an Gewicht; vgl. Heydenreich, Die Geschichte der Naumburger Peter-Pauls-Messe.

[321] Buttstädt, Gemeinde im Landkreis Sömmerda, Thüringen.

[322] Sömmerda, Kreisstadt in Thüringen.

[323] Herbsleben, Gemeinde im Unstrut-Hainich-Kreis, Thüringen.

[324] Neunheilingen, Gemeinde im Unstrut-Hainich-Kreis, Thüringen.

[325] Werra, ein Quellfluss der Weser.

[326] Harmuthsachsen, Stadtteil von Waldkappel, Werra-Meißner-Kreis, Hessen.

aber sahe daß derselbe voller Naßen und gelben flecken saß, ließ sie selben liegen, und grief nach ihrer leibschürtze und both mir einen schnippel zum abtrocknen an, ich erachtete aber meine schuldigkeit, und bedanckte mich vor ihren geneigten willen; Am 24ten Nach Walburg[327] Am 25ten dito nach Ober Kaufungen[328], Am 27ten durch Cassel, nach Immenhausen[329] Am 29ten Nach Liebenau[330], dieses ist ein Städtgen, liegt auf einer Insul, die der Dymel[331] fluß formiert; Am 1ten Mart[ii] gelangeten wir in dem Jetzigen quartierstande an; Mein Wirth Heist Anton Müller, die landschaft ist Paterbornsch; dieser nunmehro vergangener Winter, ist uns so sauer geworden [///] als fast die gantze verfloßene krieges zeit; und hätte mann bey dem langen und beschwerlichen vielen Märschen Uhrsache gehabt, die worte der klaglieder Jeremie, aus deßen 5. Cap[itel] 5. V[ers] zu sagen; mann treibt uns über hals, und wenn wir gleich Müde sind, läst mann uns doch keine Ruhe[332]; Wir sind hier nun zwar dem Ansehen nach ein wenig zur ruhe gekommen, allein die gewönliche Zeit darzu ist verfloßen, Es ist, und wird, noch ferner alles mit macht zu stande gebracht, was zu der bevorstehenden Campagne erfordert wird, indeßen muß mann mit allen zu frieden sein, und glaube ich daß dem Einwohnern dieser gantzen gegend wenig damit gedient wäre, wenn unsere geselschaft sich bey Jhnen in die länge erstrecken würde, Jch habe einen Wirth der Hat eine frau und 4 kinder an Nützlichen Haußthieren 2. Hüner, welche bereits Eyer legen, diese fruchtbringende thiere will ich nun fleißig füttern, und habe es bereits gethan, denn Meine frau Wirthin hat mir versprochen weil sie sonst an victualien[333] nichts schaffen könte, solte ich alle Eyer so die Hüner legten, Eßen solange ich bey sie wäre, und ein mehres kan man von keinen mit recht verlangen, wenn er gibt was er hat. ///

29. Brief aus dem Quartier in Lütgeneder, vom 24. April 1760

Krankheit und Ausfälle in der preußisch-alliierten Armee – Wunsch der Bevölkerung nach baldigem Abzug der Alliierten

Der 29. Brief Aus dem Quartier stande kleinen Eder von 24ten Aprill 1760.

Bis hirher sind wir noch geruhig in unsern bisherigen Quartiren Allein die sauren Strabatien und große kälte so wir diesen Winter aus gestanden ist längstens bey dem Mehrestem zum ausbruch und kranckheit gekommen, ich bin gottlob bishieher noch befreyet geblieben; Meine 5. zelt Cameraden sind aber nicht allein sämtlich

327 Walburg, Stadtteil von Hessisch Lichtenau, Werra-Meißner-Kreis, Hessen.

328 Oberkaufungen, Ortsteil der Gemeinde Kaufungen, Landkreis Kassel, Hessen.

329 Immenhausen, Stadt im Landkreis Kassel, Hessen.

330 Liebenau (Hessen), Stadt im Landkreis Kassel, Hessen.

331 Diemel, Nebenfluss der Weser in Hessen und Nordrhein-Westfalen.

332 »Man treibt uns über Hals und wenn wir schon müde sind lässt man uns doch keine Ruhe«. Klgl 5,5.

333 *Victualien* = Viktualien, Lebensmittel, Proviant; vgl. den Art. »Victualien«, in: Kriegs- Ingenieur- Artillerie- und See-Lexicon, S. 956. »Victualien, Lebens-Mittel [...], heisset alles, was zum Lebens-Unterhalt dienet, an Speise und Getränck«.

kranck gewesen, sondern einer ist davon bereits durch dem todt am 20. dito in seine ruhe kammer gegangen; und so ists bereits Mehreren ergangen, auch haben wir verschiedene krancke in Sachsen, und unter wegens in deren Städten zurück gelaßen, die wir schwerlich alle wieder bekommen werden, Am 8ten dito kamen die recruten, so zum Completen stande der Regimenter erfordert werden, von Braunschweig, bey uns an; Jmgleichen die Nöhtige feld Equipage ist mit über schicket worden; so das wir nun imstande sind daß feldlager auf dem ersten Winck zu beziehen; und unsere Wirthsleute, Wünschen auch von Hertzen, daß ihnen erst einmahl daß frohe licht aufgehen und erscheinen mögte, an welchen sie unserer aller ausgang sehen und erblicken mögten, Eine glücklich reise würden sie uns gerne wünschen, und das wir ohne auffenthalt ferne von jhnen Marchiren mögten und könten, und haben die armen leute, diesem Wunsch zu thun auch gehörige Uhrsache. ///

30. Brief aus dem Feldlager bei Fritzlar, vom 23. Mai 1760

Lebensbedingungen im Lager – Vergrößerung der alliierten Truppen

Der 30. Brief Aus dem lager bey der Stadt Fritzlar[334] *von 23ten May 1760.*

Am 13ten May verließen wir unsern Quartier stand welchen wir am 1ten Mart[ii] bezogen hatten, und wir sind zu frieden, daß die zeit zu unserer wieder erholunge so lange gedauret und hinaus gesetzet gewesen ist; Wir gehen unsern feind nun von Neuen entgegen, der Himmel wird uns kräfte und beystand schencken; Es siehe im feldlager, in ansehunge der lebensmittel noch schlecht aus; Am 15ten May sehe ich mich wegen großer Sonnen wärme, und Mangel des biers genöhtigt, vor dieses Jahr die erste kaltschale von brodt und Waßer zu Eßen; Am 20ten dito gelangeten, die Neu aufgerichteten Regimenter von Braunschweig alhier bey uns an, als ein Regim[ent] Carabinier, ein Husaren, ein Jæger, und ein Grenadier Regiment, des gleichen sind von England, Hannover und Hessenland[335], auch noch Neue Regimenter zu uns gesand, so das wir dieses Jahr eine ansehnliche Armee zu felde stehen haben[336], und sind über dieses alle Regimenter so schon vorhin in felde gestanden noch mit 120. Mann verstärckert, diese Augmentation[337] trägt durch die gantze Armee schon was bey. Dem vernehmen nach werden wir hier vor erst noch stehen bleiben. ///

---

334 Fritzlar, Kreisstadt des Schwalm-Eder-Kreises, Nordhessen. 1761 Beschuss, 1762 Teilzerstörung der Befestigungsanlagen im Zuge des Siebenjährigen Krieges; vgl. Küther, Historisches Ortslexikon Fritzlar-Homberg, S. 86–93.

335 Braunschweig-Wolfenbüttel erhöhte seine Truppen um 960 Mann, Hannover um 3000 Mann; vgl. Renouard, Geschichte des Krieges in Hannover, Hessen und Westfalen, Bd 2, S. 405–408.

336 Die Gesamtstärke der Armee unter dem Herzog von Braunschweig belief sich nach der Verstärkung des Jahres 1760 auf 112 Schwadronen, 92 Bataillone sowie 146 Geschütze und umfasste ca. 80 000 Mann; vgl. Savory, His Britannic Majesty's Army in Germany, S. 203.

337 *Augmentation* = Erhöhung, Vermehrung, hier Verstärkung; vgl. den Art. »Augmentation«, in: Zedler, Grosses vollständiges Universal-Lexicon, Bd 2, Sp. 2171.

31. Brief aus dem Feldlager bei Fritzlar, vom 20. Juni 1760

Einladung an Pfingsten durch den ehemaligen Wirt aus Gudensberg – Beförderung eines Freundes zum Leutnant

Der 31. Brief Aus dem lager bey der stadt Fritzlar von 20ten Juny 1760.

Wir stehen noch gantz geruhig in eben dem lager, aus welchen ich meinen letzten Brief geschrieben habe, so zu frieden wir mit diesem standeslager sind, so unzufrieden bezeigen sich die Einwohner hiesiger gegend darüber, und hierin thun sie nicht unrecht, indem diese gegend nun ins 4te Jahr mit dem krieges Heeren überschwemmet wird, ich habe einen bürger aus der Stadt gesprochen, der mir versichert, daß alle früchte in feldern und garten, aus der einsaat gewachsen, welche die leute in vergangenen Winter in andern ländern und gegenden zu sammen gebettelt, in der Hofnunge da so viel von frieden gesprochen, das sie ein wenig ein Erndten würden; allein wo sind die botten des friedens? Vielleicht von der feindseeligkeit arretirt; die Stadt Fritzlar liegt an der Eder[338], und diesem fluß haben wir vor uns, unsere leichten Trouppen sind aber solchen fluß längstens passirt; Mann hört aber noch von keinen Hostilitæten[339], so zwischen uns und dem frantzosen aus geübt; die Stadt Gudensburg Wo unser Regiment voriges Jahr einige Wochen im Quartier gewesen, liegt anjetzo eine Stunde hinter unsern lager; Am Sonnabend vor dem letz abgewichnen Pfingst fest, kahm Mein damaliger Wihrt [///] und Wohlthäter aus gedachter Stadt Nach dem lager und hatte mich aufgesucht, und da er mich antraf überreichte er mir ein Paquet, worin ich angenehme Schnurpfeifferreyen[340] vorfand, Hier bey ließ es dieser alte Ehrliche Mann, noch nicht bewenden, sondern vermeldete mir einen gruß von seiner frau, und wie Sie sich verabredet, und gerne sehen mögten |: wenn es anderst möglich sein könte :| daß ich des andern tages als am ersten Pfingst tage, Mittages bey sie speisete, ich nahm dieses güthige an erbieten um desto mehr mit schuldigster danckbarigkeit an, weil ich auf dergleichen invitirunge[341] vor das mahl auf keinen andern Hofnunge machen durfte; Am ersten Pfingst Morgen beuhrlaubte mich mein Cheff, und ich wartete dem gottesdienst in der Stadt kirche mit ab, nach Endigung desselben verfügte ich mich nach [meiner] Ehemaligen Logie, und wurde von meinem alten wohlthäters auf das zärtligste empfangen und bewilkomt, Wir speiseten darauf das mittages mahl, und wurde um alles befragt wie es mir das vergangene Jahr gegangen und was sich vor merckwürdigkeiten zu getragen vornemlich aber Nach denen so ich mit bey gewohnt, auch ob Meine lieben Eltern noch lebten, und [///] ich kürzlich einen Brief von selben erhalten; Nachdeme ich um alles gehörig und mit der Warheit beantwortet hatte; wurde Meiner Eltern gesundheit getrunken; nach auf

---

338 Eder, Zufluss der Fulda in Nordrhein-Westfalen und Hessen.

339 *Hostilitaeten* = Feindseligkeiten, hier militärische Auseinandersetzungen; vgl. den Art. »Hostilitaeten«, in: Zedler, Grosses vollständiges Universal-Lexicon, Bd 13, Sp. 986.

340 *Schnurpfeiferei* = närrische, komische Dinge; vgl. den Art. »Schnurpfeiferei«, in: Grimm/Grimm, Deutsches Wörterbuch, Bd 15, Sp. 1422.

341 *Invitirunge* = Einladung; vgl. den Art. »Inuitiren«, in: Zedler, Grosses vollständiges Universal-Lexicon, Bd 14, Sp. 799. »Inuitiren, ersuchen, bitten, einladen, daher Inuitation die Einladung«.

gehobener mahlzeit und schuldiger dancksagunge beuhrlaubte ich mich von denen, die ich billig vater und mutter nennen soll, denn selbe haben mir voriges und noch dieses Jahr Eltern liebe war nehmen laßen. Der erste fest und Pfingst tag ist also von mir in ansehunge des gottes dienstes, und der speise des leibes zimlicher maßen Celebriret[342], der beiden letzten will nicht gedencken, indeßen sind selbige mit dem ersten zu ende gegangen; denn vernehmen nach werden wir auf diesem Platze nicht so lange mehr stehen, als wir bereits gethan haben, indem die feindliche Armee immer Näher anrücket, und glaube ich gewiß das wenn ich lebe bis ein botte wieder kömt, werde ein mehres von vorfallenden krieges Affairen melden können. D[er] H[err] Cruse[343] so bishero als Fourier[344] bey unserer Compag[nie] gestanden, ist zum Lieutenant avanciret[345] und bey das braunschw[eigische] Jæger Corps versetzet, ich gönne ihm das avansiment sehr gerne, in deßen verliere ich einen guhten freund an ihm, welchen ich sonsten allezeit um mich hatte. ///

32. Brief aus dem Feldlager bei Sachsenhausen, vom 18. Juli 1760

Gefecht bei Korbach – Wassermangel im Lager

Der 32. Brief Aus dem lager bey Sachsenhausen[346]*, von 18ten July 1760.*

Am 26ten Juny sind wir von Fritzlar weg und in die gegend Neukirchen[347] und Ziegenhayn[348] Marchirt, letz genandte Stadt liegt auf einer Jnsul, welche der Schwalm[349] fluß formiret, und ist daselbst eine Considerable[350] festung, so gantz unter Waßer gesetzet werden kan; Am 10ten July Haben wir nun das jetzige lager bezogen, und stehen so Nahe vor unsern feind das wir ihn, und er uns ins lager sehen kan; Am 10ten July Morgens früh Hat der ErbPrintz [Karl] dem feind mit seinem Corps Attaquirt, und dabey eine leichte Blessure bekommen[351], Woraus er sich

342 *Celebriret* = gefeiert; vgl. den Art. »Feiern«, in: Grimm/Grimm, Deutsches Wörterbuch, Bd 3, Sp. 1437.

343 Cruse, Leutnant im braunschweigischen Jäger-Corps.

344 *Fourier* = militärischer Unteroffizierrang mit den Aufgaben eines Kompanieschreibers und Quartiermeisters; vgl. den Art. »Fourrier«, in: Kriegs- Ingenieur- Artillerie- und See-Lexicon, S. 327. »Fourrier [...], anjetzo verrichtet dessen Stelle bey den meisten Trouppen, ein Corporal, jedoch muß derselbe gut schreiben und lesen können. Er machet die Compagnie-Liste, bestellet die Quartiere, und gehet sonsten dem Capitain mit Schreiben zur Hand, und ist gleichsam sein Secretarius oder Schreiber«.

345 *Avanciment* (franz.) = Beförderung.

346 Sachsenhausen, Stadtteil von Waldeck, Landkreis Waldeck-Frankenberg, Hessen.

347 Neukirchen (Knüll), Stadt im Schwalm-Eder-Kreis, Hessen.

348 Ziegenhain, Stadtteil von Schwalmstadt, Schwalm-Eder-Kreis, Hessen. Durch die strategische Bedeutung am Schwalmübergang wurde hier eine Festung errichtet. Diese wurde im Siebenjährigen Krieg wiederholt von französischen Truppen besetzt, 1761 erfolgte daher zerstörerischer Beschuss durch hessische Truppen. Die Festung wurde erst 1807 durch napoleonische Truppen geschleift; vgl. Reuling, Historisches Ortslexikon Ziegenhain, S. 239–245; Reuter, Die Zerstörung Ziegenhains.

349 Schwalm, Nebenfluss der Eder in Hessen.

350 *Considerable* (frz.) = beachtlich.

351 Gefecht bei Korbach am 10.7.1760 zwischen preußisch-alliierten Truppen unter dem Kommando des Erbprinzen von Braunschweig und französischen Truppen unter dem Marschall von Broglie.

aber nichts gemacht; und sind seitdem täglich zwischen unsern und dem feindlichen vorposten Charmützel vorgefallen, Wobey denn auch von beiden theilen, täglich welche das leben laßen müßen Am 16ten dito hat sich der durchl[auchte] ErbPrintz [Karl] ein wenig wieder revangirt, in ansehunge [vor] die Am 10ten dito erhaltenen Blessure, und dem feind 6. Regimenter, so auf einen vor Posten gestanden Nebst bey sich gehabten 8. Canonen, gefangen genommen[352], welches nun an feindlicher seite eine [///] Neue verbitterunge veruhrsachet; Wir müßen daher alle Nacht præcise[353] 1. Uhr vor unser lager rücken, und des feindes ankunft erwarten, in 12. Nächten Habe ich nun hinter ein ander keinen Schu von füßen gehabt, und haben wir Hier vielen und schweren dienst, welches aber nicht zu ändern stehet, in dem der feind gar zu Nahe ist, Es wird sich auch schwerlich Endigen ehe und bevor nicht ein General treffen[354] zurück gelegt worden; Jn der Pariser zeittunge lieset mann wie die frantzosen bis daher allezeit gehoffet es solte ein friedens Contract[355] getroffen werden; da dieses aber nicht geschehen, So würde auf gnädigstem Special befehl S[eine]r allerchristl[ichen] Majestedt [König Ludwigs XV.] in Paris[356] in allen kirchen um überwindunge der Alliirten Armee gebehten, und der Krieges Patron[357] darselbst, um beystand sehr angeflehet; daß größeste leiden so wir Hier aus stehen ist der Waßer Mangel; das Nächste so wir erreichen können ist mehr in der feinde als unserer gewalt, und müßen die jenigen so waßer holen, allezeit unter bedeckunge eines starcken Commandos dahin gehen in Sachsenhausen wurden gleich am ersten tages unserer anckunft alle brunnen erschöpfet, und fliesend Waßer ist gar nicht da, also verlanget uns sehr Nach einer andern gegend. ///

Die Verluste an Toten und Verwundeten lagen auf beiden Seiten bei ca. 800 Mann, unter den Verwundeten befand sich auch der Erbprinz, dem Broglie eine Versorgung durch französische Ärzte anbot; vgl. Savory, His Britannic Majesty's Army in Germany, S. 217–222; Westphalen, Geschichte der Feldzüge, Bd 4, S. 336.

352 Gefecht bei Emsdorf am 16.7.1760 zwischen preußisch-alliierten Verbänden unter dem Erbprinzen von Braunschweig und französischen Truppen unter General von Glaubitz, das für die preußisch-alliierte Seite als Sieg zu werten ist. Den Truppen des Erbprinzen gelang es, 6 Bataillone der Regimenter »Husarenregiment Berchiny«, »Regiment von Anhalt« sowie das »Regiment Royal Bavière« gefangen zu nehmen. Die Verluste auf Seiten der Franzosen beliefen sich auf ca. 900 Tote und Verwundete sowie ca. 2600 Gefangene, darunter 179 Offiziere, die Verluste an Toten und Verwundeten auf Seite der Alliierten betrugen 186 Mann; vgl. Erdel, Das Gefecht bei Emsdorf; Renouard, Geschichte des Krieges in Hannover, Hessen und Westfalen, Bd 1, S. 496–502.

353 *Præcise* = präzise, exakt, genau.

354 *General treffen* = Schlacht; vgl. S. 36, Anm. 40.

355 *Contract* = Vertrag, rechtsgültige Verabredung; vgl. den Art. »Contractus«, in: Zedler, Grosses vollständiges Universal-Lexicon, Bd 6, Sp. 1137.

356 Ludwig XV. (* 15.2.1710 in Versailles; † 10.5.1774 ebd.), 1710–1715 Herzog von Anjou, 1715 bis 1774 König von Frankreich und Navarra.

357 Wahrscheinlich gemeint ist der Erzengel Michael, der seit dem Mittelalter als Patron der Soldaten sowie Symbol der *ecclesia militans* betrachtet wurde; vgl. Müller, »St. Michael – der Deutschen Schutzpatron?«. Möglich erscheinen allerdings auch St. Martin, St. Georg oder St. Sebastian.

33. Brief aus dem Feldlager bei Warburg, vom 8. August 1760

Nach der Schlacht bei Warburg – Gottvertrauen auf einen glücklichen Ausgang des Krieges

Der 33. Brief Aus dem lager bey Warburg[358]*von 8ten August 1760.*

Am 25ten July haben wir, das am Waßer, so mangelhafte lager bey Sachsenhausen verlaßen, und bey dem Städtgen Wolffhagen[359] eins bezogen, am 26ten dito bey Hochkirchen[360], am 27ten bey Kalbe[361], und am 31ten dito dieses Jetzige lager bey der Stadt Warburg, diesem Platz Hat uns aber an eben dem tagen da wir ihn bezogen, der durchl[auchte] ErbPrintz [Karl] mit seinem Corps erst erfochten, denn Warburg war zu vor, so wohl in als umher mit einem starcken Corps frantzosen besetzet, und diesem war es vielleicht noch nicht in dem Sinn gekommen diesem Platz so bald zu verlaßen, Es war demnach ein Hitziger Charmützel gewesen, allein die unsern hatten um desto weniger nach gegeben, oder dem Muhten sinken laßen, da sie wusten das wir als die große Armèe in an March waren, und kaum eine stunde vor unserer ankunft, welche die frantzosen gewiß erfahren; haben sich selbe retirirt, allein diese befürchtete retirade ist ihnen Hoch zu stehen gekommen, indem sie in einer gegend denn Dimel fluß passirt, wo der selbe keine brücken gehabt, und sind [///] die armen fußgänger theils in dem fluß noch todt geschoßen und theils ersoffen, andere haben beides befürchtet und haben sich selbst gefangen gegeben, und hiedurch war die Stadt Warburg und deren gegend vor uns eingeräumt[362]; ob wir gleich an diesem tage nicht mit in feuer waren, so stunden wir doch eine außerordentliche Hitze aus, die Sonnen wärme war groß, unsere tragende Equipage schwer, der weg Mühsahm und ungebahnet indem wir grade zu gingen, über berge und durch thäler, und denn wieder durch lange kornfelder; Es kahmen uns des tages etliche Courier entgegen Wodurch der durchl[auchte] ErbPrintz [Karl] uns benachrichtigte wie sehr er uns erwartete, und uns zum Hurtigen An Marsch ermahnen ließ, Es musten dahero alle lebenskräfte angestrenget werden; An Eben solchen tage Hat unsere kleine Armee bey Cassel auch eine Attaque mit dem feind gehabt, aber auch obgesieget, und Hört mann wie in beiden Charmützeln 400. Mann zu gefangen gemacht, und von dem

[358] Warburg, Stadt im Landkreis Höxter, Nordrhein-Westfalen. Im Siebenjährigen Krieg wiederholt geplündert. Siehe auch Gedenkschrift anlässlich des 200. Jahrestages der Schlacht bei Warburg.

[359] Wolfhagen, Stadt im Landkreis Kassel, Hessen.

[360] Hohenkirchen, Ortsteil der Gemeinde Espenau, Landkreis Kassel, Hessen.

[361] Calden, Stadt im Landkreis Kassel, Hessen. Das Armeekorps des Herzogs von Braunschweig näherte sich im Juli 1760 Warburg von südöstlicher Richtung über die Ortschaften Ippinghausen, Harleshausen, Vellmar, Heckershausen, Liebenau; Calden liegt auf dieser Marschroute; vgl. Elster, Geschichte der stehenden Truppen, S. 284.

[362] Schlacht bei Warburg am 31.7.1760. 18 000 preußisch-alliierte Soldaten unter Herzog Ferdinand von Braunschweig-Wolfenbüttel standen einer französischen Reservearmee gleicher Stärke unter dem Chevalier du Muy gegenüber. Die Alliierten erlitten 1200 Mann Verluste, die französischen Angaben berichten von 4000 Gefallenen auf ihrer Seite, diese Zahl wird allerdings als zu gering eingeschätzt. Mit dem Sieg der Alliierten wurde auch Warburg erobert und zur Plünderung freigegeben; vgl. Hillenkamp, 200 Jahre Schlacht bei Warburg; Renouard, Geschichte des Krieges in Hannover, Hessen und Westfalen, Bd 1, S. 543–554.

feind große und kleine Canonen Nebst e[π]tlichen fahnen zum Siegeszeichen erbeutet, die feindliche große Armee stehet jentseit der Diemel und können wir daß frantzösische und sie unser lager [///] sehen, und müßen uns dahero bey tage und Nacht in einen fertigen stande halten, und haben wir uns nun fast in 2. Monaten des Nachts nicht entkleiden dürfen, sondern um 1. Uhr Muß die gantze Armee vors lager bey das gewehr treten und daselbst stehen bis es heller tag ist; Hieraus stehet leicht zu gedencken, wie Mühsam unsere lebens art ist, und weis mann noch nicht was es Hier von ein Ende Nehmen wird, indeßen laßen wir unsern muth und Hofnunge zu gott und unsern klugen Ferdinant nicht sincken, denn gott kan uns erquicken und stärcken, und der Herzog Ferdinant erfreuet und vergnüget uns so oft wir ihn sehen. Nach aus rede der feindl[ichen] Deserteurs, soll die frantzösische Armee von ihren könig ordre haben in daß Hannoversche land mit aller Macht zu dringen; indem die Engländer ein gleiches in denen Insuln Franckreichs[363] thäten, also dürfte noch wohl ein Haupttreffen vor sich gehen, der Himmel wird uns bey stehen, und unser land vor einer feindl[ichen] Überschwemmunge schützen und gnädig bewaren. ///

34. Brief aus dem Feldlager bei Warburg, vom 25. September 1760

Holzmangel im Lager bei Warburg – Leiden der Zivilbevölkerung

Der 34. Brief Aus dem Lager bey Warburg von 25ten Sept[em]b[e]r 1760.

Am 29ten Aug[ust] Marchirten wir hier von Warburg weg, und bezogen ein lager [bey] Bühne[364]; Am 14ten Sept[em]b[e]r verließen wir selbiges wieder, und kahmen bey Hoch- Geismar[365] zu stehen, Hoch Geismar ist eine sehr alte Stadt und Hat einen guhten Sauer oder gesundheitsbrunnen Am 24ten dito, bezogen wir wieder dieses Jetzige lager bey Warburg, diese Stadt liegt Hart an Diemel fluß, die alte Stadt liegt in grunde und die Neu Stadt auffen berge, und hat bey friedens zeiten guhte handelunge; Anjetzo aber liegt alles darnieder, weil diese gegend vor beständig, und zwar Wechselweise, von uns und dem frantzosen ist durch zogen worden; ohnweit dieser Stadt liegt ein berg, so der Desenberg[366] genannt wird, worauf ein ruiniertes Schloß[367] stehet, und um her mit buschwerck bewachsen ist; weil nun hier daß Holtz raer ist, so wird von gedachten berge nicht allein das buschwerck gehauen, sondern die wurtzeln aus der Erde gehacket; daß dorf kleinen Eder, alwo wir vorrigen Winter im Quartier gelegen, ist eine Meile Weges von Hier, also diese gantze gegend, war

363 *Insuln Franckreichs* = französische Kolonien, der Terminus muss sich bei Grotehenn nicht ausschließlich auf Inseln im Kolonialreich beziehen sondern kann ebenfalls für Kanada oder Indien gelten.

364 Bühne, Stadtteil von Borgentreich, Kreis Höxter, Nordrhein-Westfalen.

365 Hofgeismar, Stadt im Landkreis Kassel, Hessen.

366 Desenberg (343,6 m ü. NN), kegelförmiger Inselberg aus Basaltgestein, der die relativ ebene Warburger Börde um etwa 150 m weithin sichtbar überragt, 3 km nordöstlich von Warburg.

367 Burgruine Desenberg, 1470 von Truppen des Bischofs Simon III. von Paderborn eingenommen und weitgehend zerstört.

vorigen Winter unser Quartier; und die leute thaten uns zu [///] liebe und zu guhte was ihr geringe vermögen vermochte, anjetzo da Jhnen nun alles geraubt, und das wenige was von feld und garten früchten ihnen Hofnunge gemacht längstens weg Fouragirt ist; so kommen die leute sämtlich und täglich nach dem feldlager und bitten ein stück brodt, und eine Jede Familie wendet sich an die jenige so er im Quartir gehabt, vielleicht in Meinunge, desto gewißer ein stück brodt zu erhalten, Mein gewesener Wihrt ist schon einige mahl mit samt seinen kindern bey mir gewesen, ich habe selben auch Meinen vermögen geld und brodt mit getheilt; So Elend diese gegend nun auch ist, so Hat es doch nicht das ansehen, als wenn wir Hier bald weg ziehen werden, indem die feindlich Armee in ihren lager sich sehr ein Schantzen soll, und stehet größesten theils bey Cassel; der Holtz Mangel ist hier sehr groß, das lager stroh ist eben so raer, und haben die Mehrsten leute Pferde Mist zum lager stroh in ihren zelten, und dieser Mist Hat eine doppelte guhte eigenschaft, er ist vors erste warm, und vors andere liegt es sich auf selben sehr weich und guth, und wird dieser so sehr auf gesucht, daß wer mit dem Wagen knecht nicht guth stehet der bekömt keinen. ///

35. Brief aus dem Feldlager bei Warburg, vom 14. Oktober 1760

Taktische Überlegungen zwischen Wesel und Kassel – Überfall durch feindliches Korps – schlechte Lebensbedingungen und Holzmangel im Lager – Sieg der Briten vor Montreal

Der 35. Brief Aus dem lager bey Warburg von 14ten Octob[e]r 1760.

Wir stehen noch in unsern bisherigen lager bey der Stadt Warburg und die feindliche Armee bey Cassel und wartet der eine feld Herr auf des andern [auf] bruch, also keiner will der erste sein; der Erb Printz [Karl] von braunschweig ist mit einen ansehnlichen Corps nach Wesell Marchirt, und alda Mine auf die Stadt zu machen, Mann zweifelt aber zu mahlen bey Jetziger Jahreszeit, das es Effect thun wird, denn Wesel ist ein vester und haltbarer ort Hat eine Citadelle und ist über dem an der einen Seite mit dem Rein und andern Flanque mit dem Lippe fluß befestigt; die Mehrsten absichten des durchl[auchten] Erb Printz[en] [Karl] werden auch nur dahin zielen daß die feindliche Armee vor Cassel desto [eher] auf brechen soll, welches sich nun zeigen wird: Am 27ten Sept[em]b[e]r ist zu nachtzeiten unser braunschw[ei]g[isches] Husaren und Jæger Corps in dem dorf Wella[368], ohnweit Warburg von einen feindlichen Corps überfallen, und habe ich aus einen umständlichen briefe, so d[er] H[err] Lieutenant Cruse an mich geschrieben, ersehen, wie selbiges feindlich Corps also bald wieder repoussirt[369], indeßen hatten die unsern doch einen beträchtlichen [///] verlust dabey gehabt, ins besondere die Herrn Officier so ihr Quartier in

368 Welda, Stadtteil von Warburg, Kreis Höxter, Nordrhein-Westfalen.

369 *Repoussirt* = zurückgeschlagen; vgl. den Art. »Repoussiren«, in: Kriegs- Ingenieur- Artillerie- und See-Lexicon, S. 711. »Repoussiren [...], (im Kriege) zurück schlagen, den Feind abtreiben. Hier kommt es nicht allemahl auf die Menge oder Stärcke, sondern auf die Conduite und Bravour an«.

dem Häusern gehabt und hätten kaum zeit gehabt sich selbst mit der flucht zu retten, ihre Equipage, und Pferde wären dem feinden zur beute geworden; und rechnet der Herr Lieutenent Cruse seinen verlust auf 280. [Reichsthaler] die unter Officier und gemeinen, so ihre Pferde außer dem dorffe in garten stehen gehabt, und selbst dabey Campirt, sind beßer weg gekommen, und dahero sind die feinde auch nach kurtzen recolligiren[370] wieder zu rück geschlagen; Am 14ten Octob[e]r wurde Victoria bey uns geschoßen, über einen Sieg So England zur See über die frantzosen erfochten[371]: die Jetzige lebens art alhier ist fast betrübt, so wohl vor uns, als die landes ein wohner, denn diese haben bishero ihr brodt im lager gebettelt und gesucht anjetzo aber ist bey uns kein überfluß mehr, und der aller übelste Mangel ist dieser, daß kein Holtz mehr zu haben ist, die Nächte sind sehr lang und kalt, und kömt mann eher vor frost, als Hunger, und feindes gefahr ums leben. ///

36. Brief aus dem Feldlager bei Warburg, vom 12. November 1760

Maßnahmen gegen den Brennholzmangel bei Warburg – Heiligenbilder werden verbrannt

Der 36. Brief Aus dem lager bey Warburg von 12ten Novemb[e]r 1760.

Wir stehen noch unverrückt in unsern bisherigen lager, und zwar auf dem Platze, welcher wegen länge der [zeiten] nunmehro gantz Europa bekant sein muß, auch habe letz einen Brief Addresse gesehen, die lautete also, dieser Brief gelanget an Meinen lieben Mann N. in dem unveränderlichen stand lager bey Warburg der deutschen Armee. Hieraus soll mann bald urtheilen, das unter dem gemeinen Mann schon der schluß gemacht, die Armee bleibe hier bis zum völligen frieden stehen, die feindliche Armee, soll bey Cassel eben so unveränderlich stehen; alles wäre aus zuhalten, wenn wir vor geld nur die Nöthigen lebens mittel erhalten können allein diese werden von tage zu tage rarer und behänder, Nächst diesem Müste der Holtzmangel nicht so groß sein wie er ist, Es sind um die Stadt Warburg und Hiesiger gantzen gegend, nicht allein die gesamten Obst bäume, und Hecken um garten felder und Wiesen abgehauen, die Wurtzeln aus der Erde graben, sondern alle Heiligen bilder, sind und werden auf gesucht, und in feuer verbrand, um die Nöthige wärme [///] dadurch zu erhalten, und wünschen wir nichts Mehr als das die vielen Heiligen so noch in dieser gegend herum stehen, und aus stein gehauen sind, aus Holtz mögten gemacht; vielen von unsern leuten haben denn glauben an die H[eiligen] bildern, das sie beßere und mehere wärme, als ander Holtz geben, dieser glaube wird Meiner Meinunge Nach aber damit bestätigt, weil solche Heilige theils 100 und mehr Jahre auf ihren angewiesenen Posten gestanden, und weder gegeßen noch getruncken, und dahero alle

370 *Recolligiren* = wiederversammeln; vgl. den Art. »Recolligiren«, in: Zedler, Grosses vollständiges Universal-Lexicon, Bd 30, Sp. 787.

371 Der Krefelder Tuchhändler Abraham ter Meer vermerkte dazu in seinem Tagebuch am 15.10.1760: »Die französische Zeitung von Köln meldet, daß die Engländer Montreal und darauf ganz Kanada erobert hätten«. Das Tagebuch des Abraham ter Meer, S. 121.

säffte aus getrocknet sind, und gehen die kleinen Heiligen Hauser Worin sie so lange gewohnt, samt Jhnen ihnen feuer auf; galgen und gerichts Räder sind in Hiesiger gantzen gegend nicht mehr zu finden; alles was nur brennen kan, das wird in die asche gelegt; die geringen, und gantz verarmte leute in Warburg haben schon vor 2. Monaten denn anfang gemacht ihre Häuser an unsere feldbeckerey zu verkauffen, so Hier Nahe an der Stadt angelegt ist, und bekommen diejenigen so ihre gebäude verkauffen wollen 80. Bis 100 [Reichsthaler] mit diesem [///] gelde Reisen Sie dann weg in eine andere gegend oder ander land; ich sprach kürtzlich, in Warburg, mit einen bürger, welcher eben ein Neben gebäude abbrechen ließ[372]; selbigen fragte ich ferner wie viel häuser ohngefehr bereits aus der Stadt, an unsere beckerey verkauft wären? Dieser antwortete mir 180 gebäude wären schon abgebrochen und verbrand, und es ginge noch täglich darauf loß und wären die leute froh das der Hertzog Ferdinand ihnen die Häuser so theur abkaufte, indem sie doch müsten davon und alles in stich laßen, nunmehro aber könte ein Jeder sein Hauß in die Tasche stecken, und gehen hin wo er wolte, und lebten dabey ohne sorgen, daß ihnen nichts verfaulte oder baufällig würde: ich hielte des Mannes rede vor gegründet, denn was verbrand wird, verfaullet nicht, Übrigens mögte mir täglich einen Hauß balken zum brennholtz wünschen, oder das wir Hier bald weg und in die Winter Quartire kähmen und nur 10. Meile weges aus dieser gegend, sonsten mögte in denen quartiren auf Nahen wege gleichfals keine freude sein; denn Mann kan alhier nicht ein mahl saltz mehr haben, zwar da nichts zu kochen, oder zu braten ist, kan das saltz wohl gemißet werden. ///

37. Brief aus dem Kantonierquartier in Peckelsheim, vom 20. Dezember 1760

Einquartierung in Peckelsheim – Schlechte Versorgungslage

Der 37. Brief Aus dem Cantonier Quartier Pickelsheim[373] von 20ten Dec[ember] 1760.

In Meinen vorigen briefe von 14ten Octob[e]r a[nni] c[urrentis] habe gemeldet, wie der Erb Printz [Karl] von braunschweig mit einen ansehnlichen Corps der Armee, Nach Wesel Marchiret wäre, um einen versuch auf die vestunge zu thun allein dieser importante[374] ort, ist in einen solchen vertheidigungs standes; und liegt in einer Situation wo nicht leicht daran zu kommen ist; und dahero hat das vornehmen, S[eine]r durchl[aucht] des Erb Printzen [Karl] [nicht] Effectuirt[375] werden können; Nun sind S[eine]r durchl[aucht] mit Eben dem Corps, Nach Ober Sachsen, und

372 Bezüglich des Holzmangels im alliierten Lager bei Warburg 1760 siehe Bessen, Geschichte des Bisthums Paderborn, S. 336. Bei Bessen heißt es: »In Warburg wurden wegen Holzmangel gegen 100 Häuser abgebrochen, um Holz für die Backöfen der Alliierten zu gewinnen«.

373 Peckelsheim, Ortsteil von Willebadessen, Kreis Höxter, Nordrhein-Westfalen.

374 *Importante* = wichtige, bedeutende; vgl. den Art. »Importanz«, in: Zedler, Grosses vollständiges Universal-Lexicon, Bd 14, Sp. 604.

375 *Effectuirt* = ausgeführt, umgesetzt; vgl. den Art. »Effect«, in: Zedler, Grosses vollständiges Universal-Lexicon, Bd 8, Sp. 282. »Effect, die Kraft und Würkung item Vollbringung. Daher sagt man: etwas

das Corps des Herzogs von Würtenberg ein zu Hohlen: Am 19ten Nov[ember] wurde dankfesst bey uns gehalten und Victoria geschoßen, über einen Sieg so der könig [Friedrich II.] von Preussen in Schlesien erfochten[376]; daß aller wichtigste so ich aber melden will sol fast dieses sein, daß wir unser dauerhafte lager Am 12ten Decemb[er] verlaßen haben, allein in dieser wohl bekanten gegend sind wir geblieben; eine Meile weges liegt die Stadt Pickelsheim, von Warburg, und ist die erste Stadt, der Jetzige auffenthalt vor uns, 16. Bis 18. [///] Mann liegen bey einen Wirth in Hause, diese Wirthe sind eben so unzufrieden als wir, ob wir gleich von selben nichts als am tage das freyelicht das durch die verfinsterten fenster und eingefallen Hauß decher scheint, haben; bey der Nacht aber mit dringender Noth ein lager, so aus unnützen flachs und Rübe samen Stroh formirt ist; die lebens mittel sind nicht alleine theuer sondern auch sehr raer zu bekommen, und das Edle Saltz ist gar vor geld nicht zu haben, Nur starck geträncke ist hier in überfluß, der überschuß so von Menschen und vieh nicht Consumirt wird, ist noch hinreichent einige Mühlen zu treiben, aber wo soll mann auf trincken, da gar keine gesaltzene speisen gegeßen werden? Meine frau Wihrtin ist eine Witwe, und sagt sie wäre beteits 60. Jahr in der Welt, und hätte in solcher zeit Mannigen Mangel erlebt, allein saltz und Waßer hätte sie immer gehabt, so gar zur zeit da es ihr an denn lieben brodt gefehlt, diese unsere Wirthin läst sich gar deutlich vernehmen weil sie alt, Schwach und dürftig ist, daß es unsere schuldigkeit wäre die zeit unsers daseins, sie wenigstens mit brodt zu versorgen, und solches ist bis daher dann auch geschehen; allein was hat der [///] Soldat nach aus gehaltenen schweren Strappatzen und Fatiguen, vor freude und verpflegunge in einen solchen Quartier? Gedult muß theils sein labsaal sein; das beste ist, das wir unsere tägliche portion brodt richtig erhalten, dazu bekömt Jeder Mann einen tag um denn andern ein halb pfund Rindfleisch, Nebst der gewöhnlichen löhnunge: dieser ort führet denn Nahmen und Titul Stadt; allein sie Müste Meiner Meinunge nach, wohl die älteste dieses landes sein, in betracht des Ehemahls darin gewesenen steinpflasters auf dem straßen, Meine frau Wirthin will zwar behaupten die Stein wege wären noch in der gantzen statt, Nur das selbige so sehr vertierffet und gesuncken wären, und ich glaube der frauen ihren worten, denn so bald mann bis an die Waden durch den dreck getreten, vernimt der fuß festen grund, aus Jetz angeführten, ist nun leicht zu erachten, was dieses vor eine Stadt ist, an der einen Seite gehet durch ein stück Maure ein thorweg übrigens gehet weder Maure noch Zaun darum, und ist bey tage und Nacht freyer aus und eingang. ///

---

zum effect bringen, das ist vollenden, und sein Absehen erreichen. Effectuiren, heist etwas zu Werke richten, in Werk stellen, werkstellig machen, in der That verrichten, ausrichten, vollbringen«.

376 Schlacht von Torgau am 3.11.1760 zwischen der preußischen Armee unter Friedrich II. und der österreichischen Armee unter Feldmarschall Leopold Joseph von Daun (* 24.9.1705 in Wien; † 5.2.1766 ebd.). Die Verluste an Toten und Verwundeten auf preußischer Seite beliefen sich auf ca. 16 800 Mann, die der Österreicher auf ca. 15 200 Mann. Erst die Eroberung der österreichischen Hauptbatterie im Zentrum durch den General von Zieten konnte die Schlacht zugunsten der Preußen entscheiden; vgl. Kessel, Das Ende des Siebenjährigen Krieges.

38. Brief aus dem Kantonierquartier der Stadt Holzminden, vom 1. April 1761

Marsch nach Hessen – Gefecht bei Grünberg – Verwundung und Gefangennahme

Der 38. Brief Aus dem Cantonier Quartier der Stadt Holtzminden[377]
Von 1ten Aprill 1761.

Am 11ten Febr[uar] verließen wir die, in meinen letzten briefe angemerckte schöne Stadt Pickelsheim, Wir verließen selbige mit freuden, und gedachten nicht das uns könte noch was Ärgers wieder fahren; die alte Witwe so ich zu Meiner Wirthin alda gehabt, wünschte zwar bey unsern ausgange uns allesamt eine guthe Reise, aber keine baldige wiederkunft, indeßen hätte Sie sich auch nicht betrübt wenn wir noch eine zeitlang bey ihr geblieben wären, indem sie ihr tägliche brodt von uns bekahm; Wir Marchirten in guhter hofnunge, und wusten wohl von Wannen wir gingen, aber nicht wohin wir kommen sollen, unserer täglicher March zeigte aber, daß der durchl[auchte] Erb Printz als unserer Heerführer Mine nach ober Hessen machte wir setzten unsern March täglich fort, bis wir in der gegend Laubach[378], ein frantzösisches Corps vernahmen da Cantonirten wir hin und Her, lagen hie und da ein Paar tage stille, bis ohne gefehr 8 tage vor ostern versuchter der durchl[auchte] Erb Printz einige mahl dem feind zu Attaqiuren, allein selbiger zog sich zu rück und ließ es zu keinen treffen kommen; Wir hatten in deßen die Nachdrücklichsten ordre, wachsahm und Attent zu sein, und so wohl bey tage als Nacht auf daß [///] Signal, eines Canonenschußes, acht zu geben, und uns auf dem angewiesenen sammelplatze zu versammeln, über dieses Musten wir alle Morgen um 2. Uhr aus unsern Quartiren, und vor die dörffer ins feld treten, und alle daß unsere bey uns nehmen, damit wenn das Signal gegeben würde wir gleich abmarschieren konten: diese aus rückunge geschahe in der gegend Stangerode[379] zu verschiedenen mahlen, und wir gingen gegen 8 Uhr Morgens geruhig wieder in unsere Quartire, da wurde als dann das Signal zum kochen gegeben; Jede Compag[nie] lag auf einen großen bauer [hofe] zu sammen nun wurden große feuers in die gärten gemacht und keßel voll Suppen von 10. Bis 12. Eymern groß gekocht, und gegeßen, und bestunden Mehrentheils aus Mehl, waßer, und Saltz; allein wer sich guth auf denn fang verstund, der kochte sich incognito auch wohl eine ganß oder Hun, dieses mogte ich auch Eßen, nur auf denn ersten fang konnte ich mich nicht verstehen; und wie ich eins mahls unsere leute ermahnte, doch nicht so viele Hüner zu tödten, trat der bauer und Wihrt von der seite zu mir, und sprach Herre er ist noch [///] ein braver mensch der liebe gott wird ihm wieder vergelten, denn ich glaube es wird in dieser gegend gewiß noch Manniger seinen kopf von dem Soldaten laßen müßen, und es ihnen als denn eben so wie denn Hünern gehet; ich fragte diesem Mann aus welchen gründen er dieses glaubte? Da fing er ferner an zu sprechen! Die Nacht Ehe Jhr hier kahmet, haben wir allhier des

---

377 Holzminden, Kreisstadt in Niedersachsen.
378 Laubach, Stadt im Landkreis Gießen, Hessen.
379 Stangenrod, Stadtteil von Grünberg, Landkreis Gießen, Hessen.

Nachts an Himmel gefährliche zeichen und wunder gesehen und gehört, Es waren feuerstrahlen an Himmel und ein geschrey in der luft und also bald kahm ein starcker Wind[380] und es war als wann durch denn Wind alles nach Cassell hin unter getrieben wurde ·ſ. Am 21ten Mart[ii] da es der letzte tag vor ostern war, gingen wir des Morgens auf erhaltener ordre wieder in unsere dorf, und fingen an zu kochen, kaum waren aber die keßeln zu feure gebracht, da ging eine Canone loß und zwar zu 3. Mahlen[381], Nun verließen wir feuer und keßel, und Jedermann ergrief sein gewehr und Marchirten zum dorffe hinaus, um nun frühzeitig nach dem sammel Platze zu kommen, welcher eine stunde weges von uns war, gingen wir einen richte weg und kahmen dahero unverhoft auf einen großen [///] Morastigen Anger[382]; wo Menschen und Pferde fast ins stecken gerieten, Wie wir nun diesen fleck mühsahm zu rück gelegt, schickte uns der Erb Printz [Karl] einen Courier nach dem andern entgegen, wir solten mit aller macht rechter Seite Marchiren, der feind hätte die Anhöhe unsers sammel Platzes schon behauptet; Nun waren wir durch dem vermeinten Morastigen richte weg bereits so Marode[383], und die Schu voller waßer daß mann mit seiner schweren Bagage auf dem leibe nicht mehr fort kommen konte, Jedoch weil ein Jeder sahe, wie die große Menge der feinde von allen seiten wie ein Wald uns [um] geben hatten, spannete ein Jeglicher seine noch übrigen kräfte an, viele warffen einen theil ihrer sachen und das liebe brodt weg, das dorf Stangerode, alwo die straße durch ging lag nunmehro Nahe vor uns, die feinde kahmen immer Näher auf uns so daß die leichte Reiterey bereits nach uns schoße, der weg durch gedachtes dorf, war enge, indeßen Defilirten[384] wir doch durch, allein weil es langsahm ging hatte sich die Menge der feinde [///] mit ihrer weit überlegenen Macht, uns so genähert daß Sie von allen seiten auf uns schoßen, der ErbPrintz [Karl] ließ zwar unser Corps in

380 »Ich sah: Ein Sturmwind kam von Norden, eine große Wolke mit flackerndem Feuer, umgeben von einem hellen Schein. Aus dem Feuer strahlte es wie glänzendes Gold«. Ez 1,4.

381 Das Gefecht bei Grünberg am 21.3.1761 ist als französischer Sieg zu werten. Der Erbprinz von Braunschweig verlor bei dem französischen Überraschungsangriff mehr als 2000 Mann an Toten, Verwundeten und Gefangenen. Die Gefangenen bestanden aus 2 Bataillonen des Regiments von Imhoff, einem Bataillon des braunschweigischen Leibregiments, dem Regiment Rhöden sowie Teilen der Bataillone von Halberstadt und Laffert. Weiterhin erbeuteten die Franzosen 19 Fahnen sowie 10 Geschütze der Alliierten; vgl. Renouard, Geschichte des Krieges in Hannover, Hessen und Westfalen, Bd 3, S. 113–119; Mediger, Herzog Ferdinand von Braunschweig-Lüneburg, S. 608 f.

382 *Anger* = Weide, unbebautes Land; vgl. den Art. »Anger«, in: Zedler, Grosses vollständiges Universal-Lexicon, Bd 2, Sp. 270. »Anger, oder Espan, ist ein Stücke unbebauetes Land, welches mit Gras bewachsen, und dem Pferd- Rind- Schaf- und Gänse-Vieh zu gewissen Zeiten zur Weide gewidmet ist«.

383 *Marode* = müde, matt, zum weitergehen unfähig, hier auch erschöpft; vgl. den Art. »Marode«, in: Grimm/Grimm, Deutsches Wörterbuch, Bd 12, Sp. 1669 f.

384 *Defilirten* = défilé (franz.) = Im Allgemeinen bezeichnet der Begriff Defilee heute den feierlichen Vorbeimarsch einer Formation an einer höhergestellten Person oder Personengruppe. Im 18. Jahrhundert beschrieb der Begriff das Auflösen der langgezogenen Marschlinie nach dem Durchschreiten eines Engpasses zur Wiederherstellung der Marschkolonne oder zur Einnahme der Gefechtslinie; vgl. den Art. »Defiliren«, in: Kriegs- Ingenieur- Artillerie- und See-Lexicon, S. 221. »Defiliren [...], heisset, wenn man zuvor eine breite Fronte gemacht, und nun durch enge Passagen, oder Defiléen marschieren muß, da entweder nur 2. und 2. oder 3. u.s.w. nebeneinander marschieren und passiren können«.

zwei[385] lienien Marchirte, und Jagte von einer linie zu der andern, zuletz rief er uns zu leute schießet wer schießen kan und lauffe wer laufen kan, und mogten vielleicht des Erb Printzen Meinunge sein wir solten uns noch hin retiriren bis in dem Nahe vor uns liegenden Wald, und gleich dar hinter war der Ohm[386] fluß, über selbigen hatten wir 2. Brücken, damit wir diese erst passirt wären als dann hätten wir uns helffen können, allein dieses wurde vereitelt, und Jagte die feindliche Cavallerie, von allen seiten auf unsere beiden linien und überfiel uns gleich wie ein Platz regen, kehrte sich an alle unsere gegenwehr nichts, mit ihren Säbeln haueten Sie auf uns, und wer nichts Niederfiel, von dem hieben, der wurde mit dem Pferden um gerent; vor Meine Persohn bekahm ich eine Blessure übern kopf und wurde von dem Pferde gleich [~~gleich~~] umgestoßen, Endlich weil sich der größeste Schwarm der Cavallerie weg begeben, richtete ich mich etwas auf, und sahe wie [///] die gantze linie volck an der Erde lag und wenn mann das gräuliche Lamentiren[387], der vielen und schwer Blessierten nicht gehört hätte, war es nicht anderst an zu sehen als wäre das gantz volck, Todt; wärend diesen Meinen herum gucken sahe ich Meinen Hudt samt der goldenen Dresse nicht weit von mir liegen, ich stund auf und holete selbigen; setzte mich wieder an die Erde fing an Meine Wunde mit einen Neuen tuch und Pappier zu verbinden, weil mir das blut immer ins gesicht lief, indem kahm ein Reuter gejagt, Hauete mich abermahl nach dem kopfe, und gedachte vielleicht mir die Nase Nebst dem knebel bart[388] weg zu Balbiren[389], und dieses würde gewiß geschehen sein, wenn ich dem kopf, da er zu fuhr, nicht zu rück gezogen hätte, Er ließ es also mit einigen scheltwörtern, guth sein und Jagte seiner Esquadron nach, ich verband mich aufs Neue und setzte Meinen Hudt auf, und blieb sitzen, also bald kahm ein anderer Reuter sahe Meinen Hudt, Hielte stille und befiel mir sein Pferdt zu halten, welches ich willig that, da Nahm er mir denn Hudt von kopfe, Riß die Dresse mit dem Zahnen davon, gab mir denn Hudt wieder [///] Meine Bandage, denn Neuen tuch und Pappier Riß er mir von kopfe, wie er aber daß Häuffige bluten sahe, zog er einen alten Pferde Putzlappen hervor, und befohl mir die Wunde damit zu verbinden, und fing ferner an zu sprechen, du bist Sergent[390] du must eine Uhr, und Louis d'or[391]

---

385 *Handschrift:* z..., Wort unleserlich.

386 Ohm, Nebenfluss der Lahn in Hessen.

387 *Lamentiren* = Jammern, Wehklagen; vgl. den Art. »Lamento«, in: Grimm/Grimm, Deutsches Wörterbuch, Bd 12, Sp. 83. »Lamento, n. klaggeschrei, lat. lamentum; die deutsche form hat sich vielleicht nach analogie von jublio [...] gebildet: das erbärmliche gezeter und lamento«.

388 *Knebel bart* = aus einem gezwirbelten Schnurrbart bestehende Barttracht, die meist in Kombination mit einem Kinnbart getragen wurde; vgl. den Art. »Knebel-Bart«, in: Zedler, Grosses vollständiges Universal-Lexicon, Bd 15, Sp. 1064. »Knebel-Bart [...] ist das Theil eines Bartes, so über dem Mund auf der Ober-Leffze sitzet«.

389 *Balbiren* = rasieren; vgl. den Art. »Barbier, Balbier«, in: Zedler, Grosses vollständiges Universal-Lexicon, Bd 3, Sp. 417 f.

390 *Sergent* = Sergeant, nach dem Feldwebel der zweithöchste Unteroffiziersrang der Infanterie; vgl. den Art. »Sergeant«, in: Kriegs- Ingenieur- Artillerie- und See-Lexicon, S. 810. »Sergeant [...], war vormahls der nächste Unter-Officier bey einer Compagnie zu Fuß, nach dem Feld-Webel«.

391 *Louis d'or* = Bezeichnung für eine 1640 durch Ludwig XIII. in Frankreich eingeführte Goldmünze mit einem Gewicht von 6,7 g; vgl. den Art. »Louis«, in: Zedler, Grosses vollständiges Universal-Lexicon, Bd 18, Sp. 586 f. »Louis, eine Müntze in Frankreich, so von ihrem Urheber Ludwig XIII. der sie im Jahr 1640. zuerst prägen lassen, den Nahmen bekommen. Sie wurde anfänglich von

haben; fing an mich Zu Visitiren[392] fand aber beides nicht bey mir, sondern raubte mir 8. [Reichsthaler] an Müntz Sorten, da ich ihm nun sein Pferd so lange gehalten, daß er auch einige um ihm liegende Tornüster Spolirt[393] und seinen Mantelsack gefült stieg er auf sein Pferd bedanckte sich und rite weg Meinen Tornüster hatte er nicht geöffnet, ich zog selben mit dem fuß nach mir und machte selbigen auf legte ihm zwischen die aus geplünderten, damit er eben daß ansehen hatte; Endlich wurde befehl ertheilt die lebendigen solten aufstehen, auch die Blessirten so noch gehen könten, diese stunden nun auf, die Todten und Hart verwundeten blieben zwischen einander liegen, ich und andere so ihre Tornüster noch in guhten stande hatten schlepten selbige mit dem fuße bey uns her; Wir wurden also bald in Reien und glieder gestelt, und musten Marchiren Eine Escorte Cavallerie begleitete uns auf allen Seiten, unter diesen waren noch einige die sich belieben ließen; daß wer von uns gefangenen noch einen [///] Runden Tornüster an halse hengen hatte, der Muste selbigen aufs Pferdt reichen, und was dem Reutern davon anständig war nahm[en] sie hin, das übrige gaben sie wieder zu rück, dieses rauben wurde aber ihnen von ihren Officiers verbohten; Wie wir nun sämtlich in ordnunge waren, und auf einer Anhöhe stunden, wurde befehl gegeben, wir solten uns lagern, damit wir so wohl von unsern, als frantzösischen feldschern[394] verbunden würden, denn die Mehrsten waren Blessirt; wie dieses geschehen Musten wir Marchiren, und kahmen des Abends in Grimberg[395], in ein alt Schloß, Hier wurden wir alle eintzeln Herein gezählt, und sollen unserer 2604. Mann gewesen sein, Wie viel Todte und Hart Blessierte auf dem Platz geblieben weiß ich nicht, daß gantze Corps unserer seits ist 4000 Mann starck gewesen, da von hat sich aber, besonders die Cavallerie viel mit der flucht gerettet; die gefangenschaft war am tage wohl zu ertragen, zu mahlen da wir so leicht beladen waren, denn unsere wehr und Waffen, Musten wir sämtlich auf dem Wahlplatze liegen laßen; in diesem drancksaalen gedachte ich an dem bauers Mann, der beym todtschlagen seiner Hüner [///] und gänse Prophezeihet hatte, daß vielleicht noch manniger Soldat seinen kopf in Hiesiger gegend laßen, würde, und dieses noch mehr mit dem zeichen in der luft, so er vor wenig tagen gesehen und gehört, bestärcket hatte; ferner gedachte ich in [diesem] leiden und gefangenschaft an die Worte des königes David, wenn derselbe gesprochen, das er lieber in die hände des Herrn als in die hände seiner feinde fallen wolte[396], diesem geschehenen aus spruch kan ich nun mit der that und warheit bestätigen helffen; Am 22ten Mart[ii], als am ersten ostertage

Gold gemüntzet, auf den Fuß derer Spanischen Pistole: das folgende Jahr wurden auch silberne gepräget«.

392 *Visitiren* = Besuchen, hier im Sinne von durchsuchen; vgl. S. 32, Anm. 14.

393 *Spolirt* = ausgeraubt, geplündert; vgl. den Art. »Spolirung«, in: Zedler, Grosses vollständiges Universal-Lexicon, Bd 39, Sp. 331. »Spolirung, Spolatio, oder Spolium, heißt [...] insgemein und überhaupt eine jede Beraubung«.

394 *Feldschern* = Feldscher, frühneuzeitliche Bezeichnung für militärische Wundärzte; vgl. den Art. »Regimentsfeldscherer«, in: Zedler, Grosses vollständiges Universal-Lexicon, Bd 30, Sp. 1831–1838. »Regimentsfeldscherer [...], ist der Wundartzt, so über das gesamte Regiment ist«.

395 Grünberg, Stadt im Landkreis Gießen, Hessen.

396 »David sagte zu Gad: Ich habe große Angst. Wir wollen lieber dem Herrn in die Hände fallen, denn seine Barmherzigkeit ist groß«. 2 Sam 24,14.

Marchirten wir nach Hungen[397], und bekahmen abermahl ein alt schloß zu unsern Quartier Am 2ten ostertage Nach Giessen, Hier kahmen die gesamten gemeinen, Cavallerie und Infanerie |: denn Sie waren ein ander gleich gemacht und gingen allesamt zu fuße :| in die große Haupt kirche, die Herrn ober Officier kahmen sämtlich in ein groß Herrschafftlich Hauß, und wir unter Officier in ein groß Schulgebäude; wir hattens daselbst guth und konten uns auf die Schüler bäncke setzen, denn die 2. Vorher gehenden Nächte da alles durch ein ander war, muste Mann wie Palisaden, an ein ander, wegen Mangel des [///] raums, recht auf stehen, in der Giessensischen Schule erinnerte sich noch Manniger seiner Jugendlichen Schulzeit, die bürgerschaft in Giessen, war uns auch günstig, brachten so wohl uns, nach der Schule, als dem gemeinen in der kirche brodt, käse, und bier, und bekahmen wir am 2ten ostertage, von dem frantzosen geld, einen Jedem Mann wurde so viel gereicht, als die löhnunge beym Regiment, auf Jedem tag beträgt; diese aus zahlunge wurde bey unserer auslieferunge von dem Herzog Ferdinant wieder entrichtet, und eben so wirds auch mit dem frantzösischen gefangenen bey uns gemacht dem 3ten ostertag hatten wir in Giessen ruhe tag, Am 25ten Mart[ii] kahmen wir nach Marburg alda wurden wir auf das große Citadelle gebracht; Am 26ten Nach Holtzdorff[398], Am 27ten Nach Jesberg[399], alda wurden wir aus gelieffert, und nahm uns der Herr General von Luckener[400] in Empfang, die französische Escorte ritte zu rück, Am 28ten kahmen wir nach Lohna[401] Am 29ten Nach Wolffhagen[402], Am 30ten Nach Daseburg[403] Am 31ten Nach Erichshausen[404], und Heute sind wir nach Holtzminden gekommen, und werden unsern March ohne verzug nach Braunschweig fortsetzen. ///

39. Brief aus Braunschweig, vom 10. April 1761

Heimkehr nach Braunschweig – Instandsetzung der zurückkehrenden Truppe

Der 39. Brief Aus Braunschweig von 10ten Aprill 1761.

Gestern gegen 10. Uhr vormittags gelangeten wir alhier an; Unserer Regiments Chef der Herr General Lieutenant von Imhoff, welcher bereits verschiedene Monate in

397 Hungen, Stadt im Landkreis Gießen, Hessen.
398 Halsdorf, Ortsteil der Gemeinde Wohratal, Landkreis Marburg-Biedenkopf, Hessen.
399 Jesberg, Gemeinde im Schwalm-Eder-Kreis, Hessen.
400 Nikolaus Graf Luckner, (* 12.1.1722 in Cham in der Oberpfalz; † 4.1.1794 in Paris), seit 1791 Marschall von Frankreich, trat zu Beginn des Siebenjährigen Krieges in hannoversche Dienste und wurde 1761 zum Generalleutnant der hannoverschen Armee befördert; vgl. Müller-Luckner, Luckner, Nickolaus Graf von, in: NDB, Bd 15, S. 282; vgl. auch Horstmann, Generallieutenant Johann Nicolaus von Luckner.
401 Lohne, Stadtteil von Fritzlar, Schwalm-Eder-Kreis, Hessen.
402 Wolfhagen; vgl. S. 92, Anm. 359.
403 Daseburg, Stadtteil von Warburg, Kreis Höxter, Nordrhein-Westfalen.
404 Erichshausen, Lage der Ortschaft unklar; vermutlich: Helmarshausen, Ortsteil von Bad Karlshafen, Landkreis Kassel, Hessen.

braunschweig gewesen[405], kahm uns auf eine halbe stunde weges vor der Stadt entgegen, Allein wir vernahmen an seinen Minen nicht als wenn wir ihm Wilkommene gäste in unseren aufzuge wären; seine erste anrede war diese! Pursche! Pursche! Wie sehet ihr aus? Allein wir hatten auch das volle ansehen, als wenn wir aus Frankreich Emigranten wären[406], ein Jeder hatte statt seines vorhin gehabten unter und ober gewehrs, einen stecken und stab in der hand, unsere Mondirunge so wir bereits 3. Jahr getragen, hatte sich in Mannigerley blau verwandelt, indem ein Jeder so guth flicken aufgesetzt, als er hatte kriegen können, und war überhaupt das erste tuch, wo die Röcke Neu von gemacht, ohne die schöße, gantz weg, Wie wir Nahe vor die Stadt kahmen stunden zu beiden seiten an wege so viele Weiber und kinder, das es schien, als konnte wir in eine spießruhten gaße gehen[407], und noch mehr [///] bekahm es das ansehen zum spießruhten gehen, da der Herr General Lieutenant dem befehl ertheilete die gemeinen leute sollen ihre stöcker weg werffen so wie dieses geschahe, so wurden selbe von den Weibern und kindern gleich wieder aufgenommen die frauens suchten zugleich ihre Männer und die kinder ihre väter, und nach dem ein Jeder seinen Angehörigen gefunden und erkant hatte, wurde ein buddel brantwein und zwieback zum Wilkom dargereicht; ich muß aber auch anführen, das viele frauens ihre Männer und noch mehr viele kinder ihre väter nicht kanten, und solches kahm wohl mehrenteils daher, weil wir ein Wunderbares Soldaten ansehen hatten und noch kahm hinzu, das sich wenig seit der gefangenschaft Barbirt haten, indem so wohl der feldscher ihre, als anderer leute Scheer meßer verlohren gegangen waren, viele würden auch in Schlaf Mützen hier gekommen sein, wenn diejenigen, die [~~um~~] ihre Hüdte in der Affaire verlohren, in denen Nacht Quartiren keinen alten bauer Hudt erwischet [~~hätten~~] oder sonsten [keine] gelegenheiten in kohlgärten wo manniger alter Hudt zum schrecken der Haasen aus gestelt war, gehabt hätten [///] So bald wir nun in die Stadt Marchirt waren, fand jede Compag[nie] ihre gehörige anzahl Mondirungen Parat, und wurde bey deßen austheilunge der befehl ertheilt ein jeder konnte sich in ordnunge bringen und sich nicht eher auf der straße sehen; diesem befehle folgte Jedermann willig und gerne legte die alte Mondirunge, mit allen bluts verwanten, so etwa darin Logirten, mit freuden ab; die gesamten Barbirs in der Stadt bekahmen also bald großen zu gang von bärtigen Männern ich selbst der ich als unter Offizier nicht lange zeit sondern vieles zu bestellen hatte, ging wohl in 4. Barbier häuser, und keiner konnte mich so geschwind rassiren als ich es verlangte,

405 Die vorzeitige Aufgabe der Ohmlinie im Juni 1760 durch von Imhoff führte zu einem Konflikt zwischen ihm und Herzog Ferdinand. Das daraus resultierende Zerwürfnis hatte die Abberufung von Imhoffs von seinem Posten bei der Armee und seine Versetzung nach Braunschweig, wo er fortan als Kommandant diente, zur Folge; vgl. Poten, Imhoff, Philipp, in: ADB, Bd 14, S. 55.

406 Eine Anspielung auf die hugenottischen Emigranten, die nach dem Erlass des Ediktes von Fontainebleau 1685 Frankreich verließen und sich in den protestantischen Nachbarterritorien ansiedelten.

407 *Spießruthen gaße gehen* = Spießrutenlaufen, bezeichnet eine Körperstrafe im Militär der Frühen Neuzeit. Dabei wurde der Verurteilte durch eine aus den Angehörigen seiner Kompanie oder seines Regiments bestehenden Gasse geführt und erhielt dabei von jedem der Soldaten einen Schlag mit einer Weiden- oder Haselrute. Diese Strafe konnte mehrmals wiederholt und mitunter bis zum Tode des Delinquenten durchgeführt werden; vgl. den Art. »Durch die Spieß-Ruthen lauffen«, in: Kriegs- Ingenieur- Artillerie- und See-Lexicon, S. 830.

indem schon große Suiten[408] vor mich gekommen waren: Nach diesem wurde geld und brodt aus gegeben, und darauf wurden die bier Häuser besucht. Wir werden nun so bald als möglich wieder Equipirt[409] werden, damit Wir von hier zur Armee abgehen können: Meine alten bekanten habe ich hier noch sämtlich vorgefunden, und konten selbige die Neugierde nicht verbergen, Nemlich Sie Wünscheten mich so gesehen zu haben wie ich aus der gefangenschaft gekommen wäre, indem Sie gehört, das wir als halbe Hottentotten[410] ausgesehen haben. ///

40. Brief aus dem Quartier bei Ahmsen, vom 19. Mai 1761

Erstes eigenes Kommando – Streit mit dem Dorfjunker – Besuch Herfords

Der 40. Brief Aus dem Quartier Stande Amsen[411] *von 19ten May 1761.*

Am 26ten Aprill Marchirten wir als ein gantz Neu Equipirtes Corps aus Braunschweig, und Am 5ten May gelangten wir in unsern jetzigen Quartieren an, ich bin anjetzo ein solcher angesehener Mann als ich noch in der gantzen krieges zeit nicht gewesen bin; das dorf Amsen liegt eine halbe stunde von der Stadt Hervord, und sind alhier ohne einen Junckern Hof[412], noch 10. Bauerhäuser, Hier hat mich mein Herr Capitain mit 20. Mann verlegt, und zu gleich als Commendant mich alhier ernandt; ich verwalte mein Amt rechtschaffen, diejenigen leute so mir zur Staabs wache abgefordert werden Commandire ich, und schicke selbige zu rechter zeit nach dem Staabe ab, ich visitire täglich Meinen Quartier Stand, sehe zu ob meine [leute] sämtlich gesund, oder beschwerden in Häusern über einen oder andern theil geführt werden; 2. Mann recruten sind mir anvertraut, selbige in Exerciren zu unterrichten, und was mir sonsten obliegt verrichte ich nach schuldigkeit, damit wenn ich diese Hohe Dignität[413] ablege das [///] ich Ehre Meines verhaltens davon trage: Ohngeachtet nun aller gebührenden Observantz, bin ich dennoch in streithändel mit dem Hiesigen dorf Juncker

---

408 *Suiten* = Gefolge, Volk, hier im Sinne von Menschenmassen; vgl. den Art. »Suite«, in: Zedler, Grosses vollständiges Universal-Lexicon, Bd 41, Sp. 167. »Suite [...], heisset das Gefolge eines Herrn«.

409 *Equipirt* = ausgerüstet; vgl. S. 53, Anm. 137.

410 Das Bild des unzivilisierten Wilden war, neben dem des edlen Wilden, in der europäischen Gesellschaft des 18. Jahrhundert weit verbreitet. Der unzivilisierte Wilde wurde oftmals mit den Hottentotten gleichgesetzt. Diese Wahrnehmung wurde unter anderem durch Dichter und Gelehrte verbreitet und gefestigt; vgl. Mielke, Laokoon und die Hottentotten, S. 135–210.

411 Ahmsen, Ortsteil der Ortschaft Biemsen-Ahmsen, Stadt Bad Salzuflen, Kreis Lippe, Nordrhein-Westfalen.

412 *Junkern Hof* = Hof im Besitz eines Adeligen.

413 *Dignität* = Ehre, Würde, Amt; vgl. den Art. »Dignitaet«, in: Zedler, Grosses vollständiges Universal-Lexicon, Bd 7, Sp. 910. »Dignitaet, die Ehre, Würde [...], ist eine Qualität der Person, so von der höchsten Gewalt wegen der Verdienste zugeeignet worden, und welche eine Veneration und Ansehen zuwege bringet, auch die gewürdigte Person von dem andern gemeinen Volcke durch verschiedene Freyheiten distinguiret«.

gekommen, der sich in eine Sache Melirte[414] die ihn nichts anging, Nemlich ich Hielte eine Wihrtin darzu an, das Sie ihren einquartirten Sold[at]en Reine Stroh und bettücher geben soll, weil er sich bey mir beschwert, das er noch keine Reine lacken auf sein bette bekommen, und könnte vor Wantzen und flöhen nicht darin liegen, So wurde die Wihrtin von mir Ernstlich dazu angemahnt, so gleich in Meiner gegenwart, das bette in einen guhten stand zu bringen, oder wir blieben keine freunde; Sie antwortete ja, ging daraufhin und Hohlete ihren Herrn Juncker[415] dieser kahm mit stock und degen; |: denn er war wie ich hörte, ehedem bey der Paterb[ornischen] Compag[nie] fändrich[416] gewesen :| fragte mich was ich in dorffe vor einen unfug an richtete? Ich frug wiederum wer er wäre? Gab mir die Antwort er wäre ein Herr, der alhier seine ad[els] gühter hätte, ich sprach vor ihn, so mögte er hin gehen und verwalten seine gühter; oder mir zu hülfe kommen, das dieser Soldat ein Reines bette [///] bekäme, er besahe das schlechte [lager] und gab gleichfals dem befehl, die frau solte das bette guth machen darin hätte so wohl ich, als der Soldate recht und könte darzu weiter nichts sagen; der Herr Juncker wurde wie von selbst wieder guth; und da der Sallat annoch raer ist, hat er mir gestern von seinen Mistbetten eine portion kopf Sallat geschickt ·ʃ. übrigens leben wir hier gantz geruhig, allein es ist wohl zu vermuhten das es von keiner langen dauer sein wird, indem der Sommer völlig da ist; das man sich im felde und zeltern halten kan, das bisherige friedens gespräch hat sich wieder gelegt, und redet mann von guhten anstalten, denn feind wieder stand zu thun: ich gehe fleißig nach Hervord, die große Hauptkirche alda hat eine spitze oder Hohen thurm, des gleichen auf mehr als 10. Meile weges nicht sein soll, diese gantze Hohe spitze, wird abgebrochen und ist bereits abgedecket, die Ursache ist diese, weil fast alle Jahr das gewitter darin schluge, und auch Zu 25. Mahlen schon gebrannt [///] hätte, jedoch allezeit wieder gelöscht wäre, So hätte nunmehro die jetzige frau Aebtißin[417], deren Stift Nahe angedachter kirche stehet, bey S[eine]r königl[ichen] Majestät [Friedrich II.] in Preußen unterthänigst vorgestelt, das es guth wäre das dieser thurm abgebrochen würde; indem in einem unglücksfall das feuer nicht könnte gelöschet werden, der thurm in vollen flammen umfiel und ihr gantzes kloster anstecken und in denn grund schlagen könte; Es ist also das abnehmen des Hohen Thurms gnädigst beliebt, Allein es ist in Meinen und vieler anderer leute Augen Ewig schade darum, das der So schöne und wohl in ein ander verbundener bau ab und aus

414 *Melirte* = einmischte; vgl. den Art. »Meliren«, in: Zedler, Grosses vollständiges Universal-Lexicon, Bd 20, Sp. 510. »Meliren, heißt vermischen, vermengen [...]. Daher sich in etwas meliren, sich in eine Sache einmischen«.

415 *Juncker* = Bezeichnung für einen jungen Adeligen; vgl. den Art. »Juncker«, in: Zedler, Grosses vollständiges Universal-Lexicon, Bd 14, Sp. 1596–1598. »Juncker, heissen vorzeiten nicht nur die von Adel, sondern auch Grafen, Fürsten, ja Könige Söhne, weil es so viel, als ein junger Herr, deswegen auch Jungher angetroffen wird«.

416 *Fändrich* = Fähnrich, unterster militärischer Offiziersrang, dessen Aufgabe im Tragen und Bewahren der Truppenfahne lag; vgl. den Art., »Fähndrich Fähnrich«, in: Kriegs- Ingenieur- Artillerie- und See-Lexicon, S. 273. »Fähndrich Fähnrich [...], ist der dritte und unterste Ober-Officier bey der Infanterie und den Dragonern, dem die Fahne der Compagnie anvertraut ist, welche er auch auf den Märschen und im Felde selbst tragen, und eher sein Leben, als dieselbe den Feinden lassen muß«.

417 Hedwig Sophie von Schleswig-Holstein-Gottorf (* 9.10.1705. auf Schloss Gottdorf; † 13.10.1764 in Herford), von 1750–1764 Äbtissin des Stiftes Herford.

ein ander gerißen wird. Mein Wihrt ist ein bauersmann, und Meine frau Wihrtin denn Nahmen nach, eine bäuerin, allein ihrer Conduite[418] nach könnte Sie wohl unsers Herrn Junckers gemahlin sein, in denn 2. Ersten tagen Meines Hier seins, wollte sie mich nicht vor voll ansehen, und da ich über Meinen Commendanten Caracteur, kein schriftlich Patent aufzeigen konte, so glaubte sie nicht recht daran, Es hat aber bereits mit uns beyden ein andere gestalt gewonnen, und ich zweiffele nicht das es gegen unsern abmarsch von hier, ein desto beßers Ende gewinnen wird. ///

41. Brief aus dem Kantonierquartier Borchen, vom 16. Juni 1761

Abschied von Ahmsen – Vergleich von Zelt und Haus – Himmelszeichen

Der 41. Brief Aus dem Cantonier Quartier Buchen[419]*, Vom 16ten Juny 1761.*

Unsren vorigen quartierstand, welchen wir am 5ten May a[nni] c[urrentis] bezogen, haben wir nicht länger bis denn 1ten Juny bewohnt, wens nach Meinen willen gegangen wäre, ich hätte noch gerne in Amsen bleiben mögen, Ich hatte alles in guhter ordnunge, mit unsern Herrn Juncker und meiner frau Wihrtin lebte ich in guhter Harmony, so barbarisch sich selbige in anfang beyde gegen mich auch stellten, als ich mich von denn Herrn Juncker beuhrlaubte, gab er mir die besten Seegens wünsche mit, und Meine Frau Wihrtin einen geräucherten Schweine Schincken, Wovon ich noch einen kleinen vorrath habe; dieses geschenck ist mir hier sehr wohl zu Paße gekommen, Wir sind zwar in Quartier, aber sehr zahlreich, die halbe Compag[nie] hat nur ein Hauß, und die Einwohner sind hier so arm, das sie vor sich selbst nichts zu leben haben, ohngeachtet will ich doch lieber [hier], als in zeltern Campiren, Am tage sucht [///] man sich allerhand kohl kraut, kocht und ißet daßelbe bey nachtzeiten liegt mann doch untern dach und behält ein jeder seine Sachen trocken; allein die ordre die wir haben hält tag und nacht Marsch fertig zu sein, in sich; Am 11ten May abends gegen 10 Uhr sah mann bey heitern Himmel an der West seite ein zeichen am Himmel, selbiges war feurig anzusehen, und ohngefehr von gestalt wie eine große Schlange; dieses zeichen wird von dem gemeinen mann nunmehro dahin erklärt, Es würden nemlich in dem angefangenen Sommer hitzige feure und spitzige stiche vorfallen, indeßen freue ich mich das ich einen guhten Muth und einen Neuen Scharffen Säbel habe, der starcke gott wird mich gleichfals beystehen beydenn Herrn Pater, als geistlichen dieses orts Logirt unser Herr Major, da nun täglich von denen Herrn Officier welche dahin gehen, und vermutlich von kriegs [Affären][420] guths oder böses Reden, so Hört man das der Herr geistliche sich beynahe entschloßen krieges dienste zu nehmen, indem die Hiesige dorff Capelle voriges Jahr bereits aus Spolirt, und zu einem Wachthause von dem Engländern gemacht

[418] *Conduite* (franz.) = Verhalten, Benehmen; vgl. den Art. »Conduite«, in: Zedler, Grosses vollständiges Universal-Lexicon, Bd 6, Sp. 937.

[419] Buchen, Lage des Ortschaft unklar, in südlicher Umgebung von Paderborn; wahrscheinlich: Borchen, Kreis Paderborn, Nordrhein-Westfalen.

[420] *Handschrift:* Affern.

wurde, die Hart Blessirten, So seit unserer gefangenschaft[421] in denn frantzösischen Hospitälern gewesen, kamen, am 7ten Juny wieder zu uns. ///

42. Brief aus dem Feldlager bei Werl, vom 2. Juli 1761

Ungeziefer im Lager – Lager bei Soest – Versorgungsengpass

Der 42. Brief Aus dem Lager bey der Stadt Werle[422] *von 2ten July 1761.*

Am 19ten Juny haben wir unsere armseeligen Quartire verlaßen, und das kümmerliche feldlager bey Paterborn, auf dem so genandten sand Platze[423] bezogen; Am 21ten dito Marchirten wir ins lager bey Geisebeck[424], daselbst waren durchs gantze lager auf der erde, so viele ohrwürmer[425], daß sie so Häuffig zusammen lieffen, wie die Ameisen in ihren Nestern, Mann muste zu nachtszeiten Mund, Nase und ohren verbinden und zustopfen aus furcht von diesen bösen insecten beschädigt zu werden: Am 23ten Ejusd[em] verließen wir solch Wimmelde Erdreich, und kahmen bey Soest ins lager, die Stadt Soest ist zimlich groß und sehr weitläufig erbaut; in der Domkirche wird eine bild oder große Statua bewart, So einen Mantel um und ein Schwert in der hand hält; selbige wird der große gott von Soest[426] genennet, diesem großen Namen soll er daher haben, weil er in alten krieges zeiten, die Stadt sehr wohl vertheidigt und vor dem feind bewaret hätte: Am 25ten Ejusd[em] [///] schoßen wir in jetz gedachten lager Victoria über einen [Sieg], so England zu Waßer über die frantzosen erfochten[427] Am 26ten dito wurden wir von einen Englischen Commissair gemustert, und kaum war derselbe mit unsern Regiment fertig, da kahm ein schrecklich gewitter und starcker Regen: Am 28ten dito verließen wir das lager bey Soest und Marchirten An ordre de Bataille[428] dem feind entgegen, allein derselbe zog sich zurück, und uns wurde das jetzige lager abgestochen: Werle, Wobey wir jetzo stehen, ist eine Stadt mit der RingMaure umgeben; der feind hat sich uns im gesicht gegen über

---

421 Vgl. den 38. Brief.

422 Werl, Stadt im Landkreis Soest, Nordrhein-Westfalen.

423 Sandplatz, Lage des Ortes unklar, möglicherweise Sande, Stadtteil von Paderborn, oder Senne, alte Heidelandschaft nördlich von Paderborn.

424 Geisebeck, Lage der Ortschaft unklar, wahrscheinlich Geseke, Kreis Soest, Nordrhein-Westfalen.

425 *Ohrwürmer* = Fluginsekten, (lat.) Dermaptera, im Volksmund auch als Ohrenkneifer, Ohrenzwicker oder Ohrenhöhler bekannt. Ihr Name leitete sich von ihrer medizinischen Verwendung gegen Ohrenbeschwerden und Taubheit ab. Die Verwendung geriet während der Frühen Neuzeit zunehmend in Vergessenheit, wohingegen der Name blieb. Durch ihn entstanden um die Ohrwürmer vielerlei Legenden, die ihnen ein bösartiges Verhalten, wie das Zerschneiden der Trommelfelle oder einnisten in Körperöffnungen zuschrieben; vgl. Keil, Die Bekämpfung des Ohrwurms.

426 Der heilige Patroklus wird als Patron der Stadt Soest verehrt. Seine Gebeine wurden im Jahr 964 von Tours, dem Ort seines Martyriums, nach Soest übertragen und in der dortigen Patrokluskirche beigesetzt; vgl. Wimmer/Melzer, Lexikon der Namen und Heiligen, S. 640.

427 Am 25., 26. und 31.7.1761 kam es zu Siegesfeiern anlässlich des Eintreffens der Nachrichten britischer Erfolge im indischen Pondicherry (15.1.1761), auf der Karibikinsel Dominica (7.6.1761) und der Insel Belle-Île-en-Mer in der Bretagne (8.6.1761).

428 *Ordre de Bataille* = Schlachtordnung; vgl. S. 72, Anm. 223.

bey der Stadt Unna[429] in ein befestigtes lager gesetzt alwo mann ihm wegen der lage nicht alzu wohl angreifen kann; das Charmuciren wäret aber zwischen unsern und dem feindlichen vorposten Tag und nacht, und die gantze Armee mus in beständiger bereitschaft sein; die Unruhe ist bey uns groß, Hergegen die lebens mittel sind wenig zu haben, indem die Marquetender mit ihren waren rückwärts ziehen, um bey einem unglücklichen treffen der Armee nicht gefangen zu werden; Hieraus ist der jetzige zustande gar leicht zu erachten. ///

43. Brief aus dem Feldlager bei Bergkamen, vom 6. Juli 1761

Harter Marsch – Abgebrannte Dörfer

Der 43. Brief Aus dem lager bey Bergkamen[430] *von 6*ten *July 1761.*

Bey dieser zufälligen gelegenheit melde mit wenigen das wir seit deme, da ich meinen letzten Brief geschrieben täglich an ordre de Battaille dem feind entgegen Marchirt sind, und wils derselbe zu keinen treffen kommen laßen; sondern zog sich allezeit in sein festes lager bey der Stadt Unna zu rück, diese vortheilhafte lage und gegend worin der feind stund; und wir demselben alda so leicht nicht ankommen konten, machte die feinde immer in ihrer Attaqúe Muhtiger, und da wir dem selben so Nahe stunden so musten wir uns vor einen General überfall sehr hüten und in acht nehmen; dieser furcht aber abzuhalten; So wurde Nach deme S[eine]r Herzoglichen durchl[aucht Prinz Ferdinand] und der durchl[auchte] Erb Printz [Karl] fleißig recognoscirt, von dem Herzog Ferdinand Marchs ordre gegeben, und die gantze große Armée Marchirte einen gantz ungebamten weg, durch gebüsche, Moräste und graben Wo wir oft Mann vor Mann eintzeln durch Defiliren musten, dieser March dauerte 48. Stunden in eins tag und nacht, da mann also seiner an Halse tragenden bürde nicht [///] entledigt wurde; Es war ein starckes Piquet aus der Armee gezogen, dieses Marchirte uns zur seiten; allein solches hatte die ersten 24 Stunde unsers Marches, beständig Charmucirende anfälle, und waren immer mit dem feindl[ichen] frey Partheyen in gefecht, Wobey verschiedene Todt, auch Hart und leicht Blessirt sind: Wie wir nun nach des klugen Herzogs Ferdinandts einsicht weit genug zur Seiten Marchirt waren, So wurde Contramandirt, und wir gingen nach der feindlichen Armee zu, um der selben in Rücken oder doch in die Flanquen zu kommen, wie nun der feind unsere Ankunft, stattdeßen das wir uns retirirt, gewar wird, so verläst er in aller Eyle sein feste lager, und Marchirt in die gegend Dortmund, weil die gemachten verschantzungen, an der Seite, Wo wir herkahmen nichts helfen konten, ich habe bessondere guhte gelegenheit gehabt das feindliche lager und die vielen Schantzen, graben und verhacke, vor demselben, zu sehen, 2. Dörffer Nahmens Frömen[431] und Käsbüren[432], Wo daß feindliche lager Nahe hinter herdurch gestanden, hatten die frantzosen, um eine freye Fronte vor sich zu haben,

[429] Unna, Kreisstadt in Nordrhein-Westfalen.
[430] Bergkamen, Stadt im Landkreis Unna, Nordrhein-Westfalen.
[431] Frömern, Ortsteil von Frödenberg/Ruhr, Kreis Unna, Nordrhein-Westfalen.
[432] Kessebüren, Stadtteil von Unna, Kreis Unna, Nordrhein-Westfalen.

aus dem grunde abgebrandt[433], garten, bäume und die hecken war alles Nieder [///] gehauen und grade gemacht, denen ein wohnern in gedachten beiden dörfern, war kund gethan Wofern sie nicht verbrennen wollen, solten sie in zeit von 2. Stunden ihre Wohnungen verlaßen Nun sind zwar die Mehrsten, weg gegangen allein viele haben nicht daran geglaubt, das ihnen das ware Schicksaal wieder fahren soll; und sind zu Hause geblieben, die feinde haben sich aber nach verfloßener bestimter zeit daran nicht gekehrt, sondern fast an allen häusern feuer angelegt; Nun müßen sich Nothwendig noch welche bey rettung ihres viehes und andern Sachen aufgehalten haben, indem ich verbrandte Menschen bey verbrandten kühen und Pferden liegen sehen, alles schien als wans zur kohle gebrandt wäre, nur das mann das geschicke, was ein Mensch und ein Pferd gewesen, erkennen konte. Jämmerlich und traurig sahe es auf denen beyden abgebrandten dorf Plätzen aus, so das es nicht zu beschreiben ist ·ſ. Wir folgen nun dem feind auffen fuß bis ein General treffen zu rück gelegt ist, und das es Hier bald zu kommen möglich, ist unser aller verlangen. ///

44. Brief aus dem Feldlager bei Rüthen, vom 31. Juli 1761

Schlacht bei Vellinghausen – Verwundung des Prinzen Albrecht Heinrich von Braunschweig-Wolfenbüttel – Siegesmeldung aus Indien

Der 44. Brief Aus dem lager bey der Stadt Rüden[434] *von 31ten July 1761.*

Wir sind dem feind so lange nachgegangen; bis es endlich zu einen zusammen stoß und Bataille gekommen ist; und der gühtige gott hat denn Sieg uns zur beute gegeben[435]: Es hat fast das ansehen bisher gehabt, als wenn die frantzosen es wüsten und gewust hätten, das es vor Sie [in] einen Haupttreffen[436] nicht glücklich ausfallen würde, indeßen haben uns dieselbe seit einigen Wochen unruhe genung gemacht, die Attaquen haben tag und nacht ihren fortgang gehabt, So das bey uns auch ein getroffen was in [zweiten] briefe [des Apostels Paulus] an die Corinter Cap[itel] 7. V[ers] 5. Geschrieben stehet, Unser fleisch hat keine ruhe, sondern allenthalben Trübsaal, auswendig streit, inwendig furcht[437]: Am 13ten und 14ten July unterstunden sich die feindlichen frey Partheyen ihre kugeln uns ins lager zu spielen, welches

433 In einem 1761 verfassten Protokoll heißt es dazu: »[1761 wurden] die beyden Dörffer Frömern und Kessebüren nebst den ansehnlichen Pastorat und Schulhauß biß auf den Grund [...] durch die Frantzösischen Trouppen abgebrand«. Zit. nach Borchers, 450 Jahre Reformation in Frömern, S. 38.

434 Rüthen, Stadt im Landkreis Soest, Nordrhein-Westfalen.

435 Die Schlacht bei Vellinghausen fand vom 15.–16.7.1761 zwischen preußisch-alliierten Truppen unter Herzog Ferdinand von Braunschweig und französischen Einheiten unter dem Prinz de Soubise und dem Herzog von Broglie statt. Herzog Ferdinand stand dabei mit ca. 70 000 Mann einer französischen Übermacht von ca. 140 000 Mann gegenüber. Die alliierten Verluste an Toten und Verwundeten betrugen ca. 1300 Mann, die Gesamtverluste der Franzosen ca. 5000 Mann. Die Schlacht ist als Sieg der preußisch-alliierten Truppen zu werten; vgl. Menneking, Victoria by Vellinghausen.

436 *Haupttreffen* = Schlacht; vgl. S. 36, Anm. 40.

437 2 Kor 7,5; vgl. S. 77, Anm. 254.

uns in große bewegung setzte, allein das feindliche geplacker, wurde durch einige Canonen von uns bald gedämfet, Am 15ten begab es sich aber das unsere und die gegenseitige Armee mit einer heftigen Canonade; und lebhaften Mousqueterie[438] feuer an ein ander kahmen, und zwar in der gegend bei Füllinghausen[439]; das gefechte wärte [///] von anfang bis zum völligen beschluß 21. Stunden die Nacht so Hier zwischen, war weniger stille, und auf hörens gedacht um 2. Uhr Morgens ging die Canonade, wieder eben so schrecklich an, als Sie abens zwischen 9. Und 10. Uhr aufgehört hatte, der Erdboden schütterte einen untern füßen, und die Eysern röhren, in dem kleinen gewehren konten unsere leute vor Hitze fast nicht an angreiffen, das vornehmen der feinde war an ihrer Seite wohl aus gedacht, Nemlich sie Attaquirten denn rechten flügel unserer Armee zu erst, in Meinunge wir solten als denn unsere größeste macht dahinziehen, damit sie an unsern lincken flügel nicht könten aufgehalten werden, sondern einen freyen, oder doch wenigstens einen leichten durch Marsch, auf die Stadt Hamm gewinnen würden; und hätten wir diesem Hauptpaß verlohren; so wäre unserer Armee dadurch ein großer Nachtheil zugefügt worden. Ohne dem verlust, den wir an der beckerey und Magazins alda gehabt hätten: Allein des feindes absichten wurden dadurch vereitelt, das der rechte flügel unserer Armee mit S[einer]r durchl[aucht] des ErbPrintzen [Karls] Chor, und der [///] linke flügel mit des Englischen General Lieut[enants] Milord Gramby[440] Chor bedecket waren, folglich durften wir unsere Armee aus der Mitte nicht verschwächen, indem sich S[eine]r durchl[aucht] der Herzog Ferdinandt, auf die beiden klugen und Tapfern Commandeurs, und deren hinlänglichen starcken Corpse verlaßen konte; und unsere Haupt Armee nahm des feindes unternehmen in der Mitte war, Es stunden also die deutschen und frantzosischen absichten und Meinungen nicht über ein, folglich setzten die feinde Am 16ten July Morgens früh mit ihren rechten, gegen unsern lincken flügel der Armee, ihren Eyfer desto kräfftiger fort, und gedachten sich durch zu schlagen, allein wie das gefechte am schärfsten war, da that der durchl[auchte] ErbPrintz [Karl] mit seiner bey sich habenden Artillerie und Cavallerie einen ein fall, in denn feindl[ichen] lincken flügel ihrer Armee, dieses veruhrsachte eine Confusion unter dem frantzosen und sie fingen an zu retiriren, und wir avancirten, mit einen wort dieser Tag fiel Gloreich vor uns aus, und haben zum Sieges zeichen erobert einen Artillerie Train, großer und kleiner Canonen samt dem darzu gehörigen Munitions Wagens 8 fuder Mousqueten, 7. Fahnen, 3 Standarten, [///] Pauken und Trompeten ʃ. ʃ. An krieges gefangenen sind 3000 Mann. Gezählt, und der sämtlich vermißeten leute, feindl[icher] seits, als gefangene Deserteurs, Blessirte und Todt geschoßene, sollen nach ihrer eigenen ausrede 10000 Mann sein: Unserer verlust ist gleichfals So sehr geringe nicht, doch ist er gegen erst gedachten nicht in ver-

438 *Mousqueterie* = ursprünglich als Begriff für das Feuern aus Musketen, auch im 18. Jahrhundert weiterhin für das Feuern aus Gewehren gebräuchlich; vgl. den Art. »Mousqueterie«, in: Kriegs-Ingenieur- Artillerie- und See-Lexicon, S. 566. »Mousqueterie, Das Schiessen aus Musketen, wird aber auch noch itzo gebraucht, ungeachtet die Musketen schon längst abgeschaffet worden«.

439 Vellinghausen, Ortsteil von Welver, Kreis Soest, Nordrhein-Westfalen.

440 John Manners, Marquess of Granby (* 2.1.1721 in Kelham; † 18.10.1770 in Scarborough), ältester Sohn von John Manners, 3. Duke of Rutland, britischer Generalleutnant; vgl. Massie, Manners, John, in: Oxford Dictionary, vol. 36, S. 433–469.

gleich zu rechnen, auch haben wir keine Canonen und andere Ehren zeichen verlohren; des General Lieutenant Milord Gramby, und Englische bergschotten Chor und von unsern braunschw[eigischen] völckern hat das Regiment von Mansberg am mehrsten gelitten und ein gebüßet: ohne jetz gemeldeten Sieg, sind auch noch 800. Proviant Wagen, so mitbrodt, mehl und bespanneten Pferden, von dem feind erbeutet worden. Vor diesem erfochtenen Sieg, haben S[eine]r durchl[aucht] der Herzog Ferdinandt, der gantzen Armee ein groß Schriftl[iches] Compliment und dancksagunge abgestattet, und versichern dabey daß wir nicht Allein deroselber Huld und gnade Hier, sondern ins künftige von unsern respectiven Landes [Herrn], es noch bestens zu genießen haben sollen, Weil Sie unsere [///] Bravour[441] und guhte Contenance[442], selben anrühmen würden ·ſ. Am 17ten July wurde wegen diesem große Siege dem Höchsten gott gedancket; und die gantze Armee hat unter Pauken und Trompeten Schall das Te deum Laudamus abgesungen; hat gleichfals abends um 6. Uhr vors lager Rücken und vortreten und nebst der gesamten Artillerie ein 3. Mahliges freuden feuer abbrennen müßen: Nach dieser Haupt Affaire, sind schon einige scharffe Charmützel wieder vorgegangen, so aber nicht weniger zu unsern vortheil aus gefallen sind, Wobey Pferde und Bagage Wagen erbeutet worden; vor benandte begebenheiten, sind zeugniße das es noch kein friede ist, wie hin und wieder aus gebreitet und gesprochen worden; und Trift hiebey überein, was der Prophet Jeremias in seinen 4ten Cap[itel] V[ers] 10. Sagt, Herr! Herr! Du Hasts dem Volck weit fehlen laßen, da Sie sagen es wird friede, so doch das Schwert noch bis an die Seele reichet[443] Wie Manniger Mensch hat sein eigen blut, statt des feindes erblicken müßen, indem ihm das Schwert Hertz und Adern durch bort: Jch halte es davor daß derjenigen, So sein leben und gesundheit behalten dem Höchsten billig dancken und Preisen muß, [///] und thun, was der Prophet Hesekiel in 24. Cap[itel] sagt, du Menschen kind, Schreib diesem Tag an, ja eben diesem Tag, an welchen dir der Höchste Heyl und gnade erzeigt hat[444] ·ſ. Am 20. July ist der durchl[auchte] Printz Heinrich[445] in einen Charmützel hart Blessirt worden[446], so bald dieses in frantzösischen Haupt Quartier kund worden ist, sind gleich 2. Oberfeld Chirurg[i] gesandt, um dem Printz best möglichst wieder [zu] restituiren. Am 31ten July schoßen wir abermahl Victoria, über einen Sieg so England zu Waßer erhalten[447]: Wir Schmeicheln uns nunmehro mit der Hofnunge das diesem Sommer kein so harter zu sammen stoß derer Armeen, mehr geschehen soll, gegen die zeit da sich die feinde

441 *Bravour* = Standhaftigkeit; vgl. den Art. »Brave«, in: Kriegs- Ingenieur- Artillerie- und See-Lexicon, S. 120. »Brave, T[eutsch] Brav, Hertzhafft, Tapffer«.

442 *Guhte Contenance* = gute Haltung, hier im Sinne von Standhaftigkeit.

443 »Sie sagen: Ach, Gebieter und Herr, wahrhaftig, schwer hast du getäuscht dieses Volk und Jerusalem. Du sagtest: Heil werdet ihr finden!, und nun gehet das Schwert an die Kehle«. Jer 4,10.

444 »Menschensohn, schreib dir das Datum dieses Tages auf, genau den heutigen Tag! Am heutigen Tag begann der König von Babel seinen Angriff auf Jerusalem«. Ez 24,2.

445 Albrecht Heinrich von Braunschweig-Wolfenbüttel (* 26.2.1742 in Wolfenbüttel; † 8.8.1761 in Hamm), dritter Sohn von Herzog Karl I. von Braunschweig-Wolfenbüttel; vgl. Spehr, Albrecht Heinrich von Braunschweig, in: ADB, Bd 1, S. 265.

446 Scharmützel nahe dem Dorf Rühne zwischen einem Corps des Erbprinzen Karl Wilhelm Ferdinand und französischen Einheiten; vgl. Menneking, Victoria by Vellinghausen, S. 128.

447 Vgl. Todd, The Journal of Corporal Todd, S. 175.

wieder erholt, oder die gantze frantzösische Armee, wieder in gehörige ordnunge gesetzet, ists volkommen Winter, indeßen wird doch der feind auch nicht ermangeln laßen, uns allerhand Diversions[448] zumachen, welches überdem eine frantzösische eigenschaft ist; So eben vernehme auch wie der Junge, aber auch Tapfere Printz Heinrich an seiner am 20ten July erhaltenen Blessur, schwer darnieder lege. ///

45. Brief aus dem Feldlager bei Blomberg, vom 14. August 1761

Vorpostengefechte – Fouragierung – Tod des Prinzen Albrecht Heinrichs von Braunschweig-Wolfenbüttel

Der 45. Brief Aus dem lager bey der Stadt Blomberg[449] *in der grafschaft Lippe, von 14ten August 1761.*

Obgleich der feind bey der Affaire Am 16ten July zimlich gelitten und dem kürtzesten gezogen; So unter läst er dennoch nicht allerhand Minen wor aus mann noch nicht klug werden kan, zu machen, einige von unsern krieges verständigen wollen Muthmaßen des feindes Absichten wären auf Hameln gerichtet, andere wollen wißen es wäre der frantzosen vorhaben, bey Holtzminden über die Weser zu gehen ·ſ. Wir Mercken zwar an unsern Märschen und retiriren wohl, das der kluge Herzog Ferdinandt ein gleiches von dem feindlichen unternehmen præsumirt, sonsten würden wir uns nach der Weser nicht so weit herunter begeben; und so wie wir Marchiren, so folget uns die feindliche Armee nach, Heute können wir das frantzösische lager über all vor uns sehen, und die vorposten Charmuciren mit ein ander, und unsere gantze Armee muß in beständiger bereitschaft sein, weil man der listigen frantzosen vornehmen nicht allezeit [///] vorher wißen und erfahren kan: Wir leben also in großer unruhe und haben schweren dienst zu verrichten: die Einwohner in Hiesiger gegend sind sich solche zahlreiche Visiten in der Erndtezeit, die Jhnen so viel hinderniße machen, nicht vermuhten gewesen, so viel ist aber auch gewiß, daß denen Hiesigen ackerleuten viele arbeit in ansehung des korneinfahrens abgenommen wird, auch die früchte so noch auf dem halm stehen, werden von denen Cavalleristen und knechten abgemehet, die Wiesen so ihr graß noch haben wird theils mit Pferden und theils mit unsern schlacht vieh abgehütet, ohngeachtet nun die Erndte arbeit fleißig von der Armee betrieben [wird], so sind dennoch die Einwohner dieser gegend sehr mißvergnügt, und Wünschen von Hertzen das wir mit samt dem frantzosen, wären wo ein jeder zu Hause gehörte. Der durchl[auchte] Printz Heinrich, welcher Am 20ten July in einen Scharmützel Blessirt, ist am 11ten Aug[ust] an der Schweren

448 *Diversions* = aus dem Militär stammender Terminus, der den Versuch einer Armee, die Vorhaben einer anderen durch beständige Angriffe auf befestigte Plätze und Versorgungseinrichtungen zu verhindern, beschreibt; vgl. den Art. »Diversion«, in: Kriegs- Ingenieur- Artillerie- und See-Lexicon, S. 232. »Diversion machen [...], heisset, wenn ein gewisses Corps, oder eine gantze Armée anders wo einbricht, und diejenigen, so einen Ort belagern, von ihrem Vorhaben dadurch abzuwenden gedencken«.

449 Blomberg, Stadt im Landkreis Lippe, Nordrhein-Westfalen.

Blessur gestorben[450], unsere Herrn Officier haben dieserhalb bereits ein trauerzeichen angelegt. ///

46. Brief aus dem Feldlager bei Unterlistingen, vom 4. Oktober 1761

Beschuss von Trendelburg – Einnahme der Stadt – Beschreibung des Kasseler Schlosses

Der 46. Brief Aus dem lager bey Unter Listingen ohnweit Cassel von 4ten Octob[e]r 1761.

Seitdem ich meinen letzten Brief von 14ten Aug[ust] a[nni] c[urrentis] geschrieben, haben wir nach art der Seefahrer hin und her gekreutzet, vor und wieder rückwärts Marchirt, deßen ohngeachtet ist am 19ten Aug[ust] ein feindliches Corps über die Weser gegangen: unsere Armee ist bis Höxter[451] herunter gewest; alda stunden wir 5. Tage auf einen berge über der Stadt im lager und war das Trinck oder brunnen Waßer alda so raer, daß wir solches eine guhte stunde weges hohlen musten, Es habe die armen leute aus Höxter und denen Nächsten dörffern, daß Waßer in großen gefäßen uns in lager zu kaufe gebracht, verkauften daß quatier zu 3 [Pfennig] und wir gaben lieber daß geld davor als einen so weiten weg es selber zu Hohlen, indem mann erst berge und thäler passiren muste ehe mann zum Waßer kahm: die frantzösische Haupt Armee so in der gegend Cassel stund; und weiter herunter in und bey Drendelburg[452], welches ein Städtgen an der Dimel, mit einen alten Schloße, stund ein klein [///] frantzösisches Corps, welches alda einen pass verwarte, Nun wurde am 24ten Aug[ust] Marchs ordre gegeben, und wir verließen unser dürres lager bey Höxter und gingen auf Drendelburg zu, Am 26ten dito traffen wir abends späth daselbst ein bezogen ohngefehr einen Canonenschuß von der Stadt ein lager, indem feindlicher seits alles in die Stadt, kurtz vor unserer ankunft, gezogen war, in der Nach wurde gleich eine Schantze gemacht und Canonen aufgeführt, mit anbruch des tages, ging auch die Canonade an, die belargerten unterließen nicht, unsere schüße mit ihren Canonen zu beantworten, und wie man bald nachher von dem frantzosen selbst erfahren, daß Sie sich solche belagerunge allezeit, so lange sie da gewest, vermuhten gewesen wären, und ihr Commendant, alle möglich præcaution und vorsicht gemacht und gebraucht hätte, allein solches konte dieses mahl nichts helffen, unsere Canonage wurde fort gesetzet, und wir zogen uns mit unsern lager etwas zu rück, ohngefehr ¼ Meile vorn in dem Reinhards Wald[453], um vor dem feindl[ichen] Canonen kugeln sicher zu sein, Um 8 Uhr des Morgens ließ der Commendant [///] schon Apell schlagen, schickte einen Officier und Trompeter erboth sich Capituliren und verlangte einen mit allen Ehren zeichen freyen abzug, allein die Antwort war,

450 Vgl. 44. Brief, Anm. 446.
451 Höxter, Kreisstadt in Nordrhein-Westfalen.
452 Trendelburg, Stadt im Landkreis Kassel, Hessen.
453 Reinhardswald, Waldgebiet und Mittelgebirge im Weserbergland.

Sie solten sich als krieges gefangene ergeben, oder das Canonen feuer ferner gewärtig sein; Es ging also bald von beyden seiten das Canoniren wieder an, bald darauf sahe mann rauch und feuer in Schloße aufgehen, die flamme welche nicht zu dämpfen gewesen, hatte so um sich gegriffen und die Hitze im gantzen Schloße so groß gemacht, daß der Commendante zum andern mahl zum Apell schlagen, und heraus sagen ließ, er wolte sich gefangen geben. Das Bombardement hörte auf, und wurde von uns ein Commando nach der Stadt geschickt, welches die frantzosen in empfang nahm, selbige musten mann vor mann aus dem Schloße Marschieren, und ihre Waffen ablegen, und musten bis zu ihrer auslieferunge Nach Warburg sich Transportiren laßen; das Commando welches das Schloß besetzet, und [in] possession[454] genommen hatte; soll viel Sachen so die frantzosen zu rück gelaßen, erbeutet haben, auch ist daselbst viel Reiß, Mehl, brodt und schlacht vieh zurück geblieben, welches im lager ausgetheilt wurde. [///] Am 1ten Sept[em]b[e]r verließen das lager im Reinhards Walde und Marchirten übern Diemel und bezogen an der ander seite der Stadt Drendelburg, an dem so genandten Deisselberge[455], ein lager. Von dem Reinhards Walde muß noch anführen das es ein großer langer und breiter Wald ist; in der Mitte liegt ein altes Schloß[456] mit einen vorwerck und Wirthshause, das gantze Schloß ist mit einer blanckwand in einen Weiten umfang umgeben und mitten durch diesem Holtz garten, Worin nichts als große buchen, gebüsche und Wildes gehöltze stehet, fließet ein zimlicher großer bach recht klares queel waßer; die alten landgraffen von Hessen Cassell sollen diesem garten zu einer Stuterey[457] und Wilden Thier garten gebraucht haben, anjetzo ist aber die blanckwand sehr verfallen, so das keine thiere mehr darin verwaret werden können, es Wohnen aber noch leute auf dem Schloße und Wirthshause, weil alda eine passage durch den Wald auf Hannoversch Minden[458] gehet: Am Deissellberge stunden wir vom 1ten bis 18ten Sept[em]b[e]r ohne von feinde weiter was zu sehen, wir [///] hatten zwar Commandos und Piquets beständig aus stehen, in dieser gegend waren die Schwetzen[459] sonderlich guth, und in großer Menge wohl gerahten; Woran wir uns allesamt auch recht was zu guhte thaten: Am 18ten Sept[em]b[er] Marchirten wir nach Cassel, Woselbst wir die frantzösische Armee volkommen im gesichte hatten, und hat selbige ihr lager Nahe an der

---

454 *Possession* = etwas in Besitz nehmen, besetzen; vgl. den Art. »Possession«, in: Grimm/Grimm, Deutsches Wörterbuch, Bd 13, Sp. 2016.

455 Deiselberg, Höhenzug, etwa 1 km westlich von Trendelburg.

456 Gemeint ist die bei Beberbeck gelegene Sababurg, welche durch die Märchen der Brüder Grimm bekannt wurde und seitdem auch als Dornröschenschloss bezeichnet wird. Die Burg wurde 1334 errichtet, mehrfach erweitert und umgebaut. Bis 1724 war dort ein landesherrliches Gestüt untergebracht, dass anschließend durch Landgraf Karl von Hessen-Kassel nach Beberbeck verlegt wurde. Während des Siebenjährigen Krieges waren innerhalb der Anlage mehrfach französische Garnisonen einquartiert; vgl. Schlösser, Burgen, alte Mauern, S. 185 f.

457 *Stuterey* = Stuterei, Gestüt, bezeichnet landwirtschaftliche Betriebe, die sich auf die Zucht von Pferden spezialisiert haben; vgl. den Art. » Stutterey«, in: Zedler, Grosses vollständiges Universal-Lexicon, Bd 40, Sp. 1445–1448. »Stutterey [...] heisset ein Ort, wo viele Pferde zur Zucht gehalten werden, und auch die Pferde selbsten insgesamt, so an einem solchen Orte, unter Direction eines Stuttenmeisters und anderer Stallbedienten stehen, und daselbst ihre benöthigte Wart- und Verpflegung geniessen«.

458 Hann. Münden, Stadt im Landkreis Göttingen, Niedersachsen.

459 Grotehenn meinte hier wahrscheinlich Zwetschgen, eine Unterart der Pflaume.

Stadt Cassell herauf stehen; und unsere Armee, welche mehren theils alda zu sammen oder versammelt war, stund dem feind so Nahe als möglich, 4 lienien Hoch, gegen über: Am 20ten Sept[em]b[e]r formirten wir aber ein lager bey Hochkirchen, und Am 2ten Octob[e]r bezogen wir das jetzige lager: bey dieser gelegenheit da wir in der gegend Cassell stehen, erinnere ich mich auch des schönen Schloßes Weissenstein[460], so eine Stunde von Cassell vor dem so genandten Habichts Walde[461], erbauet ist; oben auffen berge, jetz gedachten Waldes, grade dem fürstl[ichen] Schloß Weissenstein gegen über, Hat der Landgraf Carolus[462] eine Grotte mit Mannigfalten Fontainen und Cascaden anlegen laßen, und viele Tonnen goldes da verwendet; ein glaubhafter bürgers Mann [in Cassel], hat mir erzählt, daß das Schloß und die grotte, weit mehr zu erbauen gekostet, als wie die gantz Stadt Cassel nach ihrer damahligen beschaffenheit Neu auf gebauet wäre; dieses klinget [///] gewiß demjenigen so die vielen seltenheiten und künste in ihren großen und weiten umfang nicht gesehen, unglaublich zu sein; allein ich muß gestehen das ich in eine erstauende und mannigfaltige verwunderunge, bey beschaunge aller besonderbaren wercke welche mann alda zu sehen bekommen kan, gerahten bin; alles ist aus rauhen steinen und bley gemacht, oben auffen berge ist ein steinern Thurm gebauet um selbigen gehet eine auffahrt von Mauerwerck Worauf mann Hinauf Reiten und mit der kutsche fahren kan, und So wie mann um dem Thurm herum gehet siehet mann immer darin als in einen brunnen herunter, auf dem boden ist er auch noch tief als ein brunne ausgegraben, und wird durch röhren Waßer hin ein geleitet, aus diesem brunnen fangen nun viele andere röhren ihr Waßer, welches aller orten wunderlich Herum geführt wird; die spitze oben, auf dem Thurm, Formirt eine große kupferne Statua, so dem großen Christoph[463] vorstellen soll diesem bin ich auf einer leiter zwischen seinen beinen im leibe Herauf gestiegen und oben aus der brust durch ein gemachtes guck loch nach Cassell gesehen ʃ. ʃ. ʃ. Wie dieser bau in arbeit gewesen sollen alle Sonnabent Sechs Esels, die gelder oder Wochen lohns haben hin auf tragen müßen. ʃ. ///

---

460 Schloss Weißenstein, in den Jahren 1606–1610 unter Landgraf Moriz von Hessen errichtetes Jagdschloss; Vorgängerbau des von 1786–1798 errichteten Schlosses Wilhelmshöhe; vgl. Schlösser, Burgen, alte Mauern, S. 207–209.

461 Hoher Habichtswald, bewaldeter Höhenzug bei Kassel, Teil des Habichtswälder Berglandes.

462 Karl von Hessen-Kassel (* 3.8.1654 in Kassel; † 23.3.1730 ebd.), 1670–1730 Landgraf von Hessen-Kassel; vgl. Ilgen, Karl, in: ADB, Bd 15, S. 292–296.

463 Herkules, Kupferstatue des antiken Helden Herakles im Bergpark Wilhelmshöhe in Kassel, entstanden in den Jahren zwischen 1701 bis 1717 im Auftrag von Landgraf Karl von Hessen-Kassel; vgl. Sander, Das Herkules-Bauwerk.

47. Brief aus dem Kantonierquartier Markoldendorf, vom 13. November 1761

Einquartierung bei einer Witwe – Besuch des Schlachtfeldes von Hastenbeck – Französischer Angriff auf das Regiment von Mansberg

Der 47. Brief Aus dem Cantonier Quartier Marck Oldendorff[464]
von 13ten Novemb[e]r 1761.

Gestern sind wir alhier angelanget, und der größeste theil unserer Armee ist in dieser gegend in die Quartiere verlegt, ohne einige Battaillons Jnfanterie und ein Corps leichte Reuterey so noch in der gegend Eimbeck[465] im zeltern Campirten; dieses Commando soll aber in 8. Tagen von andern Regimentern abgelöset werden, in dem die frantzosen Eimbeck noch besetzet haben, Wir sind zwar hier in quartiren, allein diejenigen so noch im felde stehen habens fast eben so guth als wir, Nur was die Pferde anlanget die habens hier beßer als wenn sie noch unter freyen Himmel stünden; Mein Quartier ist ein kleines Hauß und wird von einer Witwe unterhalten, ohngeachtet habe ich noch 18. Mann bey mir, davon schlafen wegen Mangel des raums alle Nacht 9. Mann bey mir in der stube, die andern Neune müßen auffen boden liegen, welche die künftige Nacht aber bey mir Platz in der Stube Nehmen sollen; daß wir so zahl[reich] zu sammen gelegt sind, stehet nicht zu ändern, indem wir vor einen feindlichen anfall nicht sicher sind, [///] seit meinen letzten briefe von 4ten Octob[e]r haben uns die frantzosen Strabazen und unruhe genug gemacht, und wird die dasige gegend von dem feinden auch last genung zu tragen gehabt haben, indem ihre March Route dadurch gegangen; und wir[466] sind fast eben die gegend passirt; die wir An[n]o 1757. Bey unserer erstern retirade von Bielefeld durch zogen, Am 16ten Octob[e]r bezogen wir bey Hameln ein lager, Am 17ten dito bey Ohsen[467] und am 4ten Nov[ember] bey Hastenbeck; Hier habe ich und viele andere, die Rudora[468] nochmahl in augenschein genommen, so von der ersten und drey tägigen Battaille An[n]o 1757 am 24. 25. Und 26ten July[469], noch übrig und zu sehen waren ich glaube die denckmähler der vielen Schantzen so damahls alda gemacht, und vielen bäume, so in dem Hastenbeckschen Walde mit großen Canonenkugeln Blessirt worden, wurden denen dasigen Einwohnern, und noch wohl ihren kindern zum steten andencken dienen; Am 5ten Nov[ember] Morgens sehr früh brachen wir alda auf, und wurde alles zum Angrief der frantzosen Commandirt, welche in der gegend Eschershausen[470] stunden, der feind so die ankunft unserer [///] Armee sich nicht vermuhten gewesen, und in 6 Co[lon]nen würcklich auf ihm Marchirt kahm,

[464] Markoldendorf, Ortsteil von Dassel, Landkreis Northeim, Niedersachsen.
[465] Einbeck, Stadt im Landkreis Northeim, Niedersachsen.
[466] *Handschrift*: wird.
[467] Ohsen, Kirchohsen, Ortsteil der Gemeinde Emmerthal, Landkreis Hameln-Pyrmont, Niedersachsen.
[468] Wahrscheinlich gemeint Redouten, im Feld angelegte Schanzen; vgl. S. 39, Anm. 64.
[469] Gemeint ist die Schlacht bei Hastenbeck; vgl. 5. Brief.
[470] Eschershausen, Stadt im Landkreis Holzminden, Niedersachsen.

hatte eine solche Hurtigkeit im frantzösischen lager veruhrsacht daß sie nicht allein geschwind davon gegangen, sondern auch viele Bagage und zelter, nebst großen Magazinen an mehl und Fourage, in stich gelaßen; Wir setzten dem flüchtigen feind nach, am 6ten kahmen wir nach Wentzen[471], alda gab es brawe Charmützel, abends als es gantz finster, wurden starcke Piquets aus gestelt, und die Armee schlug die zelter auf, die Witterunge war betrübt mit Regen und Schnee abwechselnt; am 8ten Nov[ember] bezogen wir bey dem dorffe Vorwohl[472] ein lager, und blieben alda bis d[en] 12ten dito, da wir von da die jetzigen Quartire eingenommen; in diese Wohnungen Hat fast keiner ein Trocken stück kleidunge gebracht, indem der Regen bisher beständig angehalten; in dem letzten lager haben wir kein stroh in zeltern gehabt, sondern auf gebüschen und Holtz reisern gelegen, um nur nicht gar zu tief des Nachts in Morasten zu versincken; unser braunschw[eigisches] Regim[ent] v[on] Mansberg so in Sollinger Walde[473] über fallen,[474] und dabey alle ihre zelter verlohren, soll, wie Mann vernimt, nach Hameln in die Quartiere. Jetzo eben werde ich Commandirt Morgen früh die krancken von Regiment nach Preusch Minden zu Transportiren; Muß also Meinen Brief schließen. ///

48. Brief aus dem Quartier in Steinhagen, vom 3. Januar 1762

Einquartierung bei einem jüdischen Handwerker – Einquartierung bei einem blinden Witwer – Einquartierung bei einem Bauer – Erreichen der Winterquartiere in Steinhagen

Der 48. Brief Aus dem Quartier stande Steinhagen[475]*, ohnweit Güttersloh*[476]*, von 3ten Jan[uar] 1762.*

Am 3ten Decemb[e]r a[nni] p[raeteriti] verließen wir unsere Mühsahmen Quartire zu Marckoldendorff, und so gerne wir von dannen gingen, so freudig wünscheten uns unsere Wihrte eine glückliche Reise; unser March ging über Stadtoldendorf[477] und Bodenwerder[478]; in dieser letzten Stadt hatte ich einen Juden, Nahmens Samson, zum Wihrte, allein ob dieser gleich ein Jude war, so ging es doch sehr Christlich bey selben zu, und habe ich es bey Mannigen würcklichen Christen so guth nicht gehabt: Es war dieser Wihrt fast ein armer Jude, der sein brodt, mit Eysen und Meßing zu verarbeiten, sauer verdiente. Am 6ten Decemb[e]r kahmen wir nach der

471 Wenzen, Ortsteil von Einbeck, Landkreis Northeim, Niedersachsen.
472 Vorwohle, Ortsteil der Gemeinden Lenne und Eimen, Landkreis Holzminden, Niedersachsen.
473 Solling, bewaldeter Höhenzug des Weserberglands am Ostufer der Weser.
474 Der französische Überfall auf das Regiment von Mansberg ereignete sich am 13.10.1761 in der Nähe der Stadt Uslar. Das Regiment verlor dabei ca. 100 Mann an Gefangenen, eine unbestimmt Anzahl an Toten und Verwundeten sowie drei Geschütze; vgl. Feldzüge der Alliierten Armee, T. 3, S. 95 f.
475 Steinhagen (Westfalen), Gemeinde im Landkreis Gütersloh, Nordrhein-Westfalen.
476 Gütersloh, Kreisstadt in Nordrhein-Westfalen.
477 Stadtoldendorf, Stadt im Landkreis Holzminden, Niedersachsen.
478 Bodenwerder, Samtgemeinde Bodenwerder-Polle, Landkreis Holzminden, Niedersachsen.

Stadt Lüde[479] daselbst bekahm ich ein Quartier, Worin ich ein Reichlichs und freyes auskommen hatte, Mein Wihrt war vor wenig Wochen ein Witwer geworden, und zu diesem Trauerfall hatte er noch das unglück, das er vor einigen Jahren gantz blind geworden war. Nun hatte er einen knaben bey sich im hause derselbige muste ihm herum leiten, wo er etwa [///] hin verlangte, allein er konte auch nicht weit gehen und klagte wie er mit der Colick[480] und schaden am füßen beladen wäre ʃ. Da wir nun nach recht und billigkeit von unsern Wihrte hätten freundlich empfangen und aufgenommen werden sollen, Weinete er, nicht allein über unsere ankunft, sondern auch über das ungerechte betragen des bürgemeisters der auf sein Hauß ein Billet[481] gegeben hatte, da wir nun von unsern Wihrt nach Soldaten gewohnheit, hätten sollen gespeiset und getränket werden, bath derselbe ein stück brodt von uns, und verlangete das wir doch mitleidig mit ihm verfahren mögten, Es solte im gegentheil sein gantze Hauß uns über geben sein |: Es befunden sich an demselben weiter keine zu gemachte wende, als wo die stube mit umgeben war :| ich hatte 10. Mann bey mir, in diesem Quartier, und brodt wurde uns von Regiment, so lange wir auffen Marche waren, gereicht, da mir nun bey fiel Was der Weise Sierach sagt, Cap[itel] 4. Einen betrübten Hertzen mache nicht mehr leides, und verzeug die gabe dem dürftigen nicht[482] ʃ. So beredete ich zugleich Meine bey mir habende leute, diesem armen blinden mann von ihren brodte ein stück zu geben, welches auch ein Jeder [///] willig that und bekahm so viel brodt, daß er 3. Tage davon leben konte; dem folgenden March denn wir thaten; kahmen wie in ein dorf daselbst erlangte ich, ja fast die gantze Compag[nie] köstliche Quartiere. Mein Wihrt war ein bauer, allein er that es Mannigen Landjunckern zu vor, ich hatte 4. Mann bey mir, aber der Tisch wurde so mit speisen besetztet als hätten 20. Mann dabey Eßen sollen, dem andern Morgen schien er fast verdrißlich darüber zu sein, daß wir nicht genug mit auf dem weg nehmen wollten, indem ihm der lange March dem wir zu Marchiren hatten, bekant wäre; Am 10[ten] Decemb[e]r a[nni] p[raeteriti] gelangeten wir in unsere angewiesene Winter-Quartire an. Der Regiments-Staab von uns liegt in dem flecken Güttersloh und die Compag[nie] in denen umher liegenden bauerschaften die Leib-Compag[nie], als wobey ich stehe, hat 2. Dörfer zu ihren Quartiren, Nemlich Brockhagen[483] und Steinhagen, in dem letztern ist Mein auffenthalt mit; Mein Wihrt

---

479 Lügde, Stadt im Landkreis Lippe, Nordrhein-Westfalen.

480 *Colick* = Kolik, Bezeichnung für starke, bewegungsabhängige und in Wellen auftretende Schmerzen, die durch Kontraktionen der glatten Muskulatur eines Hohlorgans – Darm, Nieren, Galle, Blase, Magen – verursacht werden; vgl. den Art. »Colick«, in: Zedler, Grosses vollständiges Universal-Lexicon, Bd 6, Sp. 666 f. »Colick, Colick-Schmertzen, Darm-Gicht, Bauch-Grimmen [...], schmertzliche, gewaltsame Bewegung aller menschlichen Gedärme [...]; in einem engeren Sinne aber eigentlich nur diejenigen Schmertzen, welche man in dem Grim-Darm, sonst Colon genannt, empfindet«.

481 *Billet* = Schriftstück, dass zur Regelung der Einquartierung der Soldaten dient; vgl. den Art. »Billet«, in: Kriegs- Ingenieur- Artillerie- und See-Lexicon, S. 95. »Billet, insgemein von dem teutschen Pöpel-Volck Ballet genannt, L[atein] Tessera militaris hospitii, heissen diejenigen Zettuls, so die Fouriers und Muster-Schreiber den gemeinen Soldaten ertheilen, wo sie ihre Quartiere beziehen sollen«.

482 »Enttäusche den Hungrigen nicht, und das Herz des Unglücklichen errege nicht! Verweigere die Gabe dem Bedürftigen nicht, und mißachte nicht die Bitten des Geringen!«. Sir 4,2–3.

483 Brockhagen, Ortsteil der Gemeinde Steinhagen (Westfalen), Kreis Gütersloh, Nordrhein-Westfalen.

ist ein bauer, und heist mit Nahmen Jobst MeisenSchmit und gefält es mir bey selbigen sehr wohl die leute sind schlecht und recht, allein sie [///] haben so wohl vor sich selbst, als auch vor mich und denn bey mir habenden Mann zu leben, und scheinet auch, als wenn sie uns das gerne gönnen und geben, was wir an Eßen und Trincken bedürffen: Mein Wihrt trägt zu seiner kleidunge keinen Sammit oder Seide, sondern sein gewöhnliche kleid ist ein grober kittel aus Hanffaden formirt, seine Schu sind aus Höltzern klotze gehauen, seine Mütze ist von einen rauhen S[ch]aaf felle gemacht, und hat sich solche vielleicht selber genehet, indem das fason[484] solches bey nahe anzeiget, und werde ich ihm mit der zeit vielleicht noch darum fragen, wer der Meister von seiner Peltz Mütze gewesen ist; mit dem Höltzern Schuen bin ich gar nicht zu frieden, die so wohl Wihrt als Wihrtin, und große Tochter tragen; die leute haben alhier an der gewohnheit das sie des Morgens um 4. Uhr aufstehen, da gehts dann an ein getrampe, als wenn Wagens auf dem treppen und ihm Hause herum fahren, oder beßer zu sagen; daß das Herum Wandern im Hause einer Öhlmühle gleich ist, Wo die stampen denn samen zerstoßen: indeßen sind die leute von guhter gemüths art, und thun was sie mir nur an den augen ansehen können. ///

49. Brief aus dem Quartier in Steinhagen, vom 12. April 1762

Ein neuer Kommandeur – Wunsch nach Frieden – Alltag im Quartier – Soldatenhochzeiten – Enges Verhältnis von Soldaten und Bevölkerung

Der 49. Brief Aus dem Quartier Stande Steinhagen, ohnweit Güttersloh, von 12ten Aprill 1762.

Wir leben in so weit noch gantz geruhig und wohl in unsern Quartier stande welchen wir Am 10ten Dec[ember] a[nni] p[raeteriti] bezogen haben, Es ist zwar die ordre über all bey der Armee gegeben, das wir uns March fertig halten sollen, allein eine gewiße zeit wißen wir noch nicht; indeßen ist alles im gehörigen stande; die Regimenter sind Recroutirt, und werden die Neu angeworbenen täglich und fleißig Exercirt; Wir haben dem Herrn Obristen von Koppelow[485] zum Commandeur bey unser Regiment bekommen, Es scheint mir dieser ein sehr accurater befehlshaber zu sein, Worüber ich mich freue, einige aber von denen die unter seinen Commando stehen, Prophezeyen sich eine gar zu große strenge von ihm, ich habe bereits ein mahl mit ihm gesprochen, da ich Rapport[486] an ihm brachte, daß ich 3. Wagens mit krancken richtig nach Herfortt ins Hospital gebracht, die gantze zeit das wir hier sind, haben wir in die gegend Paterborn ein Commando [///] geben und schicken müßen; welches allezeit einen Monat gestanden ehe es abgelöset worden, diese Tour hat mich bishero noch nicht getroffen; und habe hier weiter nichts als Meinen ordinairen

---

484 *Fason* = Fasson, hier im Sinne von Machart, Herstellungsweise.

485 Oberst Adolph Friedrich von Koppelow, seit November 1761 Kommandeur des 1. Bataillon, Regiment von Imhoff.

486 *Rapport* = Bericht, Meldung im Militärwesen; vgl. den Art. »Rapport«, in: Kriegs- Ingenieur- Artillerie- und See-Lexicon, S. 692 f.

dienst[487] gethan ohne Transportirung obgedachter Patienten nach dem Lazaret, übrigens ist Mein dienst alle Monat eine Staabs Wache, welche 48. Stunde stehet, in Güttersloh, zu thun, und in gleicher Zeit eine ordonantz[488] in Bielefeld, Woselbst unser braunschw[eigisches] Leib Regiment und der Herr General [Lieutenant von Imhoff] bey dem selben, im Quartier sind; Obgleich alle anstalten zu fortsetzunge des krieges auf das volkommenste zu stande gebracht sind und werden, so wird dennoch von frieden vieles gesprochen, und ich glaube selbst, daß der große und almächtige krieges und Heerführer, die Angenehme und helle friedens Posaune bald anstimmen und blasen wird, Wodurch vieler Menschen Ohren und Hertzen erfreuet werden würden, im gegentheil würden sich auch diejenigen so zu allerhand ungerechtigkeiten lust haben, und denen zu krieges zeiten die Welt besonders darzu offen stehet, desto mehr betrüben; Allein der Herr wird die bitten, und seufzer der seinigen Endlich erhören; und schencken ruhe und frieden auf Erden, Worum Mein jetziger Wihrt auch bittet, und thut er nach seinen gewöhnlichen Morgen und abend gebeth [///] folgenden seufzer; O gott gib friede in deinen lande glück und Heyl zu allen stande, und bewege alle Soldaten nach ihrern Vater lande[489]: dieses hat er allezeit aus treuen Hertzen gebehten, und ich selbst, und noch wohl viele andere mit ihm. Nunmehro bin ich Hier so gewohnt als Hörte ich in Meinen Quartier zu Hause, und sind wir im gantzen kriege noch Niemahlen so lange, als Hier, an einen ort gewesen; Ein Jeder bauers Mann hat alhier seine gantzen gühter ums Hauß Nemlich garten, Wiesen, länderey, gehöltze, Hudt und Weyde vor sein vieh; alles ist mit graben um geben; Worin sich auch die Haasen Häufig aufhalten, und habe ich derer diesem Winter 6. Stück aus dem Stuben fenster, in garten bey Mondenschein, geschoßen; Wenn ich außer dienst bin, so gehe ich alle Sontage, eins ums andere Nach Steinhagen, und Brockhagen in die kirche, in beyden kirchen sind orgeln Worauf ich mir unter Wärenden gottes dienste zu spielen, bey dem organisten, aus bitte, der organist Herr Petry, in Brockhagen hat mir auch zu Meiner veränderung ein Clavier in Mein Quartier geliehen; und hat mir selbiger ferner angetragen, das wenn [///] es diesen Sommer friede würde, solte ich wieder zu ihm kommen, wolte er mir seine Tochter zur Frau geben, und mich zu seinen Adjunctus[490] setzen laßen; ich habe dieses Ehrliche an erbieten bisher nicht abgeschlagen, und nicht zu gesagt, und damit bewendet, ich müste solches Meinen Eltern erst Melden indeßen werde ich

487 *Ordinarien dienst* = ordentlichen oder normalen Dienst; vgl. den Art. »Ordination«, in: Grimm/Grimm, Deutsches Wörterbuch, Bd 13, Sp. 1327.

488 *Ordonantz* = Ordonnanz, bezeichnet einen Soldaten, der einem ranghöheren zum persönlichen Dienst überwiesen wurde; vgl. den Art. »Oordonnance« [sic!], in: Kriegs- Ingenieur- Artillerie- und See-Lexicon, S. 596. »Oordonnance, heisset auch bey der Militz so wohl der Officier als Gemeine, so bey einem Höhern die Aufwartung hat, als die Aufwartung selbsten, damit es aber nicht so schlecht klingen soll, so heist es Ordonnance, T[eutsch] Ordonantz«.

489 Das Gebet des Wirtes entstand wahrscheinlich während des Dreißigjährigen Krieges. In Anlehnung daran wurden Friedenswunschmedaillen entworfen. Ein 1644 geprägter Entwurf Paul Walters trug die Inschrift: »Gott gib Fried in deinem Land…«. Zit. nach: Dethlefs, Friedensappelle und Friedensecho, S. 10.

490 *Adjunctus* = Gehilfe; vgl. den Art. »Adjunctus«, in: Zedler, Grosses vollständiges Universal-Lexicon, Bd 1, Sp. 513. »Adjunctus [...], wird insgemein genennet der, so einem zur Hülffe zugesellet wird, ein Amts-Genoß, der einem Commissario, oder andern Bedienten, bey- und zur Inspection zugeordnet ist«.

von der Jungfer Petryen, bey aller gelegenheit gefragt, ob ich noch keinen Brief nach Hause geschrieben, oder keinen daher bekommen hätte ʃ. daß Heyrahten zwischen unsern braunschw[eigischen] völckern, und denen Hiesigen frauens Persohnen, wird Eyfrig fort gesetzet, in Echten und un Echten unternehmen; so daß mann bereits von vielen versichert ist, die ihr Nahmens gedächniß Hier gestiftet, auch ist bishero kein Sontag hingegangen, da die Compagnien nicht ihre Assembleen[491] haben, und diese zu sammenkünfte haben sie gemeiniglich in denen häusern, da ohngefehr 8. tage zu vor eine kuh gekalbet, daß junge kalb muß als dann die Frau Wihrtin zu besten geben, Wofür sie nebst ihrer Familie mit antheil an der Music und gantzen freuden feste hat, ich habe einer solchen gesellschafft 2. Mahl mit bey gewohnt; eine solcher lust barigkeiten, gab der Herr Capit[an] Arend[492] der gantzen Compag[nie] und eine wurde von uns Unter Officiers veranstaltet; Es hat mich aber nach dergleichen weiter nicht verlanget. ///

50. Brief aus dem Feldlager bei Neuhaus, vom 18. Juni 1762

Trauriger Abschied – Neues Lager nahe Paderborn

Der 50. Brief Aus dem Lager bey Neuhauss[493]*, ohnweit Paterborn von 18ten Juny 1762.*

Am 15ten May brach der Traurige tag an, da wir nach gegebener ordre, unsere Quartire, worin die mehrsten in besondern freuden zu gebracht, [verlaßen musten]. Ich selbst bin mit Meinen Wihrtsleuten, und sie mit mir zu frieden gewesen, und Reisete ich dieserhalb mit desto größerer freudigkeit von dannen; Allein Mein Wihrt und Wihrtin vergoßen bey Meinen Adjeu und abschiede die zärtlichsten Thränen, und damit befohlen sie mich in dem Schutz gottes: Jn vielen andern Quartiren sind die abschiede, noch mehr zu Hertzen gegangen, indem die Traurigkeit mit thränen nicht hat können gelöschet werden, sondern eine große Menge frauens Persohnen sind Am ersten tage mit uns Marchirt, und auf dem Marche beständig geweint, und war es im vergleich, fast wie Am ersten Tage unsers aus Marsches aus braunschweig, da auch ein groß getümmel von Weibern und kindern mit zum Thore heraus ging, [///] Wir haben nachdeme noch bis denn 4ten Juny in der graffschaft Retberg in Cantonier Quartiren gelegen, die beste lustbarigkeit die wir alda [hatten], war diese, daß die Regimenter täglich Exerciren musten, in denen zwischen zeiten suchte mann sich grün kraut, und kochte kohl, damit der Tag verpassirt wurde. Am 4ten Juny wurde der feldzug eröffnet, und bezogen das Jetzige lager; diese gegend Nahe bey Paterborn, hat schon mehr als dieses Jahr die Ehre gehabt, unsere gezelter zum ersten mahle alda auf zu bauen; und scheinet fast als wenn die hiesigen [Einwohner],

491 *Assemblen* = Assemblee, Versammlungsort; vgl. den Art. »Assemblée«, in: Kriegs- Ingenieur-Artillerie- und See-Lexicon, S. 42. »Assemblée, nennet man bey Campirung einer Armée den Platz, wo die vornehmsten Stabs- und andere Officiers zusammen kommen. Es kann auch von einem jeden Ort einer Zusammenkunft, oder Versammlung, verstanden werden«.

492 Capitän Arend, Kompaniechef der Leibkompanie des 1. Bataillon, Regiment von Imhoff.

493 Neuhaus, Stadtteil der Kreisstadt Paderborn in Nordrhein Westfalen.

ihre Neugierde, in vorigen zeiten, unsern aufgebauten schönen Stadt, zu beschauen, gestillet hätten; denjenigen welche die Noth nicht darzu antreibt, bey uns ein stück brodt zu suchen, bleibt stille zu Hause; und gehet nicht hinaus zu sehen was in felde passirt, allein die auftritte sind in gantze kriege von deutschen und franzosischen Nationen, so getreulich abgewechselt, das unser Jetziger aufzug schon was bekantes und altes ist. Die Nachrichten, so mann vernimt verkündigen daß der feind anrückte und die gantze frantzösische [Armee] bereits in unter Hessen versammelt stünde. ///

51. Brief aus dem Feldlager bei Hohenkirchen, vom 25. Juni 1762

Schlacht bei Wilhelmsthal

Der 51. Brief Aus dem Lager bey Hochkirchen, ohnweit dem Schloße Wilhelmsthal[494], *von 25ten Juny 1762.*

Am 21ten Juny zog sich unsere Armee bey Bühne in der gegend Warburg zu sammen, und die frantzösische Armee hatte ihre stellunge bey Grebenstein[495] und Hochgeismar[496] genommen; ohngefehr waren die feindl[ichen] Vorposten 3. Stunden vor dem unserigen: Am 22ten Juny versuchte unserer durchl[auchter] Printz Friedrich[497] es mit einen Corps der Armee, dem feind theils zu recognoss[ieren] und theils zu Attaquiren; weil aber die feindl[iche] macht ein groß übergewicht gehabt, so kahm gedachtes Corps ohne gewinst und verlust wieder zurück; Am 23ten dito wird das Nemliche vorgenommen, und abermahl nichts aus gerichtet; die feinde so vielleicht hier über Trieumphiert, und wohl etwas sicherer als vorhin geworden waren: Wurden Am 24ten Juny von unserer gantzen Armee un verhoffet angegrieffen, und geschlagen[498], dieser Angrief begab sich folgender Maßen; unsere Armee stund in obgedachter gegend [///] gentseit dem Diemel fluß in lager. Am 23ten Juny abends legten wir uns gantz geruhig in unsere zelter, des Nachts aber gegen 11. Uhr wurde ordre gegeben in aller möglichen stille das lager abzu brechen, und Marschfertig zu sein; dieses geschahe in möglichster geschwindigkeit; und die Armee Marchirte in 7 Colonnen dem feind entgegen, um 12. Uhr gingen wir aus unsern, und um 5. Uhr früh, sahen wir schon das gantze französische lager stehen, und das es sehr geruhig in demselben war; unser Marsch wurde mit starcken schritten fort gesetzet, und da es die feinde gewar wurden, das sich ihre vorposten allerorten zurückzogen, und wir

494 Schloss Wilhelmsthal ist ein von 1743–1761 unter Landgraf Wilhelm VIII. von Hessen erbautes Rokokoschloss etwa 2 km südöstlich der bei Kassel gelegenen Ortschaft Calden; vgl. Schlösser, Burgen, alte Mauern, S. 71 f.

495 Grebenstein, Stadt im Landkreis Kassel, Hessen.

496 Hofgeismar; vgl. S. 93, Anm. 365.

497 Friedrich August von Braunschweig-Wolfenbüttel (* 29.10.1740 in Wolfenbüttel; † 8.10.1805 in Eisenach), Prinz von Braunschweig-Wolfenbüttel, seit 1761 braunschweigischer Generalmajor, nach dem Siebenjährigen Krieg preußischer General, seit 1792 regierender Herzog von Oels und Bernstadt in Schlesien; vgl. Spehr, Friedrich August, in: ADB, Bd 7, S. 505–507.

498 Die Schlacht bei Wilhelmsthal ereignete sich am 24.6.1762. Die preußisch-alliierten Truppen errangen dabei einen Sieg über die französische Armee, die sich hinter das französisch besetzte Kassel zurückziehen musste.

von allen seiten auf Sie in Anmarsch waren; wurde das frantzösische lager Eyligst abgebrochen, die Armee wolte sich in einen wehrhaften stand setzen; allein des großen schrecken, so durch unsere un erwartete Ankunft in selbige gekommen war, machte eine verwirunge und unordnunge unter Jhnen; Es setzte sich also die feindliche Armee in einen retirade Marsch und nahm ihren weg Nach Cassel zu, das Regiment der Grenadier de France, und was sonsten noch vor Regimenter der feindl[ichen] Armee zur Arriergarde[499] oder bedeckunge dienen solten, wehreten sich zwar [///] Tapfer, allein was nicht Todt geschoßen wurde, bekahmen wir von der Arriergarde, sämtlich zu gefangenen; Unsere leichten Truppen oder gesamte Cavallerie, so denen flüchtigen, beständig auffen fuß nachsetzte, und dieserhalb nahm daß heftige Chargiren[500] und Canoniren abends gegen 7. Uhr besagten Tages, erst ein Ende; indem der feind sein vortheilhaftes lager ohnweit Cassell beziehen konnte |: weil die Stadt Cassell selbst in der franzosen verwarunge ist :| folglich konten wir nicht weiter kommen: dieser Merkliche Tag, daran eben das Johannes fest[501] war, gab fast das Ansehen als wenn der Alweise und Mächtige Heerführer einen unsichtbaren Johannem vor uns her gesandt, der dem weg bereitet, und uns bahn gemacht hätte;[502] denn Wind und Wetter war uns sehr günstig und dem feind entgegen; So wie geredet wird, soll der feind an gedachten Tage einen verlust an Menschen von 5000. Mann gehabt haben Worunter die gefangenen; Todtgeschoßenen, und sonst vermißeten gerechnet werden, ohne die unbeschreiblich Bagage so Jm lager, und in dem Haupt Quartier zu Grebenstein [///] von dem feind in stich und zurück gelaßen ist, nicht zu gedencken was demselben auffen Marche noch abgejagt worden, Wobey unsere Cavallerie und leichten Trouppen überhaupt ansehnliche beute gemacht; vor nicht weniges, werden die frantzosen dem gehabten verlust sich wieder schaffen können. Zu Meinen theil habe weiter nichts als die Edle gesundheit erbeutet, und Wofür ich Meinen gott Hertzlich dancke; ich hätte Sachen genug bekommen können, wenn ich Pferde und Wagen gehabt, worauf ich solche hätte laden können; Mein rücken konte weiter nichts als meine Nöhtige Equipage tragen: An krieges und Ehren zeichen, haben wir

499 *Arriergarde* = Nachhut; vgl. den Art. »Arriere-Garde«, in: Kriegs- Ingenieur- Artillerie- und See-Lexicon, S. 40. »Arriere-Garde [...] ist ein Theil der Armée, welcher dem gantzen Corpo nachfolget, die Deserteurs aufzuhalten, auch sonst zu verwehren, daß der Armée kein Schaden geschiehet. Er dient auch zur Bedeckung der Bagage, und wird derselbe bey einem kleinen Corpo ebenfalls gebraucht«.

500 *Chargiren* = Gefecht mit dem Gegner; vgl. den Art. »Chargirung«, in: Zedler, Grosses vollständiges Universal-Lexicon, Bd 5, Sp. 2010–2012. »Chargirung, Charge, das Chargiren, heisset bey denen Exercitiis der Milice die Anordnung eines Corps, nach welcher dasselbe den Feind mit Feuer angreifft, oder sich damit gegen ihn defendiret. Es geschiehet solches Theils im Stillestehen, theils im Marche; und findet selbiges sowohl bey dem Avancement, als Retirade statt«.

501 Johannisfest: 24. Juni, Gedächtnis der Märtyrer Johannes und Paulus. Wegen des zeitlichen Zusammentreffens ihres Gedächtnistages mit der Sommersonnenwende werden sie als »Wetterheilige« verehrt; vgl. Wimmer/Melzer, Lexikon der Namen und Heiligen, S. 442.

502 »Dies ist das Zeugnis des Johannes: Als die Juden von Jerusalem aus Priester und Leviten zu ihm sandten mit der Frage: Wer bist du?, bekannte er und leugnete nicht; er bekannte: Ich bin nicht der Messias. Sie fragten ihn: Was bist du dann? Bist du Elija? Und er sagte: Ich bin es nicht. Bist du der Prophet? Er antwortete: Nein. Da fragten sie ihn: Wer bist du? Wir müssen denen, die uns gesandt haben, Auskunft geben. Was sagst du über dich selbst? Er sagte: Ich bin die Stimme, die in der Wüste ruft: Ebnet den Weg für den Herrn!, wie der Prophet Jesaja gesagt hat«. Joh 1,19–23.

von dem feind 7. Cannonen 6. Fahnen und 2. Standarten erbeutet ·ſ. 6. Beladene Maulthiere so mit des Frantzösischen [Printzen] Soubise[503] Equipage beladen, sind mit gefangen, aber an ihren eigenthums Herrn, dem Printzen [de Soubise], wieder aus geliefert worden: Es hatten auch die frantzosen aus dem dorffe Callen fast die gantze Heerde Rind vieh genommen, und gedacht selbige mit weg zu treiben, allein solche wurde ihnen abgejagt und gedachten dorfs Einwohnern wieder gegeben; Nachmittages als wir denn feind nicht weiter verfolgen konten [///] wurde uns vergönt das wir uns ein wenig lagern, aus ruhen und umher sehen konten, bey diesem Randewou[504], nahm ich gelegenheit, die umher liegnden frantzosen zu besehen, wo ich dann noch viele gefunden so noch lebten, allein ihre Arm und beyn knochen waren von Canonen kugeln zerschmettert, und lagen in ihren blute; bahten und gaben zu verstehen, mann mögte doch aus liebe ihren leiden abhelffen und [ihrer Quahlen] ein Ende machen, bey dieser gelegenheit haben viele von unsern leuten, der Todten frantzosen kleidunge Visitirt, und geld dabey gefunden, ich hergegen hielte mich bey denen Elenden auf, so noch lebten, und beklagte die Mühsahme Nacht die Sie vor sich hatten, Es werden zwar allerdings leute aus geschickt, so die Blessirten, Sie sein von uns oder dem feind, aufsuchen, und die Todten begraben müßen, allein da diese, bey dieser Affaire, auf mehr denn 2. Meile weges, so gar theils in Holtz und gebüsche, zerstreuet lagen; So war es am diesem Tage nicht möglich alles auf zu suchen, und hat dieserhalb, wohl Manniger in seinen Elend vergehen, und umkommen Müßen. [///] ich muß auch noch mit anführen, wie ich über die frantzösischen Weiber; so sich theils verspätet, theils verlaufen und sonsten Zu rück geblieben; fast ein vergnügen gehabt, dieselben funden sich Hauffen weiß bey uns ein, und gesellten sich mit vollen schritten zu dem krieges gefangenen, ihrer Nation; und obgleich die wenigsten ihre Männer dabey funden, so schien es doch als wann Sie vergnügt darüber wären das sie ihre landsleute, bey uns, angetroffen, Unsere Armee hat bey dieser Action wenig gelitten, und haben wir daher große Uhrsache daß danck fest so heute bey uns gehalten wird, desto feyerlicher zu begehen; diesem Abent Hora 6.[505] Wird ein 3 Mahliges freudenfeuer aus großen und kleinen geschütz, über dem gesterigen Sieg, abgebrand werden. Die beschriebene Affaire ist zwar zu unsern vortheil aus gefallen, allein da die frantzosen Cassell noch in besatzunge haben, und die beste und längste Sommerszeit noch vorhanden ist, So können wir auch leicht erachten, das der feind auf alle art sich zu revangiren suchen, und keine Mühe [hier zu] spahren wird: in deßen gedencke ich unser Herr gott lebt noch; und was er gestern gethan aus lieblichkeit, das kan er noch Morgen aus gühtigkeit. ///

503 Charles de Rohan (* 16.7.1715 in Versailles; † 4.7.1787 in Paris), Prince de Soubise, französischer General, seit 1758 Marschall von Frankreich; vgl. Soubise Charles de Rohan, Prince de, in: Dictionnaire des Maréchaux de France, S. 402 f.

504 *Randewou* = Rendezvous (franz.), Zusammentreffen.

505 *Hora 6.* = 18.00 Uhr.

52. Brief aus dem Feldlager bei Brunslar, vom 12. August 1762

Angriffe bei Kassel – Attacke beim Kratzenberg – Ausfouragierung

Der 52. Brief Aus dem lager bey Bruntzeler[506] *in der gegend Fitzlar von 12ten August 1762.*

daß frantzösische lager stehet dem unserigen an front grade gegen über, und ziehet sich länges an dem so genandten Kassell Walde[507] herdurch; der Fulda fluß ist die beste scheidunge, zwischen unsern und dem feindlichen vorposten; Am 25ten July, wie auch am 9ten und 10ten August stunden wir an ordre de Bataille, und erwarteten vor beständig von unsern durchlauchten Heerführer, dem winck zum Angrief, die Attaquen, sind Jedes mahl, durch eine lebhafte Canonade eröffnet, aber auch vor diese letzten dreymahl damit beschloßen worden, indeßen sehen wir Täglich und stündlich neunen wichtigkeiten entgegen: Cassell wird von dem frantzosen, so wohl in, als auswendig noch sehr wohl verwart,[508] und so Ernstlich wir darnach trachten, So sehr suchen es die feinde zu defendiren, dem ohngeachtet, hat unser durchl[auchter] Printz Friedrich und der H[err] General von Waldhausen[509] Am 2ten Aug[ust] ein Tapferes bey [///] Cassell gewagt, und soll der angrief von jetz gedachten beyden Commandeurs wohl bedächtiglich und Muhtig in einer stunde; und zu gleicher zeit, über, und unter Cassell vorgenommen seyn, der Tapfere Printz Friedrich soll das auf dem so genandten Kratzenberge[510] Campirende frantzösische Corps angegrieffen haben, und dieser angrief war wegen der bevestigungen welche die frantzosen von zeit zu zeit alda gemacht so viel beschwerlicher, allein es hat unsern Held geglücket, und soll [selbiger] alle Schantzen so alda vorgefunden demoliren und ein Reißen laßen, und die darauf gestandenen frantzosen mit gesamter Equipage zu krieges gefangenen gemacht haben; der Herr General von Waldhausen welcher an der andern Seite der Stadt ein Corps Cavallerie angegrieffen Soll selbige nicht allein gesprenget, sondern auch Standarten und Pauken davon erbeutet haben, So wie mann vernimt sollen die Fourage Magazins in Cassell, zimlich geringe und klein werden, in dem die pässe, wo die zufuhr bisher dahin gegangen von uns occopirt[511] sind; und in dieser gegen[d] ist an Fourage nicht viel zu fischen oder anzutreffen; die feldfrüchte alhier, sind bereits

506 Brunslar, aus zwei Orten, Alt- und Neu-Brunslar, bestehend, Schwalm-Eder-Kreis, heute Stadtteil von Felsberg.
507 Kasseler Wald.
508 Zur Belagerung Kassels 1762 siehe Brunner, Kassel im siebenjährigen Kriege, S. 143–182.
509 Georg von Walthausen († 1776); während des Siebenjährigen Krieges Generalmajor eines hannoverschen Dragonerregiments, später Kommandeur der Göttinger Garnison. Zur Geschichte des Regiments von Walthausen siehe Die Chur-braunschweig-lüneburgische Armee, S. 60 f.
510 Kratzenberg, Höhenzug bei Kassel.
511 *Occopirt* = okkupieren, besetzen; vgl. den Art. »Occupiren«, in: Kriegs- Ingenieur- Artillerie- und See-Lexicon, S. 590. »Occupiren [...], ist ein Wort, das im Kriege sehr gebraucht wird, und heisset bisweilen in Besitz nehmen, einnehmen, erobern, sich bemächtigen, besitzen, inne haben«.

zu Ende gegangen; Was zur Comsumtion[512] der [///] der Armeen, so wohl unserer, als feindlicher, erfordert [wird], davon wolte ich nichts sagen, allein daß viele so unnützerweise verdorben wird, und weder Menschen noch vieh zu guhte kömt, das ist zu beklagen; allein ein Jeder verderber sucht sich damit zu rechtfertigen, wenn er sagt es ist krieg, Es gehet nicht anderst ·ʃ. das Paterbornsche land ist nun so Reine aus gezehrt, das fast nichts mehr darin zu haben [ist], Ackern sähen und Pflantzen hat bereits vor 2 Jahren alda aufgehört, Mein Ehemaliger Wirth aldar in dem dorffe kleinen Eder, welcher anno 1760. Noch in zimlichen wohlstande war, ist vorige Woche mit seinen 3. Kindern hier bey mir im lager gewesen, und suchten ein stück brodt, dieser Mann sagte mir, wie er gantz aus geplündert, auch das seine frau Todt wäre, und glaube ich das diese vielleicht vor kummer gestorben und mit Hertzeleid zur grube gefahren ist; daß mahl als ich bey ihr im Quartier war, hatte Sie 2. Hüner, diese wolte sie das mahl Vor mich schlachten, als ich aber solches verbath Prophezeyete Sie sich, wenn ich ihr auch die Hüner ließe, würden vielleicht andere nach mich kommen, welche selbige gerne Nehmen würden. ///

53. Brief aus dem Feldlager bei Ulrichstein, vom 28. August 1762

Verschiedene Siegesmeldungen – Hirsche im Lager

Der 53. Brief Aus dem Lager bey Ulrichstein[513] von 28ten Aug[ust] 1762.

Am 26ten August bezogen wir das jetzige lager; in dieser gegend ist ein großer Wald; der sogenandte Vogelsberg[514], und sind wir um und Neben diesem Walde nun schon so oft gewesen, daß unsere leute hier fast recht bekant worden, die kleinen Städte in dieser gegend, als Nidda[515], Schotten[516], Lisberg[517], Homburg[518], Alsfeld[519], Neuenkirchen, Schlitz[520] und wie sie mehr heißen, die wißen unsere Soldaten frauens alle zu finden; die gegend Cassell haben wir in aller Eyle verlaßen, nur ein Observations-Chor ist alda stehen geblieben, und vermuhten wir Täglich, daß die Nachricht einkömt Cassell wäre aus Mangel der Fourage an uns, von dem frantzosen übergeben; am 19ten August, wurde bey uns ein danckfest gefeyret, darum das die vormauren unsers vaterlandes, als Göttingen[521] und Münden von dem feind befreyet worden; der gühtige Gott wird ferner seinen starcken arm über unsere wiederwärti-

512 *Comsumtion* = Verbrauch, Verzehr, hier im Sinne von Verpflegung; vgl. den Art. »Consumtio«, in: Zedler, Grosses vollständiges Universal-Lexicon, Bd 6, Sp. 1108 f. »Consumtio, was aufgehet und verzehret wird«.

513 Ulrichstein, Stadt im Vogelsbergkreis, Hessen.

514 Vogelsberg, Mittelgebirge in Hessen.

515 Nidda, Stadt im Wetteraukreis, Hessen.

516 Schotten, Stadt im Vogelsbergkreis, Hessen.

517 Lißberg, Stadtteil von Ortenberg, Wetteraukreis, Hessen.

518 Homberg (Ohm), Stadt im Vogelsbergkreis, Hessen.

519 Alsfeld, Stadt im Vogelsbergkreis, Hessen.

520 Schlitz, Stadt im Vogelsbergkreis, Hessen.

521 Göttingen, Kreisstadt in Niedersachsen. Zur Geschichte Göttingens während des Siebenjährigen Krieges siehe Bolle, Der Göttinger Magistrat.

gen ausstrecken und Sie von unsern grentzen treiben; damit wir David aus dem 84. Psalm v[ers] 8; sagen können, Wir erhalten einen [///] Sieg nach dem andern, daß mann sehen muß, der rechte gott sey mit uns[522]. Am 21ten bezogen wir ein lager bey Schwarzenborn[523] und am selbigen Tage machten wir aus großem und kleinen geschütz ein 3. Mahliges freuden feuer, über die geburth eines Printzen in England[524]; am 25ten dito schoßen wir eins dergleichen Victoria, über einen Sieg welchen S[eine]r königl[iche] Majestät [Friedrich II.] in Preussen erfochten[525]: Mann spricht schon auf Morgen wieder von Victoria Schießen; über eine glückliche Affaire, So bey Giessen vorgegangen, Es hätte Nemlich unserer duchl[auchter] Erb Printz, alda ein Corps frantzosen Von 3000. Mann angegrieffen; und solches größesten theils zu gefangenen gemacht, 15. Canonen und 6. Fahnen dabey erbeutet haben ·ʃ. Wenn uns die glücks Sternen noch ferner So scheinen, wie Sie uns bishero gethan, so leben wir der guhten Hoffnunge, diesen Herbst in Frankfurt noch eine Bouteille[526] Wein auf unsers landes wohlergehen zu trincken, wir Marchiren anjetzo noch Ernsthaft dar auf zu, und werden March Routen und wege, durch Wälder und felder gemacht, Wo wohl Niemahlen, dergleichen gewesen sind, [///] diese passiren wir, um der feindlichen Armee die Balance desto beßer halten zu können; die ausreißer der frantzösischen Armee, finden sich Häuffig bey uns ein, selbige nehmen theils dienste bey uns, und theils verlangen sie pässe auf Holland damit gehen zu können; Jch habe oben in Meinen briefe, von dem Hiesigen so genandten Vogelsberge oder Walde anführunge gethan, dieser Wald hält viel großes und kleines Wild vieh in sich, gestern kahmen 2. Große Hirsch böcke mit Hörnern in unser Regiment, so vorschrecken |: so ihnen einige von unseren Wildschützen im Walde gemacht :| durch die 2. Lienien der Armee, zu setzten gedachten, die hinter lienie waren sie glücklich passirt, allein das große nach geschrey erweckte eine baldige Attention in dem forder Treffen; die brandtwachen, so dieses am ersten erfahren, Nahmen alda ihre gewehr in hände, Won [sic!] von dann der größeste Hirsch 2. Guhte Bajonnetstiche erhalten dennoch aber seinen lauf fort gesetzet, wie er aber erst zwischen die Regimentszelter kahm da stand alles mit barten[527] und Säbels fertig und schlugen dem Blessirten Hirsch nieder, der andere entkahm glücklich. ///

522 »Sie erhalten einen Sieg nach dem andern Das man sehen mus der rechte Gott sei zu Zion«. Ps 84,7.

523 Schwarzenborn (Knüll), Gemeinde im Schwalm-Eder-Kreis, Hessen.

524 Georg IV. August Friedrich (* 12.8.1762 im St. James's Palace; † 26.6.1830 in Windsor Castle), von 1820 bis 1830 König des Vereinigten Königreichs von Großbritannien und Irland und König von Hannover.

525 Preußischer Sieg in der Schlacht bei Reichenbach, nahe Schweidnitz (tschechisch *Svídnice*), über habsburgische Truppen unter Feldmarschall von Daun am 16.8.1762. Die Verluste der Preußen an Toten, Vermissten und Verwundeten betrugen ca. 1000 Mann, die der Österreicher ca. 1200 Mann. Die Niederlage der Österreicher führte zu Eroberung der Festung Schweidnitz durch preußische Truppen am 9.10.1762; vgl. Kessel, Das Ende des Siebenjährigen Krieges, S. 679–693.

526 *Bouteille* = (frz.) Flasche, mit ca. 0,7 l Fassungsvermögen.

527 *Barte* = Beil.

54. Brief aus dem Feldlager bei Schweinsberg, vom 13. September 1762

Treffen bei Friedeberg – Verwundung des Erbprinzen Karl – Eine typische Gefangenschaft – Engländer und Zwiebeln

Der 54. Brief Aus dem Lager bey Schweinsburg[528] *von 13ten Sept[em]b[e]r 1762.*

Es scheint als wenn es dem könig [Ludwig XV.] in Frankreich und seiner Hiesigen Armee zuwieder wäre, das wir diesen Herbst Franckfurt beziehen sollen, so wie ich in meinem letzten briefe geschrieben, daß wir uns mit solcher Hofnung geschmeichelt und fast ungezweiffelt geglaubt haben; Jn den vorhöfen von Franckfurt sind wir dennoch würklich gewesen, und bey nahe 10. Tage von dem dasigen feld und garten früchten uns unterhalten; Wir müßen vielleicht hiermit vor dis Jahr zu frieden seyn, hat doch Adam unser Stamm Vater, noch wenige zeit im Paradise, als wir in den vorhöfen Franckfurts, gewesen: Eine wiedrige Affaire So am 30ten August zu Friedeberg[529] zu unsern Nachtheil ausfiel, hat unsere absichten und Hoffnung vereitelt. Friedeberg und deßen burg, So die frantzosen bishero in besitz gehabt, solten daraus vertrieben werden, zu diesem vornehmen, wurde unser Chasseur[530], als [///] so genandte Jäger Chor[531], Commandirt, dieses Jäger Corps bestehet aus lauter freywilligen, und ist aus der gantzen Armee gezogen, und 6000. Mann starck gemacht; diesem Commando wird Nebst ihrer besondern Bravoure, noch zu geschrieben, das sie in Attaquen kein Pardon geben oder nehmen, sondern bis auf dem letzten blutstropfen sich wehren ·ʃ. diese helden wären aber am besagten Tage und orte wegen der überlegenen feindesmacht und guhten Situation, Worin die frantzosen gestanden bald zu gäntzlichen schlacht opfer geworden, Wo ihnen nicht in ihren letzten zügen, da ihre Ammunition verschoßen war, unserer durchlauchtigter ErbPrintz [Karl] mit seinen Corps zu hülfe gekommen wäre; dieser un ermüdete Held, welcher Sie mit dem Degen in der Hand zu fuße angeführt, und [denen leuten] Neuen Muth ein geflößet, ist dabey mit einer Mousqueten kugel hart durch die eine Hüfte Blessirt, und muß nun in abwesenheit seyn, Mann Wünschet und Hoffet aber eine baldige wieder Herstellunge dieses theuren Printzen. Es scheint als wenn die feindl[iche] Armee sich auf Marburg und Giessen begeben will, und so sehen wir uns gleichfals genöhtigt solche straße zu ziehen, [///] von vor erwehnten Jäger Commando sollen in gedachter Affaire 700. Mann, in die frantzösische gefangenschaft gerahten seyn, ohne viele, so Todt geschoßen und Blessirt sind; Nach längstens gemachten Contract der Hohen feld Herrn, werden zwar die Jedes mahligen krieges gefangenen nach wenig Tagen wieder aus geliefert, allein es wird ihnen Wehr und Waffen in

528 Schweinsberg, Stadtteil von Stadtallendorf, Landkreis Marburg-Biedenkopf, Hessen.

529 Friedberg, Kreisstadt des Wetteraukreises, Hessen. Zum Treffen bei Friedberg vgl. Kessel, Das Ende des Siebenjährigen Krieges, S. 886–892.

530 *Chasseur* (franz.) = Jäger, hier leichte Infanterie.

531 Im März 1762 wurden das sogenannte *Freytag'sche Jäger-Corps* und das *Stockhausen-Corps* zum Jäger-Corps zusammengelegt. Das Korps bestand aus zwei Brigaden und wurde durch von Freytag kommandiert; vgl. Die Chur-braunschweig-lüneburgische Armee, S. 72 f.

der gefangenschaft abgenommen, ists einer der gold oder Silber auf seinen Huhte oder Mondirunge trägt, der kömt oft ohne Rock, und in einer Schlaf Mütze wieder zu den seinigen [dies ist aber der feld Herrn Meinunge nicht], Nur das Tractament was er bey seinem Regiment bekömt, wird einen jedem in der gefangenschaft auch gereicht, wie ich oben schon angeführt.[532] So eben wird ordre gegeben das wir diesen nachmittag noch nach Kirchheyn[533] Marchiren sollen; Unsere Bagage ist schon vor einigen Tagen seit wärts geschicket und hat ordre sich auf der Höhe zwischen Laubach und Maulbach[534] zu versammeln, und alda bis weitern Nachricht zu verbleiben; die Marquet[ender] sind gleichfals mit fort; und dem vernehmen nach werden wir nun wohl Täglich Marchiren bis wir zwischen Giessen und Marburg einen vortheilhaften Lager Platz beziehen können, die [///] jetzige Regenhafte Witterunge macht uns die Märsche sehr beschwerlich und der Erdboden in dieser gegend ist so willfertig, das er an dem Schuen großen theils mit uns will, Am 11[ten] Sept[em]b[e]r passirten wir in der gegend Amöneberg[535] über den Ohm fluß, und kahmen an selbigen Tage accurt bey Grimberg über dem Platz auf welchen uns am 23[ten] Mart[ii] a[nni] p[raeteriti] die frantzosen gefangen Nahmen und nach Giessen führten, Hier erinnerte sich Manniger seines damahligen schicksaals ·ſ. Jch muß noch anführen von der gegend ohnweit Franckfurt, Wie wir alda bey Bingenheim[536] stunden, wie ich mich sehr verwundert das die Einwohner So sehr viele Zwiebeln oder Sipollen[537] sähen, gantze felder voll, wie Hier Rocken[538] und gersten[539] in felde stehet, so Häuffig sind alda die Sipollen und die Mehrsten sind an größe und gewicht von ½ bis ¾ [Pfund] schwer, von Coleur Roth und Weiß, ich frug einen landmann warum Sie dieses gewächse so viel baueten; gab mir derselbige die antwort, die wären ihnen vortheilhafter als Rocken, und würden selbige weit weg geschicket; allein in dieser gegend blieben nicht viel, die Engländer, haben sich die zeit das wir da waren, nichts anderst an ihr fleische als Zwiebeln gekocht, und wir deutschen, bedienten uns zu unserer speise, die hälfte Cartuffeln, und denn andern theil Sipollen, allein es war zeit das wir aus solcher gegend heraus kahmen, sonsten wären alle Sipollen freßers blind geworden: ///

532 Vgl. 38. Brief.
533 Kirchhain, Stadt im Landkreis Marburg-Biedenkopf, Hessen.
534 Maulbach, Ortsteil von Homberg (Ohm), Vogelsbergkreis, Hessen.
535 Amöneburg, Stadt im Lankreis Marburg-Biedenkopf, Hessen.
536 Bingenheim, Ortsteil der Gemeinde Echzell, Wetteraukreis, Hessen.
537 *Sipolle* = Zipolle, Zwiebel.
538 *Rocken* = Roggen, Getreideart.
539 *Gersten* = Gerste, Getreideart.

55. Brief aus dem Feldlager bei Betziesdorf, vom 24. Oktober 1762

Rückzugsbewegungen – Gefecht bei Amöneburg – Zutrinken mit feindlichen Vorposten – Wunsch nach Frieden

Der 55. Brief Aus dem Lager bei Pätzdorf[540] *ohnweit Kirchheyn von 24ten Octob[e]r 17[~~60~~]. 62*

Nachdeme es dem feind gelungen, daß er unserer Armee, oder nur dem Jäger Corps am 30ten Aug[ust] bey Friedeberg, auf dem so genandten Johannes berge, einen Harten stoß angebracht, und mit seiner überlegenen macht, und besonders wegen der Schweren Blessure, so S[eine]r durchl[aucht] unserer Erb-Printz [Karl] alda bekommen, unsere leute zum weichen genöhtigt worden sind[541]; ist der franzosen Muth fast dadurch gestärcket und sind dieselbige mit allem ernst darauf bedacht gewesen uns noch was beßers mit in die Quartiere zu geben und hatte es fast das ansehen, als hätten uns der feind auf der flucht, indem wir alle Tage Rückwärts Marchirten, und uns dem Dimelfluße Näherten, und diese betrübte Gegend war uns allen so bekant, das bey vielen von unsern leuten bereits ein Mis vergnügen entstund: Allein das ziel und die absichten unsers durchl[auchten] Heerführers des Herzogs Ferdinants musten erst erreicht sein: da äußerte sich die Uhrsache warum wir bisher retiriret waren; Am 15ten Sept[em]b[e]r brach der Tag an, an welchen wir [///] unsern stoltzen feind, so uns bis daher beständig auffen fuß nach gefolgt war; wiederstand tun solten; in der Gegend Wetter, ohnweit Marburg, stund die französische Armee, und wir hatten unser lager bey Schwartzenborn, alda musten wir am besagten 15ten Sept[em]b[e]r früh aufbrechen, und Marchirte die Armee in 5. Colonnen durch einen Wald, welcher 2. Meilen breit war; da nun dieser Wald keine gebahnete wege in der gegend alwo wir demselben passirten, hatte, so waren vor Jede Colonne eine guhte anzahl bauren Commandirt, welche mit ihren bey sich habenden Axten, schuffeln und Hacken, wege durch dem Wald machen [musten], damit Wagen und Canonen dadurch passiren konten; und es ging alles guth vonstatten; vormittages um 10 Uhr; Wechselte schon unsere Avantgarde |: wobey ich selbigen Tag mit Commandirt war :| mit dem feindlichen vorposten kugeln, daß gantze feindliche lager so wir bereits sehen konten kam also bald in Allarm, stelten sich über unsere unverhofte ankunft, sowohl in verwunderunge als gegenwehr; die Colonne Wozu ich gehörte kahm auf die Stadt Wetter zu, diese war von denn frantzosen starck besetzet, so bald aber die Stadt erreichet werden konte, wurden 24 Pfündige Canonen kugeln hin ein gespielt; denn feinden so Hiebey nicht wohl zu Muthe seyn mogte, verließen die Stadt, und setzten sich hinter der Stadt an das Gross[542] ihrer Armee. [///] nun wurde in freyen felde, die

540 Betziesdorf, Stadtteil von Kirchhain, Landkreis Marburg-Biedenkopf, Hessen.

541 Vgl. den 54. Brief.

542 *Gross* = gros (frz.), hier der Hauptteil der Armee; vgl. den Art. »Gros«, in: Kriegs- Ingenieur- Artillerie- und See-Lexicon, S. 375. »Gros, Gros de l'Armée [...], heisset bei den Frantzosen der gröste Theil der Armée, oder das Corps de Bataille«.

Attaque formirt, und das gefechte wurde bis abends gegen 6. Uhr ununterbrochen fort gesetzet; der feind zog sich so dann über dem Ohmfluß zurück, und wurde vor das mahl feyer abend gemacht, gegen 10. Uhr, formirten wir ein lager und wurden die zelter auf geschlagen: Nun mehro wichen die franzosen wieder vor uns, und wir folgten dennselben eben so nach, wie Sie uns zu vor thaten. Am 21ten Sept[em]b[er] suchte die gegenseitige Armee bey Amöneburg, sich die Straße auf Cassell zu öffnen, um ihre belagerten darin zu entsetzen,[543] allein dieses vornehmen gelang ihr abermal nicht, so Ernsthaft Sie auch darnach Rungen; Jm gegentheil wurde nicht weniger von dem unserigen aller fleiß angewand dem feind zu Repoussiren, und kahm es also Nachmittages um 2. Uhr zwischen beyden theilen, zu einen lebhaften gefechte, und Heftiger Canonade, und dieses Nahm Nachts um 12. Uhr erst wieder ein Ende; bey dieser Affaire haben freunde und feinde zimlich Menschen ein gebüßet; Nur wir haben unsern zweck dennoch erreichet, und denn feinde sein vorhaben vereitelt. Nachhero ist weiter von feindseeligkeiten nichts zwischen uns und dem frantzosen vorgefallen, ob wir gleich so Nahe gegen einander stehen, das die [///] beyder seitigen vorposten beständig mit ein ander sprechen können; der Ohm Fluß ist die scheidunge und Hemmet die zusammenkünfte, indeßen unter laßen die aus gestelten Schildwachen[544] nicht, das sich selbige von beyden seiten ihre brandte weins gläse über den fluß werffen, und trinckt einer des andern gesundheit, auch einen guhten Frieden mit ein geschloßen, und leben wir der guhten Hofnunge das wenn wir dieses Jahr erst mit friede und einigkeit das feld verlaßen haben, es künftiges frühjahr auf jetzige art nicht wieder zu betreten. wir haben nunmehro fast bei der gantzen Armee unsere Wohnungen in der Erde aufgebauet und ists so guth als wenn wir in kellers Logiren, oben zum dache sein ordentliche Schornsteine von Rasen gemauert, aus geführt und kan man sich recht darin erwärmen. Jede zeltgeselschaft Wohnet zusammen; ich wil aber dem vorzug, denen gebäuden so auf, und nicht in der Erde stehen, hiebey nicht streitig machen; und die unserigen diesen nicht vorziehen. Es mögte sich sonsten Jemand ohne Noth und Todt von der erde, in die erde begeben; das land, worauf unsere Compag[nie] stehet, gehöret dem H[errn] Prediger in Bätzendorff, dieser wünschet So sehr unsern abzug, damit er sein land mit Rocken könnte besäen laßen, indem die vielen Miethsleute so jetzo so darauf und darin Wohnen keinen Pfennig Miethgeld geben. Am 11ten Octob[er] schoßen wir Victoria, wegen der eroberunge der Insul Havanna,[545] und nun die Engländer in besitz ha-

543 Das Gefecht bei Amöneburg am 21.9.1762 endete als Patt. Allerdings gelang es den Franzosen nicht über die Ohm zu setzen und auf Kassel vorzustoßen. Die Verluste der Alliierten an Toten und Verwundeten beliefen sich auf ca. 700 Mann, die der Franzosen auf ca. 1200 Mann; vgl. Schneider, Zum Ende des Siebenjährigen Krieges.

544 *Schildwache* = Posten an einem Tor, auf einem Wall oder einer Brücke; vgl. den Art. »Schildwache«, in: Kriegs- Ingenieur- Artillerie- und See-Lexicon, S. 770. »Schildwache [...], ist ein Soldat, welcher aus der Corps de Garde auf den Wall, an ein Thor, Brücke, oder sonst einen Posten gestellet wird, Wache zu halten, und auf alles, was vorgehen möchte, ein wachsames Auge zu haben«.

545 Gemeint ist hier die Eroberung der spanischen Festungsstadt Havanna auf Kuba durch britische Truppen am 14.8.1762. Die Belagerung dauerte von Juni 1762 bis 14. August 1762, wobei auf Seiten der Briten eine Flotte von 50 Kriegsschiffen zum Einsatz kam, die Landungstruppen bestanden aus ca. 10 000 Mann. Nicht nur der Verlust der wichtigen Festungsstadt stellte für Spanien einen großen Verlust dar, sondern auch die Eroberung von 11 Kriegsschiffen, die zum

ben, Am 16ten dito schoßen wir abermahl Victoria, das der könig [Friedrich II.] von Preussen Schweidnitz in Schlesien ein genommen haben soll[546]. ///

56. Brief ist nicht in der Sammlung enthalten

57. Brief aus dem Quartier in Schellerten, vom 8. Dezember 1762

Kapitulation der französischen Besatzung von Kassel – Einquartierung bei einem Gärtner – Frieden von Fontainebleau – Grenzziehung – Einquartierung bei einem Bauern bei Hildesheim

Der 57. Brief Aus dem Quartierstande Schölverte[547], in dem Stift-Hildesheimschen, von 8[ten] Decemb[e]r 1762.

Nunmehro kan mann mit warheit und freudigen gemühte, den Englischen[548] lobgesang, Ehre sey gott in der Höhe, friede auf Erden und dem Menschen ein Wohlgefalle[549], anstimmen; da sich also, der beynahe 6 jahr gedaureter stürmischer krieg, in einen angenehmen und Sanften frieden verwandelt hat, So will von kriegerischen begebenheiten, als wovon ich vorhin gnung gemeldet, nicht viel mehr Schreiben; indem die Einwohner der Welt immer gerne was Neues Hören wollen, So will nun eine kleine und vorläuffige friedens relation[550] thun; welches meinen bedüncken Neuer, als von kriege zu schreiben, scheint; Nur will noch zu vor, von dem letzten begebenheiten eine kleine anzeige thun; Jn Meinen letzten briefe habe von Cassell erwehnunge gethan, wie diese Stadt von den frantzosen besetzet wäre; und wie solche untern Commando unsers durchl[auchten] Printzen Friedrich belagert worden, Nachdem nun die belagerten keinen Secours bekamen und der Mangel, an vielen bedürftnißen sich bey ihnen äußerte, So war kein ander mittel übrig, Sie musten sich Endlich ergeben, [///] Nachdeme also bey dieser belagerunge, und zwar vornehmlich in denen letzten zeiten, so manniger Mensch sein leben und gesundheit verlohren, so wohl von unserer als feindlicher Seite, in dem die frantzosen disporate ausfälle gewagt, aber allezeit den kürtzten dabey gezogen: So accordirten und Capitulirten, dieselbe und gaben die Stadt Am 1[ten] Novemb[e]r an uns über: auf ordre und gnädigstem befehl, des durchl[auchten] Printz Friedrich solte von Jedem braunschw[eigischen] Regiment, ein Unter Officier aus dem Lager nach Cassell

---

Zeitpunkt der Kapitulation in Havanna vor Anker lagen, durch die Briten trug zur Schwächung des spanischen Kolonialreichs bei; vgl. The Siege and Capture of Havana.

546 Die Festung Schweidnitz in Niederschlesien wurde seit dem 7.8.1762 von preußischen Truppen belagert und ergab sich am 9.10.1762; vgl. Kessel, Das Ende des Siebenjährigen Krieges, S. 669–717.

547 Schellerten, Gemeinde im Landkreis Hildesheim, Niedersachsen.

548 *Englisch* ist an dieser Stelle nicht im Sinne der Nationalität, sondern im Sinne von Engel zu verstehen.

549 »Ehre sei Gott in der Höhe und Friede auf Erden bei den Menschen seines Wohlgefallens«. Lk 2,14.

550 *Relation* = Nachricht; vgl. den Art. »Nachbericht«, in: Zedler, Grosses vollständiges Universal-Lexicon, Bd 23, Sp. 59.

kommen, um einem Wagen so mit Reiß und Victualien beladen; nach dem lager und Regiment ab zu holen, zu dieser verrichtunge wurde ich Commandirt, und kahm am 6ten Nov[ember] in Cassell an; des andern tages als Sontages; da mir ein ruhetag vergönnet wurde ging ich in die kirche, und Wohnete dem gottes dienste bey, und Hörte die dancksagunge, mit an, So wegen befreyunge der feinde in allen kirchen geschahe: der Tex war genommen aus dem 103ten Psalm von 1ten–6ten vers[551]; und der gottes dienst wurde mit dem gesang, alle Welt was lebt und Webt[552], geschloßen. Mein Quartier, so mir bei dem gärtener Kohlhaasen angewiesen wurde, war auf der frantzösischen Neustadt[553], dieser Mein Wihrt hat mir so viel Elende Dinge erzählt, die ich nicht alle beschreiben kan; vor- [///] nehmlich von der kümmerlichen lebens art, und schweren dienst so die frantzosen in sonderheit die letzten zeiten alda gehabt; Mein Wihrt zeigete mir noch einen knust brodt, so die frantzosen von bloßen haber[554] gebacken, da Sie sonst kein ander als Weitzen brodt Eßen; Hierzu hatten sie in 6 Wochen kein anders als Pferde fleisch gehabt und dieses alles war ihnen sehr genaue zu getheilt worden[555]; gedachter gärtener hatte einen Sergeanten und 6. Mann im Quartier gehabt, selbige hatten am letzten tage ihres daseins einen Pferde kopf zu ihrer allerseits [fleisch] portion erhalten die Reit und zug Pferde wären fast sämtlich abgeschlachtet gewesen ·ʃ. die kostbaren linden Alleen besonders zwischen der Alten und frantzösischen Neustadt waren alle aus Mangel des brenholtzes abgehauen; alte gebäude abgebrochen und verbrand worden ʃ. ʃ. denn ruin habe ich aller orten in der Stadt nicht gnung bewundern können: Am 14ten Novemb[er] ist der Englische friedens Courier in dem HauptQuartier bey dem Herzog Ferdinand angekommen, am 15ten dito ließen S[eine]r durchl[aucht Herog Ferdinand] diese angenehme bottschaft der gantzen Armee öffentlich kund thun, auch wie dieser friedens Contract am 3ten Nov[ember] zu Versailles [///] von dem aller christl[ichen] könig [Ludwig XV. von Frankreich] und denen auswertigen H[errn] Ministern unterzeichnet worden wäre.[556] Am 16ten dito Haben S[eine]r durchl[aucht] der Herzog Ferdinand, und die beyden Marechælle Le Duc d' Etrec[557] et Printz Soubisé de

551 »Ein Psalm Davids. Lobe den Herrn, meine Seele, und was in mir ist, seinen heiligen Namen! Lobe den Herrn, meine Seele, und vergiß nicht, was er dir Gutes getan hat: der dir alle deine Sünden vergibt und heilet alle deine Gebrechen, der dein Leben vom Verderben erlöst, der dich krönt mit Gnade und Barmherzigkeit, der deinen Mund fröhlich macht, und du wieder jung wirst wie ein Adler. Der Herr schafft Gerechtigkeit und Gericht allen, die Unrecht leiden«. Ps 103,1–6.

552 »Alle Welt, was lebt und webet«, von Johann Franck (1618–1677) verfasstes Kirchenlied.

553 Nach der Aufhebung des Ediktes von Nantes siedelte sich eine große Anzahl von Hugenotten in den protestantischen Reichsterritorien an, zu denen auch Hessen-Kassel zählte. 1688 begannen in Kassel die Arbeiten zur Errichtung einer an Kassel angrenzenden Siedlung, die den Namen Oberneustadt trug, aber auch Französische Neustadt genannt wurde; vgl. Brunner, Geschichte der Residenzstadt Cassel, S. 202 f.

554 *Haber* = Hafer, Getreideart.

555 Zur Versorgungslage während der Belagerung Kassels 1762 siehe Brunner, Kassel im siebenjährigen Kriege, S. 184 f.

556 Englisch-französischer Präliminarfrieden von Fontainebleau, 3.11.1762.

557 Louis-Charles-César Le Tellier (* 2.7.1695; † 2.1.1771), seit 1763 duc d'Estrée, Marschall von Frankreich; vgl. Estrées Louis-Charles César Le Tellier, compte puis duc d', in: Dictionnaire des Maréchaux de France, S. 178.

France eine Confession[558] getroffen, wie es dero zeit da die Armeen noch nicht denn March in ihre Respectiven landen und deren Gauanisons[559] angetreten hätten, gehalten werden solle, auch Wie weit beyderseitigen grentzscheidung, zeit der Quartire gehen und wie nunmehro alle streitigkeiten ein Ende nehmen, auch alle vorposten und Piquets Cessiren sollen: die grentzscheidunge zwischen beiden Armeen ist Stipulirt[560] und vest gesetzet worden, Nemlich das Centrum vor den lincken flügel unserer Armee; der Lahne fluß von seinen Uhrsprung an, bis das solcher in der Ohm fält, und von da längs der Ohm hinauf bis nach Mehrlau[561], und gehet diese grentze durch Lauterbach[562], und dirigiret sich von da in gerader Linnie, nach deme solche die Fulda passiret hat, durch Hosfeld[563] und Fladingen[564], bis von da wo solches in die Sala fält. vor dem rechten flügel unserer Armee, gehet diese grentzlinnie von dem Uhrsprung der Lahne an und Extendiret sich bis nach der Lenne[565], verfolgt den Cours dieser rigare, So wie solche durch das Herzogthum Westpfhalen läuft, und verfogt von da die linie [///] ihrer direction bis nach Nehem[566] an die Rohr[567], von da nach Unna, Dortmund, Haltern, Cosfeld und die Holländischen grentzen ſ. ſ. von der zeit an, da diese Confession geschloßen, und denen Armeen kund gemacht worden, sind keine Hostiliteten mehr aus geübt, und alle feindseeligkeiten haben ein Ende genommen. Am 21ten Novemb[e]r verließen wir, auf erhaltenen gnädigstem befehl und ordre, daß feldlager und traten dem March nach dem Winter Quartiren an; denen braunschw[eigischen] völckern war das Stiefft-Hildesheim Assigniret[568]; Woselbst wir am 6ten Dec[ember] eingetroffen sind; die zeit so uns nun Hier zu bleiben vergönnet wird, gedenke ich, so mir der güthige gott die gesundheit verleihet vergnügt zu zu bringen; ich habe vor mich allein ein Quartier, Mein Wihrt ist von Stande ein bauer, von Persohn ein Zwerg, und von Alter ein 64. jähriger greiß; indeßen fehlet es mir an keiner aufwartunge, und alles was ich mit recht prætendiren kan, das wird mir gereicht, Allein dem vernehmen nach werden wir diesen Quartierstand

---

558 *Confession* = Vertrag, Übereinkunft; vgl. den Art. »Confessio«, in: Zedler, Grosses vollständiges Universal-Lexicon, Bd 6, Sp. 952. »Confessio, gehörte billig unter die modos probandi, gehet auch andern vor, und ist nichts anders, als eine Bejahung eines gewissen Handels, die dem Bejaher selbst zum Praejuditz gereicht«.

559 *Gauanisons* = Garnison, bezeichnet den ständigen Unterbringungsort von militärischen Einheiten; vgl. den Art. »Garnison«, in: Kriegs- Ingenieur- Artillerie- und See-Lexicon, S. 346. »Garnison [...], ist eine Anzahl Troupen, so in einem Ort erhalten werden, um ihn gegen feindliche Unternehmungen zu beschützen. Es heisset [so] auch der Ort, wo die Soldaten in Besatzung liegen, oder die Winter-Quartiere halten, um sich wieder zu erholen«.

560 *Stipulirt* = angelobt, bestimmt; vgl. den Art. »Stipuliren«, in: Zedler, Grosses vollständiges Universal-Lexicon, Bd 40, Sp. 192. »Stipuliren [...], heißt überhaupt nichts anderes, als versprechen, verheissen, angeloben, zusagen, mit Hand und Mund etwas angeloben«.

561 Merlau, Ortsteil der Gemeinde Mücke, Vogelsbergkreis, Hessen.

562 Lauterbach, Kreisstadt des Vogelsbergkreises in Hessen.

563 Hünfeld, Stadt im Landkreis Fulda, Hessen.

564 Fladungen, Stadt im Landkreis Röhn-Grabfeld, Bayern.

565 Lenne, Nebenfluss der Ruhr in Nordrhein-Westfalen.

566 Neheim, Ortsteil von Arnsberg, Hochsauerlandkreis, Nordrhein-Westfalen.

567 Ruhr, Nebenfluss des Rheins in Nordrhein-Westfalen.

568 *Assigniret* = angewiesen, zugewiesen; vgl. den Art. »Adsignare instrumento«, in: Zedler, Grosses vollständiges Universal-Lexicon, Bd 1, Sp. 581.

nicht lange bewohnen, was also mit und bey uns vorgehen wird, davon werde künftig weiter benachrichtigen. ///

58. Brief aus dem Quartier in Schellerten, vom 1. Januar 1763

Der Frieden naht – Dank an Gott – Gute Wünsche für die Eltern – Warten auf Sold

Der 58. Brief Aus dem Quartier Stande Schölverte[569] *von 1*^{ten} *January 1763.*

Die in Meinen letzten briefe ertheilte vorläufige friedens relative[570], kan nun mit mehrern bestättigt werden: vors erste ist dieses eine Würckliche warscheinlichkeit, das der krieg ein Ende haben soll da nunmehro bereits von jeder Compag[nie] unserer braunschw[eigischen] völker, 10. Mann abgegeben; und in Hannover sollen schon gantz Regimenter leichter Truppen, verabschiedet und aus ein ander gegangen sein; vors zweite ist uns allesamt der Tag da wir nach Braunschweig Marchiren werden schon kund gethan; von unsern Regiment Heißet es, daß wir denn 26ten Jan[uar] in die Garnison braunschweig Rücken sollen; ich gedencke diese Nachrichten sind hinlänglich denn Edlen frieden zu bestättigen. An denn Heutigen Tage, als beym Schluße des alten, und anfange des Neuen Jahres; Wie auch bey der Wichtigen wechselunge des krieges und friedens, deucht es mir nicht unschicklich zu sein, die Mannigfaltigen Wohlthaten Meines gottes nicht nur Heimlich sondern öffentlich zu rühmen, und ihn davor zu dancken, loben und Preisen ·ʃ. Ja noch [///] billiger solte ich Meinen Schöpfer |: Nach Menschlicher weise zu reden :| fragen, und sagen Mein gott und vater was bin ich dir schuldig oder wie kan ich [dir] vergelten was thun gethan an mir? du Hast mich Ja und Je geliebt, und auch nach dir gezogen, Eh ich noch etwas guts geübt Warst du mir schon gewogen ·ʃ. du Hast mich bis diesem Tag recht mächtiglich erhalten recht väterlich versorget, recht wunderlich geführet aus Manniger Noth errettet, in Manniger Angst beschützet, vor Mannigen unglück behütet, in allen kummer und bedürftnißen geholffen und erqicket, alle Mein vornehmen und verrichten hast du gesegnet, so viele bitten die du mir gewäret und keines versagt, Was mir Heilsam und guth gewesen ist; da ich auch nach so Harten krieg und streit, annoch habe einen gesunden leib; da doch zu voren viele Tausent ihr leben und gesundheit durchs Schwert verlohren, Ja noch so viele sind hin gestorben, an seuchen, und vor Hunger verdorben, von diesem allen ist Meine brust annoch befreyet, in fröligkeit; und da diese So schwere gühtigkeit, nach gnaden gewicht kaum zu erwegen ist, von mir aber noch weniger [~~im gegentheil~~] vergühtet werden kan, So Nun an, o gott und vater Meinen Preiß denn ich dir gebe mit mögligstem fleiß. [///] An dem Heutigen Tage will auch nicht unterlaßen Meinen Hertzlieben Eltern zu dem angefangenen Neuen Jahre zu Gratuliren; und Wünsche demselben zu Jhren und Meinen vergnügen, leben und gesundheit, und daß Sie der Höchste mit solchen Seegen überschütten mag, Worin ein zeitliches und Ewiges Wohl und vergnügen bestehet ʃ. ʃ. Meinen Hertzlieben Eltern danck auch vor alle erzeigte güh-

569 Wahrscheinlich Schellerten; vgl. S. 132, Anm. 547.

570 Vgl. S. 132, Anm. 550.

te, liebe, und Wohlthaten, gantz gehorsamst, welche Sie mir von zarter kind[heit] an, und besonders in denen letzten 6. Jahren, erzeigt und erwiesen haben; ich habe aus denen vielen, mir zu geschickten Sachen, in allen was ich nur bedürftig gewesen bin, Jhre wohlgewogenheit zur gnüge erkennen können, Aus denen mir so fleißig zu geschriebenen briefen, habe ersehen, Wie Sie dem Hüter Jsrael, und dem gott der almacht angeflehet, das er mich beschütze und Wohlbewaren mögte ſ. ſ. Bey erwegunge aller dieser wohlthaten, erinnere ich mich dann billig, daß ich ein großer gegenschuldener von Meinen Hertzlieben Eltern geworden bin, und das ich mit diesem Meinen getreuen und geduldigen Creditoren[571], beym schluße des krieges und Jahres, abrechnunge halten müße, und da könige und fürsten anjetzo solch geschäfte mit ein ander vornahmen, So soll mir dieses als ein Muster noch mehr darzu antreiben gleichfals eine richigkeit zu machen; da aber anjetzo die schlechten geld Sorten noch rolliren[572], so bitte, mit mir noch ein wenig in gedult zu stehen; indem [///] bey So schleuniger abrechnunge, gar leicht, ein unwißender betrug unter durch gehen könte, und hiedurch wäre Meiner Credittoren aufrichtigkeit beleidigt, und da wir nun bald nach Braunschweig kommen und als dann unsere Gage in guhten gelde empfangen werden; So will Meine Sachen darnach ein richten, das ich diesem frühling uhrlaub nehmen kan; und bediene mich anjetzo der Worte Johannes wen es in deßen 2ten briefe Capit[el] 1.V[ers] 12. Heist, Jch hätte auch viel zu schreiben, aber ich wollte nicht mit briefen und diente: sondern ich Hoffe zu euch zu kommen und Mündlich mit euch zu reden, auf das unsere freude volkommen sey[573], Hiebey soll es dann auch mit mir, sein verbleiben haben, der gühtige gott der uns bis hieher erhalten, der wird auch die bestimte zeit, uns erleben laßen; ich Wünsche ein nochmahliges beständiges wohl ergehen, Meiner zu gedencken, so lebe mit Meinen Wihrt und kleinen zwerg Männigen noch in guhter Harmonie, Nur er klagt oft über die schlechten [zeiten], und wie der leidige krieg alles guhte geld auf gefreßen hätte, und besonders in diesem dorffe wäre es gar zu reine davon gemacht ·ſ. ///

59. Brief aus Braunschweig, vom 28. Februar 1763

Einzug in Braunschweig – Einquartierung bei einem Kaufmann – Friede von Hubertusburg

571 *Creditoren* = Gläubiger; vgl. den Art. »Pfand-Gläubiger«, in: Zedler, Grosses vollständiges Universal-Lexicon, Bd 27, Sp. 1262. »Pfand-Gläubiger, Creditor hypothecarius, oder Creditor pignoratitius, ist derjenige, welcher einem andern auf eine gewisse und ihm zu desto mehrer Sicherheit seines demselben vorgeschossenen Darlehns verpfändete Sache ein Stück Geld vorstrecket«.

572 *Rolliren* = umlaufen, im Umlauf sein.

573 »Vieles hätte ich euch noch zu schreiben; ich will es aber nicht mit Papier und Tinte tun, sondern hoffe, selbst zu euch zu kommen und persönlich mit euch zu sprechen, damit unsere Freude vollkommen wird«. 2 Joh 1,12.

Der 59. Brief Aus Braunschweig, von 28ten Febr[uar] 1763.

Mit meinen bishero ertheilten friedens Nachrichten, bin endlich so weit gekommen, das ich mit diesen briefe denn letzten grad zu erreichen gedencke: Am 26ten Januar war das frohe licht angebrochen, an welchen wir unsere künftige Garnison, die guhte Stadt Braunschweig, nicht allein sehen sondern auch würcklich in besitz nehmen solten: Nunmehro kan mann mit Heller stimme Singen, alle fehde hat nun ein Ende: Am besagtem 26ten Jan[uar] da wir unsern Triumphierenden einzug hatten, kam uns nicht allein der herr General Lieutenant von Imhoff, als Cheff von unsern Regiment, sondern eine zimlich anzahl Weiber und kinder auf eine guhte strecke weges entgegen; ersterer Nahm sein Regiment in freudigen empfang, die andern um armten mit vergnügen ihre Männer und väter; Nur ich verlaßener hatte eben so wenig vor 6. Jahren beym aus Marsche einen von Meinen angehörigen der mich hin aus begleitete, als dieses mahl beym einzuge jemanden der mich insbesondere empfing: Wie wir in der Stadt die Quartier Billets bekamen, war ich auf Meinen zettel an d[en] H[errn] Kaufmann W. Assignirt, dieser war gegen Meinen [///] Wihrt, denn kleinen zwerg in Schelbern[574], fast gar nicht zu vergleichen, er war ein Kaufmann, da Jener ein bauer war, er ging in anständiger kleidunge und Parüque[575] auf dem kopfe, da das zwerg Männlein nur einen groben kittel und eine Schwartze lederne Mütze auf dem kopfe hatte, allein ich habe längstens war genommen, das mir bey meinen jetzigen Herrn Wihrt vieles entgehet, was ich bey vorerwehnten zur gnüge hatte ·ʃ. Meine hiesigen guhten freunde, habe sämtlich wohl und gesund vorgefunden Nach ein gelauffner Nachricht ist der friedens Contract zwischen Oesterreich, Sachsen und Preussen am 5ten Febr[uar] unterzeichnet, und am 15ten [dito] sollen die friedens Art[ikel] auf dem Schloße Hubertsburg[576] geschloßen und unterzeichnet, und darin ein Ewiger friede Stipulirt und fest gesetzet sein, die Summa dieser Art[ikel] sind 21. und 3. Separat Art[ikel], übers reich betreffent[577]: der gott aller gnadenmag bestättigen was könige und fürsten jetzo zum besten des algemeinen wesens verabreden underrichten, damit friede und ruhe auf festen gründen in künftigen zeiten stehen möge, von unsern bevorstehenden danck und friedens feste welches sehr Prächtig, aber auch rührend und devot gefeyret werden soll; habe vielleicht die Ehre Mündlichen bericht abzu statten; denn vernehmen nach soll es in gantzen lande, auf denn Sontag Miser[i]c[ordias] Domini[578] geordnet und andächtig begangen werden. ///

574 Schellerten; vgl. S. 132, Anm. 547.

575 *Parüque* = Perücke; vgl. den Art. »Parucke«, in: Zedler, Grosses vollständiges Universal-Lexicon, Bd 26, Sp. 1092 f. »Parucke, Perucke, Galerus, Perruque. Ein falscher Aufsatz von Haaren, die gekräuset, in Locken geschlagen, und an ein feines Netz also angeheftet sind, daß sie eine zierliche Haupt-Decke, die einem lebendigen Haare ähnlich siehet, abgeben«.

576 Hubertusburg, Jagdschloss in Wermsdorf, Landkreis Nordsachsen, Sachsen.

577 Der am 15.2.1763 zwischen Preußen, Sachsen und Österreich geschlossene Frieden von Hubertusburg beendete den Siebenjährigen Krieg auf dem europäischen Kriegsschauplatz; vgl. immer noch am ausführlichsten Beaulieu-Marconnay, Der Hubertusburger Friede.

578 Der Sonntag Misericordias Domini (»Gnade des Herrn«) ist im Kirchenjahr der 2. Sonntag nach dem Osterfest. Hier der 17.4.1763.

60. Eine Lobes- und Danksagungsarie

Der 60. Brief
Eine lob- und dancksagungs Aria

Mel: Nun jauchtz dem Herrn.
Ich will so lange ich lebe hier
Denn Herrn preisen für und für,
viel gutes hat er mir gethan,
Weit mehr, denn ich erzählen kan.

Durch seinen Engel hat er mich
Aus manniger Noth gewaltiglich
Errettet, und zur rechten zeit
von Trübsal, sorg und furcht befreyt.

Sehr groß, O Gott! ist deine güt
die mich beschützet und behüt't;
Jch wil sie rühmen hier auf Erd
So lang ich athem holen werd.

Gelobet sey des Herrn Nam,
der mächtig ist und wundersam!
Erschallen müße seine ehr,
In allen landen mehr und mehr.

Feurig ist der dank, wenn von der unschuld Wangen
Nicht mehr des kummers Träne fliest,
und Ruhe und friede nun nach langen
durchweinten Stunden sich mild in Jeder Hertz ergiest.

Lebensbeschreibung

J. N. J. N^{ro} 1
Geburt, Herkunft und Leben bis zur Einberufung

Ich Johann Heinrich Ludewig Grotehenn bin geboren den 18ten August 1734 im dem [Dorff] Bredenkamp[1], fürst[ichen] Amts Wickensen[2], Mein vater ist alda der Schulmeister, So denn kindern die Nöhtigen wißenschafften des Christenthums bey bringt, bey meinen Heran nahenden Jahren und verstande ließ ers dann auch nicht ermangeln mir die gründe unserer Religion zu zeigen, und andere kleine wißenschafften, Wodurch ich nachmahlen werden könte, das indem meines vaters ist; Nachdeme ich nun Confirmirt und zum H[eiligen] Abentmahl angenommen war, kam ich auf guthachten meiner Eltern, bey dem Organisten H[errn] Adolph Dormeyer in Kirchbrack um weitern unterricht in Clavier spielen von selben zu haben, nach verlauf eines Jahres kam ich bey d[em] H[errn] Organisten Friesenberg in der Stadt Bodenwerder[3], bey selben setzte ich daß Clavier spielen, wie auch rechnen und schreiben ferner fort; Abermahl nach verlauf eines Jahres, that sich eine Favorable Condition[4] [///] für mich hervor, und Meinen Eltern schlugen dieses um so weniger aus, da ich dadurch in solchen stand kähme, alwo ich ihrer vorsorge nicht allein entbehren, sondern noch überdem was erspahren könte, und die Herrschaft Hatten solche verrichtunge vor mich Wodurch Mein Rechnen und schreiben Täglich Exercirt wurde, |: der Herr war ein rechtsgelehrter, und Justitz Amtmann[5] :| Also wurde beschloßen, Meinen lehr Herrn zu verlaßen und meinen künfftigen versorger anzuhangen, da ich mich nun in deßen diensten sehr wohl befand und der mir anvertraueten arbeit wohl vorstehen konte, denn diese bestund mehrentheils in Rechnen und schreiben, Auch wohl zu zeiten in blumen garten Hand mit anzulegen, und dieses letztere geschahe allezeit mit lust von mir, und Hätte solches offt lieber verrichtet, als bey dem schreibtische zu sitzen, und ob mich gleich von Jugend auf

---

1 Breitenkamp, Ortsteil von Kirchbrak, Samtgemeinde Bodenwerder-Polle, Landkreis Holzminden, Niedersachsen.

2 Wickensen, Ortsteil von Eschershausen, Landkreis Holzminden, Niedersachsen.

3 Bodenwerder, Sitz der Samtgemeinde Bodenwerder-Polle, Landkreis Holzminden, Niedersachsen.

4 *Condition* = Bedingung, Umstand. »favorable Condition« demnach ein vorteilhafter Umstand; vgl. den Art. »Condition«, in: Grimm/Grimm, Deutsches Wörterbuch, Bd 8, Sp. 634. »Condition, f. bedingung, zumal bedingte, bedungene stelle«.

5 *Amtmann* = Amtmann, Verwalter; vgl. den Art. »Amtmann«, in: Zedler, Grosses vollständiges Universal-Lexicon, Bd 1, Sp. 1814. »Amtmann/Amtlente/Verwalter [...], bedeutet einen Vorgesetzten oder Administratorem der Oeconomie und Justiz, der im Namen des Landes-Fürsten, die Gerichten ausübet, und die Einkünfte, so der Amts-District trägt, einfordert, und hernachmals berechnet«.

kein schwer arbeits joch auffen hals gepaßet war, so mogte ich doch lieber beständig kleine verrichtungen Haben, als müßig sein, und Hatte ich auch bereits leibes kräffte, und vermögsahmigkeit darzu, denn ich war von geburth von zimlichen großen Eltern ihres [///] leibes, aber kleinen und geringen vermögens geborn worden, folglich blieb ich auch kein zwerg, und nach zu rück gelegten 18 Jahren meines Alters Hatte es schon daß volle ansehen mit mir als könte ich dem durchl[auchten] Herzog von braunschweig und lüneburg schon eine Mousquete zu Ehren tragen, und ein guhtes Wer da fragen, solche verrichtungen nunmehro anzufangen, so Hatten der Herr General v[on] Imhoff die gewogenheit [~~die~~] [~~gewogenheit~~] vormich, und brachte es so weit bey Serenissimo [Herzog Karl], daß ich von meinen Herrn und Wohlthäter muste aus gelieffert werden, [und solte nunmehro dem vornehmsten und größesten des gantzen landes dienen] und da diese Auslieffergunge, mir nicht so recht gefällig war, so ging ich nicht so gleich und ohne überlegunge auf dem ersten befehl und ordre nach braunschweig, sondern ich verbarg mich und ging so gar zum Tempel hinaus[6]; Nach verlauff eines Monats stellete ich mich auf dem günstigen Winck meiner Herrschaft wieder ein, und gedachten beiderseits, daß diejenigen gestorben wären die denn kindlein nach dem leben stunden[7], oder deutlicher zu reden, daß dieselben Meiner vergeßen, denen ich entwichen war; allein daß unverhofte schicksaal stelte sich gar bald wieder ein, und kam 1. Sergeant und 2. Soldaten [///] Zeigten meinen Herrn principal; Serenissimo [Herzog Karls] gnädigsten befehl, ich solte bey schwerer Ahndunge aus gelieffert, und mit Nach braunschweig kommen, dieser befehl ging mit hinnehmunge meiner Persohn in erfüllunge, und wurde ich als ein übelthäter von gedachten Sergeant 2. Mousquetier fort Transportirt, so un angenehm mir nun diese Escorde war, so freundlich stelte ich mich doch, um nur bey dem braven Männern in Credit zu bleiben; und waren selbe auch so resonabel[8]; daß Sie mich so wenig die hände auffen rücken bunden, noch die knöpffe aus dem bein kleidern schnitten, wie denn solches gemeinniglich bey solchen recruten, zu mahlen die bereits wie ich, Jhnen entwichen war, zu geschehen Pflegt, und ist so wohl daß hände binden, als knöpffe aus schneiden ein bewährent mittel wieder daß aus reißen oder weglaufen: ///

Verpflichtung zum Militärdienst

Wir gelangten also allerseits den 10ten December 1753. glücklich in braunschweig an, Meine getreuen begleiter ließen sich äußerlich einer waren zu friedenheit vernehmen, daß sie mich nun in daß innere der Mauren und vestunge [gebracht] Hätten, und zweiffele ich jetzo noch nicht daran, daß Sie ein Heimlich gelübte [///] gethan davor daß sie mich angehörigen und verlangeten orte stellen und præsentiren kon-

6 »Da aber hoben sie Steine auf, um sie zu werfen. Jesus aber verbarg sich und verließ den Tempel«. Joh 8,59.

7 »Da aber Herodes gestorben war, siehe, da erschien der Engel des HERRN dem Joseph im Traum in Ägyptenland und sprach: Stehe auf und nimm das Kindlein und seine Mutter zu dir und zieh hin in das Land Israel; sie sind gestorben, die dem Kinde nach dem Leben standen«. Mt 2,19–20.

8 *Resonabel* = raisonable (frz.) = vernünftig.

ten, denn es ist eine bekante Warheit, das es einen abgesandten viel Ehre ist, Wofern er seines Herrn befehl und Sache guth ausgericht Hat; Wie mich nun der Herr General erblickte war er gleichfals mit meiner leibes größes zu frieden und freute sich über meine glückliche ankunft, auch versprach mir derselbe außer einer schriftlichen Capitulation alle promessen; Hierauf wurde ich auf eine Mondirungs kammer geführt, Woselbst ich einen großen vorrath an besetzten Hüten und Mondirungen erblickte, auch andern geräthschaften so zur Armetur[9] gehörten Wofür ich fast erstaunte, und glaubte meiner damahligen einsicht ich wäre in ein fürstl[iches] Zeughauß[10] gekommen, Es wurde mir auch gühtigst erlaubt, auf dieser [Cammer] mich gleich zu entkleiden und eine von dem Prächtigen Mondirungen Nebst einen Hut an zupaßen, diese verkleidunge gab mir ein gantz ander ansehen, stat einen schlichten grünen Rock einen blauen mit weiß besetzten Dressen, vor eine rohte Weste legte ich eine Weiße an, im gleichen vor Schwartze bein kleider weiße, vor incommode stiebel[11], linnen stiebeletten, anstat einen Hut mit der golden Dresse setzte ich nun einen mit silberfarbigter Schnur auf, Mein verlangen [///] war nunmehro mich [in] einen großen spiegel zu erblicken, welchen ich auf der [mondierungs] Cammer aber nicht antraff, ich sahe mich also nach der thür um, und erwartete nun ein Quartier allein es wurde mir [~~also~~] freundlich erinnert ich wäre noch nicht völlig fertig, ich wuste mich vor entzückunge nicht gleich zu besinnen Woran es mir wohl noch fehlte, da wurde mir zur seiten ein vorrath krummer Schwerter und Säbel gezeigt, Nebst Degen Coppeln, von diesem wurde mir frey gestelt einen zu nehmen, und mich damit zu umgürten, ferner that mann mir einen mit weißen thon Emaillirten[12] ordensbandt um, so Hinten mit einen von starcken schwartzen lederenen Schupsack[13] versehen war, worin mann die Munition verwahrte, alle dieses, paßete mir gantz unvergleichlich, Ein großes feuerrohr[14] wurde mir Nebst allem benahmten noch überreicht, so daß ich nun gantz bewaffent war; Zuletzt gab man

---

9 *Armetur* = über die Bewaffnung hinausreichende Ausrüstung der Armee; vgl. den Art. »Armatura«, in: Zedler, Grosses vollständiges Universal-Lexicon, Bd 2, Sp. 1526. »Armatura heist überhaupt die Kriegs-Rüstung, Waffnung, Gewehr, Kriegs-Zeichen, Verfassung, Werbung und dergleichen«.

10 *Zeughauß* = Zeughaus, Bezeichnung für ein Gebäude, das zur Verwahrung militärischer Ausrüstung diente; vgl. den Art. »Zeug-Haus«, in: Kriegs- Ingenieur- Artillerie- und See-Lexicon, S. 1029. »Zeug-Haus [...], ist in grossen und haltbaren Städten ein offt weitläufig und darbey bequemes Gebäude mit einem geraumigen eingeschlossenen und freyen Platz, in welchem ein Vorrath von allerley Gewehr und Waffen, kleinem und groben Geschütz samt zugehörigen Rüst-Zeugen, unter der Aufsicht eines oder mehr Zeug-Wärters, verwahrlich beygesetzt, und in gutem Stande unterhalten wir«.

11 *Incommode stiebel* = unbequeme, nicht passende Stiefel; vgl. den Art. »Commodamente«, in: Zedler, Grosses vollständiges Universal-Lexicon, Bd 6, Sp. 837. »Commodamente, Commodement, nach guter Bequemlichkeit«.

12 *Emaillirten* = Glasur metallener Gegenstände mit einer Farbe, die durch Brennen zu einem Glasüberzug härtet; vgl. den Art. »Email«, in: Zedler, Grosses vollständiges Universal-Lexicon, Bd 8, Sp. 978. »Email, ist, wenn man das Zinn mit saubern Sande und soude d'Alican zu einem Glase brennet«.

13 *Schupsack* = Schubsack, große, meist in einem Kleidungsstück innenliegende Tasche; vgl. den Art. »Schubsack«, in: Grimm/Grimm, Deutsches Wörterbuch, Bd 15, Sp. 1822 f. »Schubsack, m. sack, allerhand hinein zu schieben, weite tasche in einem kleidungsstück«.

14 *Feuerrohr* = hier Gewehr, Muskete; vgl. den Art. »Feuer-Rohr«, in: Kriegs- Ingenieur- Artillerie- und See-Lexicon, S. 294.

mir ein Billet Worauf der Nahme Meines künfftigen Wihrts und daß N[umme]ro seines Hauses stund, nebst der ordre, des anderen Tages [als den 11ten Dec[ember]] um 10. Uhr mich auf dem Schloß und Parade Platz aufzufinden, und zwar in völliger Mondierung, nebst Seiten gewehr[15]; Jch verfügte mich also auf die Straße [///] und da ich alhier ein frömdling und unbekanter war, ließ ich keinen vorüber gehen von alle denen die mich begegneten, um erst zu fragen Wo die Witwe fr[au] Buschen Wohnte, dieses war der Nahme auf dem Billet, Endlich kahm ich dahin, und ich freuete mich recht daß ich nun war, alwo ich ein wenig ausruhen könte, allein, Meine frau Wihrtin freuete sich nicht so sehr, und statt deßen daß ich Hoffte Sie würde mich mit erfrischungen entgegen kommen Hörte ich worte die mit meiner Hoffnunge und ankunft gar nicht zufrieden waren, ich gedachte bey mir selbst die frau ist wohl ein warer dornbusch ʃ. ʃ. die kammer und daß darauf befindliche bette, war Ziemlich unrein und seine gestalt seufzete fast nach einer erquickenden wäsche, so ihm wohl lange vor enthalten war, des abends da es dunkel wurde legte ich mich getrosterer als am Tage Hinein indem die dunkelheit mir dem Eckel in etwas Tiligete, ich war noch nicht recht warm und völlig eingeschlaffen, da wurde ich schon ein Nagend an meinen laibe gewahr, ich machte mich allerhand vorstellungen, und gedachte die unbekanten bettücher scheureten mich, auch daß das bette wegen alter und großer schwachheit, vielleicht federn aus [///] sich fahren ließe, indeßen schlieff ich doch unter beschäftigunge dieser gedanken ein, wozu meine gehabte reise und Strabatien vielleicht das beste mittel war, um 12. Uhr erwachte ich schon wieder, und wurde nunmehro schon gewar daß die vermeinten bettfedern sich meinen blute um ein größers genähert hatten, mich verlangete indeßen sehr nach einen neuen tageslichte, um dadurch Hülffe und rettunge zu erlangen denn wenn ich gleich durch ein Hand gefechte Meine bettfeinde von einer grentze vertrieben so pochten selbe schon an der andern seite wieder die Nächte waren zur selben zeit sehr lang, und über dieses war daß kleine fenster auf meinen schlaf zimmer, [so] vielleicht wegen seines Hohensitzes, denn es ging oben zum dache hinaus, Nach erbauunge des Hauses nicht gewaschen war, der Sonnen aufgang Half mir Wegen der da mahligen regenigten witterunge auch nicht viel, allein so viel konte ich gegen 9. Uhr schon sehen, daß die Wantzen Meine Haut sehr verwundet hatten. ʃ. ich kleidete mich an, und stellete mich auf ertheilten befehl um 10. Uhr auf denn Parade Platze, der Herr General kahm auch also bald, selbiger præsentirte mich S[eine]r durchl[aucht] dem Herzoge [Karl], dieser ließ [///] mir gleichfals gnaden und freundliche blicke sehen, allein alles war mir bitter anzunehmen denn 12ten [december] fing mann mit mir an, mich in denn Worten zu üben, meine Herrschafft bewirketen aber bey denn Herrn General vor mich einen Uhrlaub, und ich wartete meiner vorigen dienste ab, und ging nur Jährlich zur Musterunge nach braunschweig, dieses Continnirte[16] auch, bis Anno 1757 da nahm der schädliche krieg seinen Anfang, da dann auch

15 *Seiten-Gewehr* = Seitengewehr, bezeichnet die an der Seite getragenen Blankwaffen, wie Degen und Bajonett; vgl. den Art. »Seiten-Gewehr«, in: Kriegs- Ingenieur- Artillerie- und See-Lexicon, S. 808. »Seiten-Gewehr [...], unter diesem Worte werde[n] nebst dem Degen auch zugleich die Bajonets verstanden«.

16 *Continnirte* = continuierte = fortdauerte; vgl. den Art. »Continuatio«, in: Zedler, Grosses vollständiges Universal-Lexicon, Bd 6, Sp. 1129.

das braunschw[eigische] krieges volck mit in schlacht felde erscheinen muste, so war auch kein mittel vor mich das mir davon eine befreiunge verschaffen konte, und ich muste mit, es Half kein flehen oder bitt, dieses Wüste krieges leben dauerte 6. Jahr, und der Himmel war mir so gnädig, das ich beständig gesund und ohne leibes verletzunge blieb, außer einmahl bey gefangen nehmunge eines Corps von 3000. Mann, ich denn feind mit in händen kam, und eine leichte Blessuer übern kopf und einen raub an gelde von 8. bis 9. [Reichsthaler] bekahm[17], dieses ists was mir die gantzen 6. Jahr wiederliches zu gestoßen, So groß nun die gnade gottes Hierin war, so beschwerlich war es mir [///] an der anderen seite, indem ich als ein gesunder und munterer krieges held bey allen vorkommenden Occasions[18] und Actions zu gegen sein muste; Nachdeme nun so wohl der Herr Himmels und der Erden, als die Regenten der Welt, keinen Wohlgefallen mer hatten, daß geschäffte des krieges länger fortzu setzen, so stellete sich Anno 1763. der Edle frieden ein, und die in felde stehende völker wurden sämtlich in ihr vaterland zu rück beruffen, Nun Hatte ich fast gedoppelte freude, und gedachte nun bekömst du deinen abschied, ließ auch nicht ermangeln, so bald wir in unserer friedlichen Guarnison[19] Braunschweig ein wenig in ordnunge waren, eine bittens volle schrift, so wohl an den durchl[auchten] Herzog [Karl], als meinen Herrn General Lieuten[ant von Imhoff] ergehen, daß mir meine dimission[20] gnädigst mögte ertheilt werden, und wäre mein suchen auffen lande einen Schul und organisten dienst zu erlangen, die resolution[21] Hierauf war; Meine bitte solte mir gewäret werden, so bald ich anzeigen könte, daß ich mein brodt so gleich [///] verbeßern könte, bis dahin solte ich Meiner krieges dienste abwarten; So Heilsahm diese resolution vor mich war, So setzte mich dero zeit doch selbe in furcht und Hoffnunge, und gedacht bey mir ein arges, welches sich doch in der folgenden Zeit, gantz anderst und zwar in dem gegen theil gezeigt hat: ///

Hindernisse bei der Rückkehr ins Zivilleben

Jch war zwar gleich anfangs des krieges zum unter Officier avancirt allein ich suchte doch von Militær stande loß zu sein, Es zeigte sich bald darauf in dem a[uslän]d[ischen] dorffe Essenrode[22] daß der Schul und organisten dienst alda vocant[23] war,

17 Vgl. 38. Brief.

18 *Occasions* = Gelegenheiten; vgl. den Art. »Occasio«, in: Zedler, Grosses vollständiges Universal-Lexicon, Bd 25, Sp. 317.

19 *Guarnison* = Garnison; vgl. S. 134, Anm. 559.

20 *Dimission* = Abschied, hier Ausscheiden aus dem Militärdienst; vgl. den Art. »Dimission«, in: Zedler, Grosses vollständiges Universal-Lexicon, Bd 7, Sp. 941. »Dimission, Abschied [...], so einem gegeben wird, der entweder in eines andern Dienst gestanden, oder sonst mit einem was zu tuhn oder zu beratschlagen gehabt«.

21 *Resolution* = Bescheid, hier Antwort; vgl. den Art. »Decretum«, in: Zedler, Grosses vollständiges Universal-Lexicon, Bd 7, Sp. 376 f.

22 Essenrode, Ortschaft im Landkreis Helmstedt, Niedersachsen.

23 *Vocant* = vacant, nicht besetzt; vgl. den Art. »Vacantz«, in: Zedler, Grosses vollständiges Universal-Lexicon, Bd 46, Sp. 12. »Vacantz [...], ein erledigtes oder ledig stehendes Amt, eine Ehren-Stelle, die niemand bekleidet«.

ich legte mit bewilligunge Meines Herrn General Lieutenants [von Imhoff] und der dortigen gemeinen in der kirche meine Probe ohne den geringsten tadel ab, allein weil der ort Hannoverschen landes ist, und ich ein geborner Braunschweiger bin, so ging Mein vorhaben dadurch rückwärts. daß folgende Jahr wurde ich eben einer solchen vocanten bedinunnge gewar, und zwar in dem dorffe Kemme[24] Stifthildesheimschen landes, Hier wurde ich abermahl mit aller Nöhtigen verwillunge zur Probe gelaßen [///] und zwar in dem osterfeste 1764. Es ging auch alles guth von statten, und gedachte bey mir selbst ich wäre bereits wie jonas in schatten, und so wie sich dieser über seinen grünen Kürbis freuete[25], so vergnügt war ich fast über mich selbst und Meine Sache; die kirchen Patronen, als die H[er]rn v[on] Cramm der H[er]r Pastor und gantze gemeine waren einstimmig mich zu ihren Schulmeister zu haben, mit dem vorbehalt und bitte, ich mögte mich entschließen die zurück gebliebene Schulmeisters Witwe zu Heyrahten, damit dieselbe Nebst ihren 3. kindern bey brodt und ordnunge blieben, Nach kurtz untersuchter sache entschloß ich mich solches zu thun und anzunehmen, indem die Witwe eine solche Persohn vorstelte, die wegen alter ansehen und vermögen, wohl aus zu stehen war; diese guhte frau war auch so geneigt und mitleidig, acceptirte denn vorschlag des H[er]rn Pastor und gemeine, wegen meiner Persohn, war so sanftmühtig wie es einer Witwe zu kömt, und wolte in dieser sache gar keine wiederspenstige oder rebellerin in der gemeine genennet sein, Mißbilligte also um so weniger mein verlangen, als ich Sie gantz Ernstlich ersuchte und bittete Meine aufrichtige liebe anzunehmen, Wie ich dann auch aus ihren geneigten betragen gar bald überzeuget wurde, daß Sie ein solch zutrauen in mir Hatte, als wäre sie bereits überführt, ich könte in allen Jhres seel[igen] Mannes stelle ohne Tadel [///] vertreten, wie ich mich dann auch solches selbst getrauete, und durch die abgelegte guhte Probe theils einer gantzen gemeine solches kund war, Jch ging darauf wieder nach Braunschweig und bewirckte so wohl bey Ser[enissi]mo [Herzog Karl] als meinen H[er]rn General Lieutenant [von Imhoff] meinen abschied. von Militair stande, wie nun auch dieses bis zur letzten ausfertigunge in guhten stande war, erhielte ich von einen getreuen freunde aus Hildesheim die geheime Nachricht, ich dürffe mich auf dem Kemmischen Schul dienst keine Hoffnunge weiter machen, Es Hätte sich bey dem dasigen Pastor ein Candidat Theologie des diensten selber gemeldet, welcher in Hohenhameln[26] die gänse hüterin geschwängert und ihm dieserhalb von fürstl[ichen] Consistorio auf lebenslang die Cantzel zu besteigen verbohten wäre, und von diesem Candidaten seinen H[er]rn vater, welcher Prediger in dem ort, alwo der Sohn die unkeuschheit getrieben, wäre d[er] H[er]r Pastor Reimann in Kemme ein schuldener von 100. [Reichsthaler], und wäre die karte von gedachten beiden H[er]rn Predigern so gespielt, daß wenn ersterer, des andern seinen in un Ehre gerahtenen Sohn in Kemme zum schulmeister dienste verhülffte, die schuld der 100 [Reichsthaler] geld damit getil[ge]t sein solte,

---

24 Kemme, Ortsteil von Schellerten, Landkreis Hildesheim, Niedersachsen.

25 »Gott der Herr aber verschafft einen Kürbis der wuchs über Jona das er Schatten gab über sein Haupt und errettet ihn von seinem übel und Jona freuet sich sehr über den Kürbis«. Jona 4,6.

26 Hohenhameln, Gemeinde im Landkreis Peine, Niedersachsen.

dieses resonable[27] an erbieten wurde um so mehr angenommen und bewilli[g]et weil d[er] H[err] Pastor in Kemme bey seinen gewöhnlichen [///] geitze in bedürfftniß war, und dabey glaubte die 100. [Reichsthaler] so er auf erwehnte art bereits in händen Hätte, wären ihm gewißer, als die er von mir erst noch bekommen soll; Wiewohl ich nicht dar thun kan daß er mir daß geringste abgefordert, eben so wenig als ich ihm einen versuch gemacht 100. [Reichsthaler] zu bieten, Es hat mich Hiervon aber nicht ein geitz sondern meine damahlige dürfftigkeit abgehalten, dagegen versprach ich meinen künfftigen vorgesetzten alle treue, liebe, Hochachtunge, und dienste, mehr als es meine schuldigkeit fordern würde ·ſ. Nächst diesem war dennoch zwischen mir, und meiner vorgeschlagenen liebsten schon verabredet daß d[er] H[er]r Pastor bey meiner introducirunge[28], ein geschenck von einigen Louisd^or[29] soll gemacht und gereicht werden, und wolte Sie dieses aus ihren mittel nehmen: allein da es gedachten H[er]rn geistlichen an der alwißenheit fehlete, und Hierin so wohl als an gelde einen Mangel hatte, so konte er nicht einsehen was zu seinen Nutzen verabredet war, konte Hiebey auch sich Natürliche vorstellungen machen daß bey einen solchen krieges mann, der in denn Rang stehet, worin ich zu derzeit stund, noch einen ansehnlichen zwischen raum zwischen sich und einen Ge[ne]ral Caracteur Hate, folglich [///] von großen præsenten eben so entfernt ist; Es Hatte also Mehr gedachter Herr Pastor einige bauren aus der gemeinde von denen er überzeugt geweesen, die in denn eben verfloßenen kriege mannige und Harte stockschläge empfunden, an sich gezogen, und selben seine getreue sorgfalt, vor des gantzes dorffes wohlergehen, offenbahret, daß nach seinen reiffen rath und tieffen ermeßen, ich kein schulmeister vor die gemeine und ihre kinder wäre, indem sie in ihrem gantzen leben ja nicht vergeßen würden, wie übel sie von dem kriegesleuten begegent, und würde durch die 6. Jährige gewohnheit ich daß angenommene Exercicium[30] nicht wieder ablegen, Wodurch die gantze gemeine, Nebst ihren kindern einen beständigen leiden und unruhe leben würden, und Hätte er an mir besonders war genommen was ich vor einen schweren stock zu meinen gewöhnlichen stabe führte, und wenn er noch darzu Meine leibes stärcke und größe beachtete Worauf ich mich viel verlaßen könte und würde; und hatte also Mehr gedachter H[er]r geistl[icher] die bey sich Habende bauren, so aufrührisch gemacht daß sie gesagt Hatten, weg mit diesem. Herr sorge er vor uns, und unsere kinder, wir sind der Soldaten, und ihren Prügeln müde. [///] Hierauf war von dem getreuen Seelen und leibes hirten, der rath an seine bey sich habende bauren ertheilt, Sie solten hingehen, und die gantz gemeine versammeln, und ihr daß jetz abgeredete lebhaft vortragen, darauf welche abordnen, die Nach denn H[er]rn kirchen Patronen gingen, selben wolte er einen schrifftlichen bericht mit geben; da sich nun 4. Persohnen Hierzu freywillig anfinden, und hingehen zu d[em] H[er]r[n] Pastor, und sollen gesagt haben, Herr wie sollen doch wohl die rechten sein, denn unser gesichte ist noch allguth von denn Soldaten gezeichent,

---

27 Vgl. S. 140, Anm. 8.

28 *Introducirunge* = Amtseinführung.

29 Vgl. S. 100, Anm. 391.

30 *Exercicium* = Gewohnheit, eingeübtes Verhalten, hier gemeint ist der Dienst als Soldat im Krieg; vgl. den Art. »Exercitium«, in: Zedler, Grosses vollständiges Universal-Lexicon, Bd 8, Sp. 2333.

Wenn ich mich nun der kürtze bediene, so ists so weit gekommen, daß gedachter Candidat welchen die Hoffnunge zum Predigamt abgeschnitten, alda Schulmeister geworden ist, und wie mir von Meinen guhten freund [N.] gewiß versichert ist, daß er seine vorhin geliebte gänsehüterin zur Ehefrau genommen Hats also dieser in solcher sache mir zu vorgethan, indem ich Meine bereits Halb vertrauete Jedoch nur in bloßen worten geliebte braut nicht wieder um ihre fernere treue angesprochen und gebehten Habe, und da es in algemeinen sprichwort Heist alte liebe rostet nicht, so Habe gleichfals nicht [///] unterlaßen können mich gelegentlich Nach gedachter Persohn und Witwe zu erkundigen, so bin auch benachrichtiget, daß nachdeme sie die schule mit einen betrübten ausgange Hatte verlaßen müßen, sich wieder an einen Mann verheyrahtet, der [ein] Schumacher seiner Profession wäre, selbiger ließe sie gewiß so wenig barfuß, als alleine zu bette gehen. [///] Da mir nun daß angeführte ungerechte verfahren des H[er]rn Pastors Höchst empfindlich und einen großen verdruß veruhrsachete, erstens wegen meiner vielen dieserhalb gehabten mühe, zweitens daß ich Hierauf meine dimission gefordert, drittens in ansehunge der Witwe und Weisen, daß solche so ungerecht verstoßen wurden, da doch selbe durch mich ungestöhrt in ihrer bisherigen ruhe Hätten verbleiben können. Über alle dieses verdroß mir noch daß ich denn falschen Propheten bereits als ein bohte umsonst gedient Hatte indem er an die H[er]rn Kirchen Patronen als die H[er]rn v[on] Cramm noch nicht ein mahl gemeldet, daß der Schulmeister mit Todte abgegangen wäre So schickte er durch mich die brieffe dahin, Worin er gemeldet, daß der bisherige kirchenbediente [mit] Todte abgegangen [~~wäre~~], und ich als ein Competenter wieder in vorschlag wäre, und Wofern die H[er]rn kirchen Pat[rone] kein ander Subjectum[31] vorschlügen, die gemeine mich bereits gewählt; So waren gedachte Herrn gleichfals mit mir und der bereits getroffenen Wahl sehr wohl zu frieden, und wurde ich also immer in meiner Hoffnunge mehr verführet, es würde und könte mir nicht fehlen, allein durch vor erwehnte begebenheit, wurde mir ein sehr baldiges gar aus gemacht, so daß ich zum beschluß, und zwar in vollen zorn und Eyffer einen abschieds brieff an d[en] H[er]rn Past[or] schrieb, Worin ich ihm seine treu und untreue und meine standhafftigkeit nochmahlen zu erkennen gab; ich will denn brieff Hieher setzen. ///

Brief an Pastor Reimann, Seelsorger in Kemme

Wohlehrwürdiger
Hochgelährter Hochzuehrender Herr Pastor !
Ew[er] Wohlehrw[ürden] Haben zwar meiner gar bald vergeßen, aber ich gedenke noch wohl daran, was Sie geredet haben, und werden Sie sichs ohne zweiffel auch noch erinnern können, Wie Sie mich nemlich mit Mund und Hand versprochen und angelobt, das ich, und kein anderer zu Jhren und der kemmischen gemeine Schulmeister erwählet und angenommen werden sol[ł]te, aber wie bald hat ihr

---

31 *Subjectum* = Person; vgl. den Art. »Subject«, in: Zedler, Grosses vollständiges Universal-Lexicon, Bd 40, Sp. 1548. »Subject, Subjectum, heisset auch eine Person, als wenn man sagt: Das ist ein fein Subjectum, so bedeutet es einen feinen Menschen, eine feine Person«.

Mund ohne Uhrsache einen wiederruff gethan, da ich mir eher des Himmels einfall vermuhten war, als das Ew[er Ehrwürden] ·ſ. Ihre zusage, und versprechen so bald würden brechen, da doch beym Matthai am [///] 5ten [Kapitel] an alle Menschen der befehl ergehet, Eure rede sey ja ja, nein, nein[32]; ·ſ. Auch sähe ich Jhnen vor einen geteuen aufrichtigen Manne an, und gedachte nicht das Hinter ihren glatten und süßen worten, so argelist gestecket Hätte: Sierach Cap[itel] 19. Heist es aber arglistigkeit ist nicht Weisheit[33] ·ſ. Wenn mann nun einen diener göttliches worts und der warheit nicht glauben darff wem soll mann denn trauen? Und geschiehet daß am grünen, was will am dürren werden? Meinen schuldigen dienst, welchen ich Ew[er Ehrwürden] ·ſ. in der folgenden zeit mit aller treu zu leisten mir für genommen Hatte, Haben Sie gar bald verschmähet, indeßen freue ich mich doch daß ich Jhnen bereits als ein getreuer botte gedienet und Jhre 3. Notifications brieffe[34] an die H[er]rn kirchen Patronen gebracht, wobey Ew[er Ehrwürden] ·ſ. daß Post geld haben spahren können. [///] Auch sahe ich Ew[er Ehrwürden] ·ſ. vor solchen Mann an, der mir nicht allein könte, sondern auch laut des guhten und vesten versprechen zu brothe Helffen würde, aber Jm gegentheil Hat sichs gezeigt das Sie mir um ein geringes gäntzlich davon geholffen, indem ich mich des gewißen versprechens so ich von Jhnen Hatte, um meinen abschied volkommene mühe gegeben, und fehlete nichts weiter daran, als das ich selben von [///] Meinem Herrn General Lieutenant [von Imhoff] abholete; Soll mann sich bey so gestalten Sachen nicht der worte Christi bedienen Matthai am 7ten [Kapitel] Sehet euch für, für dem falschen Propheten![35] Es ginge nochwohl zu, Wenn Ew[er Ehrwürden] ·ſ. Mir die veste versicherunge in einen Aparten Zimmer oder ort gegeben |: Allein der algegenwärtige gott weis auch was in Heimlichen winkeln vorgenommen wird :| aber da es in gegenwart Jhrer respectiven Hauß Familie geschehen so müßten Sie sich nun vor Jhrer Eigen frau und kindern schämen, das Sie von keiner beßern gewisheit und wort sind, und wäre ich dieserhalb gäntzlich von brodte gekommen Hätte ichs keinen anderen als Ew[er Ehrwürden] ·ſ. Untreu zu zurechnen, und was Sie nun an mir nicht volführt, das thun Sie an jemand anderst; indeßen danke ichs meer dem Himmel als Ew[er Ehrwürden] ·ſ. falschheit, das er mich bewart bey einen so treulosen Mann Wohnen zu kommen und bin meer froh, als betrübt über denn rückgang der Sache, Meiner vergeblichen Mühe und kosten will ich nicht gedenken. [///] Allein die arme Witwe und Weisen sind zu bedauren und zu beklagen, da es doch Hieß alle Witwen und Weisen verthädigen [///] und versorgen, aber Ew[er Ehrwürden] ·ſ. gedancken müßen wohl sein alle Witwen und Weisen vertilligen und Sie tödten, denn Sie Sie Helffen Jhnen um die Nahrunge, und Sirach sagt Cap[itel] 34: Wer einen seine Nahrunge nimt, der tödtet seinen Nächsten[36] Ew[er Ehrwürden] ·ſ. Waren Eben der Mann der dieser

---

32 »Euer Ja sei ein Ja, euer Nein ein Nein; alles andere stammt vom Bösen«. Mt 5,37.

33 »Schlechtes zu kennen ist keine Weisheit, der Rat der Sünder ist keine Klugheit« Sir 19,22.

34 *Notifications brieffe* = Ankündigungs- oder Benachrichtigungsschreiben; vgl. den Art. »Notificare«, in: Zedler, Grosses vollständiges Universal-Lexicon, Bd 24, Sp. 1459. »NOTIFICARE [...], ist in den Rechten so viel, als jemanden etwas kund thun oder wissen lassen«.

35 »Hütet euch vor den falschen Propheten; sie kommen zu euch wie (harmlose) Schafe, in Wirklichkeit aber sind sie reißende Wölfe«. Mt 7,15.

36 »Den Nächsten mordet, wer ihm den Unterhalt nimmt«. Sir 34,26.

Sache und der Witwe und weisen recht und billigkeit verschaffen konte, Wie wir denn auch Hievon eine Regel bey Jesaia Cap[itel] 1. finden, Wenn es Heißet Schaffet denn Weisen recht, und Helffet der Witwen Sachen, aber Sie Helffen ihnen So, daß selbe darüber schreien und weinen mögen[37], Sierach sagt aber Hievon Cap[itel] 35. also, die Thränen der Witwenn fließen wohl die backen Herab Sie schreien aber über sich, und zwar wieder dem der Sie Heraus dringet[38], und obgleich die Schule kein eigenthum ist, so waren Ew[er Ehrwürden] ·ʃ. doch der Mann der die bekümmerte bey ihrer bisherigen ruhe Hätte ungestöhrt erhalten können, aber nun sind sie auch derselbe der Sie gleichsahm vertreibt, gott drohet aber solchen bey Jesaia Cap[itel] 33. Wenn es Heißet Wehe dir du verstöhrer, Meinest du, du würdest nicht verstöhret werden; und du veruchter Meinest du, du würdest nicht verachtet, wenn du [///] daß verstören vollendet, So wirst du auch verstöhret werden[39] ·ʃ. diese leichte erklärunge, belieben Ew[er Ehrwürden] ·ʃ. Auf sich selbst zu ziehen, wenn Sie mit einen gelehrten zu thun hätten, der würde Jhnen diese vorwürffe, vielleicht wichtiger als ich vorlegen können, und vernehme ich auch sehr deutlich, daß ich Jhnen gar zu einfältig vorgekommen sein muß, zwar kan ich nicht wieder legen, und muß gestehen daß ich in dem geistlichen Waffen noch nicht so volkommen, als in dem Weltlichen geübt bin, allein ich Habe Ew[er Ehrwürden] ·ʃ. gleich anfangs vor einen Witzigen und verschlagenen geistlichen angesehen, der nach ein genommenen kräfftigen Spiritussen, beredsahmigkeit genug besäße einen einfältigen zu unterrichten |: und gedachte bey mir selbst dieser Herr soll deiner unwißenheit bald abhelffen, wenn es nur erst so weit wäre daß du die Ehre und vergnügen hättest mit selben um zu gehen :| allein ich muß meiner alzu wenigen überlegunge und unverstelten angesichts die schuld bey legen, daß ich meine gedancken zu frühzeitig dadurch ans licht gebracht, und Ew[er Ehrwürden] ·ʃ. durch meinen unverstand in ihren alter mühe machen [würde]. Ich vergebe Jhnen also, daß Sie statt meiner Persohn einen Candidat und studirenden zu Jhren Schulmeister erwählet und angenommen Haben, und gehet [///] es damit füglich an, in fall da Ew[er Ehrwürden] ·ʃ. unvermögsahme oder abhaltunge hätten dem Schulmeister Jhren Prister-Rock anlegen laßen, So kan der denn dienst auf der Cantzel vor Jhnen mit versehen |: Wo es sonst kein mann ist dem daß studium im Halse ist stecken geblieben :| und ob ihn gleich diese wichtige und Heilige stelle zu betreten verbohten, so Heist es doch in bekanten sprichwort Noth Hat kein gebohten; ich bitte denn zum beschluß mir auch zu vergeben, wenn ich anfangs dieses brieffes zu sehr über das betragen Ew[er Ehrwürden] ·ʃ. geeiffert Habe, Wir sind ja Menschen und unsere tritte vermögen fehl zu gehen ·ʃ. solten mich meine geschäffte, oder Jetziger brieff einmahl die wege weisen in Jhrer gegend, nur einiger maßen Nahe durch zu reisen, werde ich mich erdreisten Jhnen Meine aufwartunge zu

37 »Lernt, Gutes zu tun! Sorgt für das Recht! Helft den Unterdrückten! Verschafft den Waisen Recht, tretet ein für die Witwen!«. Jes 1,17.

38 »Er missachtet nicht das Schreien der Waise und der Witwe, die viel zu klagen hat. Rinnt nicht die Träne über die Wange und klagt nicht Seufzen gegen den, der sie verursacht?«. Sir 35,17–19.

39 »Weh dir, der du immer zerstörst / und selbst nie zerstört worden bist. Weh dir, du Empörer, / gegen den sich noch niemand empört hat. Denn wenn du alles zerstört hast, wirst du selbst zerstört. Wenn du das Ziel deiner Empörung erreicht hast, / wirst du selbst zu einem Ziel der Empörung«. Jes 33,1.

machen, und Mündlich um vergebunge Meines vergehens bitten und flehen, auch werde als dann mit vergnügen sehen, Wie Weise, wie wohl Sie statt Meiner gewählt, Meinen vorgänger d[em] H[er]rn Schulmeister werde Gratuliren zu seinen Amt und stand, die betrübte Witwe werde noch mahlen mit meiner gegenwart erquicken, und Jhnen allerseits ein beständiges Wohlergehen Wünschen: der ich mit besonderer Ehrfurcht verharre [.]

Ew[er] WohlEhrwürden
Dienst geflißenster diener
Ludewig Grotehenn
Unter-Officier bey d[em] H[er]rn GeneralLieutn[enant]
Von Imhoff Leib Compagnie. ///

Braunschweig
den 18ten Juny
1764.

Anstellung als Opfermann[40] der Garnisonkirche von Braunschweig

Da ich nun daß glück nicht gehabt unter obgedachten H[er]rn Pastor und Wunderlichen Heiligen, seinen Schutz und gebiete zu kommen, folglich auch eben so wenig die bedienunge an dasiger kirche erhalten; So sahe ich mir genöhtigt mich unter dem Schutz und schatten des aller höchsten zu beruhigen, und dabey meiner krieges dienste abzuwarten, ich Hatte indeßen guhte freunde und gönner in und außer der Stadt, die sich um mein glück und wohl äußerst angelegen [sein] ließen |: und verdroß selben gar nicht, wenn ich ihnen wegen Meiner bemühungen, denn zunahmen, getreue bothschaffter beylegte, indem Sie solches in der that waren :| indeßen verstrich 1. Jahr, und wurde keiner Vocante gewar, als 1765: den 9ten Juny, gefiel es dem Herrn über leben und Todt, dem Hiesigen Guarnison Opffermann Nahmens Philip Jacob Gieseke von dieser Guarnison kirche weg zu nehmen, und selben bey die Himmlischen gottes dienste zu placiren und [zu]versetzen; Seine Hienieden zu rück gebliebene Angehörigen Haben ihm vielleicht dieses Avansiment nicht gern gegönnet, allein wer kan wieder dem Höchsten, und Wer will sich unterstehen, Sein vornehmen zu tadeln? Nach dieser Vocantze, und erledigten bedienunge [///] gab ich mich abermahl Mühe, und bath am gehörigen ort mich mit zur Wahl und probe zu nehmen, dieses letztere wurde mir also Am 21. Juny Eodem Anno gühtigst verwilliget, und ich war so glücklich und voll führte meine Sache ohne Tadel, Nach diesem Melde ich mich wieder bey Ser[enissi]mo [Herzog Karl] und Meinen Herrn General Lieutenant [von Imhoff], und da letzterer Commendant ist, so stehet ihm auch die Ober vorsteherschaft, der fürstl[ichen] Guarnison kirche zu, dieser Titel ist zwar einen solchen Herrn eine ware kleinigkeit, allein in dieser Sache war es mir eine große hülffe und starcke stütze, und die beiden H[er]rn Prediger bey gedachter kirche, waren gleichfals gegen einen krieges knecht nicht mißbillig oder wiederlich, in betracht da die Guarnison ihre anvertrauete gemeine ist, und würde

40 *Opfermann* = Titel eines beim Gottesdienst behilflichen Kirchenbedienten, hier Küster; vgl. den Art. »Opfermann«, in: Grimm/Grimm, Deutsches Wörterbuch, Bd 13, Sp. 1304.

es vielmehr [~~auch~~] nicht frei stehen, daß unter einer solchen großen zahl Männer sich nicht einer finden würde, der ohne einen Hohen geist und viele geistes gaben zu haben, denn erlegdigten dienst verrichten könte, zu allen diesen kahm noch hinzu daß der Herr Pastor Sen[ior] bey dieser kirche, ehedem feld Prediger geweesen, Nahmens Ernst Ludewig Pabst[41] ·ſ. dieser bekleidet gleichfals die stelle eines kirchen vorstehers, [///] und da selben laut seiner ersten bedienunge sehr wohl bekant war, daß zwischen Soldaten und Soldaten ein unterschied zu machen sey, So ließ selber sich nach eingezogenen bericht Meiner Persohn wegen und geführten Wandel nicht übel vernehmen, und da gedachter Herr Sen[ior] Past[or] laut seines Carracteurs mit Helffen konte, so wurde dann auch von allen seiten, daß Nöthige bewerkstelliget, und ferner an daß fürstl[iche] Consistorium in Wolffenbüttel gemeldet: [///] da nun der löbliche gebrauch ist, daß denn zurück gebliebenen Witwen, die Einkünffte und accidentzia[42] noch ¼ Jahr anheim fallen, so wurde ich auch in dieser zeit weiter von nichts gewar, und so wenig wie [ich] Niemanden fragte, wie es um die sache stünde so wenig benachrichtigte mich einer von der gewisheit, daß ich die Persohn wäre Worauf die Wahl festgesetz: Nach verlauf des gedachten viertel Jahres, ging daß Neue licht auf, und die glücks stern schienen mir in die finsterniße, Woraus mich sehr verlangte; und nachdem die Herrn Patronen und gönner mir günstig geweesen, wurde ich von fürstl[ichen] Consistorio Citiret, und solte am 11ten Sept[em]b[e]r Eodem Anno vor selben erscheinen; und wurde ich am gedachten tage alda Examinirt und beeidigt, bald darauf kam die Introductionsschrift an [///] dem zeitigen Herrn General Supperintendenten[43] Meyer, selbiger Introducirte mich darauf am 4ten October in der fürstl[ichen] Guarnison kirche, in gegenwart der beiden H[er]rn Guarnison Prediger, und einer versammelten gemeine, und Hielte eine rede über die veränderunge aller dinge, und Hiebey zum grunde wie aus einen Saulo ein Paulus geworden ·ſ. [///] Ich bekam ferner [von Militair stande] Meinen schrifftlichen abschied das ich Meinen gnädigsten Herzog und Herrn 12. Jahr 10. Monat Ehrlich und treu, so wohl in felde als Guarnison gedient, wie denn solches in der abschrifft des abschiedes zu ersehen selbiges lautet wie folget. ///

41 Ernst Ludwig Pabst, geboren in Wolfenbüttel, Beginn des Studiums der Theologie an der Universität Helmstedt, am 3.10.1718; vgl. Die Matrikel der Universität Helmstedt, S. 114.

42 *Accidentzia* = Amtsgebühren, Nebeneinkünfte; vgl. den Art. »Accidentia«, in: Zedler, Grosses vollständiges Universal-Lexicon, Bd 1, Sp. 271. »Accidentia, Accidentien, ungewisse oder fallend und steigende Einnahmen, ohngefehr Amt-Gebühren zufällige Neben-Einkünfte derer Geistlichen, auch weltlichen Gerichts-Bedienten, so sie von ihren Functionen, Verrichtungen und Expeditionen zu erheben haben«.

43 *Supperintendenten* = Superintendent, in einigen evangelischen Kirchen der leitende Geistliche eines Kirchenkreises; vgl. den Art. »Superintendent«, in: Zedler, Grosses vollständiges Universal-Lexicon, Bd 41, Sp. 324–331.

Die Abschrift des Entlassungsschreibens

Des DurchLeuchtigsten Fürsten und Herrn
Herrn CARL Regierendem Herzoge zu
Braunschweig und Lüneburg p. p. Bestelten
GeneralLieutenant, Chef über ein Regiment
zu Fuß, und Commendant von Braunschweig
Ich Philip von Imhoff!

füge hiemit zu wißen, daß vorzeiger dieses, Heinrich Ludewig Grotehenn, gebürtig aus Breitenkamp in fürstl[ichen] Amt Wickensen, unter dem Ersten Battaillon meines [///] unterhabenden Regiments und Leib-Compagnie, als Unter Officier und Sergeant Zwölf Jahr und Zehn Monat, ehrlich und treu so wohl in Campagne als Guarnison gedient, sich auch wärend solcher zeit bey allen vorfallenden gelegenheiten besonders wohl verhalten, so, daß so wol wegen deßen dienstleistunge, als sonstigen guten aufführunge wohl zu frieden geweesen: da aber derselbe wegen Erlangunge des hiesigen Guarnison Opffermans dienstes, um seine Erlaßunge von krieges diensten unterthänigst Nach gesucht, so Habe ihm seine geleistete dienst Pflicht Hiemit und in krafft dieses entlaßen. Es ergehet dann enhero an alle Hohe und Niedere Militair und Civilbedienten; denen gegenwärtiges vorgezeigt werden wird, mein respective dienst und freundliches ersuchen, obbemeldeten Sergeant Heinrich Ludewig Grotehenn aller Orten seiner passage frey, sicher und ohngehindert pass und repassiren zu laßen, welches in dergleichen auch andern fällen hinwiederum zu verschulden, so willig als erböhtig bin ·ſ. ·ſ. Signatum Braunschweig d[en] 1ten Octob[e]r. ANNO 1765
L.S. Philip von Imhoff ///

Gedanken des Opfermanns

Wie nun in anfange dieser kurtzen beschreibunge angeführt ist, daß es denn H[er]rn General Lieutenant v[on] Imhoff in den [denn] Sinn gekommen, sich zu bemühen, daß ich die Ehre Hätte als ein krieges knecht bey seinen Regiment und Leib-Compagnie zu stehen, So ist Hinwiederum aus vorstehenden abschiede zu ersehen, daß es ihm auch beliebt mich wieder zu erlaßen und zwar mit solcher Condition und vorsorge daß ich ins künfftige mein brodt beßer und geruhiger Haben und genießen soll: Jch Preise Hiebey die gühte des Höchsten und Weisen Regires, aller dinge, und vergeße nicht die Wohlthaten Meines Herrn General Lieutenants [von Imhoff], und anderer Hohen angesehenen Männer und gönner ·ſ. Wie dann auch die gühtige auf nahme Meiner Jetzigen Herrn vorgesetzen, die H[er]rn Guanison Prediger. P[abst] et R[oerhand] Ins besondere verehre ich denn Herrn Sen[ior] Pabst, da seine Edle gesinnunge und gemühts art, mir alle Nöhtigen wißenschafften auf einen so Holdseelige art kund gemacht, und vor enthält mir noch nichts, was zu der waren ordnunge und meinen eigenen besten erfordert wird; ich bin also mit meinen gott und dem stande, darin er mich gesetzet sehr wohl zu frieden, ist es gleich vor der Welt keine

Hohe würde, so gedencke ich dabey wie Niedrig der stamm, Wo von ich entsproßen und wie geringe daß vermögen meiner Eltern, [///] Wie wenig dieselbe vor mich zu Hohen wißenschafften haben erübrigen können, und bin ich auch mit der wenigkeit zu frieden, was ich von selben erhalten, daß aller vornehmste darunter ist der Ehrliche Nahme und Herkunfft, und dieses kleinnoth suche ich vor allen andern zu bewahren bis an mein Ende, und lernt der Weise Salomon solches Cap[itel] 7. Daß Ein guth gerüchte beßer sey den guthe und köstliche salbe[44]. Nächst diesem Haben mich Meine Eltern nicht aus Jhrer vorsorge gelaßen, und sind mit alledenn mir zur hand gegangen, was ich benöhtigt und ihre vermögsahmkeit entbehren konte, ich Hatte dahero einen gedoppelten schmertz wie ich die Nachricht einzog, daß Meine über alle maßen Sorgsahme Mutter, am 9ten Juny 1765. denn abschied aus der Welt genommen, Was mir vorhin stückwerck an Wohlthaten geweesen war, Nahm mit dem beschluß ihres lebens gleichfals ein Ende, und Hörete auf und ich stund dabey noch in solchen stande, wo mir alle kleinigkeiten großen Nutzen verschaffeten, allein ich Hätte zu der zeit mir dencken [///] sollen, Was Hiob sagt, Welcher Mensch weis gottes rath und wer kan denken was gott will?[45] Es war am eben d[en] 9ten Juny und fast um dieselbe stunde [die] Mein Antecessor[46] der Hiesige Guarnison Opffermann auch gestorben, deßen Successor[47] ich geworden bin, ob ich nun gleich durch diese versetzunge zu keiner Hohen Weltlichen Ehren stelle gelanget, so bin doch soweit gereichet, daß ich nach ordentlichen Haußhalten mir selber aushelffen kan, denn es ist ein großer gewinn wer gottseelig ist, und läst ihn begnügen, und bedenckt daß wir nichts mit in die Welt gebracht, auch Eben so wenig mit hinaus nehmen ·ſ. also bey dieser zufriedenheit, düncket mir nach zu rück gelegten Tages geschäfften Mein lager sanft und leichte, das keines goldes Pracht erhebt Wozu kein Schwan die federn reichte, kein Perser die Tapeten Webt, Es währt mein ungestörter Schlummer bis Tibans Strahl den Tag erneut, Warum? Ich ruhe sonder kummer, und träume von zufriedenheit, also was solte mir nun der gühter Menge?, Es Hat mir dennoch Nie an lust gefehlt, denn Welt und Himmel [///] ist mein eigen, des Reichen hand Hat nur das geld gezählt, mir täglich Neue lust zu zeugen, Sein Hauß und Hoff, Staat garten, Wald, und feld, bringt ihm die last und mir die freude, und ob er gleich dem nahmen Herr behält genießen wirs doch alle beide : aus vorstehenden ist nun deutlich zu erkennen, daß mich bis hieher der Himmel noch nicht mit Hauß Hoff und garten beglückt und gleichwohl Logiere ich nicht mehr in linnen gezelten, wie ich ehedem gethan, ich schlaffe nicht mehr auf bloßer Erde und Habe keinen stein mehr zum Hauptküßen, so wie vorhin ·ſ. ·ſ. und Womit meine eigen gühter mich nicht erfreuen, damit vergnügen mich andere, wenn ich selbe nur ansehe, ein anmuhtiger und schöner garte, erweckt in mir dem gedancken, Hier ist freude und vergnügen, durch Mühe und arbeit aufgestiegen, allein Hat der eigenthümer nicht

44 Vgl. Verführung zum Ehebruch, Folgen für den Verführten, in: Spr 7,1–27.

45 »Hast du gelauscht im Rate Gottes / und die Weisheit an dich gerissen?«. Job 15,8.

46 *Antecessor* = Vorgänger; vgl. den Art. »antecessor«, in: Grimm/Grimm, Deutsches Wörterbuch, Bd 26, Sp. 1060–1064.

47 *Successor* = Nachfolger, Amtsnachfolger; vgl. den Art. »Successor in Ecclesia«, in: Zedler, Grosses vollständiges Universal-Lexicon, Bd 40, Sp. 1668. »Successor in Ecclesia, heißt entweder so viel, als der Nachfolger eines Bischoffs, oder andern Geistlichen und Kirchen-Bedientens«.

auch kummer? Wenn mein nichts, unbeschädigt bleibt, und mir nichts entkommen, so wird jenem durch diebe vieles genommen ·ʃ. ·ʃ. und was mich übrigens wiedriges betrifft, das Hat der Herr gefügt, das läst sich mein gemüht belieben, Trifft mich ein Schmertz, gantz recht,so soll es sein die vorsicht Hat ihm mir erlesen, mislingt [.] ///

Suche nach der passenden Ehefrau

ein Wunsch, ich finde mich darein, vielleicht ist mirs nicht guth geweesen; ich Habe zwar bis daher gewünschet und sehr danach gestrebet,wie ich durch Heyrahten eine eigene Wohnunge erhalten mögte |: indem bey dieser kirche vor die kirchen bediente keine wohnungen sind, wie es sonsten gewöhnlich ist :| ich Hätte auch bey Nahe Meinen verlangen ein gnüge gethan, Nemlich eine Witwe Nahmens fr[au] Reinhardten zu Heyrahten; selbe Hatte ein ansehnlich Hauß zu ihren Eigenthum Nahe an der Guarnisonkirche stehen |: und Worin ich auch bereits 2½ Jahr gewohnt :| diese Persohn ließ sich nicht abgeneigt vernehmen, als ich über denn Heyraths punct mit ihr eine rede Hielte, allein Was war bey der frau bey weiteren Nachdenken und ihrer eigenen angabe nach vor ein gefährlicher zustand und schädliche folge zu befürchten ·ʃ. Sie war zwar eine ordnungs volle frau, ihr Haußhalt war unverbeßerlich, im gebräuchen und redens arten sehr anständig ·ʃ. ·ʃ. allein: von eigenliebe und einen feinen stoltz eingenommen, vor ihre 3. Kinder gar alzu sehr importirt, welches der geduldigste stief vater zu allen zeiten nicht Hätte können ausstehen, auch war bey denn kindern bereits mehr denn alzu viel offenbahr, was mann in gemeinen sprichwort sagt, So wie die alten singen so ahmen Nach die Jungen, denn ton gesang und Chor ·ʃ. überdem [///] war die frau bereits 49. bis 50. Jahr alt, da wäre die folgsahmigkeit gegen einen Jungen und 2ten Mann gantz verlohren gewest, der eigen sinn gar alzu sehr verhärtet, es Hätte weder kraut noch Pflaster selben zu erweichen, geholffen: die kinder waren glichfals von solchen Jahren, da sie denn unterschied der kindlichen liebe zwischen leiblichen und stief Eltern sehr wohl zu beurtheilen wusten, und über alle dieses sol[ł]te mit austheilunge der gühter und Erbe, nicht der weg rechtens, sondern von der Mutter ein selbst eigener gebaueter weg gegangen werden ·ʃ. bey so bewandten umständen Hätte ich mich nicht anderst anzusehen gehat, als wie einen vogel der von ohngefehr in eines vogelstellers Höhle fliegt, wob selbst 4. Persohnen auf ihn gewartet und ihn nun erhaschet, Ach! Wie schlägt ihn wohl sein Hertz wie sehr gereuet ihm der Pflug denn er nach der schädlichen lockspeise gethan, wie gern wäre er wieder frey, allein alles um sonst, entweder Mann Nimt ihn um seines fleisches willen das leben oder Mann besch[n]eidet ihm die flügel und hält ihm als einen Arrestanten eingesperret, also da ich diesen Harten stand zum voraus sahe so Hütete ich mich billig dafür, und ließ mich [///] so wenig in dieses als der kinder vormünder Netz ziehen; ich hatte indeßen mit diesen liebes handel und gesäften 2½ Jahr zeit vergeblich verspielet, und sahe nunmehro wohl das ich nichts vortheilhaftes fernerhin gewinnen würde, ich faßete denn entschluß solches spiel zu verlaßen und ging davon: und bey Nahe hätte ich mich selbst überredet, lebenslang ein Junggeselle zu bleiben, indem ich Meinen dienst und Amt in eigener

Persohn verrichten konte und muste; Allein wer war nun derjenige der auf mich und meine Sachen wartete? keiner, Was die bisherige geliebte gethan, gerieth auf ein mahl in ein stecken; so bald ich nur aufhörte aus ihren Tone zu spielen, da ver lohr alles seinen gehörigen klang; und was bishero einer Wohlklingenden Violina verglichen werden konte, verwandelte sich in eine brummende Bassgeige: noch darzu wurde mir der Tisch, bette und Stühle so ich allezeit in gebrauch gehabt, sämtlich entzogen; alles dieses erweckte in mir einen andern entschluß, und ich resolvirte mich eine frau so bald möglich zu nehmen und Hier zu erwählte ich die Jungfer Christina Maria Magdalena Vowinkeln, ich wendete [///] mich also am 25ten Aprill 1768. mit einen schriftlichen anwerbe schreiben, an deren Eltern als d[en] H[er]rn Lieut[enant] Johann Martin Vowinkel[48], in diesem briefe verbittete ich alle weitläufigkeiten, und so gleich mir die Ja oder Nein wort, zu ertheilen. die resolution auf diese anfrage war auf Hofnunge, Nemlich ich mögte selbigen Abent Persöhnlich erscheinen, Es solte als dann die bewuste Sache entschieden werden; ich sahe dieser Abent stunde mit Hertzlichen verlangen entgegen; um erst denn aus gang der vorhabenden liebes Affaire zu vernehnen, allein Wo ich vorhin dritte halb Jahr auf gearbeitet, und dennoch nichts dadurch erlanget, wurde Hier in einer stunde zu stande gebracht, und ich verließ gedachte Jungfer an diesen abent nicht mehr als ein fremdling sondern als ein würcklicher bräutigam, ging ich von ihr, Am ersten kommenden Sontagen wurden wir in der kirche Proclamirt, und Am 10ten May Eodem Anno wurden wir von dem Garnison Prediger Herrn Roerhand[49] zum H[eiligen] Ehestande ein geseegnet, mit dem Hertzlichen Wunsch, das der gott der liebe, und der Stiefter der Ehehr [///] dieses geknüpfte band der liebe bis an ein seel[liges] Ende unverbrüchlich vest erhalten wolle; Ob nun gleich Meine geliebte aus einen krieges und Weltlichen Stande entsprungen und auf erzogen ist, so hat sich doch dieselbe zu geistlichen dingen und geschäften von Jugend auf gewöhnt und begeben, und ist ihr dieserhalb schon vor einigen Jahren, nach abgelegten Examina[50], von Hiesigen geistlichen gerichte die Concession[51] ertheilt, das Amt einer Schullehrerin, der größesten Classe, zu verwalten, Worin nicht allein die lehre des Waren Christenthums Exercirt, sondern in Rechnen und Schreiben unterricht gegeben wird, und zum beschluß eine Nützliche anweisunge des Weiblichen geschlechts, in Nehen und knütten. da ich nun nach langen kriegen Endlich gesieget, so lebe ich nunmehro vergnügt und zu frieden, die Wohlthaten so mir der Höchste ferner aus erkohren, bleiben mir unverlohren, Mein vertrauen ist auf gott gericht, ich glaube und zweiffele nicht, er wird geben was mir gebricht. ///

---

[48] Johann Martin Vowinkel, Leutnant 4. Kompanie, 1. Bataillon des Landregiments.

[49] Caspar Johannes Julius Roerhand, Beginn des Studiums der Theologie an der Universität Helmstedt am 13.10.1736; vgl. Die Matrikel der Universität Helmstedt, S. 170.

[50] *Examina* = Prüfung, Examen; vgl. den Art. »Examen«, in: Grimm/Grimm, Deutsches Wörterbuch, Bd 3, Sp. 1207.

[51] *Concession* = Konzession, Erlaubnis; vgl. die Art. »Erlaubnis« sowie »Erlaubt«, in: Grimm/Grimm, Deutsches Wörterbuch, Bd 3, Sp. 892 f.

Quod libet de Anno Dom[ini] 1763[–1784]

[Tagebuch des Johann Heinrich Ludewig Grotehenn 1763–1784]
[Stadtarchiv Braunschweig H III: 3-65]

[ANNO 1763]

Anno 1763. den 26ten January Marchirte daß Regiment v[on] Imhoff in die Stadt Braunschweig unsere letzten land und Winter Quartiere Hatten wir in dem Stifthildesheimschen, ich lag in dem dorffe Schölverte und Mein Quartier war bey der Witwe Könneken, woselbst ichs in aller wohl zu frieden war.

Mein ersterer Wihrt in braunschweig, war der Kaufmann H. Wiedemann, allein ob dieser gleich ein vornehmer Kaufmann war so war doch daß betragen jener Witwe und bäuerin, diesem H. weit vorzuziehen. Hier mag ein krieges Verständiger weiter nach denken, Worin es bestanden.

Den 31ten January kaufte ich mir eine Silberne taschen Uhr für 5. Louis d' or.

Den 5ten Febr[uar] soll der frieden zwischen Oestereich Sachsen und Preußen unterzeichnet seyn.

Den 15ten Febr[uar] sind die friedens art[icel] auf dem Schloße Hubertusburg zwischen obigen 3. Hohen Potentaten geschloßen, und auf Ewigen frieden Stipulirt und vestgesetzt. Der art[icel] sind 21. ohne die 3. Separat Art[icel] übers Reich betreffend[1]. ///

[ANNO] 1765

Den 21ten Juny Habe ich die probe in der Guarnison kirche gesungen.

Den 7ten July Reiste die braunschweigische Prinzessin Elisabetha[2], so an den Cron Printz v[on] Preußen[3] vermählt Morgens um ½ 3. Uhr Nach Preußen ab.

Den 16ten August war eine starcke sichtbare Sonnen finsternis, worauf eine trockene Witterunge und guthe Erndte Zeit erfolgte.

---

1 Vgl. S. 137, Anm. 577.

2 Elisabeth Christine Ulrike, Prinzessin von Braunschweig-Wolfenbüttel (* 9.11.1746 in Wolfenbüttel; † 18.2.1840 in Stettin), wurde am 14.7.1765 in Salzdahlum mit dem preußischen Thronfolger Friedrich Wilhelm II. vermählt; vgl. Spehr, Elisabeth Christine Ulrike, in: ADB, Bd 6, S. 37 f.

3 Friedrich Wilhelm II. (* 25.9.1744 in Berlin; † 16.11.1797 in Potsdam), ab 1786 König von Preußen.

Den 11ten Sept[em]b[e]r Wurde ich im fürstl[iche] Consistorio Examinirt und beeidigt[.]

Den 4ten Octob[e]r wurde ich zum Opffermann in der Guarnison kirche introducirt.

Den 9ten Nahm ich abschied von Meinen Wihrt H[err] Hügeler, und übergab selben eine danck sagungs Schrifft vor das guthe so er mir jederzeit da ich bey ihm gewohnet erzeigt, und zog in der frau Reinhardten hauß auf dem Aegidien kirchhoffe[4].

Nunmehro Hatte ich meine völlige beschäfftigunge nicht allein mit verrichtunge Meiner dienst und Amts Pflichten, sondern daß ich mich auch alle Reglements ordnungen und Instructiones bekannt machte, indem ich weiter nichts zu Meinen unterricht Hatte. ///

[ANNO] 1766

Dieses jahr ist eine besonders guthe witterunge gewesen, so daß leute von 80. Jahren sich keines beßern Sommers zu erinnern wißen. Der frühling mochte damit in Monat Mart[ii] und Aprill denn Anfang, der Regen ist zwar sehr spahrsahm gefallen doch zur Höchsten Zeit der Noth ist selber gekommen. Nach Jacoby[5] Hats denn 17ten Septe[mber] angefangen einige tage zu regnen, Nachhero ists beständig guther Sonnenschein gewesen, bis den 25ten Nov[ember] Hats der liebe Gott wieder regnen laßen. ///

[ANNO] 1767

Den 18ten Febr[uar] überfiel mich das 3. tägige fieber und muste mich ¾. jahr damit tragen.

Den 27ten Febr[uar] Hatten wir ein schwer gewitter donnerte und blitzte nicht sehr, Abends um 6. Uhr.

In Monat Mart[ii], Aprill u[nd] May, waren wenig angenehme tage.

Den 24ten Aprill abermahl ein schwer Gewitter.

Den 11ten Juny und 10ten July Schwere Gewitter.

Übrigens ist dieses Jahr ein so gesegnetes Jahr des Herrn gewesen, als Menschen nicht denken können, Alle früchte, in, und [///] auf der Erden Korn und Obst, alles übermäßig. Regen und Sonnen schein Hat setets Nach Gottes Güthe gewechselt, die Erndte Zeit war unvergleichlich und dauerte die Angenehme witterunge bis in denn Monat Decemb[e]r da fiel aber ein Hefftiger, trockener frost ein und Continuirte ohne Veränderunge bis Neue Jahr, so daß die gewäßer bereits sehr klein wurden. ///

---

4 Die Aegidienkirche war Teil des ehemaligen Benediktinerklosters und ist seit 1529 eine evangelisch-lutherische Kirche in Braunschweig; vgl. Giesau, Aegidienkirche, S. 10.

5 *Jacobi* = Jakobstag, Gedenktag für den heiligen Jakob, 25. Juli.

[ANNO] 1768

Der Hefftige frost womit daß vorige Jahr beschloßen, Hält noch beständig ine, und ist stehen geblieben bis zu Ende des Mon[ats] Febr[uar] da kam ein Thauwetter, Allein wie unbeschreiblich ist dieses kälte gewesen, Es sind Hin und wieder Menschen erfroren, das Wild in denen Wäldern Hat wegen kälte und Hunger vielfältig Crepiren müßen die lieben korn früchte sind durch die guthe Schnee decke so gleich anfangs Häuffig Herunter fiel guth geblieben, An denen Örtern wo nur kleine Gewäßer oder brunnen gewesen da Haben die leute ihr benöthigte Waßer [///] Vor sich und ihr Vieh theils über eine Meile weges Hohlen müßen, indem alles gantz trocken aus gefroren, Mahlmühlen so von waßer getrieben Haben an denn wenigsten orten mehr Mahlen können, dem großen Vieh als kühen und Pferden sich ihre portion Waßer zu gemeßen und Hat Mann an allen Barom[etern] und Thermom[etern] war genommen, daß die kälte größer gewesen als Anno 1707. 1709, und 1740. welches doch denen Nachrichten zu glauben kalte Winters gewesen sein; Alle weit entfernten länder Haben sich in denen Zeitungen nicht satt schreiben können, wie groß auch die kälte bey Ihnen gewesen wäre, und wie Viel Menschen und Vieh erfroren. Zu Ende des Monats Febr[uar] ging zwar der Winter auf und kahm Waßer wieder, Allein der Mart[ii] fing wieder mit eben so Hefftiger kälte an, und weil der Schnee Mehrentheils weg war, so fingen nunmehro die Garten und feld früchte an zu leiden, diese kälte dauerte gleichfalls, ohne viele Veränderunge bis Ostern hin; und ists überhaupt [///] bis Monat Juny nicht viel oder beständig warm gewesen Anfang Juny Hats noch einige Nächte Eys gefroren, die vielen Walnuß bäume so hier um die stadt stehen sind fast alle erfroren, und die jenigen so noch ein wenig leben behalten, Haben um Johannis[6] erst blätter aus geschlagen. Obst und Wilde bäume sind vor großer kälte gantz aufgespalten, und ist also auch von Obst wenig oder gar nichts zu Hoffen: An denen Örtern Wo große flüße passiren, Haben die leute beym gäntzlichen auf Thauen abermahl sehr gelitten, daß gewaltige Eys Hat so viele brücken aus dem grunde weg gestoßen wobey so viele Menschen um leben und Gesundheit gekommen, bey an wuchs des waßers Hat sich daß viele große Eys in denen flüßen wie Häuser auf getürmet, Wovon daß Waßer getauet, und in Ebenen gegenden [///] gewaltige überschwemmungen Angerichtet, so daß Städte und dörfer ins Waßer dadurch gesetzt sind: Nochmahlen des vielen Schnees zu gedencken; So sind verschiedene Nachrichten eingelaufen, daß leute gefunden die zu Pferde geseßen und mit samt dem Pferden in schnee gesackt und erfroren sind; die Armuth untern geringen leuten Hat aller orten gar zu sehr gelitten, indem die kälte gar zu streng und Anhaltent gewesen also daß auch der Rath zu Hamburg aus Mitleiden bewogen worden, denen Armen zur beisteuer eine Collecta vor denen kirchthüren zu sammeln und von Milden Hertzen zu bitten; Wodurch eine Summa von 7740. Marcklübisch[7] 1. Schilling und 6 [Groschen] aufgebracht. So unter die Armen aus getheilet worden ist.

---

6 *Johannis* = Johannistag, Gedenktag für den heiligen Johannis, 24. Juni; vgl. S. 123, Anm. 501.

7 *Marcklübisch* = Lübische Mark, in Hamburg gebräuchliche Währung, die 1/3 Thaler entsprach; vgl. den Art. »Lübische Mark«, in: Krünitz, Oekonomische Encyklopädie, Sp. 215.

Von Waldshut, in Schwartzwalde[8], wird gemeldet, daß ein Armer bauermann So eine frau und 4. kinder zu ernähren gehabt, in der strengen kälte sey in den Wald gegangen, um Holtz zu Hohlen und dadurch Wärmde zu schaffen, da nun derselbe [///] ein großes stück holtz Hatte spalten wollen und bey dieser Verrichtunge Muß sich zu getragen haben, daß der keil aus dem Holtz geflogen ist und der Mann die eine Hand unvorsichtiger weise darzwischen eingeklemmet, so daß er sich selbst nicht erlösen und loß machen konte, sondern Hat müßen auf der stelle um kommen und erfrieren, des andern tages läst ihm seine frau suchen, es wird aber weiter nichts von ihm gefunden als eine zerquetschte Hand in dem Stück Holtz und seine zerrißenen kleider, daß übrige Hatten sich die wilden thire zur speise genommen.

Diesem Winter ist auch der Caffee von gebrandten Rocken, so in aufnahme gekommen, daß er nicht allein von geringen und Armen, sondern von Angesehenen und Reichen leuten getruncken worden, und zwar aus gedoppelten uhrsachen, der Caffee ist [///] theur so daß mann 3 [Pfund] Mart[ii] bohnen in der Messe von dem frömden Kauffleuten um 1 [Reichsthaler] erhalten, Hergegen der liebe Rocken ist nicht sehr theuer der [Himbter][9] kostet 18. bis 19. [Mariengroschen].

Aus Königsberg[10] in Preußen wird untern 18. Mart[ii] 1768 gemeldet, das am eben dem tage alda ein so Hefftiger Wind gewesen und ein So starcker Schnee gefallen, deßen sich beides kein Mensch mitten in Winter jemahls zu entsinnen wüste, dabey gedonnert und geblitzet, und zu Brandenburg 19. Meilen von Königsberg ists eben so Hefftig gewesen, und Hat daß gewitter daselbst in dem kirchthürmen geschlagen und angezündet, und wegen des starcken Windes und Schnees Hat kein rettungs mittel verschaffet werden können, bis Nach 5. Stunden, da das feuer durch das Hefftige Schneen gelöschet ist.

Am 24. Mart[ii] soll zu Mankmees[11] ein Mann in dem 101. Jahre seines alters gestorben sein, der sich in seinen gantzen leben nur [///] zweier Kranckheiten Hat zu erinnern gewust er Hat bis an sein Ende ein fein und Helles Augen licht gehabt, das gehör etwas verlohren, sein Nöthige brenholtz soll er sich bis an sein Ende selber gesammelt, und auf dem Rücken Nach hause getragen haben, seine Mehrste kost von Jugend auf soll Milch speisen gewesen sein.

Am 4ten Mart[ii] verstarb alhier der berühmte General Lieutenant, und Commandant dieser Stadt Braunschweig, Herr Philip Ernst von Imhoff: seine Tödliche Kranckheit war ein böses Hals geschwür, diesem Herrn Muß ich in seinem Tode rühmen loben und dancken, vor das guhte was er auch an mir gethan, und seine gühte, und geleisteten dienste werden von Hohen und Niedrigen gepriesen.

---

8 Waldshut-Tiengen, Kreisstadt des Landkreises Waldshut, Baden-Württemberg.

9 *Himbt, Himbter, Himbte* = aus Braunschweig stammende Maßeinheit für Getreide, 6 Himbten entsprachen dabei ca. einem Sack Getreide.

10 Königsberg, seit 1946 Kaliningrad, 1701 Krönungsort des ersten Königs in Preußen, bis 1945 wichtigstes politisches und ökonomisches Zentrum Ostpreußens, heute Hauptstadt der russischen Exklave *Oblast Kaliningrad.*

11 Mankmoos, heute Ortsteil von Warin, Landkreis Nordwestmecklenburg, Mecklenburg-Vorpommern.

In dem abgewichenen 1767. Jahre sind in dieser Stadt Braunschweig Copuliert[12] 262. Paar, getaufft 1241. kinder, gestorben [///] 1022. Persohnen.

Zu Venedig, woselbst die Jahrs rechnungen von d[en] 1ten Mart[ii] anzufangen P[f]legt, sind von 1ten Mart[ii] 67 bis d[en] letzten Febr[uar] 1768. 5608 Persohnen verstorben und 5024. geboren worden.

Von Dahme[13] wird gemeldet, das Am 7ten Aprill als Am 3ten ostertage Nachmittages um 2. Uhr in die dasige Waysenhauß kirche, da eben der Prediger noch auf der Cantzel gewesen ein gewitter in dem thurme geschlagen welcher Mitten auf der kirche stehen soll und diejenigen, so es von außen gesehen, haben berichtet, daß die gantze kirche mit feuer bedeckt gewesen wäre, Allein die Göttliche vorsicht Hätte es abgewendet daß von der großen Menschen versammlunge keiner zu schaden gekommen wäre, nur allein was der schlag an balken und fenstern zerschlagen Hätte.

Aus dem Sauerland[14] wird gemeldet daß Am 4ten May auf der so genandten [///] Junckern Höfe bey einem starcken gewitter fünff Männer sich untern Eichen baum begeben und gestellet, Wovon 3. durch einen wetterschlag getödtet wären.

Am 10ten May wurde ich mit Jungfer Maria Christinen Magdalena Vowinkeln von d[em] H[erren] Pastor Roerhand[15] zum H[eiligen] Ehestande ein gesegnet.

Am 18ten Juny Nachmittages um 3. Uhr gelangten S[eine] Majestät der könig v[on] Preussen[16] alhier untern getöne des groben geschützes an, und wurden von unsern durchl[auchten] Herzog und Erb Printzen eingefangen.

Von Mayntz[17] und Wetzelar[18] wird gemeldet, daß in der Nacht auf dem 5ten July ein so starckers gewitter von donner und blitz entstanden, und dabey ein Wolkenborst[19] geschehen, Wodurch so viel Waßer Herunter gestürtzet, daß die felder und garten dadurch so verwüstet das der vorigen gestalt nichts Mehr Ähnlich [///] geblieben, Auffen lande viele Bauerhäuser gantz um gerißen, und die geräthschaften aus denen Häusern weggeschwemmet, in der gantzen gegend sollen viele Menschen um ihr leben gekommen sein, eine frau und ihre 3. kinder Hat das Waßer auf ihrer flucht ergriffen, und mit sich genommen, selbe sind bey einer Mühle Nachher wieder gefunden, Vieh, von allerhand arten sollen in großer Anzahl ersoffen sein, starcker Ochse, ist von Wetzelar in einen garten gefunden und noch an die krippe gebunden gewesen. Es ist auch vieler Wein und bier hiedurch in denen Städten und Clöstern verdorben, in der Franciscaner kirche und Creutzgang bey Wetzelar[20] sollen alle untergeräthschafften um 4. Uhr Nachts in Waßer gestanden haben, und

12 *Copulirt* = verheiratet.
13 Wahrscheinlich Dahme/Mark, Landkreis Teltow-Fläming, Brandenburg.
14 In Nordrhein-Westfalen und Hessen liegende Region der deutschen Mittelgebirge. Der höchste Punkt ist mit 843,2 m ü. NN der Langenberg.
15 Vgl. S. 154, Anm. 49.
16 Friedrich II. von Preußen; vgl. S. 34, Anm. 26.
17 Mainz, Residenzstadt der Erzbischöfe und Kurfürsten von Mainz, Landeshauptstadt von Rheinland-Pfalz.
18 Wetzlar, ehemalige Reichsstadt und von 1689–1806 Sitz des Reichskammergerichts, Lahn-Dill-Kreis, Hessen.
19 Wahrscheinlich abgeleitet von *bersten* = brechen, daher *Wolkenborst* = Wolkenbruch.
20 Franziskanerkirche am Schillerplatz, erstmalig 1248 erwähnt, 1555 durch die Franziskaner der lutherischen Stadt übergeben; vgl. Stadt Wetzlar, S. 328–331.

über 30. gräber in der kirche ein gestürtzet sein, und Hätte daß Waßer einen solchen Schlam hinter sich gelaßen, daß alles damit überzogen, so das keiner die ungestalt aller dinge schildern oder [///] Mahlen könte, die RingMauern des Jungfern Closters zu Dahlheim[21], soll Mehrentheils ein gestürtzet sein.

Am 9ten July soll in den Städtgen Taucha[22], eine Meile von Leibzig, durch verwahrlosunge vormittages um 9. Uhr feuer auf gekommen sein, und zugleich ein Hefftiger Wind, so daß alle Hülfsmittel vergeblich gewesen, und Hätte das feuer bis Nachmittages um 4. Uhr gebrand, Wodurch über 100 Häuser nebst der Kirche und Pfarrhäuser in die Asche gelegt worden.

Am 12ten July, soll das Städtchen Adorff[23] eben solch trauriges Schicksaal der feuersbrunst gehabt haben, (selbe liegt in Voigtlande[24]) die flamme ist Abens um 5. Uhr ausgebrochen, und Hat so Plötzlich überhand genommen daß die gantze Stadt, Nebst dem Rathhause kirchen, Pfarr und Schulhäusern in einer Zeit von 2. Stunden ein Raub der flammen gweorden, 2. Persohnen [///] sind dabei ums leben gekommen, und keiner soll bey der Schnellen ausbreitunge der gluth nicht das Mindeste haben retten können.

Aus Warschau wird gemeldet, das am 22ten July alda ein so schweres gewitter gewesen welches [~~welches~~] Nachmittages um 3. Uhr, seinen anfang und Nachts um 11. Uhr erst seinen abzug genommen, und gantz ensetzliche schläge gethan, so aber allesamt ohne anzünden gewest, jedoch aber vieles zerschmettert.

Die Londoner Nachrichten Haben besonders diesem frühjahr geklagt das alda die lebensmittel nicht allein sehr theuer, sondern auch raer zu bekommen wären, Nunmehro aber wird gantz außer ordentlich gemeldte und gerühmet von einer guthen und reichen Erndte, Nebst der Angenehmen witterunge zur ein samlunge der früchte. Der Lord und Ertzbischof v[on] Canterbury Thomas Sieker[25] Primas von gantz England[26] *f. f.* ein gewesener Großer Gottes gelehrter soll dem jetzigen könig[27] getaufft Confirmirt und Copulirt, auch ihm und die königin zu krönen die Ehre gehabt haben, dieser ist am 3ten Aug[ust] 1768 in dem 75. Jahre seines alters gestorben. [///] Aus Gironda[28] wird gemeldet das Am 9ten July bey Sonnen untergang und stiller luft, auf dem Meere ein großes Getöse gehört wäre. Bald Hiernach Hätten

[21] Frauenkloster Dahlheim, bei Lichtenau, Nordrhein-Westfalen. Das Kloster wurde ab ca. 1460 errichtet und im frühen 18. Jahrhundert wesentlich erweitert, was es in einem weiten Radius bekannt machte. 1803 wurde der Konvent aufgehoben und das Kloster mit seinen Besitzungen säkularisiert; vgl. Segin, Kloster Dahlheim.

[22] Taucha, Stadt im Landkreis Nordsachsen, Sachsen.

[23] Adorf im Vogtland, Kleinstadt im Voigtlandkreis, Sachsen.

[24] Vogtland ist der Name einer Region, die Flächen Sachsens, Bayerns, Thüringens sowie Tschechiens einbezieht.

[25] Thomas Secker (* 21.9.1693 in Sibthorpe; † 3.8.1768 in London), von 1758–1768 Erzbischof von Canterbury; vgl. Gregory, Secker, Thomas, in: Oxford Dictionary, vol. 49, S. 622–631.

[26] *Primas von gantz England* = geistliches Oberhaupt der Kirche von England; vgl. Gregory, Secker, ebd., S. 622.

[27] Georg III. Wilhelm Friedrich (* 24.5. (jul.)/4.6. (greg.) 1738 in London; † 29.1.1820 in Windsor Castle), von 1760–1801 König von Großbritannien und Irland, Kurfürst von Braunschweig-Lüneburg.

[28] Girona, Stadt in der autonomen Region Katalonien, Spanien. Das Gebiet um die Stadt wird von einer Vielzahl von Vulkankegeln geprägt.

sich die Wellen ohne allen Wind bis an die Wolken in die Höhe geschlagen und wären einige flammen aus dem Meer gefahren, Nachdem das Meer wieder stille geworden, wäre ein kleiner feuriger berg auf dem Waßer Hervor gekommen, so einige Minuten hin und Her gewandert, und sich endlich unter einen gepraßel, als Vieler 100. Pistolenschüßen in dem Meers Wellen verlohren hätte.

Von Eisenstadt aus Ungern[29] wird gemeldet das Am 21ten Aug[ust], in einen bürgers Hause Schmaltz so an feuer gestanden brennend geworden wäre, und um 11. Uhr feuer auf gekommen, welches ohne ein rettunges Mittel bis denn andern tag gebrandt, und einen großen theil der Stadt das Franciscaner und frauen Closter[30] mit ihren kirchen in die Asche gelegt. (dieses ist eine lehre wie Mann mit brennenden Materialien umgehen und behudtsam sein muß und soll.) [///] In der Nacht von 16ten auf dem 17ten August Hatten wir alhier ein gantz außerordentlich schwer Gewitter, unter anhaltenden blitzen, geschahen verschiedene so Harte donner schläge, als solte dadurch die gantze Welt verschmettert werden, Mann Hört aber noch nicht das es Hier und in der Nachbarschaft schaden gethan.

Von Basel wird gemeldet daß Tages darauf wie Hier daß starcke gewitter in der Nacht gewesen, alda als am 17ten August der gantze Horizont mit einen schwartzen dicken gewölcke um zogen wäre, und in der luffte Hätte mann ein fürchterliches gepraßel gehöret Worauf ein starcker Hagel gefallen, welcher von solcher größe gewesen, daß sich die Ältesten leute [~~sich~~] dergleichen geseshen zu haben nicht entsinnen können, Weil aber der Wind stille gewesen, so soll kein Großer Schaden dadurch gewesen sein. Von solchen entsetzlichen gewittern ist von vielen Örtern Meldunge geschehen, Auch verschiedenen gegenden so durch einschlagen besonders gelitten, und zu vielmahlen mit außer ordentlichen Sturm Winden begleitet. [///]

Aus Schwaben[31] wird gemeldet, das die Stadt Memmingen[32] sich kaum von dem schweren und schädlichen gewitter, so 8 tage vor über, sich etwas wieder erholt, am 18ten Augus[t] abermahls mit einen fürchterlichen gewitter heimgesucht, Wodurch beynahe ihre gäntzliche Niederlage gewesen wäre. Um 1. Uhr Nachmittages wäre der Himmel gantz mit Schwartzen Wolken umzogen und Hat gedonnert und geblitzet, und der Wind und Wetter Hatten in der luft ein solch getöse gemacht das der eine Menschen denn andern nicht Hören oder verstehen können, der Hagel so gefallen ist der größeste einer faust groß, der andere wie Hüner Eyer welcher alle dächer und fenster zerschlagen so gar die blechern rennen untern dächern daß vieh auf dem felde theils getötedt die Vögel sollen bey tausenden auf dem feldern todt gelegen haben, die Äste von dem bäumen geschlagen, und in einen Nahen belegenen dorffe sind [///] durch zündschläge 2. Häuser gantz abgebrand die bäume und Weinberge so wohl dießeit als übern Rein sollen eine gestalt wie mitten in Winter Haben: und könte dieses Elend nicht genugsahm beschrieben werden.

---

29 Eisenstadt, wahrscheinlich die Freistadt Eisenstadt im ostösterreichischen Burgenland.

30 Das Franziskanerkloster in Eisenstadt wurde 1386 errichtet, allerdings erst 1630 dem Franziskanerkonvent in Eisenstadt übergeben.

31 Schwaben, Region, die in Teilen der Bundesländer Baden-Württemberg (Osten) und Bayern (Westen) liegt.

32 Memmingen, kreisfreie Stadt im Regierungsbezirk Schwaben, Bayern.

Aus Dresden wird gemeldet, daß Am 22ten Aug[ust] in dem Städtgen Ruland, in der Ober Lausitz[33] Am Jahr Marckts Tage, Nachmittags um 5. Uhr ein erschrecklich zorn feuer aufgekommen, und da alda Mehrentheils die Häuser mit Schindeldächern wären, So Hätte kein rettungsmittel stattfinden können, die brennenden Schindeln wären in die kaufmanns buden geflogen, die Kürschner sollen theils 500 [Reichsthaler] Schaden, und die Kaufleute so mit Tücher ausgestanden über 1000 [Reichsthaler] Schaden erlitten haben, indem Sie mit ihrer Persohn genug zu thun gehabt, der flammen zu engehen, viele Menschen sollen von brand beschädigt, und eine anzahl kinder gäntzlich vermißet sein: und da durch die große dürre und Sonnen Hitze zu vor alles sehr trocken gewesen, so Hat das feuer desto Heftiger um sich gegriffen, die Nacht darauf ist ein gewitter gekommen, und Hätte in einen Nahe dorffe ein geschlagen, und auch angezündet [///] Aus Thüringen wird gemeldet das Am 26ten Aug[ust] in dem dorffe Donndorff[34] früh um 4 Uhr eine feuersbrunst entstanden welche innerhalb einer stunde 24. Häuser in flammen gesetzet, so wegen eines Hefftigen Windes auch nicht zu retten gewesen, nur die kirche so von allen Seiten mit feuer umgeben, wäre gerettet worden. Denn folgenden tag als d[en] 27ten Aug[ust] wäre in dem Dorffe Henterode, 2. Stunden von Wiehe[35] gleichfalls feuer aufgekommen, Nachmittages um 2. Uhr, Wodurch 43. Häuser eingeäschert worden.

Von Budingen[36] wird gemeldet, das am 1ten Sept[em]b[e]r abends um 4 Uhr die dasige gegend mit einen fürchterlichen wetter betroffen wäre, Schloßen[37] so gefallen, wären wie Tauben Eyer groß gewesen und mit einen starken Wind begleittet so daß die noch übrigen feld und garten früchte gäntzlich dadurch verdorben; daß abgemehete, und in Hauffen gestandene Heu wäre von vielen Waßer weg geschwemmet. [///]

Zu dem fürstl[ichen] Amt Freyheim gehörigen dorffe Gevensleben[38] ist Am 9ten octob[e]r Vormittages um 10. Uhr, da noch die mehrsten ein wohner in der kirche gewesen, eine feuersbrunst entstanden, Wodurch etliche zwanzig der beträchtlichsten Ackerhöfe in die Asche gelegt, die kirche, daß Pfarhauß bis auf die Scheune und die Schule sind stehen geblieben.

Am 10ten Octob[e]r Abends um 9. Uhr Hat sich Am Himmel ein schönes schauspiel der Natur, Nemlich eine Nordlicht sehen laßen, Worin allerhand schöne figuren zu sehen gewest.

Aus Paris wird untern 11ten Octob[e]r gemeldet wie alda und in dortiger gegend eine so große theuerunge und Mangel an lieben brot wäre daß leute bereits vor Hunger und kummer gestorben wären, und daß der könig[39] beym aus Reiten und fahren von dem Armen und Hungerigen Volck umringet würde welche nicht um geld sondern um brot bitteten.

---

33 Ruhland, Gemeinde im Landkreis Oberspreewald-Lausitz, Brandenburg.

34 Donndorf, Gemeinde im Kyffhäuserkreis, Thüringen.

35 Wiehe, Gemeinde im Kyffhäuserkreis, Thüringen.

36 Büdingen, Stadt im Wetteraukreis, Hessen.

37 *Schloßen* = Hagelkörner; vgl. den Art. »Hagelschlosze«, in: Grimm/Grimm, Deutsches Wörterbuch, Bd 10, Sp. 148.

38 Gevensleben, Gemeinde im Landkreis Helmstedt, Niedersachsen.

39 Ludwig XV., König von Frankreich; vgl. S. 91, Anm. 356.

Ach wie ist doch unser land und gegend, von dem algüthigen gott dis Jahr abermahl so reichlich gesegnet. [///]

Den 24ten Octob[e]r bemerkte mann folgende besondere begebenheit, Es ließen 2. Grenadier von d[es] H[errn] Capitain v[on] Pölnitz[40] Compag[nie] Nahmens Carl Ludewig Lüderitz, und David Schumann jeder eine Tochter Tauffen, so in einer stunde zur Welt geborn, und von einer bade Mutter oder Hebamme zur H[eiligen] Tauff[e] beide gebracht wurden, Auch beider zu gleicher zeit d[er] H[err] Pastor und Guarnison Prediger Roerhand vor geführt, denn Tauff Actus unter eins über sie zu verleßen, ferner trug es sich zu, daß auf belieben der gevatter[41] beider kinder [~~der~~] einerley Nahmen bey gegelegt wurden Nemlich Johanna Maria Dorothea: daß Merckwürdige Hierbey ist daß alle getroffene einigkeiten daß Ansehen haben, als wäre es von denen Vätern und gevattern eine verabredete Vereinbarunge; solches ists aber nicht, sondern alle ver einigunge ist ein bloßes ohngefehr, und besondere begebenheit, der gleich nicht leich[t] geschiehet. [///]

Von Gröningen[42] wird gemeldet das am 19ten O[cto]b[e]r alda eine frau Witwe Bolten[43] in einen alter von 102. Jahren gestorben sey, die bis an ihr Ende ohn[e] brillen gelesen.

Von Berlin wird ein gleiches gemeldet das ein Invalied Nahmens Fratzer in einen alter von 128. Jahren gestorben sey, welcher schon dem großen könig Wilhelm[44] gedient, und vielen schlachten und belagerungen beygewohnt, aber Niemahlen dabey verwundet.

Von Bareuth[45] wird gemeldet, das Am 25ten octob[e]r eines dasigen gärtners frau mit 3. kindern, so alle volkommener größe gewesen Nieder gekommen wäre.

Den 5ten Septemb[e]r a[nni] c[urrentis] ist in Helmstedt[46] der gefreit Corporal Johann Gerhard Bartels (gebürtig aus Eschershausen.) gestorben, welcher sein leben bis 107. Jahr gebracht, Er Hat 4. Regierenden Herzogen alhier gedient, und 2. Mahl verheyrathet, die letzte frau Hat er 50. Jahr gehabt, und selbige ist 88. Jahr alt worden Er Hat 74. Jahr in pension gestanden und zu letzt 2 Jahr in Witwer stand gelebt, und bis an sein Ende ohne brill[e] gelesen, auch keine schweren betlägrige kranckheiten aus gestanden. (.Gott du bist Wunderbar.) [///]

Von Florenz wird gemeldet, das am 18ten Octob[e]r sich alda ein fürchterliches Hagel wetter Nieder gelaßen. D[en] 19ten darauf Hätte sich eine erschütterunge verspühren laßen, welche Nach Verlauf einiger stunden sich Hefftiger eingestelt, und in

---

40 Pölnitz, Hauptmann, Kompaniechef im 2. Bataillon der Leibbrigade.

41 *Gevatter* = Taufpate, veraltet Gevatter; vgl. den Art. »Pathen, Pate«, in: Zedler, Grosses vollständiges Universal-Lexicon, Bd 26, Sp. 1297–1309.

42 Gröningen, Gemeinde im Landkreis Börde, Sachsen-Anhalt.

43 Möglicherweise diente die hier erwähnte Witwe Bolte für die später in Wilhelm Buschs Max und Moritz beschriebene Witwe als Vorbild.

44 Die Titulatur »Großer König« ist verwirrend. Wahrscheinlich gemeint ist hier Friedrich Wilhelm von Brandenburg (* 16.2.1620 in Cölln an der Spree; † 29.4. (jul.)/9.5. (greg.) 1688 in Potsdam), er trug den Beinamen *Großer Kurfürst*. Durch seine innenpolitischen Reformen und außenpolitischen wie militärischen Erfolge in der zweiten Hälfte des 17. Jahrhunderts begründete er den Aufstieg Brandenburg-Preußens.

45 Bayreuth, kreisfreie Stadt in Oberfranken, Bayern.

46 Helmstedt, kreisfreie Stadt im Landkreis Helmstedt, Niedersachsen.

einer Zeit von 10. [~~stunden~~] Minuten viele Häuser umgestoßen, und ein altes Castell mit einen Thurm so auch um gestürtzet, und viele um stehende Häuser Nebst denn darin gewesenen Menschen zu Trümmern gemacht, viele kirchen sollen beschädigt sein und die gantze Nacht soll die schütternde bebung gewährt [~~haben~~], und sich an die 40. Meilen in umkreiß erstrecket [~~haben~~], und eine große Anzahl Menschen sollen überhaupt ihr leben ein gebüßet haben zu Mahlen da es Nacht gewesen und keiner gewust wo er hinfliehen sollen. [///]

Am 22ten Nov[ember] verstarb alhier der algemein beliebte und verdiente Prediger an der Martini kirche[47], M. Christian Schultze in 72. Jahr seines Alters, selbiger Hat an gedachter kirche in die 24. Jahr in PredigAmt gestanden.

Am 2ten Dec[ember] Morgens um 9. Uhr wurde der ausgeschriebene Land tag[48] durchs geläute der glocken in der burg kirche, eröffnet, unter Wärenden geläute versammelten sich die durch lauchtigst[e] Herrschaft unser Gnädigster Herzog[49] und Erb Printz[50] Nebst denen H[erren] geheimeten und anderen räthen[51], Wie auch die Obrigkeits und gerichts Persohnen aus denen Städten und Platten lande, in die burg kirche, und Wurde der Gottes dienst mit dem gesang N[umme]ro 215.[52] kom H[eiliger] geist H[err] Gott ·/. und Music der orgel angefangen, ferner N[umme]ro 459.[53] Ich Weiß Mein Gott das alle mein thun ·/. Darauf der H[err] Abt Jerusalem[54] eine Predigt that, welche solcher gestalt als eine für bitte zu dem Höchsten Herrn und Raths Herrn aller Raths Herrn, zu verstehen war, um das der algühtige Gott, zu dem vorhabenden land- (Text der Predigt Psalm 85. V[ers] 10. 11. 12. 13. 14)[55] [///] tages geschäfften und vorhabenden berathschlagungen seinen Seegen und gedeihen geben mögte, Nach der Predigt, Wurde gesungen N[umme]ro 219. Vers 10.[56] be-

47 Die St. Martinikirche in Braunschweig geht auf eine Gründung Heinrichs des Löwen 1190/1195 zurück und diente zunächst als Pfarrkirche. Sie wurde in den folgenden Jahrhunderten wiederholt erneuert und umgebaut; vgl. Koch, St. Martini.

48 1768 berief Karl I. einen Landtag im Herzogtum Braunschweig-Wolfenbüttel ein, »um den drohenden Staatsbankrott abzuwenden«. Dieser war ein Resultat der Beteiligung am Siebenjährigen Krieg sowie der größeren politischen Bedeutung, die mit einem Mehr an Repräsentation verbunden war. Der Landtag tagte bis 1770; vgl. Schmidt, Der Braunschweiger Landtag.

49 Karl I.; vgl. S. 31, Anm. 5.

50 Karl Wilhelm Ferdinand; vgl. S. 31, Anm. 6.

51 *Geheimten räthe* = geheime Räte, Berater des Fürsten in politischen, militärischen, religiösen und weiteren Themenbereichen, die ihre Beratungen in den fürstlichen Kabinetten, somit im Geheimen, abhielten; vgl. den Art. »Silentiarii«, in: Zedler, Grosses vollständiges Universal-Lexicon, Bd 37, Sp. 1301 f.

52 Kirchenlied *Komm heiliger Geist, Herre*. Vollständiges Braunschweigisches Gesang-Buch, S. 215.

53 Kirchenlied *Ich weiß mein Gott, daß all mein thun*, ebd., S. 505–507.

54 Johann Friedrich Wilhelm Jerusalem (* 22.11.1709 in Osnabrück; † 2.9.1789 in Braunschweig), Aufklärer, protestantischer Theologe und seit 1742 Prediger am Hof des Herzogs von Braunschweig-Wolfenbüttel sowie Erzieher des Erbprinzen Karl Wilhelm Ferdinand von Braunschweig-Wolfenbüttel; vgl. Wagenmann, Jerusalem, Johann Friedrich Wilhelm, in: ADB, Bd 13, S. 779–783.

55 »Sein Heiland ist denen nahe, die ihn fürchten. / Seine Herrlichkeit wohne in unserm Land. Es begegne einander Huld und Treue; / Gerechtigkeit und Friede küssen sich. Treue sprosst aus der Erde hervor; / Gerechtigkeit blickt vom Himmel hernieder. Auch so endet der Herr dann Segen / und unser Land gibt seinen Ertrag. Gerechtigkeit geht vor ihm her / und Heil folgt der Spur seiner Schritte«. Ps 85,10–14.

56 »Beschirme die policeyn, Bau unser fürsten thor, Das er und wir gedeyen; Schmück, als mit einer kron, Die alten mit verstand, Mit frömmigkeit die jugend, Mit gottesfurcht und tugend Das volk

schirme die Policeyen ·/. und zum beschluß N[umme]ro 38. V[ers] 4. Gott Vater dir sey Preiß[57] ·/. die Hohe Herrschaft gingen darauf unter vortretunge dero Laquaien[58], und gefolg[e] der H[erren] Minister Nach dem Schloß auf dem Grauenhof[59] die übrigen RathsHerrn und gesandten versammelten sich auf dem Chor in der kirche, und wurden durch d[en] H[errn] Hof Marschall v[on] Campen welcher dem Staab in der Hand Hatte, Nach Hoff in das fürstl[iche] Audientz gemach geführt woselbst des Regierenden Herrn Herzogs[60] durchlaucht unter dero Dais saßen, und zur rechten Seite den durchl[auchten] Erbprintzen zur linken Seite aber [~~aber~~] des Printzen Leopold[61] durchl[aucht] auf seßeln Neben sich sitzen Hatten, der Herrn Ministers Excell[enzen] standen zur rechten Seite in einiger Entfernunge an diese schloßen sich zur linken die H[erren] Prälaten[62], die H[erren] Schützrähte, und übrigen von der Ritterschaft. Worauf die H[erren] deputirte der Städte folgten ·/. Einer d[er] H[erren] Minister redete also die Versammelten H[erren] d[er] Stände von wegen des durchl[auchten] Herzogs an, und eröffnete Ihnen die landes fürstl[iche] Proposition[63]. [///] Am 5ten Decemb[e]r abends zwischen 6. u[nd] 7. Uhr ist An Himmel ein starckes Nordlicht erschienen, welches in Anfang eine Menge rohter Stralen schloß, die aber Nach und Nach Heller und blaßer wurden.

Von Porto-Ferraja[64] wird gemeldet daß Nach einer 7. Monats Dürre, Am 2ten Nov[ember] ein so starckes Regenwetter eingefallen dergleichen sich Niemand zu erinnern wüste in den Niedrig liegenden gegenden stünde alles mit Waßer überschwemmet. Obiges Nordlicht ist zu eben solcher Zeit in weit entfernten ländern gleichfalls in seiner Hier erschienenen gestalt, erschienen und gesehen worden.

Diesem Herbst ist in der Nacht auf dem 11ten Decemb[e]r der erste Schnee gefallen, Worauf es auch gefroren, und 8 tage damit angehalten darauf ist es wieder gelinde geworden und Hört mann daß die land leute ihr Vieh, kühe, Schaafe und

---

im ganzen land«. 10. Strophe des Kirchenliedes Euch ein zu deinem thoren; vgl. Vollständiges Braunschweigisches Gesang-Buch, S. 217–219.

57 »Gott Vater, dir sey preis Hier und im himmel oben, Gott Sohn, Herr JEsuCrist, Wir wollen dich stets loben, Gott heiliger Geist, dein ruhm Erschalle mehr und mehr, O Herr drey-einiger Gott, Dir sey lob, preis und ehr«. 4. Strophe des Kirchenliedes *Nun danket alle Gott*; vgl. ebd., S. 42.

58 *Laquaien* = Lakai, herrschaftlicher Diener; vgl. den Art. »Laquay«, in: Zedler, Grosses vollständiges Universal-Lexicon, Bd 16, Sp. 825.

59 Grauehof oder Graue Hof, ehemaliger Zisterzienserhof in Braunschweig, ab 1718 wurde an der Stelle das Braunschweiger Residenzschloss errichtet; vgl. Wedemeyer, Das ehemalige Residenzschloß zu Braunschweig, S. 12.

60 Karl I.; vgl. S. 31, Anm. 6.

61 Maximilian Julius Leopold von Braunschweig-Wolfenbüttel (* 11.10.1752 in Wolfenbüttel; † 27.4.1785 in Frankfurt an der Oder), Prinz von Braunschweig-Wolfenbüttel, seit 1782 Generalmajor in Frankfurt an der Oder, wo er 1785 bei einem Hochwasser ertrank; vgl. Zimmermann, Leopold (Maximilian Julius Leopold), Herzog von Braunschweig und Lüneburg, in: ADB, Bd 18, S. 376 f.

62 *Prälaten* = in der Katholischen Kirche Bezeichnung für alle hohen geistlichen Würdenträger, hier wahrscheinlich durch Grotehenn auf protestantische Kirchenmänner bezogen; vgl. den Art. »Prälat«, in: Zedler, Grosses vollständiges Universal-Lexicon, Bd 29, Sp. 59–61.

63 *Proposition* = durch den Kaiser, König oder Fürsten dem jeweiligen Reichs- oder Landtag vorgelegtes Forderungsschreiben, dass meist mit der Erhebung von Steuern verbunden war; vgl. den Art. »Proposition«, in: Zedler, Grosses vollständiges Universal-Lexicon, Bd 29, Sp. 903–905.

64 Portoferraio, wichtiges Verwaltungs- und Handelszentrum auf der Insel Elba.

Schweine täglich vor dem Hirten auf die Weide schickten. Wir Haben also beym beschluß dieses Jahrs dem algühtigen Gott mit Hertz und Mund Nach aller möglichkeit zu dancken, vor dem reichen Segen, denn er uns erwiesen und geschenckt, da an vielen, entferneten orten allerhand Noth und Plagen, die Menschen kräncket, drücket und betrübet ·*f*. ///

[ANNO] 1769

Durch die gnade gottes fahre nun fort, in diesem Jahre, ferner Meine Anmerckungen zu verzeichnen: der Algühtige Gott gebe demnach zu allen Meinen thun und verrichtungen, seines geistes kraft und bey stand ·*f*.

Dieses Neue Jahr fährt noch mit der gelinden Witterunge fort, Womit daß alte Jahr beschloßen ist!

Aus England, wird vor eine Ware geschichte gemeldet, daß ein frauen zimmer welches kaum einen tollen ochsen aus weichen können, darüber in einen schrecken gerahten wäre, daß ihre sonst gantz schwartzen Haare, in Zeit von vier stunden völlig grau geworden wären, dieses ist ein bewseiß daß der schrecken vieles ver uhrsachen kan.

Aus Madrid, wird untern 12ten Januar[i] gemeldet, wie in dasiger gegend durch ein Erdbeben und Hefftigen Wind Sturm ein großer schaden veruhrsachet, und [///] die zucker Pflantzungen in eine große ver wüstunge dadurch gerathen wären, die größten bäume mit Wurtzeln aus der Erde gerißen daß gantze Tabacks Magazin über 2000. c[en]t[ner] wären aufs Meer geschwemmet. Zu Havana[65] sollen alle kirchen und Palläste, Wie auch gefängniß thürme und Hohe gebäude eingestürzet sein ·*f*. 69. Schieffe im Harfen und auf der See theils gescheitert, theils zu grunde gegangen sein, So daß durch diesem Sturm in einen nicht weiten um kreiß auf 4957. eingestürtzete und beschädigte gebäude sein sollen 37. Menschen die getödtet und 116. die verwundet worden. Zu Tontuga[66] sollen durch einen andern orkan, die Saltzwerke[67] gantz zernichtet sein ·*f*. (·O Gott wie groß ist deine gnade, daß du unsere länder und gegenden vor solchen unglücken und verwüstungen bisher bewaret, ach verschone uns doch ferner um deiner gühte willen·)

Aus Florentz[68] wird unterm 4 Febr[uar] gemeldet, wie alda eine so große kälte gewesen als sich keiner zu erinnern wüste, und der ungewöhnliche viele schnee, so dabey gefallen ·*f*. [///]

Aus Neapolis[69] wird unter 2ten Mart[ii] [gemeldet,] daß In Apulien[70] diesem Winter verschiedene Menschen, wegen der dasigen kälte umkommen wären, welches in denen Mittägen[71] landschaften sehr ungewöhnlich schiene.

65 Havanna, Stadt auf Kuba, siehe auch S. 131, Anm. 545.
66 Wahrscheinlich gemeint ist das an der Nordküste Hispaniolas liegende Tortuga.
67 *Saltzwerke* = hier wahrscheinlich Verdunstungsbecken zur Gewinnung von Salz aus Meerwasser.
68 Florenz, Stadt in der Toskana, Italien.
69 Neapel, Stadt in Kampanien, Italien.
70 Apulien, Region im Südosten Italiens mit Hauptverwaltungssitz in Bari.
71 *Mittägen* = südlich.

Von Budissen[72] wird unter 11ten Mart[ii] gemeldet daß in dem Dorff Rammenau[73] eines Armen Gärtners frau von vier lebendigen kindern entbunden, und alle 4. die H[eilige] Tauffe empfangen, Hätten 1. knäblein und 3. Töchter, so auch Gesund und wohl wären.

Eben dergleichen Nachricht erhält mann von einen andern ort daß eine frau von einen Sohn und drey Töchtern entbunden, so auch alle 4 die Tauffe empfangen aber 4 tage darauf ein Nach dem andern jeden tag eins gestorben wären:

Ferner wird gemeldet, wie eine Frau in einen unbenahenten Alter gestorben wäre, so in ihren Ehestande 14. kinder [///] gezeugt, und davon wieder so viele kindes kindes kinder erlebt, so daß Sie bey ihren ausgang der Welt 137. ihre Persohn mit eingerechnet, Hätte zählen können. (.Heute zu tage ein Wunder werck.) Von Regensburg[74] wird gemeldet, wie am 3ten Aprill in dasiger Gegend, ein so erschreckliches Gewitter gewesen, als die ältesten Persohnen sich dergleichen nicht zu erinnern gewust. In der gegend um Cham[75] Hätte es an 5. örtern in die kirchen geschlagen, die thürmer Angezündet so daß an einigen orten die Glocken geschmoltzen andern die Kantzel und altäre zerschmettert und überall, aber nur allein an denen 5. kirchen große Verwüstunge angerichtet Hätte ·*ſ*. ·*ſ*. O Gott du kanst deinen Donner krafft geben, Wir wißen aber auch wie du Gnädigst und barmhertzig bist, Ach so verschone uns doch künfftig in gnaden, vor solchen schrechen und schaden, und verschone uns als ein lieber Vater, Wir deine kinder Hoffen darauf daß du so gnädig bist, unsere Hertzen freuen sich, wie du so gerne Hilffest ·*ſ*. [///] Aus England wird gemeldet wie in Monat Aprill ein Mann zu N. gestorben, welcher 104. Jahr alt gewesen und seiner profession ein Hirte gewest.

Es wird gemeldelt, wie in Constantinopel[76] Jährlich zu aus gang des Monat Aprill da die Tulpen in ihrer besten blüte alda stunden, ein ordentlich Tulpen fest gefeiret würde, der Sultan[77], soll den gantzen Seraille, welcher mit dem Schönsten Tulpen bepflantzet, rund herum mit Boutiquen[78] besetzen laßen, Worin alle mögliche kostbarkeiten gebracht würden, und die Favorit Sultaninne stelte die galanterie händlerinnen vor, und der Sultan ginge selbst herum, und kaufte was ihm gefiele alle großen des Hofes sollen ihm Hierin Nach Ahmen, die Gärten sollen voller Musick sein, und mit Triumpfbögen geziert, und des Abends Illuminirt werden. Dieses alles geschehe darum denn frauen zimmer ein Vergnügen zu Machen. [///] Untern 26ten May wird von Königsberg gemeldet wie tages zu vor alda eine feuersbrunst aufgekommen, Nemlich in der fordersten vorstadt Morgens um 4 Uhr, so das, ehe Hülffe und die sprützen mit Waßer gefüllt werden können die flammen so Heftig um sich gerißen daß 100. Speicher, und ohngefehr 50. Wohnhäuser gäntzlich in die

72 Bautzen, Kreisstadt des Landkreises Bautzen, Sachsen.

73 Rammenau, Gemeinde im Landkreis Bautzen, Sachsen.

74 Regensburg, kreisfreie Stadt, Bayern.

75 Cham, Kreisstadt des Kreises Cham (Oberpfalz), Bayern.

76 Konstantinopel, heute Istanbul, zur Zeit der Aufzeichnung Hauptstadt des Osmanischen Reiches.

77 *Sultan* = in der islamischen Welt gebräuchlicher Herrschertitel, der dem Kaisertitel in der christlichen Welt entspricht; vgl. den Art. »Sultan«, in: Zedler, Grosses vollständiges Universal-Lexicon, Bd 41, Sp. 215 f. »Sultan [...], ist der Nahme des Türckischen Kaysers«.

78 *Boutique* (franz.) = Geschäft, hier Verkaufsstand.

Asche gelegt worden, und an Menschen 9. zu Tode gekommen 5. Soldaten und 4. Handwercksleute ·/. Vor einigen Jahren soll diese Stadt auch mit einen beträchtlichen brandtschaden Heimgesucht worden sein, Wovon diejenigen, denen es betroffen, sich noch nicht wieder erholet. Noch an dem vergangenen Winter zu gedencken! So ist derselbe, so leidlich und Nach art eines Winters fast angenehm gewesen, Wir Haben fast nicht mehr in allen, als einen Monat frost wetter gehabt, alle kälte zu sammen gerechnet, einmahl zimlichen Schnee, So aber nicht lange gelegen übrigens immer gelinde ohne über mäßigen Regen und der frühling überall sehr fruchtbar und Wachsend. Gott wird ferner Gnade Segen und gedeihen geben ·/. ·/. [///] Von dem dis Jährigen Schweren und schädlichen gewittern, wird folgendes gemeldet. Nemlich Am 21ten May Hätte das gewitter in Naumburg[79] in dem gasthof die Eule genandt, geschlagen; wodurch 2. Schaunen abgebrandt; Am 28ten May wäre die gegend Philippsthal[80], Mansbach[81], und Vach, mit einen Heftigen Hagelwetter Heimgesucht, Wodurch dächer, fenster, und die früchte in felde und Weinbergen, verherret, und die Schloßen dem 3ten tag noch als Schu[82] hoch gelegen haben sollen; Von Seidenberg[83] aus der Ober Lausitz wird gemeldet, wie Am 29ten May alda eine so Heftige feuersbrunst auf gekommen wäre, dadurch in wenigen stunden 48. bierhöfe 124 privathäuser 34 Schauren, ohne Ställe und andere häuser, Worunter sich das Rathauß die Pfarrwohnunge, die Schule, und daß offentliche Maltz und brauhauß befunden und wären ohngefehr 50. der geringsten häuser stehen geblieben, das feuer soll eben aufgekommen sein, wie kaum die Helffte der einwohner zu Hause [~~gewesen~~], sondern [~~sondern~~] Nach Görlitz[84] zu dem Marckt gewesen [///] Von Prum[85], in Trierschen, wird gemeldet wie bey dem so genandten Pfingstschießen feuer in ein strohdach gekommen, Wodurch 200. Häuser nicht allein in brandt gekommen sondern auch in die Asche gelegt wären.

Am 1ten Juny, soll ein gewitter zu Waldorff[86] eine stunde von Mynungen[87], in das freyherrliche Marschallische Schloß[88] geschlagen, und daselbst einen Jäger getödtet haben.

Untern 30ten Juny, wird aus London gemeldet wie in dem dorfe Thoracombe[89], in der grafschaft Devonshire[90] eine fr[au] Nahmens Maria Aller, lebte, die bereits 120. alt wäre, und noch bey guthen Sinnen, auch alles ohne brille lesen könte. (·Herr deine Kraft ist in alten, und Schwachen Mächtig·)

---

79 Naumburg an der Saale, Stadt im Burgenlandkreis, Sachsen-Anhalt.

80 Philippsthal, Gemeinde im Landkreis Hersfeld-Rotenburg, Hessen.

81 Mansbach, Ortsteil der Gemeinde Hohenroda, Landkreis Hersfeld-Rotenburg, Hessen.

82 *Schuh* = Längeneinheit, die der des Fuß entspricht und zwischen 28,1–31,6 cm beträgt; vgl. den Art. »Schuh, (Nürnberger)«, in: Zedler, Grosses vollständiges Universal-Lexicon, Bd 35, Sp. 1342.

83 Seidenberg, heute Zawidów, Stadt in Polen.

84 Görlitz, Stadt im Landkreis Görlitz, Sachsen

85 Prüm, Stadt im Eifelkreis Bitburg-Prüm, Rheinland-Pfalz.

86 Walldorf, Gemeinde im Landkreis Schmalkalden-Meiningen, Thüringen.

87 Meiningen, Kreisstadt des Landkreises Schmalkalden-Meiningen, Thüringen.

88 Wahrscheinlich gemeint ist das zwischen 1682–1692 erbaute Residenzschloss *Elisabethenburg* der Herzöge von Sachsen-Meiningen. Siehe Beiträge zum Kolloquium: 300 Jahre Schloss Elisabethenburg.

89 Thorncombe, Gemeinde in der Grafschaft Devon, Südengland.

90 Grafschaft im Südwesten Englands mit Regierungssitz in Exeter.

Untern 9ten July wird von der Pohlnischen grentze gemeldet das es alda 3 Wochen hinter ein ander, alle tage geregnet und daß ein bauers mann kurtz vor dem regen seine Wiesen gehauen, und das Heu nicht ein bringen können, sich dieses mis muthshalber erhencket sein Weib so dieses gar bald erfahren, hätte ihm noch zu rechter zeit abgeschnitten, da er dann nach geschener besinnunge, gefragt worden, was ihm zu der schräcklichen that, bewogen, wäre die antwort, das verdorbene Heu, gewesen. [///] Von Holland[91] wird gemeldet, das sich in eines blumen liebhabers garten, diesem Sommer eine Hyacinth[92] von besonderer Schönheit gezeigt, welche nach der Holländer gewöhnlichen art sehr Hochgeschätzet, und zu 100 Gulden[93] Taxiret[94] worden wäre; Im gleichen eine andere Hübsche blume so dem Preiß von 80. gulden erhalten; Also wenn mann nun von diesem Edlen blumen Jeder Sorte 2. zu sammen nimt, hat mann ein Bouquet, lebendiger blumen vor 360. Gulden in der hand.

Von London wird gemeldet, daß in dem Garten des Herrn Gordon, eine seltsahme Pflantze, so eine Art Sensitiva, welche aus dem Morastigen Gegend, in Nordamerica herüber gebracht worden, und denn Nahmen Dionea Mascipula, oder der Venus Maus falle[95] haben soll, ihre blumenstengel wären Ährenförmig, von weißen blumen, Eine jede blume in form wie ein trichter, in wendig mit kleinen zacken, und so bald irgend ein Inseckt darin kriechte, so schlöße sich die blume zu sammen, so daß das ungeziefer ersticken müste. [///] Aus Osterwinck[96] wird gemeldet, wie Am 17ten July, alda Nachmittages gegen 4 Uhr, eines der Allerstärcksten gewitter welches Menschen jemals erlebt hätten, so daß es das volle ansehen gehabt, als wenn alles unter gehen würde, dabey ein entsetzlicher Hagel, Wovon welche so groß wie tauben Eyer, und 6. bis 7. loth[97] gewogen, Wodurch Dächer und Fenster zerschlagen, und der Hagel einen fuß hoch auf der straße gelegen. Das gewitter hätte verschiedene mahl ein geschlagen worunter einer der mercklichste schlag gewesen, Nemlich da es des verstorbenen bürgermeisters Küster Erb begräbniß geschlagen, Wodurch eine vor der Maure von 40. bare steinen so tief in die Erde geschlagen das kein einziger Stein, Nebst 2. Ellen[98] Hoch sonst darüber befindlichen Erdreich mehr zu sehen wäre.

O Gott die schädlichen gewitter, so über uns geschwebet Hast du gnädiglich bis her von uns entfernet.

---

91 Holland ist der Name zweier Provinzen im Westen der Niederlande. Im deutschen Sprachgebrauch wird Holland häufig synonym für die Niederlande gebraucht.

92 *Hyacinth* = Hyazinthe, (lat.) Hyacinthus, eine im Frühjahr blühende Pflanze.

93 *Gulden* = im Reich gebräuchliche Recheneinheit, die einen Gulden auf 7/8 Taler festlegte; vgl. den Art. »Gulden oder Gülden«, in: Zedler, Grosses vollständiges Universal-Lexicon, Bd 11, Sp. 1364.

94 *Taxiret* = berechnet, hier im Sinne von preislich festgelegt; vgl. den Art. »Tax«, in: Zedler, Grosses vollständiges Universal-Lexicon, Bd 42, Sp. 463–467. »Tax, Taxe, Taxation, Taxirung [...], die Schätzung, der Preiß, der Werth, der Anschlag, und die Würdigung einer Sache«.

95 Venusfliegenfalle, (lat.) *Dionaea muscipula*, gehört zur Familie der Sonnentaugewächse und stammt ursprünglich aus den heutigen Vereinigten Staaten von Amerika.

96 Osterwink, Stadt im Landkreis Harz, Sachsen-Anhalt.

97 *Loth* = Maßeinheit im Heiligen Römischen Reich Deutscher Nation mit einem Gewicht zwischen 14,6 Gramm, in Preußen und 17,5 Gramm in Österreich; vgl. den Art. »Loth«, in: Zedler, Grosses vollständiges Universal-Lexicon, Bd 18, Sp. 497.

98 *Elle* = Maßeinheit, im Reich mit einer Länge von 53–89,9 cm. Die Länge variierte zwischen Städten und Territorien; vgl. den Art. »Elle«, in: Zedler, Grosses vollständiges Universal-Lexicon, Bd 8, Sp. 898 f.

Untern 20ten July wird von Amsterdam gemeldet wie der Doctor Münich bereits an 25. stück Jungen Rindern, die glückliche probe gemacht, und selben die allgemeine seuche Inoculirt[99], und die kranckheit bey allen aus gebrochen wäre. [///]

Aus Crossen an der Oder[100], wird untern 7ten Aug[ust] gemeldet, das sich tages zu vor, gegen Abent nach vorhergegangener großen Hitze sich ein fürchterliches gewölke habe sehen laßen welches zu Mitterach[t] zu einen erstaunlichen donner und blitz aus geschlagen, außer dem gewaltigen Regengüßen, eine so Große Menge Hagelstücke deren die mehrsten wie Tauben und Hühner Eyer, ¼–¾ pf[und] schwer, Wodurch alle feld und Garten früchte Nieder geschlagen, fenster und Dächer ruinirt Morgen[s] zwischen 6. und 7. Uhr hätte das gewitter in d[es] H[erren] von Schlegel land guth geschlagen, und angezündet und seine so reichlich angefülten Scheunen ohne einzige rettunge in die Asche gelegt;

Aus Franckfurt[101] wird ein gleiches gemeldet wie die gantz Reinstroms gegend diesem Sommer von so vielen schrecklichen ungewittern Heimgesucht [~~wäre~~], und dadurch so unbeschreibliche verwüstungen angerichtet wären. [///] Aus Regensburg wird untern 15ten Aug[ust] gemeldet, wie sich daselbst Am 4ten Ejusdem ein fürchterliches Erdbeben vernehmen laßen, und nicht allein zu Regensburg, sondern in einen zimlichen weiten umkreiß wäre es zu gleicher zeit gemercket worden. Jedoch nur wenige Minuten, und ohne weitern schaden.

O Gott du wollest gnädig von uns kehren was wir mit Sünden wohl [ver]dient Ach laß Gnade vor recht ergehen![102]

Von Berlin wird untern 17ten Aug[ust] gemeldet wie eine Wirckunge der Natur; zu Charlottenburg[103] in der dis jährigen Erndte, auf Joh[annes] Friedr[ich] Ganders felde eine Korn Aehre gewachsen, welche auf einen Stiehle 25. Nebenähren gehabt.

Übrigens laufen aus Nahen, und entferneten Gegenden, die freudigen Nachrichten ein, wie alle früchte so wohl gerathen, und an denen örtern, wo keine schädlichen gewitter Nieder gelaßen, auch alles wohl ein geerndtet wäre.

O Vater aller gühtigkeit, gib auch daß groß und klein, dir dafür von Hertzen danckbar sein. [///]

Aus Feltri[104], in der Tarviser Marck[105], wird gemeldet, wie Am 25ten July über 600 Personen in dem öffentlichen Schauplatz einer Comödie beygewohnt; mitten in demselben ein donnerschlag geschlagen, alle lichter von selben aus gelöschet, 6. Personen getötet und 70. verwundet, alles gold geschmeide welches die Damen an

99 *Seuche Inoculirt* = gesunde Lebewesen bewusst mit einer geringen Dosis von Erregern einer Krankheit infizieren, um einen späteren, unkontrollierten Ausbruch zu verhindern. Vergleichbar mit der modernen Art des Impfens; vgl. den Art. »Blatter-Bletzen«, in: Zedler, Grosses vollständiges Universal-Lexicon, Bd 4, Sp. 93–95.

100 Crossen an der Oder, heute Krosno Odrzańskie, Stadt in Westpolen.

101 Frankfurt am Main; vgl. S. 67, Anm. 199.

102 »Da sagte Aron zu Mose: Mein Herr, ich bitte dich, lass uns nicht die Folgen der Sünde tragen, die wir leichtfertig begangen haben. Mirijam soll nicht wie eine Totgeburt sein, die schon halb verwest ist, wenn sie den Schoß der Mutter verlässt. Da schrie Mose zum Herrn: Ach, heile sie doch!«. Num 12,11–13.

103 Charlottenburg, heute Stadtteil von Berlin, die Benennung erfolgte 1705 durch Friedrich Wilhelm I.

104 Feltre, Stadt in der Region Venetien, Italien.

105 Trevisaner Mark, Gebiet nördlich der Stadt Venedig, heute zur Region Venetien gehörig.

sich gehabt wäre ihnen an leibe geschmoltzen worden, ohne das der Strahl in einigen andern Metalle eine veränderunge hervorgebracht hätte: Wie groß der schrecken gewesen kann mann sich leicht vorstellen.

Von Sultzbach[106] wird gemeldet, wie Am 20ten Aug[ust] sich in der luft, bey stiller doch trüber witterunge eine sonderbare erscheinunge habe sehen laßen, Nemlich zwey Wolcken die Neben ein ander so Niedrig hergezogen als wenn sie auf die Erde hätten fallen wollen, Abends gegen 7. Uhr, wäre ein so heftiger Wind wirbel entstanden [///] der nicht allein daß abgemehete Korn im Felde auf 100. bis 200. Schritt breit in die luft mit sich genommen, sondern so gar die bäume und Hecken stangen so auf dem gezogenen streif gestanden sämtlich in die Luft gezogen, und über 100 schritt weg geführt, des gleichen die garten gewächse aus der Erde mit wurtzeln alles weg genommen:

Von Haag[107] wird des gleichen gemeldet das Jm Monat July alda ein solcher Wind wirbel auf einen streif weges so heftig gewesen, das nicht dadurch in einen Walde auf 60 schritt breit alle bäume abgeschlagen, sondern aus demjenigen Teichen, wo der Wind hergezogen, das Waßer, und viele Fische aufs trockene Land gewehet hätte.

> O Gott! Groß von macht, du hast dem aus spruch Sierachs, auch die Winde zur rache geschaffen und müßen dir auch wiederum gehorsahm sein[108]. [///]

Von Montua[109] wird gemeldet, wie Am 25ten Aug[ust] in des grafen Bermudetz Heu Magazin feuer auf gekommen, dis des tages nicht hätte können gerettet [~~werden~~] oder zum aus löschen kein mittel ergriffen werden, das feuer hätte sich in die unterirdischen Oerter verbreitet, wo es viel holtz zu Asche gemacht aller Haußgerath des Herrn Grafens deßen Schöne und reiche Bibliothek, und Schriften an denen so viele gelegen, wären sämtlich zu Asche geworden. So gar die benachbarten, hätten von diesem feuer Schaden gelitten, Worunter der königl[iche] Schatz-Meister Platis[110], welcher aber zum glück die königl[iche] Casse gerettet.

Von Trist[111] wird untern 30ten August gemeldet, wie Am 18ten Ejusd[em] Morgens ein Donner in ein unterirdisches Gewölbe, in welchen 2076000 pf[und] Pulver verwaret gewesen, geschlagen hätte die entzündung dieses Pulvers, hätte eine so Heftige Erschütterunge veruhrsachet das davon beynahe der 6te theil der ge- [///] bäude in der Stadt ein gestürtzet und so viel Menschen das allein in denen eingestürtzten Gebäuden 2800 Persohnen begraben worden. Auf dem Pulver gewölbe hätte ein Hoher Thurm gestanden so gäntzlich in die luft geflogen, und einen Stein hagel veruhrsachet, und verbreitet, der einen großen theil kirchen Paläste und Häuser zerschmettert und wie Bomben durch dächer boden und keller sich einen zerstöhrenden weg gebahnet, ein groß stück stein so in die Stadt getrieben und auf ein Hauß gefallen, daßelbe fast zu staube gemacht und 5. Persohnen darin getödtet, also das auch alle Häuser und Fabriquen theils viel oder wenig gelitten, alles, so weit die er-

---

106 Sulzbach (Aichach), Bayern.

107 Haag, Den Haag, Niederlande.

108 »Es sind auch die Winde ein Teil zur Rache geschaffen, und durch ihr Stürmen tun sie Schaden; und wenn die Strafe kommen soll, so toben sie, und richten den Zorn aus des, der sie geschaffen hat«. Sir 39,33–34.

109 Mantua, Stadt in der Lombardei, Italien.

110 Grotehenn meint hier wahrscheinlich Gian Antonio Platis.

111 Triest, an der Adria liegende, norditalienische Hafenstadt.

schütterunge gewürcket wäre eine grauliche verwüstunge die Macht des schlages erstreckte sich auf 18 welsche Meilen[112], so das die vor denen thüren gelegten Schlößer und Riegeln durch dem gewaltigen stoß gebogen wären, große Quadersteine und eine schwere Canone wären 10 Meilen fort geschleudert, und wäre eine unmöglichkeit alles gehörig zu Melden, der Schaden so der Stadt dadurch zu gefügt, wäre auf 2 Millionen Ducaten zu rechnen. (·O Gott! hilf und tröste die betrübten·) [///] Im Monat Sept[em]b[e]r Hat sich ein großer Comet mit einen brennenden Schwantz bey klaren Himmel, des Nachts von 11. uhr bis es Tag geworden, sehen laßen[113], so nun mehro bereits über ein Monat sichtbar gewesen, die prognostici Prophezeyhen, daß dieser Stern in Monat Nov[ember] des Abens um 9. Uhr sich sehen laßen würde: ferner ist und wird von dem gemeinen Mann allerhand prognosticirt, was dieser Comet würde zu bedeuten haben, zu mahlen zu jetziger Zeit da der Türcke mit Rußland in einen so heftigen krieg verwickelt wäre[114], und wie sich dieses feuer noch weiter auf die Christenheit verbreiten könnte p. p. Jn der Geschichte und Historie von braunschweig wird zwar angeführt, wie sich Anno 1618. Jm Monat Novemb[e]r auch ein großer Comet ein gantzes Monat mit einen schrecklichen brennenden Schwantz sehen (dieses ist gewesen zu des Herzogs Friedrich Ulrich[115] Zeiten und Regirung) [///] laßen; worauf bald der dreyßigjährige krieg angegangen: Meiner Meinung nach gedencke, daß wer diese alte Historie gelesen oder wenigstens gehört, der ist der Meinunge und glauben, Es würde wieder ein solches groß Verderben zu vor stehen.

> O Gott der du der könige und aller Menschen Hertzen in händen hast, und kanst Sie leiten und lencken wie die Waßer bäche ach so regiere, und laß sie dahin trachten, wie der Heilsahme friede allenthalben gesucht gefördert undt erhalten werden möge[116].

Denn 2ten Sept[em]b[e]r wurde der Herr geheimte Rath und premier Minister von Bötticher in die St. Martini kirche begraben, er war 76. Jahr alt.

---

112 *Welsche Meile* = Holländische Meile. Die Holländische Meile liegt in ihrer Länge etwas unterhalb der Deutschen Meile (ca. 7,5 km), das Umrechnungsverhältnis liegt dabei bei 19 Welschen zu 15 Deutschen; vgl. den Art. »Meile«, in: Zedler, Grosses vollständiges Universal-Lexicon, Bd 20, Sp. 307.

113 Der Messierkomet, auch Großer Komet von 1769, wurde am 8.8.1769 durch die Astronomen Charles Messier (* 26.6.1730 in Badonviller; † 12.4.1817 in Paris) sowie Johann Elert Bode (* 19.1.1747 in Hamburg; † 23.11.1826 in Berlin) entdeckt. Seine moderne Bezeichnung lautet C/1769 P1; vgl. Kronk, Cometography, S. 442–447.

114 Russisch-Türkischer Krieg, auch 5. russisch-türkischer Krieg, von 1768–1774. Der Krieg war Teil einer Serie russischer Expansionskriege und verschaffte den Russen durch ihren Sieg wichtige Zugänge zum Schwarzen Meer und dem Kaukasus, wodurch der osmanische Einfluss im Norden des Schwarzen Meeres geschwächt wurde; vgl. Ungermann, Der Russisch-türkische Krieg. Zur neueren englischsprachigen Literatur siehe Sicker, The Islamic world in decline, S. 69–83.

115 Friedrich Ulrich von Braunschweig-Wolfenbüttel (* 5.4.1591 in Wolfenbüttel; † 11.8.1634 in Braunschweig), war Sohn Heinrich Julius von Braunschweig und Elisabeth, Prinzessin von Dänemark. Seine Regierungszeit dauerte von 1613 bis zu seinem Tode, da er allerdings viele Gesuche und Schriften ungelesen ließ und durch Minister und Berater kontrolliert wurde, gilt er als einer der schwächsten Herrscher des Herzogtums Braunschweig-Wolfenbüttel; vgl. Spehr, Friedrich Ulrich, in: ADB, Bd 7, S. 501–505.

116 »Wie ein Wasserbach ist das Herz des Königs in der Hand des Herrn; / er lenkt es, wohin er will. Jeder meint, sein Verhalten sei richtig, / doch der Herr prüft die Herzen. Gerechtigkeit üben und Recht / ist dem Herrn lieber als Schlachtopfer«. Spr 21,1–3.

Aus Turin[117] wird untern 23. Sept[em]b[e]r gemeldet wie des kaufmann H[err] Sigismund Gionnetti, Ehefrau mit dem 25sten kinde Nieder gekommen, Won von noch würcklich 20. am leben wären, und soll das fruchtbare Paar noch jung genug sein [~~noch~~] mehrere kinder zu zeugen.

Sierach sagt, kinder zeugen und Städte beßern, macht ein Ewig gedächtniß[118]. [///]

Aus Quitainen[119], in Amt Preuschholland[120], wird untern 2ten Octob[e]r gemeldet das in dem dasigen gräfl[ichen] Garten[121] eine Aloe, in dem 50sten Jahre ihres alter blühete, die bereits gegen 1000. blühte hätte, ohne die jenigen so noch nicht ausgebrochen wären; der blühtestengel soll in der länge 15. fuß Hoch sein, und die blättern 7. Schuh lang: die blumen gelb und sollen mit Weißen kanten gezeichnet sein; Es soll dieses die siebente Aloe seyn, so in Europa, und die erste, so in Preußen blühete:

Die gewächse und kräuter der Erden verkündigen die Höchste allmacht gottes[122].

Der nunmehro zum öftern bestättigte Sieg, so die Rußische Armee über die Türcken, in der Nacht auf den 18ten Sept[em]b[e]r erfochten, verdienet wohl mit Notirt zu werden, Es soll der selbe bestehen, aus folgenden Sieges zeichen, die Türcken sollen an Menschen 9000. Mann verlohren (·auch vielleicht so viele Pferde·) gemißet haben. [///] Die Rußen hergegen keine 900 mann; dagegen haben sie erbeutet und erobert, die festunge Choctzim[123], und darin 180. Metallne Canonen und Mörser; vor dieser festunge hat bereits in dem vergangenen Sommer Manniger Mensch sein leben ein büßen müßen; indem dieselbe die mehrste Zeit von dem Rußen belagert ist. Ferner Hat die Rußische Arme in dem letzten treffen erbeutet die große Leib fahne des Obristen befehlhabers, 162 ordinaire fahnen 3 Silberne Commando Stäbe, Im lager 47 Met[allene] Canonen 13. Mörser, ohne die unbenandte Zahl der kleinen gewehr, deßen gewiß nicht wenige gewest sein müßen; und da nun der feind die festunge Choctzim verlaßen, So hat der Rußischen Armee, der pass über dem Dnister fluß[124] offen gestanden, und sollen selbigen auch so gleich passirt sein und dem feind bis in die Moldau[125] verfolgt ·/.

117 Turin, Hauptverwaltungszentrum der Provinz Turin, Italien.

118 »Kinder zeugen und die Stadt bessern, macht ein ewiges Gedächtnis; aber ein untadelig Weib mehr denn beides«. Sir 40,19.

119 Quittainen, heute Kwitajny, Ort in der Gemeinde Pasłęk, Verwaltungsbezirk Ermland-Masuren, ehemals Ostpreußen.

120 Preußischholland, heute Pasłęk, Bezeichnung eines Amtsbezirkes im ehemaligen Ostpreußen.

121 Garten des Schlosses Quittainen, 1744–1945 Sitz der gräflichen Familie Dönhoff.

122 »Dann sprach Gott: Das Land lasse junges Grün wachsen, alle Arten von Pflanzen, die Samen tragen, und von Bäumen, die auf der Erde Früchte bringen mit ihrem Samen darin. So geschah es.« Gen 1,11.

123 *Festunge Choctzim* = Festung in der heutigen ukrainischen Stadt Chotyn. Durch ihre strategisch wichtige Lage am Dnister/Dnjester wurde sie während des 18. Jahrhunderts wiederholt Schauplatz größerer Schlachten und Belagerungen. Zur hier beschriebenen Schlacht siehe Ungermann, Der Russisch-türkische Krieg, S. 83–87.

124 Dnister, auch Dnjester, Fluss in der Ukraine. Er entspringt in den Westkarpaten, mündet ins Schwarze Meer und hat eine Gesamtlänge von ca. 1350 km.

125 Hier gemeint ist die Region Moldau im Nordosten des heutigen Rumänien.

O Gott gib fried in deinen lande und mache der Türcken Macht zu schande, beschütze deine Arme Christenheit zu dieser bösen letzten Zeit[126]. [///]

Denn 23ten Sept[em]b[e]r Abends um 8 Uhr ließ sich ein starker Nordschein an Himmel sehen, es ersterckte sich derselbe von Morgen bis gegen abent, der Mittele und größeste theil war sehr roth und feurig, und wurde dieser zu beiden seiten mit schönen strahlen, wie ein Regen bogen an zu sehen, geziert; die frostige witterunge, verwandelte sich, nach dem Nord-Schein, um 11. Uhr; zum Regen und gelinden wetter.

Deine Wercke O Gott sind wunderbar und wer kan die dinge der Natur erforschen[127]?

Aus Baraslay, in der grafschaft Jork[128], wird Gemeldet, daß Am 28ten Octob[e]r eine Persohn Nahmens Maria Presto in 124 Jahre ihres Alters gestorben wäre, Sie soll sich in ihren leben 5. Mahl verheyrahtet haben, und 27. kinder gezeugt, Nemlich mit den ersten mann 10. mit dem zweiten 4. mit dem dritten 6. mit dem vierten 7. und einige unzeitige gebuhrten, so ungerechnet wären, von diesem 27. kindern sollen noch 19. bey leben und guthen wohl ergehen sein:

Das ist ein betragen nach dem worte des Höchsten wenn er sagt Mehret und füllet die Erde[129]. [///]

Von Freyburg[130] wird gemeldet wie in einen Nahe bey dieser Stadt belegenen dorf, in der Nacht auf auf dem 20ten Nov[ember] in einen Hause Worin eine Hochzeit gewesen; feuer auf gekommen sey, und zwar zu solcher Zeit da die Hochzeits Gäste mehrentheils von Wein und Music betäubt gewesen wären, 69. an der Zahl; So hätte das feuer, Ehe es entdecket, und bey seinen ersten ausbruch gedämpft werden können, dergestalt um sich gegriffen, das die um das Haus gestandenen Schauren in vollen feuer gestanden, ein erbärmliches geschrey, wäre also bald geworden, allein es soll kein rettungsmittel [~~nicht~~] mehr möglich zu helfen gewest sein, und die unglücklichen Hochzeits gäste so in denen Ober Stuben, hatten müßen ihren Schicksaal über laßen werden; von 69. Persohnen sollen nur 13. Worunter der bräutigam, entkommen sein, und diese Elenden, wären dennoch fast alle von der feuers Wuth sehr beschädigt, und verwundet; die braut und die übrigen gäste wären in der Schrecklichen Nacht alle um ihr leben gekommen. [///] Ein eben so trauriges Schicksaal, als das vorhergehende, wird von Cösslin[131] gemeldet, das mann in der Nacht auf denn 2ten Dec[ember] einen knall welcher denen größesten Canonen oder Carthaunen[132] Schall übertroffen hätte; So das ein jeder vor schrecken [~~vor schre-~~

[126] Vgl. S. 120, Anm. 489.

[127] Anlehnung an die Offenbarung des Johannes: »Sie sangen das Lied des Mose, des Knechtes Gottes, und das Lied zu ehren des Lammes: Groß und wunderbar sind deine Taten, / Herr, Gott und Herrscher über die ganze Schöpfung. Gerecht und zuverlässig sind deine Wege, / du König der Völker«. Offb 15,3.

[128] Yorkshire, Grafschaft im Norden Englands um die Stadt York gelegen.

[129] »Und Gott segnete sie und sprach zu ihnen: Seid fruchtbar und mehret euch und füllt die Erde und macht sie euch untertan und herrscht über die Fische im Meer und über die Vögel unter dem Himmel und über alles Getier, das auf Erden kriecht«. Apg 17,26.

[130] Wahrscheinlich Freiburg im Breisgau.

[131] Köslin, heute Koszalin, kreisfreie Stadt in Westpommern, Polen.

[132] *Carthaunen* = Geschütz mit außerordentlich großem Kaliber, das bis zu 58 Pfund beträgt. Die Bedienmannschaft betrug 16–20 Personen, das Gespann 20–24 Pferde. Wegen des großen Kalibers und der Gefahr der Verformung des Rohres waren mehr als 60 Schuss pro Tag nicht möglich; vgl. den Art. »Carthaune«, in: Zedler, Grosses vollständiges Universal-Lexicon, Bd 5, Sp. 1166 f.

~~cken~~] außer sich selbst gekommen; also bald hätte sich das gerücht verbreitet, daß das unglück ein Hauß betroffen, Worin eben eine ansehnliche gesellschaft Hochzeits gäste versammelt gewesen; die Scene[133] wär immer trauriger geworden, und also bald das gantze hauß eingestürtzet, und von der anzahl der Hochzeits Gäste sollen 7. getödtet und unter dem Schut vergraben, und 24. Gefährlich verwundet sein; die benachbarten häuser und fenster wären alle beschädigt; das unglück soll daher erstanden sein, das in dem Hause eine Tonne Pulver verborgen gewesen, und feuer an dieselbe gekommen sey ·∫. ·∫.

Es Hatt ein jeder Mensch Uhrsache zu Singen Wer weiß wie Nahe mir Mein Ende, darum O Gott machs mit meinen Ende guth[134] .∫. [///]

Von Schneeberg, wird untern 28ten Nov[ember] gemeldet wie der dasige Herr Oberpfarrer bey dem Schluße des kirchen Jahres, oder ersten Advent Sontage in der vormittagspredigt sehr über diejenigen so denn Gottes dienst so schlecht bey wohnten, geeifert hätte, und mit dem worten des Erlösers gedrohet: »Siehe! Euer Haus soll auch wüste gelaßen werden«[135]. ·∫. In dem nachmittages Gottes dienste, am Eben dem tage, während der predigt, soll ein Donnerschlag, deßen blitz in des Thürmers kammer, und Nahe an denn drath herunter, alda zu einen fenster hinein, Nahe an der Kantzel als eine feurige lunte, herunter gefahren und einen Schlag, wie einen Pistolen schuß gethan, so das viele leute feurige funcken davon gesehen hätten. Allein Jedermann wäre vor schrecken aus der kirche gegangen, und der Prediger auf gehört zu predigen.

Gott du bist ein gerechter Gott und richter und dräuest zu straffen alle die deine gebothe und gesetze verachten und über treten[136]. [///]

Aus Franken[137] wird gemeldet, das Am 29. Nov[ember] daselbst eine frau Nahmens Connenberg, in einen alter von 105 Jahren gestorben sey, selbige hätte sich in ihren leben 3. mahl verheyrahtet, und mit dem 2ten Mann einen Sohn in ihrem 50. Jahre gezeugt, mit dem 3ten Mann hätte Sie 27. Jahr in Ehestande gelebt, aber weiter keine kinder, über all als denn einen Sohn gezeugt, und zu letzt 21. Jahr in Witwenstande gelebt.

Aus Leibzig[138] wird gemeldet, wie Am 13ten Dec[ember] der berühmte und außer ordentl[iche] lehrer, der Weltweisheit H[err] Christian Fürchtegott Gellert[139] gestor-

---

133 *Scene* = Szene.

134 »Wer weiß, wie nahe mir mein Ende! Hin geht die Zeit, her kommt der Tod. Ach, wie geschwinde und behende Kann kommen meine Todesnot! Mein Gott, ich bitt' durch Christi Blut: Mach's nur mit meinem Ende gut!«. 1. Strophe des Liedes *Wer weiß, wie nahe mir mein Ende*, von Ämilie Juliane Gräfin von Schwarzburg-Rudolstadt 1688 verfasst.

135 »Sehet, euer Haus soll euch wüst gelassen werden. Denn ich sage euch: Ihr werdet mich nicht sehen, bis daß es komme, daß ihr sagen werdet: Gelobt ist, der da kommt im Namen des HERRN!« Lk 13,35. Auch: »Siehe, euer Haus soll euch wüst gelassen werden«. Mt 23,38.

136 »Gott ist ein gerechter Richter, / ein Gott, der täglich strafen kann«. Ps 7,12.

137 Region im Norden des Freistaates Bayern.

138 Leipzig, kreisfreie Stadt, Sachsen.

139 Christian Fürchtegott Gellert (* 4.7.1715 in Hainichen; † 13.12.1769 in Leipzig), bedeutender deutscher Philosoph und Dichter während der Aufklärung, seit 1751 außerordentlicher Professor an der Universität Leipzig; vgl. Schmidt, Gellert, Christian Fürchtegott, in: ADB, Bd 8, S. 544–549.

ben sey. S[eine] Churfürstl[iche] durch[laucht][140] hätte aus Hoher huld gegen den großen gelehrten, ihren Leib-Medicium H[err] Hofrath Demiani[141], von Dresden zu ihm geschickt, um an der Cur deßelben theil zu Nehemen: dieser Weltweiser ist einer der größesten gelehrten seiner Zeit in Europa gewesen.

Aller weltweisheit kan nicht erretten von zeitlichen Tode. [///]

Der beschluß dieses Jahrs ist so ungestühm und Windisch gewesen, das Menschen dencken sich keines so Heftigen Windsturms zu erinnern wißen, um Martini[142] nahm er seinen Anfang, und Hat bis Weynachten Continuirt; Es ist nicht allein Hier sondern in denen entfernesten ländern und seeen gewesen, so das fast kein zeitungs blat von dieser Meldunge frey gewesen ist; ob die großen Nordlichter, so in Monat Sept[em]b[e]r erschienen von diesem Windsturm vorbotten gewesen sind, kan ich nicht wißen: Übrigens ist das abgewichene Jahr und Sommer ein recht gesegnet Jahr des Herrn gewesen Regen und Sonnenschein heben zu rechterzeit gewechselt, so das Obst, feld und garten früchte sämtlich wohl gerathen sind, und über keine theurung zu klagen ist. Der Himbte[r] Rocken hat diesen gantzen Herbst 10 [Mariengroschen] und der [Himbter] gersten 14. [Mariengroschen] Hier in der Stadt gekostet. Tödliche kranckheiten sind unter Menschen und Vieh nicht über Natürlich gewesen ·*ſ*.

Gott deine gühte reicht so weit, So weit die Wolken gehen du krönst uns mit barmhertzigkeit, und Eylest aus bey zu gehen.[143] ///

[ANNO] 1770

Mit Gott geräth der Anfang wohl,
vors Ende mann ihm dancken soll.

Das Neue Jahr machte zwar denn Anfang mit frostiger witterunge, setzte auch dem ersten dritteltheil des Monats Jan[uar] damit Scharf fort, Nach deme ists thau wetter und fast dar kein frost bis zum 3ten Febr[uar] gewesen; Am 18ten Jan[uar] abends um 6. Uhr ließ sich ein ziemlich starckes Nordlicht sehen.

Der außerordentlicher Sturm Wind so in vergangenen Herbst sehr frich denn anfang nahm hat sich bisher noch öfters schrecklich hören laßen, es bestätigen solches gleichfals die Nachrichten so mann aus entferneten gegenden zu lande und Waßer, erfährt: von Chemnitz wird ins besondere gemeldet, das in der Nacht auf dem 16ten Jan[uari] der Sturm alda so Heftig gewesen, das Mann dem umsturtz der gebäude erwartet hätte, um 9. wäre der Himmel etwas helle geworden; und also bald ein solcher starcker blitz geleuchtet, als sich kein Mensch erinnern können, Jemals gesehen

---

140 Friedrich August I. Joseph Maria Anton Johann Nepomuk Aloys Xaver »der Gerechte« (* 23.12.1750 in Dresden; † 5.5.1827 ebd.), von 1763–1806 Kurfürst des Kurfürstentums Sachsen. Die Vormundschaft wurde zwischen 1763–1768 durch seine Mutter sowie seinen Onkel, Prinz Xaver von Sachsen ausgeführt; vgl. Flathe, Friedrich August I. (König von Sachsen), in: ADB, Bd 7, S. 786–789.

141 Christoph Gottlob Demiani (* 1727 in Bad Muskau; † 1788 in Dresden), seit 1764 Hofarzt in Dresden.

142 *Martini*, Gedenktag des heiligen Martin von Tours am 11. November.

143 »Herr, deine Güte reicht, so weit der Himmel ist, / deine Treue, so weit die Wolken ziehen«. Ps 36,6.

zu haben, [///] Worauf sogleich ein donnerschlag erfolgt, so das ein jeder erschrocken, und fast zu boden gefallen wäre, der blitz und strahl, so alda in dem hohen kirchthurm getroffen, und in des Thürmers Stube gefahren, hätte die an der Wand hängende Trompete gleichfalls geschmeltzet, und ferner an einen Höltzern balken Herumgefahren und selben versenget, der Thürmer und seine angehörigen, hätten das feuer von ihren kleidern herab streifen können; jedoch hätte alles feuer keinen weitern oder größern schaden, als einen heftigen schrecken veruhrsachet: diejenigen so dem blitz von Himmel kommen sehen; sagten das es ein klumpt oder kugel, von form eines größesten bierfaßes gewesen ·/.

Gott dein Stuhl im Himmel, und donnerst in dem Wolcken; deine Macht muß mann durch donner und blitz erkennen, aber auch deine gnade; Wenn du abwendest den Schaden.

Ein ander fürchterliches Schicksaal, wird aus Pohlen gemeldet, das in dem dorfe Clausdorf[144], in der Nacht auf dem 16ten Jan[uari] abends gegen 10. Uhr, ein Wolf in einen Hof gekommen, und dem Sohn des Hofes, so aus dem Hause gegangen Niedergerißen deßen Vater und Magd so das Erbärmliche geschrey [///] des Sohns gehört, wollten selben zu hülfe kommen sollen aber alle 3. gantz zerfleischet sein und gefährlich darnieder liegen, dieses böse thier soll ferner bey entstandenen lärm, und da einer einen fehlschuß nach demselben gethan, 20. Persohnen sehr, in der Nacht, verwundet haben, und wäre erst gegen dem Morgen erlegt worden.

Diese traurige begebenheit, lehret wie leicht mann zu fall und schaden kommen kan.

Aus Ellingen[145] (·im bisthum Eichstädt[146]·) wird gemeldet, wie Am 30 Jan[uari] alda der Jude Salomon Landauer, im 103. Jahre seines alter gestorben wäre. Dieser Jude soll in seinen leben gar keinen kranckheiten unterworffen gewesen sein, die Augen sollen bis an sein Ende unbeschädigt bey ihm geblieben und allezeit wohl sehend gewesen seyn, seine Zähne hätte er alle mit sich ins grab genommen; 6. kinder sollen ihm in seinen Ehestande geb[ohren] sein, Wovon ein Sohn Hoffactor und bereits ein greiß von 75. Jahren sein soll von seinen 6. kindern hätte er Enckeln und urenckeln 188. erlebt, davon bey seinen Ende hinter laßen, 31. Enckel, 103 Urenckel und 1. ur-ur-Enckel.

Das Heist wohl mit recht, der Herr wird dich Segnen und Sättigen mit lagen leben[147]. [///]

Von Oranienburg[148] wird gemeldet, wie Am 14ten Febr[uar] der Würdige reformirte Hofprediger, Herr Bart[holomäus] Holtzfuss[149] in 92sten Jahr seines Alters gestorben wäre; dieser soll bis in sein 83ste Jahr beständig selbst gepredigt und die Sacramente

144 Clausdorf, Kłębowiec, Polen.

145 Ellingen, Gemeinde im Landkreis Weißenburg-Gunzenhausen, Bayern.

146 Eichstätt, Kreisstadt des Landkreises Eichstätt, Bayern. Die Gründung des Bistums wird in das mittlere bis späte 8. Jahrhundert datiert.

147 »Ich sättige ihn mit langem Leben / und lasse ihn schauen mein Heil«. Ps 91,16.

148 Oranienburg, Stadt im Landkreis Osthavel, Brandenburg. Der Name der Stadt wurde im 17. Jahrhundert an das nach Luise Henriette von Oranien (* 27.11. (jul.)/7.12. (greg.) 1627 in Den Haag; † 8.6. (jul.)/18.6. (greg.) 1667 in Cölln) benannte Schloss angeglichen.

149 Bartholomäus Holzfuß (* 1678 in Rügenwalde; † 14.2.1770 in Oranienburg), war seit 1711 Hofprediger in Brandenburg-Preußen; vgl. Hering, Beiträge zur Geschichte der Evangelisch-Reformierten Kirche, S. 280 f.

Administriret haben, im 88sten Jahre soll er noch öfters die Cantzel bestiegen sein und die gemeinde mit seiner Predigt erbauet haben.

Es ist alles Herr dein geschenckt, und gaben Was wir Hier auf erden haben[150].

Untern 15ten Febr[uar] wird aus Stolpen[151] (im Meisnischen kreyse[152]) gemeldet; wie ein Sohn, von ohngefehr 24 Jahren, in der Nacht auf d[en] 10ten und 11ten Febr[uar] seinen Vater seine Mutter, und seinen bruder, so alle 3. in einen bette geschlaffen, mit einer Holtz keule getödtet; seine Schwester so noch nicht 13. Jahr alt, hätte hintern Ofen geschlafen, wäre erwacht von dem geschrey ihres sterbenden jüngeren bruder; diese hätte müßen bey ihrem leben angeloben, nichts nach zu sagen; der bösewicht, wäre darauf hingegangen und sich andere kleider angezogen, die erschlagenen untersucht ob Sie auch würcklich allesamt Todt wären, darauf er mt seiner Schwester, auf das Nächste dorf gegangen, und vor gegeben, wie seine Eltern und bruder von Spitzbuben, ermordet worden dieser Mörder war aber gleich in verhaft genommen worden und seine Mordthaten ohne alle Rührunge bekannt, und gesagt, er bedauerte, das er seine Schwester nicht auch todt geschlagen hätte. [///] Zum beweisen, wie weit es das Menschliche Alter bringen könne, dienen folgende geschichte.

Aus England wird gemeldet das zu Birmingham, Herr Wilh.[153] Farr in seinen 121sten Jahre gestorben wäre, welcher in seinen Ehestande 21. kinder gezeugt, wovon 19. verheyrahtet worden, hätte also erlebt 114. Persohnen von seinen geblüte zu zählen, welche er aber allesamt überlebt, und also sein vermögen welches über 10000. Pfund Sterling[154] betrüge, zum besten der Armen disponirt[155].

In Tirol, zu Mevan[156], soll der Baron Baravicino de Capellis[157] sein alter auf 104. gebracht haben vier mahl hätte er sich verheyrahtet, mit der ersten frau in seinen 14ten und mit der letzten in dem 84ten Jahre seines Alters, diese letzte Ehe wäre mit 7. kindern gesegnet, und bey seinen absterben hätte die Witwe mit dem 8ten Hoch Schwanger gegangen; Seine gemühts- und leibes kräfte hätten ihm erst in denn letzten Augenblicken seines lebens verlaßen. Die aller kleinste Schrift soll er ohne brillen lesen, und seine kinder, noch eine und zwey Stunden weit, zu fuße besuchen können: Seine Speisen wären Täglich Eyer, nichts gesottenes, mehr gebratenes, aber sehr wenig, nur Täglich eine guhte portion Thee, Ros oli[158] und Zucker Candi[159] wäre Sein geträncke gewesen. [///] Aus Neapolis wird gemeldet, wie alda am 6ten

150 »Jede gute Gabe und jedes vollkommene Geschenk kommt von oben, vom Vater der Gestirne, bei dem es keine Veränderung und keine Verfinsterung gibt«. Jak 1,17.

151 Stolpen, Stadt im Landkreis Sächsische Schweiz-Osterzgebirge, Sachsen.

152 Meißnischer Kreis, Kreis im Kurfürstentum Sachsen; vgl. Blaschke/Jäschke, Kursächsischer Ämteratlas, S. 38–55.

153 Wahrscheinlich William.

154 *Pfund Sterling* = britisches Pfund, bis heute gültige Währung Großbritanniens.

155 *Disponirt* = gespendet; vgl. den Art. »Schalten und walten«, in: Zedler, Grosses vollständiges Universal-Lexicon, Bd 34, Sp. 839. »Schalten und walten, disponiren [...], heist in denen Rechten mit seinem Vermögen nach Belieben zu handeln und zu gebahren, oder verordnen, wie man es damit gehalten wissen will«.

156 Meran, (ital.) Merano, Stadt in Südtirol, Italien.

157 Bernardo Paravicini di Capelli (* 1666 in Tirol; † 1770 in Meran), war bereits unter seinen Zeitgenossen wegen seines hohen Alters und seiner guten Gesundheit bekannt.

158 *Ros oli* = Rosoli, Rosoglio, in der Schweiz, Norditalien und Tirol gebräuchliches Branntweinprodukt.

159 *Zucker Candi* = Kandiszucker.

Mart[ii] An dem königl[ichen] Schatzmeister ein erschrecklicher Meuchel Mord begangen wäre: Nemlich der Wachthabende Soldat Namens Augente, hätte mit einen Bajonette die Schlößer eröffnet, Worauf er dem Schatz M[ei]ster 11 Stiche in dem leib gethan, Nachdem er ihm ermordet, hätte er ihm seine Tabatiern[160], goldene Uhr und am gelde ungefehr 16. Carolinen[161] geraubt, nachher hätte er ihm liegen laßen die Thüren wieder zu gemacht, und auf seinen Posten gegangen: [~~seyn~~] einige Zeit hernach wäre jemand vorbey gegangen der noch einiges Winseln des ermordeten gehört, der verdacht war so gleich auf denn Soldaten geworfen, und so fort in Arrest genommen, und der justitz überliefert worden, welche auch so gleich daß urtheil dahin aus gesprochen, das er an einen Pferdeschwantz gebunden, der kopf öffentlich ausgestreckt, die übrigen theile des leibes verbrand und die Asche in das Meer geworfen werden soll[162] ·∫. ·∫.

Ach mögten doch alle Menschen das 5ten geboth unsers Gottes recht wohl zu Hertzen Nehmen und dar mit leben und Wandeln[163]. [///]

Eine außerordentliche begebenheit in dem Reiche der Natur, so in dem dorfe Moderitz, des königl[ich] Preußischen Amte Neufaltz[164] zu gehörig, sich begeben, Nemlich Am 16ten Mart[ii] soll daselbst ein kind mit 4. beinen, 4. armen 3. Ohren, und einen kopfe gebohren sein, das kind selbst hätte in zwillingen bestanden so durch die kräfte der Natur wunderbar vereiniget gewesen: der kopf des kindes war etwas größer als gewöhnlich, allein ohn die geringste spuhr als wenn 2. köpfe an ein ander gewachsen wären, nur das hinten am kopf ein ohr in der gestalt als wenn 2. Ohren an ein ander gewachsen wären, daß gesicht, und die andern beiden Ohren wären regelmäßig gewesen, allein von Halse ginge die vereinigunge zweier körper an, so an der brust zu sammen gewachsen wären, so das die in wendigen theile ein ander nerühret; alle theile die nur an Menschlichen körper befindlich, waren doppelt gewesen, alle zwey Mägdgen hätten sie die theile ihres geschlechts, vollkommen und ordnungs mäßig gehabt. [///] Eine anmerckunge, welche in weit entferneten ländern und orten; über die dis jährige frühlings Witterunge, auch Hier bey uns geschehen und gemeldet ist; verdient wohl mit auf gezeichnet zu werden.

Dieser Winter ist leidlich wegen frost und Schnee gewesen, allein Am 14ten Mart[ii] fing ein Schnee gestöber an zu fallen, dieses Continuirte bis d[en] 26ten Mart[ii] ohne das es weder Tag noch Nacht aufhörte, und fast ein beständiger Wind dabey, dieser wehete nicht allein alle gründe und graben eben, sondern auch die Häuser und gebäude wurde durch dächer und ritzen voll Schnee gemacht und getrieben; die kälte nahm gleichfals in solcher Maße zu das selbe mitten in Winter so starck nicht

---

160 *Tabatiern* = Bezeichnung für eine Dose zur Aufbewahrung von Tabak; vgl. den Art. »Dose, Tobacks-Dose«, in: Zedler, Grosses vollständiges Universal-Lexicon, Bd 7, Sp. 1345.

161 *Carolinen* = Münze aus Gold oder Silber; vgl. die Art. »Caroline« und »Caroliner, Dublone«, in: Zedler, Grosses vollständiges Universal-Lexicon, Bd 5, Sp. 908. »Caroline, eine also genannte Schwedische Silber-Müntze, welche nach unserm Gelde 8. Groschen beträget«. »Caroliner, Dublone, eine Englische Gold-Müntze, welche nach unserm Werth 6. Th[a]l[er] 8. g[roschen] beträget«.

162 Das hier beschriebene Prozedere entspricht einer Schleifung. Dabei wird der Delinquent mit Händen oder Füßen an den Schweif eines Pferdes gebunden und zu Tode geschleift.

163 »Du sollst nicht töten«. Ex 20,14.

164 Amt Neusalz, preußische Verwaltungseinheit mit der Stadt Neusalz an der Oder als Hauptverwaltungssitz. Heute Nowa Sól, Polen, im Original mit »f« geschrieben.

gewesen, die fuhrleute und Post-Wagen sind auf dem straßen vielfältig in irrthum und stecken gerathen; die Wilden Vögel welche sonst Niemahlen in die Stadt fliegen sind vielfältige Sorten Hier gewesen und [///] haben speise gesucht, aber auch sehr viele gefangen worden; die lerchen so gar sind Hier auf dem straßen gegangen p. p. Mann hatt aus dem Zeitungen aus weit entlegenen gegenden, alles eben so gelesen, wie es hier bey uns gewesen ist, und wird von allen orten fast bestättigt, das kein Mensch sich eines so vielen Schnees zu erinnern wüste, welcher unter eins so Häufig von Himmel gefallen wäre: diese große Menge Schnee ist in dem letzten Tagen des Mon[ats] Mart[ii] und in dem ersten Tagen den Mon[ats] Aprill von der Sonne größesten theils verzehrt, Wovon die gewäßer dennoch zimlich auf geschwollen waren, und hat uns der gühtige Gott dadurch eine gnade erwiesen, das der Schnee nicht durch Regen zerschmoltzen ist :/.

Herr dein Name sey gelobt und gepriesen, der du Wunder thust, in Himmel und auf Erden[165]. [///]

Vorigen Montag als den 9ten Aprill hat der bisherige Land Tag, welcher Am 2ten Decemb[er] 1768 seinen Anfang nahm, seine Endschaft erreichet; von dem Schluße deßelben wurde in der Stifts kirche St. Blasii[166] ein öffentlicher Gottes dienst und dancksagunge gehalten, welchen des Regierenden Herzogs durchl[aucht], wie auch alle übrigen anwesenden fürstl[ichen] Persohnen beywohnten, wobey die Predigt von dem Herrn Abt Jerusalem, über die Worte so zum grunde gelegt waren, »die gerechtigkeit erhöhet ein Volck aber die Sünde ist der leute verderben«[167] abgelegt wurde. Nach geschloßenen Gottes dienste verfügte sich die Hohe fürstl[iche] Herrschaft und alle anwesende Minister und Ritterschaften, nach dem Grauen Hofe in das fürstl[iche] Audientz Zimmer, von da sie nach erhaltenen gnädigstem befehlen, ein jeder nach seinen ort, und Wohnungen beuhrlaubt sind!

O Gott Regiere ferner hin des fürsten Sinn.
Leite und führe ihm jetzt, und immer hin,
Segne Jhm mit Weißheit und Verstand
So ist samt ihm gekrönt das gantze land. [///]

Am 21. May gelangte alhier die Printzeßin von Wallis[168], königl[iche] Hoheit, als die frau Mutter, unserer Erb-Printzeßin[169] von braunschweig, in begleitunge des Herzogs

165 »Alles, was dem Herrn gefällt, vollbringt er, / im Himmel, auf der Erde, in den Meeren, in allen Tiefen«. Ps 135,6.

166 Stiftskirche St. Blasii = der Braunschweiger Dom. Die Bauarbeiten begannen 1173, unter Heinrich dem Löwen, 1226 wurde der Dom geweiht. Bis ins 19. Jahrhundert wurde er als Stiftskirche bezeichnet; vgl. Quast, Der Sankt-Blasius-Dom zu Braunschweig.

167 »Gerechtigkeit erhöhet ein Volk, aber die Sünde ist der Leute Verderben«. Spr 14,34.

168 Augusta Friederike von Hannover (* 31.7. (jul.)/11.8. (greg.) 1737 in London; † 23.3.1813 in London), war Tochter Friedrich Ludwigs von Hannover und Princess of Wales. 1764 heiratete sie Karl Wilhelm Ferdinand von Braunschweig-Wolfenbüttel; vgl. Kwan/Röhrig, Frauen vom Hof der Welfen, S. 115–126.

169 Auguste Karoline Friederike Luise von Braunschweig-Wolfenbüttel (* 3.12.1764 in Braunschweig; † 27.9.1788 in Lode/Koluvere), Erbprinzessin von Braunschweig-Wolfenbüttel, heiratete am 11.10.1780 Friedrich Wilhelm Karl von Württemberg (* 6.11.1754 in Treptow; † 30.10.1816 in Stuttgart); vgl. Kwan/Röhrig, Frauen vom Hof der Welfen, S. 140–148.

v[on] Gloucester[170], an; dieser Hertzog ist ein bruder von unser Erb Printzeßin, diese durch[auchten] und angenehme Gäste, wurden nicht allein mit dem geschütze und Canonen bewilkomt, sondern es wurde auch bey ihrer ankunft, unter wärenden Canoniren mit dem gesamten Glocken hiesiger kirchen geläutet. ·*ſ*.

Am 25ten May bin ich in Meinen jetzige Wohnunge gezogen, und da noch Niemahlen die Garnison Opferleute eigene oder gewiße Wohnungen bey der kirche gehabt, so bin ich nun der erste der es dahin gebracht, das nunmehro die kirche ein ordentl[iches] Hauß angekauf, worin ich und meine nachfolger Wohnen können: die vielen Mühe so ich dieserhalb gehabt, will ich hier nicht Gedenken, sondern Meinen Gott dancken der mir Rath Hülfe und beystand geschaft. [///] Am 12ten Juny hat sich der dachdecher gesell Heinr[ich] Henne auf dem Garnison kirchen boden abends um 5. Uhr (·in einer Melancholie[171]·) dem Hals abgeschnitten; da nun um 6. Uhr die andern gesellen so mit ihm gearbeitet gerufen und gesuchet, haben sie ihm in dem Hintersten Erker gefunden und gantz in seinen blute Todt liegen sehen, des andern Tages ist er durch dem Stadt Visicum[172] geöffent und da die von dem andern gesellen angegebene Melancholie bestättigt wurde ist er auf dem Aegid[ien] kirchhof begraben worden.

O Vater aller gühtigkeit, gib uns doch allen ein seelig sanftig und vernünftiges Ende, damit wir mit vernunft unsere Seele in deine Hände befehlen können[173].

Anno 1763. Den 3ten Aug[ust] Morgens um 5. Uhr hat das gewitter auf Hiesiger Garnison kirche in das verdeck Worin die schlage glocken gehänget, ein geschlagen und gezündet, und muste der gantze glocken stuhl herunter genommen werden, Es ist also nachher kein schlage Glock auf der kirche gangbar gewesen. In diesem 1770. Jahre ist aber auf gändigstem befehl Serenissimo ein [///] Neuer kleiner thurm zum behuf der schlage glocken mitten auf die kirche gebauet; dieser bau Na[h]m in Monat Juny seinen anfang, und Am 18ten Sept[em]b[e]r war zimmer und dachdecher arbeiten so weit fertig, daß der knopf und fahne darauf gesetzet wurde.

O Almächtiger und starcker beschützer, beware demnach diesem bau, und das gantze kirchen gebäude, als dem ort wo du deines Namens gedächtniß gestiftet, das ihm weder sturm brand und andere unglücks fälle verwüsten mögen, und erhalte deine Reine lehre darin bis ans Ende der Welt[174].

---

170 William Henry, Duke of Gloucester and Edinburgh (* 14.11. (jul.)/25.11. (greg.) 1743 in London; † 25.8.1806 ebd.), dritter Sohn Friedrich Ludwigs von Hannover; vgl. Henry, William Henry, Prince, first duke of Gloucester and Edinburgh, in: Oxford Dictionary, vol. 59, S. 119–122.

171 *Melancholie* = nach zeitgenössischer Betrachtung ein krankhafter Gemützustand, der häufig mit einer erfolgreichen oder versuchten Selbsttötung endete; vgl. den Art. »Schwermuth«, in: Zedler, Grosses vollständiges Universal-Lexicon, Bd 36, Sp. 464–475.

172 *Visicum* = Physicus, von der Obrigkeit bestellter Arzt; vgl. den Art. »Physicus«, in: Zedler, Grosses vollständiges Universal-Lexicon, Bd 27, Sp. 2238 f. »Phyiscus, ist der von der Obrigkeit ordentlich bestelt Medicus, der in besonderen Medicinischen Fällen, so vor Gericht kommen, sein Gutachten geben muß«.

173 »Und Jesus rief laut: Vater, in deine Hände lege ich meinen Geist. Nach diesen Worten hauchte er den Geist aus«. Lk 23,46.

174 Das Motiv des Wohnens von Gottes Namen im Tempel ist im Alten Testament häufig und ein Kernspruch des Deuteronomium und der davon abhängigen deuteronomistischen Theologie; vgl. u.a. Dtn 12,5,14,24; 1 Kön 8,43–44, 48.

Untern 23ten Octob[e]r wurde von London gemeldet wie der berühmte General Lieutenant Lord Granby[175] gestorben; diesem so berühmten als Christl[ichen] General habe in letzten deutschen kriege kennen lernen, und ein Mahl 48. Stunde ordonantz in der Stadt Warburg bey ihm gehabt, Er war Commandeur der gesamten Englischen Truppen, so das mahl in deutschland waren, sein Staat war weit größer [///] als des großen feldHerrn Cheff der gantzen Alliieren Armee, S[einer] durchl[aucht] des Herzogs Ferdinand die zahl seiner Pferde, theils zum Reiten theils zum fortbringen seiner vielen Bagage, waren nach aus rede seines schafners 136. Hier aus sehet bey nahe sein Haußhaltungs wesen zu erwegen, von seinen untergebenen Officiers speiseten bey geruhigen standlager oder Quartier stande Täglich eine gewiße anzahl bey ihm, seine ordonantz Unter Officier, derer er von jedem Regiment seines Commandos, oder Brigade einen hatte, bekahmen Täglich zur Mittageszeit 2. und 2. Einen Hammelbraten ein klares brodt und eine Bouteille Wein. Der schlechte abfall oder kleine stücken fleich wurden Täglich in einen großen keßel gesammelt, und mit Reiß oder gruben[176] gekocht, diese sehr guhte Suppe wurde Nebst dem fleische, Täglich an die Armen, in dem ort worin er sein Quartier hatte, aus getheilet. p. p.

O Gott vergelte Jhnen noch in der Ewigkeit was er seinen armen mitbrüdern gethan, Hier in der Zeitlichkeit[177]. [///]

Unsers Regierenden Herrzogs Carl, dritter Herr Sohn Wilhelm Adolph[178] durchl[aucht] welcher in diesem vergangenen Sommer da in feldzuge gegen die Türcken mit bey gewohnt und in der fast unbeschreiblichen, und großen schlacht Am 1ten Aug[ust] Worin die Türcken fast eine Gäntzliche Niederlage erlitten; so gnädiglich behütet und bewaret worden ist nach kurtzer Zeit mit einer kranckheit befallen, und daran gar bald gestorben; diese leiche des Hochseeligen Printzen, wurde durch Ihren begleiter d[en] H[erren] Major v[on] Mengen[179] Am 12ten December Hier gebracht, Es war zu vor ein Sarg alhier verfertigt und nach Schöningen[180] gebracht, Worin die leiche alda ein gesetztet, Abents um 6. Uhr als die ein fahrt in Hiesige Stadt geschahe stund die gantze Garnison von stein Thore bis an die burg kirche an Parade, die straßen waren erläuchtet, ohne die Peiffackeln so von unter Officier getragen wurden; auf dem Wällen wurden die Canonen 3. Mahl [///] abgebrand, und zum beschluß machte die Infanterie ein drey mahliges Mousqueterie feuer; Ihro königl[iche] Hoheit die durchl[auchte] Mutter des Hochseel[igen] Printzen

175 Vgl. S. 110, Anm. 440.

176 *Gruben* = Graupen, aus Gerste oder Weizen hergestellte Suppeneinlage.

177 »Darauf wird der König ihnen antworten: Amen, ich sage euch: Was ihr für einen meiner geringsten Brüder getan habt, das habt ihr mir getan«. Mt 25,40.

178 Wilhelm Adolf von Braunschweig-Wolfenbüttel (* 18.5.1745 in Wolfenbüttel; † 24.8.1770 in Oczaków), 1761 Eintritt in die Preußische Armee, in der er 1765 zum Oberst befördert wurde und den Befehl über das Infanterieregiment Nr. 39 übernahm; vgl. Schlüter, Die Angehörigen der Dynastie Braunschweig-Bevern, S. 71.

179 Major von Mengen, Leibkompanie, 1. Bataillon 3. Regiment »Prinz Friedrich«.

180 Schöningen, Stadt im Landkreis Helmstedt, Niedersachsen.

waren wegen großer betrübniße abwesent und hatten sich auf einige Stunden wärend der Ceremonien nach dem Schloß Saltzdalum[181] begeben,

O Allmächtiger! beschütze und beware unsers fürsten Hauß, hinfort vor solchen trauerfällen die vor allen andern schicksaalen Marck und bein durchdringen.

Auf dem vollführten Land Tage welcher Am 2ten Decem[ber] 1768 seinen anfang und Am 9ten Aprill 1770 beschloßen wurde, ist Nebst vielen andern veränderungen, auch eine kopfsteur aus geschrieben Worin keine geistl[iche] Persohn ist übersehen worden Sie sey auch wes standes oder Ehren Sie wolle; Alle diejenigen so in gewißen Salarium[182] stehen und nicht über 200. [Reichsthaler] jährlich haben müßen 2. procent, die aber so über 200 [Reichsthaler] Salarium bekommen, sollen 4. procent geben. Die geringste dienst Magd hat müßen 1. [Reichsthaler] geben die übrigen Nach ihren stande, vermögen und Nahrungs geschäften und Handthierunge. Einigen vornehmen kaufleuten, [be]trägtiche Summa [///] 100. 150. bis 200. [Reichsthaler] viele Waren sind auch in doppelten accise[183] gesetzet, das bier die kanne 1 [guten Groschen] statt deßen das es sonst 10. [Pfennig] gekostet. das gewöhnliche spargeld an denn Thoren[184] ist à Persohn 1. [Pfennig] erhöhet mithin 9. [Pfennig] zu dieser außer ordentlichen abgabe, kömt nun noch hinzu, die theurunge, so wegen denn korn Miswachs, und Naßen Witterunge vorigen Sommer erfolgt ist, der [Himbter] Rocken hat seit Michaelis[185] 1. [Reichsthaler] 3. 4. bis 6 [gute Groschen] gekostet der gersten 16. bis 18. [gute Groschen] 8 [Pfennig] und da es Nun jetz bis Weynachten noch in diesem Preise stehet, wird es auch wohl bis künftige Erndte dabey bleiben: die Armuth ist bey denn vielen dürftigen und geringen Leuten in dieser Stadt sehr groß, und Wißen nicht Woher Sie brodt viel weniger kopfsteuer Nehmen sollen, der Winter fängt auch sehr heftig mit der kälte an, und der verdienst ist über all geringe.

So Hilf nun, Herr mit starcker hand
um deines Namens Willen
du kanst das aus gezehrte land
mit Gütern wider füllen
Ernähr uns in der theurunge doch, gib brodt den Armen leuten
dein Hülfe währe immer noch, du kanst auch ja von weiten
Uns speiß und tranck bereiten[186]. ///

181 Das Schloss Salzdahlum war ein, unter Anton Ulrich zwischen 1688–1694 erbautes Schloss der Herzöge von Braunschweig-Wolfenbüttel, das in seiner Architektur stark an Versailles angelehnt war. Es lag in der Ortschaft Salzdahlum, zwischen Braunschweig und Wolfenbüttel.

182 *Salarium* = Bezahlung, von salaire (frz.).

183 *Accise* = Steuer, die auf bestimmte Waren zu entrichten ist. Vergleichbar mit der modernen Mehrwertsteuer; vgl. den Art. »Accise«, in: Zedler, Grosses vollständiges Universal-Lexicon, Bd 1, Sp. 272 f.

184 *Spargeld* = Wegezoll.

185 Michaelis, Gedenktag an den heiligen Michael, 29. September.

186 »So hilf nun, Herr, mit starker Hand, Um deines Namens willen. Du kanst das außgezehrte Land, Mit Gühtern wiedrüm füllen. Ernehr' uns in der Theürung doch, Gib Brod den armen Leüten. Dein' Hülffe währet immer noch, Du kanst auch ia von weiten, Unß Speiß' und Trank bereiten«. 6. Strophe des *Andächtiges Buhßlieds*, von Johann Rist (* 8.3.1607 in Ottensen; † 31.8.1667 in Wedel); vgl. Das deutsche evangelische Kirchenlied, Bd 2, S. 274 f.

[ANNO] 1771

O! Gott, dis Jahr laß uns gesegnet seyn,
von anfang bis zum Ende,
Wo wir aus gehen oder ein,
alles übel von uns Wende,
Nun auch in dieser Hungers Noth
Die Kraft nicht von denn lieben brodt:
Ach sättige unsern Leib,
verleihe, daß auf dein befehl
Sich Mehre korn, brodt und mehl.

Dieses Neue Jahr, hat mit eben denn leiden und der theurunge, Womit sich daß Alte geendigt, seinen Anfang genommen; die Kälte hat seit H[eiligen] 3. könig bis in jetzigen Monat Mart[ii] fast in eins sehr strenge fort gedauert Am 10ten Febr[uar] war die Kälte so groß, daß nach Anmerckunge der Barometre, es eben so kalt als Anno 1707. 1709. 1740. und 1768. gewesen, mit dieser über triebnen Kälte hat es nun zwar nicht Continuirt, Allein selbige hat beständig angehalten und wenig von ihrer strenge nachgelaßen, zu anfang dieses Mart[ii] Monats fält am Tage thau Wetter des Nachts aber frost ein. b[e]r[ichtet] d[en] 15ten Mart[ii] 1771. [///] In denn zurück gelegten 1770. Jahre sind in dieser Stadt braunschweig 213. Paar-Leute zum H[eiligen] Ehestande ein gesegnet, 1089. kinder getauft, und 800. Persohnen begraben worden. Es sind also 289. mehr gebohren als gestorben; der kalte Winter so dieses Jahr gewesen hat mit seinen Ende einen Nach dencklichen schluß gemacht, Es ist Nemlich zu ausgang des Monat Mart[ii] eine solche große Menge schnee gefallen, daß kein Mensch sich dergleichen zu entsinnen weiß, besonders in dieser gegend, in dem fast Pferde und Wagen nicht dadurch kommen konten, und dieser frost und Schnee hat bis zu Ende des Monat Aprill fort gedauert; die Zeitungen haben uns auch berichtet wie dieser außerordentlicher Schnee und frost in dem weit entferntensten Ländern eben so gewesen, imgleichen daß die theurunge an anderen orten und Ländern, ins besondere der Mangel an lieben brodt noch weit größer als hier wäre. Am 1ten May da, [///] Nahm die kälte ab und die liebe Sonne verzehrte dem vielen Schnee; im fall dieser durch Regen geschmoltzen wäre, so würden große Waßer ströme erfolgt sein: das gemeine sprichwort, so von dem landleuten besonders gesprochen wird, das Nemlich der Aprill, laub und graß hervorbrächte, ist dieses mahl nicht ein getroffen; allein der Anfang des Monat May hat alles desto geschwinder hervorgebracht, so daß alles Erd und baum früchte, die geseegneteste Hoffnunge geben; und bis hieher hat uns der Höchste noch viel guhts gethan, wir haben Regen und Sonnen schein zu rechter Zeit erhalten, ohne schädliche gewitter wo durch die früchte hätten können verdorben werden, wie denn solches die Zeitungen von andern orten und Ländern Melden daß bereits diesem Sommer durch heftige gewitter schreckliche Verwüstungen geschehen feuerbrünste durch einschlagen, überschwemmungen, und große schaden so durch fluten veruhrsachet worden, Wodurch dann [///] der Preiß in brodt, und allen Lebens mitteln bisher noch immer gestiegen, und in denen benachbarten Ländern hat sich dieser Mangel noch mehr als hier bey uns hervon gethan, der [Himbter] Rocken doch hier in braunschweig nicht mehr als 1. [Reichsthaler] 6. [gute Groschen] der gersten der [Himbter] 22. [gute Groschen] und der haber a [Himbter] 15. [guthe Groschen] und ist vor solchen Preiß dennoch zimlicher Maßen zu haben; da an vielen orten vor geld kein korn zu erhalten ist; Allein der verdienst ist auch schlecht, und daher das geld beym gemeinen Mann sehr raer; in deßen sehen wir einer guhte Erndte mit freudiger Hoffnunge entgegen und wenn uns selbige von dem gühtigen Gott gegeben wird, so kan allen leiden und Hunger dadurch abgeholfen werden.

O Gott erfülle unsere Hertzen mit speisen und freuden, und laß uns auch vor deine gnade und gühte danck erweisen[187]. [///]

Von der jetzigen beschaffenheit der Stadt Londen[188] wird untern 31ten Octob[e]r folgender bericht abgestattet. London ist schon unter den Regierungen Cesars[189] und Neros[190] erbauet worden. Jetzo hat sie sieben Englische Meilen[191] in der länge, und Achtzehn Meilen in umkreiß. Sie enthält über eine Million Menschen, diese verzehren Jährlich 98. Tausend 224 Stück Hornvieh; 711. Tausend 123 Schaafe und Lämmer; 194 tausend 760 kälber; 186. tausend 932. große Schweine; 52. tausend kleinere Schweine hunderttausend Stück federvieh. Eine erstaunliche Menge an allerhand See und Landfischen p. p. 16. Millionen Pfund butter; 20. Millionen Pfund käse 172. tausend barel[192] starckbier; 798. tausend 495. barels gewöhnlich bier; 30. tausend 44. Tonnen ausländische Weine; Eilf Millionen galons[193] Rheine und gebrandt Waßer; 11. Millionen Pfund lichtr p.p. In der Stadt sind 326. kirchen von allerhand Religionen; 207 große Wirthshäuser 447. Weinschencken, 557. Caffeehäuser, fünf Tausend 975. Wirthshäuser, Tausend Miethkutschen 400. Portechaisen[194]; 7000. Straßen und gaßen, und 130. Tausend Häuser.

Wenn mann zu denen Menschen so in diesem Häusern Wohnen, die thiere allerhand arten welche mit darin sind, zu sammen zählte, würde ein ansehnlicher Nummerus heraus kommen. [///]

Am 18. July bey angenehmer und Warmer witterunge, war eine geselschaft Officiers vors Thor spatzieren gegangen, und kommen auf dem einfall, nach dem Schunter fluße[195] zu gehen, um sich darin zu baden, und begeben sich daselbst an einen ort, Wo sie eine offenbare tiefe vor sich sehen Sie gedencken aber ihre Hitze alda desto

---

187 Bezieht sich auf Apg 14,17. »Und doch hat er sich nicht unbezeugt gelassen: Er tat Gutes, gab euch vom Himmel her Regen und Fruchtbare Zeiten; mit Nahrung und mit Freuden erfüllte er eure Hertzen«.

188 London, Hauptstadt Großbritanniens.

189 Gaius Julius Caesar (* 13.7.100 v.Chr. in Rom; † 15.3.44 v.Chr. ebd.), römischer Feldherr, Autor, Staatsmann sowie Diktator.

190 Nero Claudius Caesar Augustus Germanicus (* 15.12.37 in Antium, heute Anzio; † 9. oder 11.6.68 bei Rom), von 54–68 n.Chr. römischer Kaiser, letzter Kaiser der julisch-claudischen Dynastie.

191 Eine Englische Meile beträgt 1609,344 m; vgl. S. 35, Anm. 38.

192 *Barel* = barrel (engl.) = Fass, nach heutigem Verständnis eine Maßeinheit mit einem Volumen von 159,1132 l.

193 *Galonen* = Gallone, im angloamerikanischen Raum, auf dem britischen Pfundsystem basierende Maßeinheit mit einem Volumen von 3,785, 4,404 oder 4,546 l.

194 *Portechaisen* = Sänfte, Tragsessel; vgl. den Art. »Sänfte, Tragsessel«, in: Zedler, Grosses vollständiges Universal-Lexicon, Bd 33, Sp. 477.

195 Schunter, Fluss in Niedersachsen, mündet nahe Braunschweig in die Oker.

beßer kühlen zu können; einer gehet also zu erst herein, dieser wird also bald unsichtbar; ein anderer der ihm wieder aufsuchen, und zu retten gedachte würde gleichfalls unsichtbar, Nach diesem springet der dritte hinein, die ersten beiden zu retten, Allein es war ihm ein gleiches schicksaal wiederfahren und haben ihren geist alle 3. in Waßer aufgeben müßen; unter der übrigen gesellschaft war also mehr gewesen der sich erdreistet hatte, denen 3. ersten nach zu springen, sondern entfernen sich dem fluße in aller eile, und machen lerm daß die 3. ertrunckenen [///] aufgesucht werden; welche auch noch eben den tag gefunden und nach Wenden gebracht, [~~sich~~] alda sind Särger und Mondirungen hin aus geschickt, die Todten körper ordentlich ein gekleidet, und Am 21. July wurden 2. dieser Leichen in aller frühe hier auf dem Garnison kirchhof vors August Thor zur Erden bestättigt; welchen alle H[erren] Officier von Fürstl[ichen] Leib-Regiment, wobey die ertrunkenen gestanden ·/· in Kutschen das Trauergeleite machten: die dritte Leiche d[er] H[err] Lieut[enant] und Adjutant von Knesebeck[196], wurde am eben diesem Morgen nach seinen Gühtern gefahren und alda begraben. Diese 3 Jungen H[erren] Lieutenants sind auf diese unglückliche art, un verhoft um ihr leben gekommen.

Für einen bösen Schnellen Todt
für feuer und für Waßers-Noth,
behüte uns lieber Herr Gott Amen.

Am 26ten Novemb[e]r verstarb alhier der Herr Senior rev: Minist[er], auch Garnison und Kloster Prediger Ernst Ludewig Pabst[197] an einen hitzigen brust fieber, von 73. Jahren 3. Monat seines alters, Er ist ins 32. Jahr Garnison Prediger, und ins 5. Jahr Senior des hiesigen Ehrwürdigen Minist: gewesen Er ist mit Ruhe und alter von der Welt gefahren. [///] Daß 1771. Jahr ist Gott sey danck zurück gelegt, Es hat sich dieses verfloßene Jahr bereits kümmerlich angefangen; Allein dieses waren nur gleichsam Vorbotten; daß Ende des Jahrs hat sich noch weit betrübter gezeigt, die theurunge ist um ein großes gestiegen der [Himbter] Rocken und Erbsen ist bereits mit 2. [Reichsthaler] bezahlt, seit einigen Wochen ist der Preiß um etliche [gute Groschen] gefallen, und dieses rührt daher, daß unser Gnädigster landes Herr auf alle mögliche Arten Verfügungen machen Korn auf zu kauffen, und solches so wohl in brodt als korn unter die Armen leute, vor geringe Preiße aus theilen laßen: der gersten und haber ist zwar etwas beßer gerathen, als Rocken Erbsen und Linsen p. p. Allein weil Jedermann gezwungen ist wegen der theuerunge des Rocken gersten und haberbrodt zu backen, so sind diese früchte benahe so theur als der Rocken geworden; Alle Verdienste und arbeiten vor Handwercker und geringe leute liegen darnieder, Wodurch das [///] Geld sehr raer in umlauf ist. Die theurunge des lieben korns kömt daher, weil das vorige 1770. Jahr, keine sonderliche Reiche Erndte brachte, und also kein vorrath auf das andere Jahr übrig blieb; dieses 1771. ist aber dahero schlecht gewesen, weil der gantze Monat Aprill über der Erdboden mit einer großen Menge schne bedeckt war, welcher noch in ausgange des Mon[ats] Mart[ii]

---

196 Leutnant von Knesebeck († 1771), Adjutant in der 1. Grenadierkompagnie des 1. Bataillons 2. Regiment (Füsilier-Regiment Erbprinz).

197 Ernst Ludwig Pabst, geboren in Wolfenbüttel, Beginn des Studiums der Theologie an der Universität Helmstedt, am 3.10.1718; vgl. Die Matrikel der Universität Helmstedt, S. 114.

gefallen; darzu kam noch daß der gantze Sommer sehr Naß gewesen der Regen kam noch vor Johanni und haben wir ka[u]m ein mahl 8. Tage beständige trockene witterunge gehabt, Nach Micha[e]li ists aber eine abwechselnde witterunge eingefallen daß die Rocken aus saat gewünscht gewesen und ists bis Weyhnachten fast beständig gelinde und offene witterunge, außer einigen Nachtfrösten gewesen: diese gelinde Witterunge ist der vortrefflichen und fast unbeschreiblichen Mastunge vor die Schweine (·Ja auch vor Menschen, mögte ich schreiben.) zu guhte gekommen, denen viel und volckommenheit sich fast keiner zu erinnern weiß; Allein die fetten Schweine sind so theuer, daß viele [///] Leute, die sonst wohl gewohnt sind, starck ein zu schlachten, dieses Jahr geringe, ja welche gar nicht darzu gelangen können; die Uhrsache dieser theuerunge rührt daher, weil in allen gegenden sich so viele Schweine treiber und händler an finden, und alle dieses schlachtvieh mit theurer bezahlunge auf kauffen, und es zu der Rußischen Armee bringen, und da der so schädliche und große krieg mit dem Türcken bereits verschiedene Jahr gedaurt[198] so ist auch längsten über Mangel der lebens Mittel, in dem kriegerischen gegenden geklagt worden ·/. Ohne diese Mastunge vors Vieh hat uns auch der algühtige Gott und Vater so reichlich mit Obst früchten geseegnet, daß es an keinen, weder Äpfel, birnen Schwetzschen[199] oder kirschen gemangelt hat; süße und saure früchte, alles überflüßig, allein da der liebe brodt vorrath gemangelt so sind die gesamten früchte, ihrer vielheit nach zu rechnen, dennoch sehr theur gewesen; Hierbey fällt mir ein, wie es der Landmann [///] besonders davor hält das wenn zur Herbst und in der vorwinterzeit, und viele und starcke Winde wehen, wären vorbotten, auf ein guhtes Obst-Jahr; dieses habe ich bemerkt und ist dieses mahl sehr richtig eintroffen; denn so starcke und lange anhaltende Winde, wie wir in vorigen Herbst und Winter gehabt weiß ich mir von keinen Jahre zu entsinnen.

Mann soll aus letz angeführten nun gar leicht denn schluß machen, das der Mangel an lieben korn mit dem übrigen reichen Seegen vollkommen ersetzt wäre, allein es scheint offenbar zu sein, das der gerechte Gott die Schalen seines Zorns über die Welt aus gießet[200], denn mann vernimt Mündlich und schriftlich wie es in andern und entfereten gegeden und ländern, noch betrübter um die Menschliche Nahrunge stehet, wie hier bey uns, und trieft auch zu unsern Zeiten ein, was Gott in alten bünden zu seinen sündigen Volk gesagt; Nemlich Sie sollen Eßen und nicht satt werden[201] ·/.

Ach Herr hilf das wir die güldene Zeit der Heimsuchunge erkennen, behüte uns ferner vor theuerunge krieg und streit für Waßer Pest, und brennen; Erleuchte unsere Hertzen mit deines geistes Gaben, das wir rechtschaffen buße thun und dich vor Augen Haben ·/. Amen.

Braunschweig den 31ten Dec[ember] 1771.
G[rotehenn] ///

---

198 Vgl. S. 172, Anm. 114.

199 *Schwetzschen* = Zwedschgen; vgl. S. 114, Anm. 459.

200 »Und ich hörte eine große Stimme aus dem Tempel, die sprach zu den sieben Engeln: Gehet hin und gießet aus die Schalen des Zorns Gottes auf die Erde!«. Offb 16,1.

201 »Darum soll es dem Volk gleich dem Priester gehen; denn ich will ihr Tun heimsuchen und ihnen vergelten, wie sie verdienen, daß sie werden essen, und nicht satt werden, Hurerei treiben und sich nicht ausbreiten, darum dass sie den HERRN verlassen haben und ihn nicht achten«. Hos 4,9–10.

ANNO 1772

O! Gott, Ein fruchtbar Jahr uns bescher,
frost, hagel, und mißwachs von uns kehr,
Wind, regen thau und sonnenschein
Muß deinen wort gehorsam sein.
Wenn deine gnad das Jahr denn krönt,
Sind wir mit deinen gut belehnt,
Thu aber dieses noch darzu
und gib gesundheit fried und ruh.
Bey dir stehet alles Herr, allein
Wir wollen dir treu und danckbar seyn
und deines großen Namens ehr
dafür aus breiten mehr und mehr[202].

Im abgewichenen 1771. [Jahr] sind überhaupt in dieser Stadt Braunschweig Copulirt 219 Paar, geborn 990. kinder, begraben 857. Persohnen.

Mit dem Anfange dieses Neuen Jahrs bleibt die witterunge und theurunge noch eben so wie es beym schluße des alten Jahrs gewesen, die witterunge gelinde und die theurunge schwer ·/. Es äußern sich auch krankheiten untern Menschen welche ansteckent gehalten werden, Jedoch ohne sonderlich, tödlich. [///] Am 29ten Febr[uar] hat die Neue Stunden und viertel Uhr, So auf der Garnison kirche angelegt, zum ersten mahle geschlagen, Auch ist zu bemercken das vorhin keine viertel Uhr, und kein Ziefferblätter und Zeiger auf dieser kirche gewesen sondern es stund nur auf der kirche ein kleines behältniß worin die schlage glocke hängete.

In dieses behältniß, schlug 1763. Am 3. August ein gewitter, und wurde daß gantze werck Nebst der glocke herunter genommen.

Anno 1770. in Monat Sept[em]b[e]r kam der nunmehrige Neue thurme auf der kirche zum völligen stande, und die alte schlage glocke wurde wieder hin ein gehänget welche einen besondern angenehmen klang an sich hat, und von sich gibt; die Uhr kahm damahls bald nach dem Uhr macher und Hof Mechanicus Grob nach Saltzdahlen[203], allein die verfertigunge, hat sich etwas lange verzögert indeßen ists war geworden, wie es in sprichwort heist, was lange wärt, wird endlich guth.

> O! Gott gibt, das so oft ich Höre glocken schlag, das ich recht wohl bedencken mag, das abermahl Meines lebens frist eine stunde kürtzer worden ist laß mich auch wohl bedencken, wie bald mich der Todt kan kräncken .ʃ. [///]

Am 23ten May ist d[er] H[err] Garnison und Closter Prediger Caspar Johann Julius Roerhandt[204] gestorben, er hat 15. Jahr sein Predig Amt täglich verwaltet Er war kein

---

[202] 5., 10. und 11. Strophe des Kirchenliedes *Für die Früchte des Landes*; 5.: »Ein fruchbar wetter uns bescher, Frost, hagel, mißwachs von uns kehr: Wind, regen, thau und sonnenschein Muß deinem wort gehorsam seyn«, 10.: »Wenn deine gnad das jahr dann krönt, Sind wir mit deinem gut belehnt: Thu aber dieses noch darzu, Und gib gesundheit, fried und ruh«, 11.: »Bey dir steht alles, Herr, allein, Wir woll'n dir treu und dankbar seyn, Und deines grossen namens ehr Dafür ausbreiten mehr und mehr«; vgl. Vollständiges Braunschweigisches Gesang-Buch, S. 743 f.

[203] Salzdahlum; vgl. S. 183, Anm. 181.

[204] Vgl. S. 154, Anm. 49.

Mann der der Galanten Welt gefiel, aber vor Gott Muß er angenehm und wohlgefällig gewesen sein, indem sein Gantzes bestreben dahin gerichtet war :/.

Am 28ten Juny wurde der, vorhin gewesene Holmbachsche Pastor, Herr Ernst Heinz Ludwig Henke[205] zum Neuen Garnison und Closter Prediger durch d[en] H[erren] Sen[iore] Bütemeister, Introducirt: Er ist ein gelehrter und ansehnlicher Mann, treflich in seiner aus rede und Singen p. p.

O! Du großer und algemeiner Hirte Rüste diesem deinen knecht stetzs mit kraft und stärcke, damit er als unter Hirte, deine Schafe träulich Weiden und führen mag[206].

Am 19ten July anbents um 9. Uhr kahm ein fürchterlichs Donner und Hagel wetter die Hagelsteine waren wie volkommene Hüner Eyer groß; und in keines Menschen dencken ist alhier ein solches Hagel wetter gewesen, alle fenster so nach der [///] Abent oder wetterseite gewesen, wurden Alle zerschlagen, ja vieles fenster bley so nicht recht dauerhaft war, ging nebst dem Glase zu trümmern, die gantze dauer des wetters war nur eine guhte viertelstunde und der Wind dabey war Mittel mäßig, die feldfrüchte würden sonsten noch stärcker gelitten haben; in unsern braunschw[eigischen] Lande hat sich dieses schädliche wetter über Holtzmünden[207], an der Weser herunter bey Hameln, über Peine[208] und hier aufs Hohe, und Wilhelmy thor über Ridageshausen[209], und Saltzdahlum Hauptsäglich gezogen und dem mehrsten schaden gethan; Wenn nur der fenster schaden so hier allein in braunsch[w]eig dadurch angerichtet, in erwegunge gezogen wird, so ists allein was erstaunliches, Wenn aber auch furcht und schrecken noch mahls erwogen wird, Womit die Menschen überfielen, so ists gleichfals was großes, donner und blitz ging und erfolgte ohne [///] aufhören, so lange bis daß das Wetter vorüber war. Die Hagelsteine Machten auf dem Dächern ein fürchterliches gepraßel, die fenster und das zerschlagene glaß machte einen klang und art von zwischen spielen; viele Menschen sind vor furcht und für warten der dinge halb todt gewesen; selbst die Fürstl[iche] Tafel geselschaft soll gantz zerstört und aufgehoben worden sein, indem die großen Hagelsteine Häuffig ins speise Zimmer durch die Fenster gekommen sind /. Alle anzeigen so wir von Jüngsten tage[210] haben, scheinen gegenwärtig zu sein, Mann hat viele zerschlagenen Vögel, und betäubte thiere des andern tages gefunden;

Die Nacht auf dem 9ten Aug[ust] war abermahl ein starckes gewitter, so hier in der Stadt in 4. Häuser geschlagen doch aber ohne Zündunge, die donnerschläge folgten über eine stunde häuffig mit einer gewaltsamen stärcke und [///] krachen, blitz und Regen erfülten die luft so das alle schlaffende gewiß ermuntert wurden.

---

205 Ernst Heinz Ludwig Henke, geboren in Braunschweig, Beginn des Studiums der Theologie an der Universität Helmstedt am 12.8.1757; vgl. Die Matrikel der Universität Helmstedt, S. 216.

206 Anlehnung an den 23. Psalm: »Der Herr ist mein Hirte, / nichts wird mir fehlen«. Ps 23,1.

207 Holzminden vgl. S. 98, Anm. 377.

208 Peine, Kreisstadt des Landkreises Peine, Niedersachsen.

209 Riddagshausen, Name eines Klosters mit zugehöriger Domäne, Braunschweig, Niedersachsen.

210 *Jüngsten tage* = Tag des Jüngsten Gerichts, Gottesgericht, Nacht ohne Morgen, umgangssprachlich auch Weltuntergang. Zum Jüngsten Gericht in der Bibel siehe die Offenbahrung des Johannes.

O Gott der du deinen donner Kraft gegeben. So ersetze auch unsern schaden mit Seegen[211].

Am 11 Aug[ust] Nachts um 1. Uhr, brach auf der Kayser straße in einen Hause feuer aus, Wodurch dieses und die beiden Neben Häuser ein Raub der Flammen wurden, und ein alter Mann, ist in dem Hause worin das feuer angegangen zu rück geblieben und von feuer verzehrt worden.

Am 30sten Nov[ember] wurde der Delinquent Riechers, wegen begangener diebe-rey an den Galgen gehencket; er war bis in seinen Todt ein Hals starriger und unbekehrter Mensch, von seiner boßheit und diebstählen konte er gnungsahm über führt werden Allein mit seinen Munde hat ers nicht länger gestanden, als die Peinlichen Zwancks mittel[212] ihm solches aus drückten, und dieses verläugenen, hat ihm einen 3. bis 4. Jährigen Arrest gemacht: seine Ehefrau bekahm wegen theil Nehmunge an seinen schandthaten [///] Am 4ten Nov[ember] auf dem Hagen Marckt durch 2. schinder knechte[213] den Staubbäsen und hat auf lebens lang das land verschweren müßen[214], dieser aus dem Wege geräumten Leuten ihre 4. kinder sind bey bürgersleute theils in dienste und theils in verpflegunge gethan.

Ein klein wenig, da der Mut und ein gut gewißen ruht, ist fürwahr ein großes gut.

Am 13ten Decembe[r] Wurde vor dem Am 23 May a[nni] c[urrentis] verstorbenen Past[or] Roerhand, der Neue Garnison und Closter Prediger Herr Georg Christian Schultze von d[en] H[errn] Sen[iore] Bütemeister Introducirt Er war vorhin Prediger bey denen beiden gemeinden Wagelstedt[215] und Vorwöhle[216]. Er ist ein Mann und lehrer, der Würdig ist, das Mann ihm gibt Preiß und Ehre.

Ach Herr leite und führe du Jhm auf ebener bahn, und richtigen wege damit das die Jhm folgen des rechten weges nicht verfehlen[217]. [///]

Was die Witterunge und Erndte, in dem nunmehro verfloßenen Jahre anlanget, So hats an Regen und Sonnenschein zu rechten zeiten gar nicht gefehlet, dem ohngeachtet ist die theurunge der lebens mittel noch in dem Nemlichen Hohen Preise, wie in dem vorhergehenden Jahre und dabey liegen die gewerbe und Nahrungs geschäfte sehr starck darnieder so das Nunmehro fast eine unzählige Menge verarmte Menschen vorhanden [~~sind~~], und alle straßen sind mit betlers belebt, so viele Landes Herrliche Vorkehrungen dieserhalb auch bereits gemacht sind; der Rocken hat bereits wieder 1. [Reichsthaler] 24. [Mariengroschen] gekoste und der Gersten 1. [Reichsthaler] beym schluße des Jahrs ist zwar der Rocken wieder zu 1. [Reichs-

---

211 »Ihr Königreiche auf Erden, singet Gott, lobsinget dem Herrn, dem, der da fährt im Himmel allenthalben von Anbeginn! Siehe, er wird seinem Donner Kraft geben«. Ps 68,33–34.

212 *Peinlichen Zwancks mittel* = physische Körperstrafen, hier im Sinne von Folter; vgl. den Art. »Peinlich«, in: Zedler, Grosses vollständiges Universal-Lexicon, Bd 27, Sp. 114.

213 *Schinder Knechte* = Gehilfen des Schinders, Henkers oder Abdeckers, denen aufgrund ihrer unehrlichen Berufe auch die Ausführung von Körperstrafen zukam; vgl. den Art. »Schinder oder Abdecker«, in: Zedler, Grosses vollständiges Universal-Lexicon, Bd 34, Sp. 1597.

214 *Land verschweren müßen* = die betroffene Person wurde des Landes verwiesen und musste einen Schwur ablegen es nicht wieder zu betreten; vgl. den Art. »Relegatio«, in: Zedler, Grosses vollständiges Universal-Lexicon, Bd 31, Sp. 432–438.

215 Wagelnstedt, Gemeinde im Landkreis Holzminden, Niedersachsen.

216 Vorwohle, Ortsteil der Samtgemeinde Eimen, Landkreis Holzminden, Niedersachsen.

217 »Zeige mir, Herr, deinen Weg, / leite mich auf ebener Bahn trotz meiner Feinde!«. Ps 27,11.

thaler] 10. bis 12. p[fennig] und der Gersten vor 33. bis 34. [gute Groschen] verkauft, das Hagel Wetter hat wohl was zur theurunge bey getragen aber auch das, weil alle korn Magazins in dem 2. vorhergehenden Jahren gar zu sehr aus geleert, und Nun etwas wieder angefült werden; die gelinge Witterunge ist nur mit einigen Nacht frösten, bis Weyhnachten [///] unterbrochen, und dieses anhaltende wetter hat dem Preiß in den brenholtz sehr herunter gesetzet: Allein Nun hört Mann andere Klagen, Nemlich von unzähligen Mengen feld Mäusen, die dem Rocken und grüne saat abfreßen, und schlechte Hoffnungen zur Künftigen Erndte Anzeigen;

O! Mensch stelle deine Sorgen ein und laß Gott deinen Vater sein[218].

In abgewichenen 1772 Jahre sind in dieser Stadt Braunschweig Copulirt 157. Paar getauft 803. kinder worunter 63. Un-Eheliche, begraben 1432. Persohnen. Es sind also 629. mehr gestorben als geboren.

Es ließe sich wohl die frage aufwerffen ob unter denen begrabenen nicht welche gewesen, so vor kummer verdorben, und zu letzt gar gestorben.

Neues glück und Neues leben
Wollest du O Gott
Mit dem Neuen Jahre geben.[219]

G[rotehenn] ///

ANNO 1773

Gott gib fried in allen Lande
Glück und Heil zu Jedem Stande :/:.

Daß angefangene Neue Jahr fährt noch mit der gelinden Witterunge fort, und ist bis d[en] 20ten Jan[uar] noch keine 8. tage beständiges frost wetter gewesen.

Durch die Zeitungen und Häuffigen Herum wandernden Handwercks gesellen Hört mann wie die theurunge in dem umliegenden Ländern und entfernten Gegenden fast noch größer wie hier sein soll, es ist auch nicht zu verwundern da nun bereits einige schlechte Jahr auf ein ander gefolgt. Auch vernimt Mann wie an allen Haupt örtern, in dem verfloßenen Jahre mehr gestorben, als geborn, auch sind im vorige Jahre viele Nachrichten eingegangen, das Menschen gestorben so über 100. Jahr als gewesen.

Der korn Preiß ist wie er beym schluße des alten Jahrs war. [///] Daß Monat January ist gelinde und wenig frostwetter gewesen; der Monat Febr[uar] hat hergegen mit dem ersten tagen sehr starcken frost und Schnee mit sich gebracht, und damit bis zum aus gange dieses Monats fort gefahren; der Monat Mart[ii] macht denn anfang gleich mit dem aller angenehmsten frühlings tagen und Continuirte damit bis in die Mitte des Monats, hernach folgte veränderliche Witterunge, der Monat Aprill ist nach seiner Art anfänglich guth und gibt uns Angenehme tage; Wobey der korn Preiß sehr merklich gefallen und kan mann den [Himbter] Rocken um 20.

---

218 »Werft alle eure Sorge auf ihn, denn er kümmert sich um euch«. 1 Petr 5,7.

219 »Hilf, Herr Jesus, lass gelingen, hilf, das neue Jahr geht an; lass es neue Kräfte bringen, dass aufs neue ich wandeln kann. Neues Glück und neues leben wollest Du aus Gnaden geben!«. 1. Strophe des Kirchenliedes *Hilf, Herr Jesus, lass gelingen*, von Johann Rist; vgl. S. 183, Anm. 186.

[gute Groschen] kauffen, und dem gersten vor 13. bis 14. [gute Groschen] haben, und werden wir allen anschein nach, ein geseegnetes Jahr von Gott erhalten, Worauf sich bereits die gantze Welt freuet. D[en] 11ten Aprill 1773. [///] Am 26ten Aprill ist Mein bruder Ernst Carl Grotehenn mit seiner frau, von hier weg gereist, und hat dem Schuldienst zu Breitenkamp angetreten.

Am 19ten Aug[ust] ist der Herr Geheimter Rath u[nd] Premier Minister von Schliestedt[220] alhier gestorben.

Am 3. Octob[e]r wurde Herr Joh[ann] Christian Klügel[221] zum Pastor Adjuncti bey hiesiger Garnison und Closter Gemeinde, Introducirt. Gott erhalte Ihm lange beym Leben und Lehren ·/. sein rechtschaffener Vorgänger, d[er] H[err] Pastor Schultze ist nur ¼ Jahr an dieser kirche Prediger gewesen; der Todt entledigte Ihm seines Amts, und machte dadurch eine traurige Witwe, und 5. betrübte Waisen.

Die Nacht Auf dem 3. Octob[e]r, hat sich der Gärtner Gniessmer (aus Eschershausen gebürtig) un vorsichtiger Weise selbst erschoßen.

Am 4ten Octob[e]r ging die Pulver Mühle zu Eysenbüttel[222] in feuer auf Worin der Pulver Macher geselle Petry ums leben gekommen, selbiger hinter ließ eine frau u[nd] 4. kinder.

Am 11ten Nov[ember] ist beym dach decken, des Neuen Stadt-Rath-Hauses, der dach-decker Geselle N. herunter und zu Tode gefallen. [///] Am 23ten Decemb[e]r ist der Mousquet[ier] Christoph Heinsen, unglücklicher Weise im Waßer ertruncken; Wobey noch zu bemercken daß er bey der kirche bereits bestelt, das er auf dem 26ten Ejusd[em] mit seiner Verlobten sich wolen Proclamiren laßen.

Was sonsten die Summarische und Haupt-Nachricht von diesem, Nunmehro durch die gnade Gottes zu rück gelegten Jahre an betrieft, so kann mann das selbe ein Reich Gesegnetes Jahr des Herrn Nennen Wo Seegen und überfluß dem großen Mangel vertrieben; und diese Nachrichten werden uns von entfernten Gegenden zu geschrieben; der Grund Gühtige Gott hat [~~hat~~] uns mit vollen und überflüßigen Maaß zu gemeßen, woran es in dem 3 letzten Jahren gemangelt; jedermann hat Uhrsache, zu sagen, was gibst du denn O Meine seele, Gotte, der dir so vieles Gibt p.p. die vorhin Große Anzahl Hungriger Menschen die wegen Großer theurunge [///] sich nicht sättigen konten, können Nun mehro um ein geringes, sich und die Ihrigen versorgen darzu ist noch auf Landes Herrn Gnädigstem befehl vor die gantz Armen und unvermögsahmen eine so Heilsame Anstalt gemacht, wo solchen Leute auf eine Guhte art geholffen wird.

Beym schluße dieses Jahrs kostet der [Himbter] Rocken 15. bis 16. g[uhte] g[roschen] der [Himbter] gersten 9. bis 10. g[uhte] g[roschen] ·/. ·/.

---

220 Heinrich Bernhard Schrader (ab 1736 von Schliestedt) (* 3.10.1707 in Braunschweig; † 19.8.1773 ebd.), wurde am 21.5.1736 durch den Kaiser in den Reichsadelstand erhoben, ab dem 16.2.1754 Staatsminister und Geheimrat in Braunschweig-Wolfenbüttel, ab 1770 Präsident der Kammer; vgl. Zimmermann, Schrader, Heinrich Bernhard, in: ADB, Bd 32, S. 435–438.

221 Johann Christian Klügel, geboren in Hamburg, Beginn des Studiums der Theologie an der Universität Helmstedt am 7.10.1767; vgl. Die Matrikel der Universität Helmstedt, S. 242.

222 Eisenbüttel, bis ins 19. Jahrhundert eigenständige Ortschaft, heute Teil der Stadt Braunschweig.

In diesem Jahre sind in der Stadt Braunschweig 166. Paar Leute Copulirt, 765. kinder geborn und 888. persohnen gestorben. Unter dieser letzten Anzahl sind 10. Persohnen so unglücklicher weise um ihr leben gekommen sind.

Wer in deßen mit mir Rühmen kan das er das jahr Glücklich und Wohl beschloßen der spreche auch mit mir.

Ich hebe zum beschluß
Mein Gott zu dir die Hände
und sage großen danck
vor das gewünschte ende.

D[en] 30ten Dec[ember] 1773. Ludewig Grotehenn ///

ANNO 1774

Dieses Jahr O Gott laß uns auch gesegnet sein, von Anfang bist zu ende Wo wir aus gehen, oder ein, alles unglück von uns wende ·/.

Die Witterunge ist noch, wie beym schluße des vorigen Jahrs leidlich, und die Preise in dem dingen der Menschlichen unterhaltung sehr erträglich.

Am 24ten Febr[uar] hatten wir ein gewitter, mit donner und blitzen.

Die frühjahrs Witterunge ist zum feld und Garten bau sehr guht und fruchtbar gewesen.

Am 9ten July wurde der Ingen[ieur] Hauptmann Nagel[223] zu Riddageshausen in einem kirchen gewölbe Todt gefunden, welcher sich selbst mit seinen Degen durch dem Hals gestochen, Nach dem er die gewölbethür hinter sich zu geschloßen und noch mit bau Holtz, welches in diesem behältniß verwaret (:und er dieserhalb die schlüßel zu dem gewölbe gehabt:) da er sich dem Töd[lichen] stich bey gebracht, ist er unter dem [///] Sarg des Weyland Closter Abt Specht[224], welches auf einer Eysern Rost gestanden, gekrochen, worunter sich zu Tode geblutet, und hatte also seit dem Monat Mart[ii] a[nni] c[urentis] als von der Zeit da er verreißet, und keiner gewust wo er Geblieben war, gelegen; da nun wegen der starcken Wärme, der Körper in die fäulunge gegangen, ist in, und außer der kirche ein Heftiger gestanck gewesen, Worauf die gewölbe thür auf gebrochen, und daßelbe mit einen licht durchsucht, ist er in seiner Mond[ierunge] unter Obbesagten Sarg gefunden worden; die Ursach solch schrecklicher that, sollen seine vielen gemachten schulden gewesen sein; er hinter ließ eine frau und eine Tochter.

Am 27ten July hatten wir ein schwer gewitter so in die Petry kirche[225], und verschienene Häuser alhier geschlagen, doch ohne entzündunge. Zu Fechel[226] und deßen gegend, ist aber ein starcker Hagel dabey gewesen, so die feldfrüchte und fenster

223 Hauptmann Nagell († 1774), Kompaniechef der 5. Kompagnie, 2. Bataillon des Land-Regiments.
224 Christoph Specht, von 1655–1662 Abt des Klosters in Riddagshausen.
225 St. Petri Kirche in Braunschweig. Eine der Nebenkirchen in der Braunschweiger Altstadt; vgl. Jünke, St. Petri, S. 179 f.
226 Vechelde, Stadt im Landkreis Peine, Niedersachsen.

gäntzlich zerschlagen, dieser Hagel streich hat sich zu Holtzminden bereits angefangen und sich noch weiter, als zu Fechelde[227] erstreckt. [///] In der Nacht, auf denn 20ten Octob[e]r Hora ½ 12. erhub sich alhier, in der Altenwieck[228], in des bierbrauer Schellers Hause eine feuerstbrunst welche so Heftig wurde, daß das anstehende bauer Hillen, und weiter das Seiffen sieder Keitels Hauß gäntzlich ein Raub der flammen wurden, ohne die großen beschädigungen so die zu beyden seiten anstehenden Nachbarhäuser dadurch erlitten haben.

Am 24ten Ejusd[em] vormittages um 9. Uhr, kam abermahl feuer, in einen gegen überstehenden Hause auf, Wo von der ersten feuersbrunst sich Heimlich feuer auf dem Boden, oder Im dache verstecket gehalten, und ohn vorher was davon zu erfahren, in flammen aus gebrochen, dieses wurde zwar beyzeiten gelöschet, aber es hatte doch einen großen schrecken und schaden veruhrsachet; und hätte bey Nachts Zeiten gefährlicher als das erste feuer werden können. Gott hat es aber Gnädig abgewendet [///] In diesen Jahre ist über 10. mahl feur in dieser Stadt auf gekommen, welches aber durch gottliches verhüten, nur ein Mahl die Obermacht erhalten.

Am 23ten Nov[ember] wurde die Closter Conventualie Demis: Hieronymi von d[em] H[erren] Past[or] Hencke introducirt.

Am 6ten Decemb[e]r wurde die fräulein Auguste von Papet[229], zur Priorin der Domma des Aegid[ien] Closters von d[em] H[erren] Abt Reekop[230], aus Helmstedt, introduceirt. D[er] H[err] Past[or] Hencke, hielte bey dieser gelegenheit eine Cantzel Predigt, über die Worte Epheser, am 5. V[ers] 15.[231] und d[er] H[err] Abt nochmahls eine trefliche Rede vor dem großen Altar, darauf wurde die Introduction und beeydigunge vorgenommen.

In diesem Abgewichenen Jahre ist so wohl der Seegen des Herrn, in feld, als garten früchten groß gewesen, Nur die Witterunge ist zu deßen einsamlunge nicht alzu günstig gewesen, besonders ist wenig Heu, guth ein kommen; und sind dahero die Preise, benanter früchte etwas Höher, als im vorhergehenden Jahre selbige gewesen sind. Der Frost ist auch diesem Herbst so früh ein getreten, als in 6. bis 7. Jahren nicht geschehen [///] so daß viele Viee bohnen und Cartoffeln verfroren sind. Zu Anfang des Monat Decemb[e]r kam aber die kälte und Häufige schne so starck, daß selbige unter die Heftigsten, so in diese Seculo[232] angemercket, gerechnet wurde, selbige hatte aber nur 8. Tage bestand, und kam ein volliges Gelindes Wetter. Im ausgange dieses Monats, als ein Schluße des Jahrs wars also noch ein leidliches Winter wetter.

---

227 Vgl. S. 193, Anm. 226.

228 Altewiek, Weichbild der Stadt Braunschweig.

229 Ernestine Auguste von Papet (* 23.11.1742 in Erfurt; † 19.9.1792 in Braunschweig), ab dem 4.5.1773 Vorsteherin des Frauenstifts in Braunschweig.

230 Wahrscheinlich Johann Friedrich Rehkopf (* 20./25.1.1733 in Leipzig; † 15.3.1789 in Dresden), von 1769–1789 Superintendent und Professor in Helmstedt; vgl. Wagenmann, Rehkopf, Johann Friedrich, in: ADB, Bd 28, S. 780.

231 »Achtet also sorgfältig darauf, wie ihr euer Leben führt, nicht töricht, sondern klug«. Eph 5,15.

232 *Seculo* = Seculum (lat.), Jahrhundert; vgl. den Art. »Seculum«, in: Zedler, Grosses vollständiges Universal-Lexicon, Bd 36, Sp. 953.

In diesem zurückgelegten Jahre sin[d] in der Stadt braunschweig 204 Paar Copulirt, 1029. Geborn, und 844. Gestorben. Worunter 6. Persohnen, so unglücklicher weise um ihr Leben gekommen, und unter der gantzen anzahl, ist eine Hundert Jährige Persohn, auch ist der Römische Pabst Clemens XIV.[233] in diesem Jahre gestorben. Auch ist der lange und Heftige Krieg, zwischen den Rußen und Türcken in diesem Jahre zum friedlichen Ende gekommen.

O Gott! Schleuß zu die Jammer Pforten,
und laß an allen orten,
auf so viel blutvergießen
die freuden ströme fließen[234].

Den 31ten Dec[ember] 1774.
Grotehenn ///

ANNO 1775

Herr, du kanst nichts, als gütig sein,
du Wollest deiner gnade schein,
uns, und all denen Gönnen
die sich mit Mund und Hertzen grund
allein zu dir bekennen[235].

Das Neue Jahr fänget sich mit zimlicher witterunge an, und erholen sich, Menschen und Vieh von der großen kälte, so wir vor Weihnachten gehabt, etwas wieder.

Der Monat Jan[uar] hat sich so nicht geendigt, wie er sich angefangen, in dem letzten 10 Tagen ist die Kälte so starck gewesen, daß selbe die Höchsten grade erreicht, so in vielen Jahren darüber bemercket worden sind, Allein Am 29ten dieses [Monats] kam in einer Nacht, eine so schnelle Veränderunge, daß es Höchstens zu bewundern war, und war die Luft nicht allein Warm, sondern sehr Angenehm und Lieblich.

Der Febr[uar] brachte aber wieder frost u[nd] Schne, Allein dieses Wetter stund nur 3. Tage, da Regente es fort 2. Tage und 2. Nächte, Worauf, am 5ten Febr[uar] alhier ein so großes Waßer kahm, als seit [///] Anno 1740. nicht gewesen, Nachmittages um 2. Uhr, trat die Ocker[236] schon, aus ihren Uffern Abends um 5. Uhr, war schon alle Communication zu fuß, zwischen denn Hagen[237] u[nd] der Alt Stadt gehemmet, und ist daß Waßer bis Nachts 12. Uhr angewachsen, weil sich aber gegen

233 Clemens XIV. (* 31.10.1705 in Santarcangelo di Romagna; † 22.9.1774 in Rom), als Giovanni Vincenzo Antonio Ganganelli geboren, von 1769–1774 Papst.

234 »Schleuß zu die Jammerpforten, und lass an allen Orten, auf so viel Blutvergießen die Freudenströme fließen«. 10. Strophe des Neujahrsliedes *Nun lass uns gehen und treten*, von Paul Gerhard (1607–1676).

235 »Herr, du kannst nichts als gütig sein, du wollest seiner güte Schein uns und alle denen gönnen, Die sich mit Mund und Herzensgrund Allein zu dir bekennen!«. 13. Strophe des Kirchenliedes *Ich danke dir demütig*, von Paul Gerhard.

236 Oker, durch Braunschweig fließender Fluss.

237 Hagen, Weichbild der Stadt Braunschweig.

dem Morgen ein starcker Wind und frost ein fand, da fiel das selbe; das fürstl[iche] Schloß, bolweg, Stobenstraße Huthfieltern, friesenstraße, und vorn bruchthor, Nebst dem gantzen bruche, haben die Häuser 2. Ellen und theils 2 ½ Elle in Waßer gestanden, der fürstl[iche] Schloß und Medicinsche garten waren von der fluth auf 2. Ellen unter Waßer gesetzet, so daß Hecken und brücken sehr verderbet, auch sind die hiesigen sämtlichen Mühlen gantz unbrauchbar geworden; daß fürstl[iche] Werck-Hauß hat auch 2. Ellen Waßer gehabt, so daß alle Arrestanten[238] so unten gewohnt, haben aus ziehen müßen. Am 6ten Febr[uar] um 11. Uhr wurde noch mit Schieffen auf dem bolwege gefahren, Nachmittages zog aber daß Waßer von denn straßen zimlich weg ·/. [///] *Avertissement. Demnach durch die hieselbst am 5ten dieses eingetretene große Wasserfluth die St. Catharinenkirche*[239] *dergestalt gelitten, daß auch viele Gewölber eingesunken, und also der öffentliche Gottesdienst in derselben auf einige zur Reparation erfo[r]derliche Zeit, ausgesetzt werden muß; so wird einer Christlichen gemeinde solches hiemit bekannt gemacht, und hat sich dieselbe bis zu anderweiter Eröfnung, an andere Kirchen zu wenden. Inzwischen sollen die sich zu St. Catharinen angebende Proclamationes in der St. Andreaskirche geschehen; die Copulationes, Taufen und Privat-Communion aber auf den ziemlich verschont gebliebe[nen] Hohenchore und in der Sacristey der St. Catharinen-Kirche verrichtet werden. Gegeben im Geistl[ichen] Gerichte, Braunschweig, den 10. Febr. 1775*[240].

Mit dem oster feyertagen, ist der Gottes dienst in der St. Cathar[inen] kirche wieder eröffnet. [///] Der frühling ist sehr fruchtbar und vor bäume und Erdgewächse, vortheilhaft gewesen, allein es erfolgte noch in Monat May, eine dürre, die fast dem gantzen Sommer angehalten zu verschiedenen Mahle, hat es zwar sehr durchdringent geregent so daß sich alle gewächse erquicken konten, Nur es war in einigen tagen wieder weg, indem der warme Sonnenschein, gleich wieder erfolgte, Heu und futter vors viel ist überall wenig gewachsen, daß korn auffen felde hat an stroh nicht viel gebracht. Allein die Ähren und körner sind Reichlich von Gott gesegnet, so daß der korn Preiß, in betracht der ge[wesenen] dürre leidlich ist, der [Himbter] Rocken kostete um Michaelis 24. g[roschen] der gerste 16. bis 17. g[roschen] nachher hat sich aber der Preiß auf einige g[roschen] erhöhet. Diejenigen Leute so ihre garten, elder und Wieden in Niedrigen gegenden haben, sind dis Jahr vorzüglich, glücklich gewesen. Der [///] Herbst ist gleichfalls trocken gewesen, doch ist der Erdboden, so viel befeuchtet worden daß die Winterfelder haben können bestelt werden; Obst, ins besondere kirschen birnen und Äpfel sind Reichlich von Gott gegeben, Mastunge vor die Schweine ist auch zimlich guth gewest; übrigens haben wir gesunde luft gehabt, so daß keine sonderliche kranckheiten untern Menschen gewütet, wodurch selbige hingerafft werden können, in der Stadt Braunschweig sind überall 792. Persohnen gestorben, und an deren statt 903. wieder geborn worden, Copulirt sind 212 Paar. In denen Herbst Monaten, hat sich abermahl eine land verderbliche Seuche untern Horn Vieh herrvorgethan, wodurch nicht allein in dieser, sondern auch in entfern-

238 *Arrestanten* = Gefangene; vgl. S. 43, Anm. 97.

239 Die St. Katharinen Kirche liegt im Braunschweiger Weichbild Hagen; vgl. Jürgens, St. Katharinen, in: Braunschweiger Stadtlexikon, S. 124–126.

240 *Kursiv*, da durch Grotehenn eingeklebter Druck.

ten gegenden, bereits vieles Vieh umgekommen, und wo die Seuche erst ein gerißen, da hilft auch kein Mittel. ///

ANNO 1776

Gott weiß der Menschen ihre Sorgen,
er weiß, Wodurch ihr Hertze tracht,
die Sehnsucht ist ihm unverborgen,
die ihren Geist unruhig macht.

Die Witterunge des vorigen Jahrs, hatt eine Aufmercksame betrachtunge, bey vielen Menschen erregt, der Sommer war sehr dürre und von großer Hitze, der spähte Herbst, besonders zur See, sehr stürmisch, so daß alle unglücklichen begebenheiten, so sich zu Waßer zugetragen nicht gnung sahm, haben können beschrieben werden p. p. Mit dem Anfang dieses Neuen Jahrs, trat auch eine so heftige Kälte ein, die Nach vieler gelehrten Anmerckungen nur 3. grad geringer, als 1709. und 3 ½ grad stärcker, als 1740. gewesen ist, Im Jahre 1768. soll die kälte eine kurtzezeit mit der dis Jährigen gleich gewesen seyn, dieser fast unerträglicher frost, hat sich erst mit dem schluße des Monats Jan[uari] geendigt. [///] In vorbeschriebener großen Kälte wurden die braunschw[eigischen] krieges Völcker zusammen gerufen, weil ein Corps von 6000. Mann, der selben in großbritanische dienste überlaßen werden sollte[241], diese Leute welche theils einige tage unterwegs sein musten ehe sie hier ankommen konten, hatten vielfältige beschädigungen, an geschicht händen und füßen, von frost erlitten. Diese kälte fing mit dem Monat January an, und endigte sich auch pünctlich mit demselben, und der Febr[uar] ist bis heute als 23ten dito sehr gelinde und angenehm. Gestern als d[en] 22ten Febr[uar] ist die erste Colonne[242] Obbenandter 6000. Mann aus Marschirt, Nehmen ihren weg auf Giffhorn[243] und Stade von da gehen sie zu Schiffe, und so wie geredet wird, sollen diese Völcker in America, gegen die Americaner, so auf dem Englischen Inseln[244] wohnen fechten, welche sich wieder Ihrem könig empört haben. [///] Am 15ten May Marchirte die 2ten Division Herzog[lich] braunschw[eigischer] Trouppen, von Wolffenbüttel aus, kahmen hier nahe an der Stadt vorbey, Am 31ten Ejusd[em] bey Stade, auf die Schieffe gegangen Am 12ten Juny waren dieselben in England bey der Stadt Portsmuth[245] angekommen,

241 Nach dem Ausbruch des amerikanischen Unabhängigkeitskrieges und der britischen Entscheidung diesen auch als einen Landkrieg zu führen, war es für den König von Großbritannien notwendig, Subsidientruppen zur Verstärkung seiner eigenen Armee anzuwerben. Die Truppenstärke des von Braunschweig-Wolfenbüttel *vermieteten* Kontingents betrug dabei 4000 Mann Infanterie und 300 Mann Kavallerie, das durch die Briten zu zahlende Handgeld wurde auf 46 Reichsthaler pro Mann festgelegt. Die Ausrüstung war allerdings durch den Herzog von Braunschweig-Wolfenbüttel zu stellen; vgl. Huck, Soldaten gegen Nordamerika, S. 33–36.

242 Das braunschweigische Subsidienkontingent wurde in zwei Divisionen geteilt und separat verschifft. Die erste Division bestand aus ca. 2300 Mann, die zweite aus ca. 2000 Mann; vgl. ebd., S. 35.

243 Gifhorn, Kreisstadt im Landkreis Gifhorn, Niedersachsen.

244 *Englischen Inseln* = englische Kolonien, hier gemeint die dreizehn Kolonien an der Ostküste der heutigen Vereinigten Staaten von Amerika.

245 Portsmouth, Hafenstadt im Süden Englands, Grafschaft Hampshire. Wichtiger Flottenstützpunkt der Royal Navy.

Am 25ten Ejusd[em] von da weiter fort. Am 3ten Sept[em]b[e]r war auf dem Schieffe eine Mousq[uetiers] frau, mit einen Jungen Sohn Nieder gekommen und da daß

Schiff eben auf dem Lorentz fluße[246] gewesen soll daß kind auch davon den Namen Lorentz erhalten haben. Am 17ten Sept[em]b[e]r da die leute seit dem 31sten May auf dem Waßer gewesen, war die flotte, außer einen Schiffe, der frießland, in America, vor der Stadt Quebeck angekommen, daß abhanden gekommene Schiff, ist erst einige Wochen nachher vor Quebeck angekommen. Die größeste Merckwürdigkeit, so in diesen Jahr, vorgekommen ist diese, daß deutsche Krieges Völcker nach America, in einen andern [///] Welttheil geschickt sind. Braunschweig hat hierzu 6000. und Hessen 12000 Mann[247] gegeben, diese Leute werden nach dem Eng[lischen] fuß bezahlt, daß Jahr zu 13. Monat gerechnet, und der Mousq[uetier] bekomt Monatlich 5. [Reichsthaler] aus diesem ist leicht zu rechnen[248], was eine Armee von 70000 Mann Jährlich kostet davon noch die Mehrsten auffen Schiffen müßen erhalten werden, der Trouppen, so England zu Hause behalten nicht zu gedencken, und des weiten Transports, der Armee die lebens Mittel nach zu schicken, auch nicht mit zu rechnen.

Was übrigens die fruchtbarigkeit dieses Jahres anlanget, so ist der Sommer abermahls sehr trocken gewesen, doch aber hat der Höchste das Jahr mit seegen gekrönt so daß Korn und Obst in Reichen Maaß erfolgt, und in einen guhten Preise stehet, [///] der [Himbter] Rocken kostet 18. bis 19. [Mariengroschen] der gersten 13. [Mariengroschen] haber 9. bis 10. g[roschen] Nur die Üble Horn Viehseuche hat in diesem gegenden abermahls viel schaden angerichtet.

Übrigens ist die Luft vor die Menschen gesund gewesen, Nur ist angemercket daß in vielen Jahren, so viele gesunde und Muntere leute nicht an Stich und Schlagfluß[249] gestorben, als in diesem Jahre geschehen ist. Die gantze Summa der verstorben in Braunschweig, ist 888. Personen der geb[ornen] 775. Und der Copulirten 227. Paar. Unter denen verstorbenen, sind verschiedene große und angesehene Herren, von Hofe.

Die Herbst Witterunge ist sehr leidlich gewesen, und ist bis Weihnachten kein sonderlicher frost ein getreten, welches vor die armen Leute alhier, eine große Wohlthat gewesen.

Gott deine gühte reicht so weit
So weit die Wolcken gehen
Du krönst uns mit barmherzigkeit
und Eylst uns bey zu stehen[250]. ///

246 St. Lorenz, aus den Großen Seen in Nordamerika entspringender Strom.

247 Auf die britische Anfrage nach Subsidientruppen sagte der Landgraf von Hessen-Kassel 10 000–12 000 Mann zu, die ab Dezember 1775 gemustert werden sollten. Das gesamte Kontingent sollte aus vier Grenadier-, fünfzehn Infanterie- sowie zwei Jägerbataillonen bestehen; vgl. Atwood, The Hessians, S. 25–27. Zur Wahrnehmung der Hessen in Amerika siehe Auerbach, Die Hessen in Amerika.

248 Vgl. S. 197, Anm. 241.

249 *Schlagfluß* = Schlaganfall, die Titulatur in der Frühen Neuzeit leitete sich vom Volksglauben ab, der besagte, dass ein Tropfen Blut vom Gehirn herab fiele und wichtige innere Röhren verstopfe. Dadurch käme es zu Lähmungserscheinungen und meist einem schnellen, unerwarteten Tot; vgl. den Art. »Apoplexia«, in: Zedler, Grosses vollständiges Universal-Lexicon, Bd 2, Sp. 905–911.

250 »Herr, deine Güte reicht, so weit der Himmel ist, / deine Treue, so weit die Wolken ziehen«. Ps 36,6.

ANNO 1777

Ein Neuer Tag, ein Neues Leben,
gehet mit dem Neuen Jahre an.
Gott will uns heut aufs Neue geben
Was uns sonst Niemand geben kan,
denn hätten wir seine gnade nicht
wer gäbe uns sonst Trost und Licht[251].

Daß Neue Jahr macht einen Ernsthaften anfang, frost und Schnee zu bringen, der Mon[at] Febr[uar] führt noch fort mit anhaltenden frost und Schnee.

Am 25ten Febr[uar] Marchirte ein Transport recruten, 258. Mann Starck, von hier aus, nach Stade, Woselbst sie zu schiffe gehen, und nach America zu dem alda stehenden Regimentern[252], überbracht werden diese Leute waren Alle angeworbene ausländer, Wovon viele aus Noth, Hunger und kummer, dem Soldaten Stand ergriffen hatte. [///] Der frühling ist fruchtbar und angenehm gewesen, der Sommer völlig mit Regen und Sonnen schein abwechselnt zu ende gegangen, so das die Erndte eben so reichlich wie in vorigen Jahre, und der korn Preiß also nicht erhöhet ist: Im Herbste stelten sich aber bereits um Michaelis starcke Nachtfröste ein, welche sich aber bald wieder in leidliches wetter verwandelten und ist erst kurtz vor Weihnachten der Winter völlig eingetreten.

In diesem Jahre, und zwar Am 29ten [~~August~~] July sind auf die St. Martini kirche alhier, Neue knöpfe und fahnen gemacht, welche an besagten Tage, mit großer feyerlichkeit auf gesteckt wurden: indem Alten knöpfen haben sich viele Alte Müntzen und schrift[liche] Nachrichten gefunden, welche mit Neuen vermehrt, und die Alten Nebst dem Neuen, sind wieder ein gelegt*f*. Am 31sten August [///] war ein so heftiger Sturm, daß Häußer und bäume dadurch sehr beschädigt wurden. In diesem Herbst ist auch des Englischen General Bourgoni[253] Armee, so in America Agirt, wobey die sämtlichen braunschw[eigischen] Regiment[er] gestanden von dem Americanischen Völckern zu gefangenen gemacht, welches in der gantzen Welt ein großes aufsehen gemacht, daß ein Volk, so nur vor Rebellen gehalten eine königl[iche] Armee zu gefangenen gemacht, und ihr gesetze vor zu schreiben, welche die Engländer ein willigen müßen[254] *f*.

---

251 »Ein neuer Tag, ein neues Leben geht mit der neuen Woche an; Gott will mir heut auf's neue geben, was mir sonst niemand geben kann; denn hät ich seine Gnade nicht wer gäbe mir sonst Trost und Licht?«. 1. Strophe des Liedes *Ein neuer Tag, ein neues Leben* von Benjamin Schmolck.

252 Vgl. S. 197, Anm. 241.

253 John Burgoyne (* 24.2.1722 in Bedfordshire; † 4.6.1792 in London), britischer General, Politiker und Schriftsteller. Führte im amerikanischen Unabhängigkeitskrieg 1777 eine Expedition gegen Albany und wurde mit ca. 5000 Mann bei Saratoga eingekreist und gefangen genommen; vgl. Mintz, Burgoyne, John, in: Oxford Dictionary, vol. 8, S. 807–809. Zur Schlacht von Saratoga siehe Ketchum, Saratoga.

254 Gemeint ist hier die Schlacht bei Saratoga, die als Wendepunkt im amerikanischen Unabhängigkeitskrieg betrachtet wird. General John Bourgoyne kapitulierte dabei mit seiner gesamten Armee am 16.10.1777 vor einer Armee unter General Horatio Gates und ging, nach gescheitertem Feldzug, mitsamt seiner Armee von ca. 5000 Mann, darunter ca. 2000 Braunschweiger, in Gefangenschaft. Die Meldung dieses Sieges der Revolutionäre veranlasste Frankreich und die

In diesem Jahre, sind in Braunschweig 180. Paar Leute Copulirt 708. kinder getauft, und 801. sind gestorben. Es sind also 93. mehr gestorben, als geborn.

Wie ist mein Hertz erfreut, wenn es vergnügt
bedencket, wie viel nur gottes Hand, in diesem Jahr
geschencket, wie er mich hat versorgt und väterlich
bewart, und mich gesund und wohl, bis diese Stunde gespart[255]. ///

[ANNO] 1778

Gott! Laß mich deine gnade spüren,
weil das Neue Jahr anbricht,
Ach! Du wollest selbst mich führen,
O du Meiner Seelen Licht!
Leib und Seele, und was ist mein
laß dir stets empfohlen seyn,
deine Gnade laß bey mir bleiben,
und das unglück von mir treiben[256].

Der Monat January hat nicht Allein mit zimlicher starcker kälte und Schnee seinen Anfang genommen, sondern auch damit beschloßen; der Febr[uar] und Mertz sind abwechselnt gewesen. Am 1sten Aprill Marchirte, der Recruten Transport, ohngefehr 500. Mann, von hier aus, anch Stadt, woselbst sie zu Schiffe gehen, und nach America überbracht werden, und die alda stehende br[aunschweigischen] Regimenter damit zu Completiren. [///] Der gantz früh Sommer ist sehr fruchtbar gewesen, und dahero eine guhte Erndte, und Erndtezeit, Allein der nach Sommer sehr dürre, so daß das Graß zum späth Heu, sehr wenig und viele Herbstfrüchte dieserwegen nicht guth gerahten. Übrigens ist der Herbst sehr glinde gewesen, so daß Weihnachten noch weder Frost noch Schnee ein getreten war: Nur ist noch eine große Hauptbegebenheit anzuführen, Nemlich daß der R[ömische] kayser[257], mit dem könig von Preussen[258], um Erbschaft des Bayr[ischen] Landes, in einen krieg verwickelt worden und haben zahl reiche Armeen gegen ein ander ins Feld geführt: Schlesien und Böhmen, sind die Schau Plätze des krieges, in diesem Jahre gewesen und die vortheile beyder Armeen sind wechselweiß gewesen, so daß dadurch nichts entschieden ist[259]: [///]

Niederlande in ein offenes Bündnis gegen Großbritannien einzutreten; vgl. Huck, Soldaten gegen Nordamerika, S. 144–151.

255 »Wie ist mein Herz erfreut, wenn es vergnügt bedenket, wie viel mir Gottes Hand in diesem Jahr geschenket, wie er mich hat versorgt und väterlich bewahrt, und mich gesund und wohl bis diese Stund verspart«. Erste Strophe des Kirchenliedes *In dem fremden Pilgerland*; vgl. Kurze Anleitung zum Besprüch des Herzens, S. 357.

256 5. Strophe eines Lob- und Dankliedes, Johann Friedrich Starcks, gewesenen Evangelischen Predigers und Consistorial-Raths zu Frankfurt am Mayn. Tägliches Gesangsbuch, S. 79 f., hier S. 80.

257 Joseph II. (* 13.3.1741 in Wien; † 20.2.1790 ebd.), viertes Kind Maria Theresias und Franz Stephans von Lothringen, seit 1764 römisch-deutscher König, von 1765–1790 Kaiser des Heiligen Römischen Reichs Deutscher Nation.

258 Friedrich II., bis 1772 König in Preußen, ab 1772 König von Preußen; vgl. S. 34, Anm. 26.

259 Der Bayerische Erbfolgekrieg von 1778–1779 wurde durch das Aussterben der bayerischen Linie der Wittelsbacher 1777 ausgelöst, das habsburgische Ansprüche auf Niederbayern und die Oberpfalz zur Folge hatte. Da Friedrich II. ebenfalls territoriale Ansprüche erhob kam es zum

bey der königl[ich] Preusischen Armee, führen S[eine] Majestadt der könig selbst daß Commando und unter dem selben 25. Printzen worunter unser durchl[auchter] Erb Printz[260] und deßen beyden Herrn Brüder[261] sich mit befinden. Der kayser Commandirt seine Armee Gleichfalls in eigener Hohen Person, der krieg in America wird noch fortgesetzt, und zu dem Ende werden beständig Recruten angeworben, so in künftigen frühjahr dahin geschickt werden.

In diesem abgewichenen Jahr sind in Braunschweig 204. Paar Copulirt, 735 getauft, und 678. begraben. Es sind also 57. mehr geborn, als gestorben.

Dir dancke ich Herr, das die Natur
Mich Nährt und mich erfreut.
Ich schmecke in jeder Creatur
Gott deine freundlichkeit[262].

Braunschweig d[en] 4ten Jan[uary] 1779.
Ludewig Grotehenn ///

ANNO 1779

Gott, Mein Vater, deine Liebe
Reicht so weit der himmel ist;
Deines wohlthuns starcke triebe
Sind so ewig, als du bist,
Deiner huld un endlichkeit
Gott, erschöpfet keine Zeit,
und wer kan die vielen Proben
Deiner güte würdig Loben[263].

Der Monat January, hat zwar einen Winters Anfange, mit etwas Schnee und Gelinden froste gemacht, aber nicht über 14. Tage damit fortgefahren; der Monat Febr[uar] ist so angenehm gewesen daß die Gärtners durch sein angenehmes wetter gereitzet wurden, in dem Gärtens zu arbeiten, und haben in diesem Monat auch würcklich vieles darin bestelt, gesäet, u[nd] gepflantzet. [///] Der Monat Mart[ii] und Aprill sind nicht weniger angenehm gewesen, und zu garten und feld arbeit, ists

Krieg zwischen Preußen und Österreich, der jedoch 1779, ohne größere Schlachten, im Frieden von Teschen endete und eher als Propagandakrieg verstanden werden kann. Zum Bayerischen Erbfolgekrieg siehe Ziechmann, Der Bayerische Erbfolge-Krieg.

260 Karl Wilhelm Ferdinand von Braunschweig-Wolfenbüttel; vgl. S. 31, Anm. 6.

261 Bei den Brüdern handelte es sich um Friedrich August von Braunschweig-Wolfenbüttel; vgl. S. 122, Anm. 497, sowie Maximilian Julius Leopold von Braunschweig-Wolfenbüttel; vgl. S. 165, Anm. 61.

262 »Dir dank ich. Herr, daß die Natur mich nährt und mich erfreut. Ich schmeck in jeder Creatur, Gott, deine Freundlichkeit«. 9. Strophe des evangelischen Kirchenliedes *Für alle Menschen beten*; vgl. Sammlung geistlicher Lieder, S. 6 f.

263 »Herr, deine Güte reicht, so weit der Himmel ist, / deine Treue, so weit die Wolken ziehen. Deine Gerechtigkeit steht wie die Berge Gottes, / deine Urteile sind tief wie das Meer. Herr, du hilfst Menschen und Tieren. / Gott wie köstlich ist deine Huld! Die Menschen bergen sich im Schatten deiner Flügel, / sie laben sich am Reichtum deines Hauses; / du tränkst sie mit dem Strom deiner Wonne«. Ps 36,6–9.

ein gantz vortreffliches wetter gewesen. Das also diesem gantzen Winter wenn alles schnee gestöbe[r], zu gleicher zeit auf der Erde gelegen, nicht über 2. finger breit, hoch gelegen, kein jetzt lebender Mensch weiß sich eines solchen gelinden winters zu erinnern, dabey gesunde zeiten vor Menschen und Vieh und leidlich korn Preise, und leidlichere Holtz Preise. (·Gott deine gühte ist groß·)

Am 25ten Mart[ii] Marschirte der Recruten Transport, 270 Mann starck, von hier aus und gehet zu dem Regimentern so noch in America stehen, weil alda noch kein friede errichtet ist.

Hergegen ist durch des Höchsten Gnade der friede, zwischen dem Römischen kayser [///] und dem könig von Preußen, Am 13ten May in der Stadt Tesschen[264] zu stande gekommen zu diesem wichtigen Wercke sind die Höfe Petersburg, und Franckreich als Mitlers getreten. Die Kriegsführenden Mächte haben also noch in Monat May ihre Armeen aus ein ander und nach Hause gehen laßen, die Neu errichteten frey Corpse[265] dimittirt ·∫. und die großen korn und Fourage[266] Magazina, Nebst vielen Pferden sind verkauft welches denen gegenden wo der krieg geführt, wohl zu statten kömt.

N[eben] B[emerkung]: So gelinde und guth der vergangene Winter und frühling gewesen, so haben sich dagegen, in der ersten hälfte des Monat Juny, einige Nächte ein gefunden worin es würcklich Eys gefroren, Wodurch die kartoffeln und Vieebohnen so etwas frey gestanden, sehr gelitten haben [///] *Da durch die Güte des Allerhöchsten zwischen Ihro Römisch-Kayserlich und Kayserlich-Königliche Majestät, Majestät, und des Königs von Preußen Majestät, der Friede, und mit demselben die erwünschte allgemeine Ruhe in Deutschland, nunmehro glücklich wieder hergestellet worden: So danken wir mit freudigster Empfindung und inbrünstigster Andacht unserer Seele dir, allmächtiger Gott, unendlich gnädiger Vater! Für solche segensreiche Wohlthat, und preisen deine überschwengliche Gnade, daß du die Seufzer so vieler Bedrängtem, und auch unser Gebet für unsern theuersten Herrn Erbprinzen und Deroselben Herrn Brüder, die Prinzen Friedrich August und Maximilian Julius Leopold, welche bey diesem Feldzuge so vielen und mannigfaltigen Gefährlichkeiten unterworfen gewesen, gnädiglich erhöret, und Ihr Leben und Gesundheit zur Freude des Hochfürstlichen Hauses und aller rechtschaffener Untertanen so treulich bewahret hast. Laß, treuer Gott und Vater! Ferner deine Gnade über Sie walten, und setze Sie zum Ziel deines Seegens hier zeitlich und dort ewiglich.*

Erhalte unser deutsches Vaterland in einem beständigen und allgemeinen Frieden, damit wir unter der sanften Regierung deines Gesalbten, unsers Herzogs, in Friede und Ruhe unsere Tage zubringen, und als ein frommes Volck mit Danken vor deinem allerheiligsten Angesicht erscheinen mögen. Erhöre uns um deines lieben Sohnes, unsers Heilandes JEsu Christi willen. Amen. 1779.[267]

P.S. Der friedens Contract ist am 13ten May in der Stadt Teschen geschloßen [///]

---

264 Der Friedensvertrag von Teschen, heute Cienzyn in Polen, wurde am 13.5.1779 in Teschen zwischen dem Erzherzogtum Österreich und Preußen unterzeichnet und beendete den Bayerischen Erbfolgekrieg; vgl. Unzer, Der Friede von Teschen.

265 Vgl. S. 33, Anm. 21.

266 Vgl. S. 62, Anm. 178.

267 Kursiv, da durch Grotehenn eingeklebter Einblattdruck.

Der gantze Sommer ist über aus angenehm und fruchtbar gewesen, die Erndte wohl ein gesammel[t], und der korn Preiß ist wie in vorigen Jahre, der [Himbter] Rocken 18. bis 19. [Mariengroschen] gersten 12. bis 13. [Mariengroschen] p. p. das angnehme wetter hat bis aus gang Novemb[e]r fort gedauert, und vor Weihnachten ist weder Schnee noch frost gewesen. das ich also Rühmen muß, das ich durch Gottes gnade, die Sommer luft und vergnügens, Reichlich genoßen, und besonders ist sie desto vollkommener gewesen, weil ich selbige auf meinen eigenen Garten; (:so ich mir dieses frühjahr gekauft:) habe genießen können. In diesem zurück gelegten 1779ten Jahren sind in dieser Stadt braunschweig 186. Paar Copulirt getauft 803. kinder, und begraben 664. Personen. Es sind also 139. mehr geborn als gestorben.

O gott! Deine Gühte hast du auch in diesem Jahr
mit vollen Maaß über uns aus geschüttet.
Danck, danck sey Dir dafür. ///

ANNO 1780

Herr du wollst mir Gnade geben,
das dis Jahr mir Heilig sey,
und ich Christlich könne leben.
Ohne falsch ohne Heucheley:
daß ich fromm alhier auf erden,
und dort möge selig werden[268].

Mit dem Anfange dieses Neuen Jahrs, ist auch ein förmliches Winter wetter, mit frost und Schnee ein getreten und hat dieses wetter ohne sonderliche Veränderung bis d[en] 10ten Febr[uar] gestanden, alwo sich aber ein gelindes Thauwetter ein gestellt, und ist der gantze Winter kälte wegen sehr leidlich gewesen, und überhaupt wenig schnee, ist dahero auch der Rocken auf dem feldern etwas dünne stehen geblieben, in Monat Juny sind noch einige Nachtfröste ein gefallen. [///] Am 23ten Aprill als grünen Donnerstage Nacht ist die Stadt Gosslar, auf wenige Häuser nach, gantz abgebrandt. (·ein sehr Trauriges unglück·) Am 26ten Aprill abends um 11. Uhr, ist unser Durchl[auchter] Herzog CARL nach einer langwierigen entkräftung gestorben in 67. Jahre seines Alters. (·das land hat einen gnädigen und gühtigen Herrn verlohren·) Am oster feste, ist das Neue braunschw[eigische] Gesang buch[269] in hiesiger Stadt kirche eingeführt, und zum ersten Mahle in denen kirchen daraus gesungen; in der Garnisonkirche ist dieses Neue gesangbuch erst am 9ten post Trinit[atis] eingeführt, weil deren viele Armen mit glieder sich auf ostern damit noch nicht hatten versehen können: (dieses vortrefliche buch hat vielen wieder Willen erregt·) Am 25ten Sept[em]b[e]r hatten wir ein starckes gewitter mit heftigen donnerschlägen, und waren wegen des

268 13. Strophe des Kirchenliedes *Hilf Herr Jesu laß gelingen.* »HErr, du wollest Gnade geben, das dis Jahr mir heilig sey, und ich Christlich möge leben, ohne trug und heucheley; ich auch meinen nächsten lieb, und denselben nicht betrüb: damit ich alhier auf erden möge from und selig werden«. Vollständiges Braunschweigisches Gesang-Buch, S. 101–103, hier S. 102.

269 Neues braunschweigisches Gesangbuch.

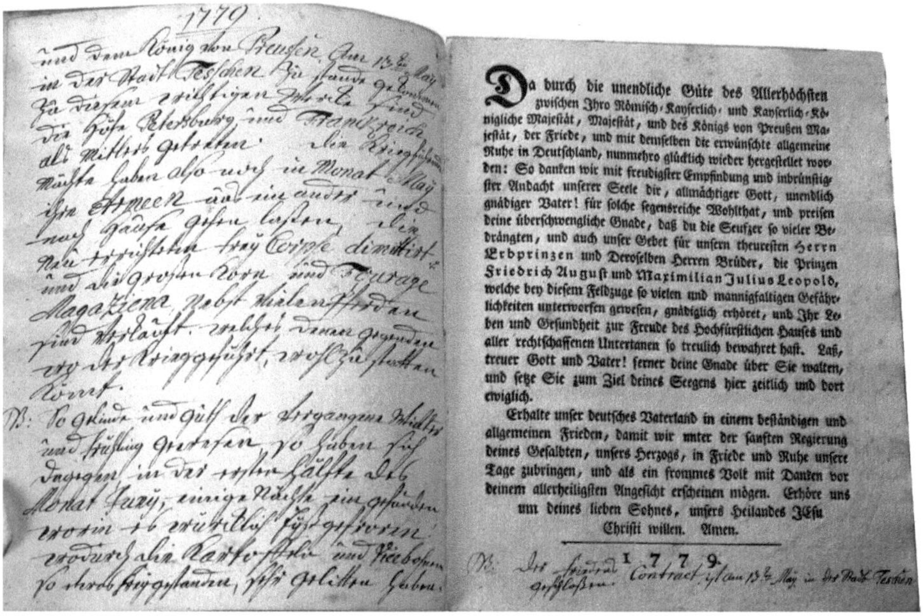

Da durch die unendliche Güte des Allerhöchsten zwischen Jhro Römisch-Kayserlich- und Kayserlich-Königliche Majestät, Majestät, und des Königs von Preußen Majestät, der Friede, und mit demselben die erwünschte allgemeine Ruhe in Deutschland, nunmehro glücklich wieder hergestellet worden: So danken wir mit freudigster Empfindung und inbrünstigster Andacht unserer Seele dir, allmächtiger Gott, unendlich gnädiger Vater! für solche segensreiche Wohlthat, und preisen deine überschwengliche Gnade, daß du die Seufzer so vieler Bedrängten, und auch unser Gebet für unsern theuresten Herrn Erbprinzen und Deroselben Herren Brüder, die Prinzen Friedrich August und Maximilian Julius Leopold, welche bey diesem Feldzuge so vielen und mannigfaltigen Gefährlichkeiten unterworfen gewesen, gnädiglich erhöret, und Jhr Leben und Gesundheit zur Freude des Hochfürstlichen Hauses und aller rechtschaffenen Untertanen so treulich bewahret hast. Laß, treuer Gott und Vater! ferner deine Gnade über Sie walten, und setze Sie zum Ziel deines Seegens hier zeitlich und dort ewiglich.

Erhalte unser deutsches Vaterland in einem beständigen und allgemeinen Frieden, damit wir unter der sanften Regierung deines Gesalbten, unsers Herzogs, in Friede und Ruhe unsere Tage zubringen, und als ein frommes Volk mit Danken vor deinem allerheiligsten Angesicht erscheinen mögen. Erhöre uns um deines lieben Sohnes, unsers Heilandes JEsu Christi willen. Amen.

1779.

Seite aus dem Tagebuch Grotehenns, Stadtarchiv Braunschweig H III: 3-65

Starcken regens auf dem Bielefeldschen Garten, vor dem hiesigen Auguts Thor verschiedene leute, zu schaure gegangen, und hatten sich vorn in Hause, an der Thür hingestelt, und schlägt daß donnerwetter, in dem Thürständer [///] herunter, und der blitz faste drey Personen schlägt selbige zu Erden, brent demselben das Zeug von leibe, die schnallen schmeltzen und waren selbst an leibe sehr beschädigt, doch sind solche Personen, wieder Curirt. Wir hatten hier lange keinen Regen gehabt so das viele Feld und garten früchte vertrocknet waren.

In diesem Jahre sind in hiesiger Stadt 2. Prediger gestorben, an der St. Magni kirche[270] d[er] H[err] Pastor Hironymi, und an der St. Cathar[inen] d[er] H[err] Senior Bütemeister.

Am 19ten p[ost] Trinit[atis] wurde der Neue Pastor Herr Hencke, an der Magni kirche introducirt, und, am Sontage Nach Weihnachten, der Neue Pastor Herr Alers, an der Catharinen kirche introducirt. (·zwey würdige Männer)

Die Witterunge hat sich leidlich bis zum Neuen Jahre hingehalten.

In diesm Jahre sind in der Stadt Braunschweig 178. Paar Copulirt. 800. kinder getauft. 603. Pers[onen] begraben. ///

270 Die St. Magni Kirche wurde seit dem 11. Jahrhundert errichtet und befindet sich im Braunschweiger Weichbild Altenwik; vgl. Jericho, St. Magni.

ANNO 1781

Allmächtiger! Mein erstaunter Geist
Wirft sich vor dir Nieder.
Die Ohnmacht, wie du selber Weist
Um giebt noch meinen Glieder.
Nun Gott ich traue deiner kraft
Die Neue Stärcke in mir schafft[271].

So wie die letzte helfte des Monats Dec[ember] mit leidlichen frostwetter beschloßen, so ist auch der Mon[at] Jan[uar] damit fort gefahren; öfters 12. Stunden Thauwetter und dann wieder frost, und ist bis jetzo als denn 15ten Febr[uar] sehr wenig Schnee gefallen so das noch nicht einmahl, die Ziegeln auf dem dächern gantz damit bedeckt gewesen sind.

Der Americanische Krieg dauert noch fort und ist die Republic Hollant[272] dieserhalb, mit dem Anfang dieses Jahrs, mit England Gleichfals, in einen Krieg verwickelt worden[273]. [///] Am 1sten Aprill sind die Recruten, von hier ab, nach America Marchirt, der Transport war 160. Mann starck.

Die 3. Monate! Mart[ii] Apr[il] u[nd] May sind dieses Jahr fast ohne allen Regen abgelauffen, außer am 6ten May fiel ein 2. Stündiger guhter Regen. Die Nächte auf dem 8ten und 9ten May hats gefroren so daß das Obst auf dem Jungen Obstbäumen verfroren[.]

Am 24ten May als in der Nacht auf Christi Himmelfahrt, hats 1/8 zölliges dickes Eys gefroren, so das abermahl alle weichlichen Garten gewächse verfroren. Die Sommer Monate sind mehrentheils trocken verstrichen, doch aber zwischen durch sind einige gewitterregen erfolgt so das jenige was nicht gäntzlich durch dem frost zernichtet, auch die 3ten u[nd] 4ten Pflanzungen Vieebohnen sind noch recht wohl gerahten, und die Erndte ist guth ein gesammelt. [///] Der Herbst ist zur Neuen aus saat sehr guth und fruchtbar gewesen, und harte fröste sind bis in dem aus gang Octob[e]r zurück geblieben und nachher allerzeit gelindes wetter, bis in der letzten hälfte des Dec[ember] Monats, das es zimlich hart gefroren.

In diesem abgewichenen 1781. Jahre sind in der Stadt braunschweig Copulirt 190. Paar, getauft 772. kinder, und begraben 846. Personen. Es sind also 74 mehr gestorben als geborn.

---

271 »O Allmacht! mein erstaunter Geist wirft sich vor dir danieder; die Ohnmacht, wie du selber weißt, umgibt noch meine Glieder. Mach' mich zum Zeugen deiner Kraft, die aus dem Tod das Leben schafft!«. 8. Strophe des evangelischen Kirchenliedes *Herr, deine Allmacht reicht so weit.*

272 Republik der Sieben Vereinigten Niederlande, die Republik der Sieben Vereinigten Provinzen bestand bis 1795 und wurde im Verlauf der Koalitionskriege durch die Batavische Republik ersetzt; vgl. Israel, The Dutch Republic, S. 1122–1127.

273 Der vierte Englisch-Niederländische Krieg (1780–1784) war eine Folgeerscheinung der Amerikanischen Revolution sowie des Aufstieges des Königreichs Großbritannien zur Seemacht und dem damit verbundenen wirtschaftlichen und politischen Niedergang der Republik der Sieben Vereinigten Niederlande. Der Konflikt verlief für die Niederlande wenig erfolgreich und verursachte hohe Kosten. Zwar endete die einzige Seeschlacht während dieses Konfliktes (Schlacht bei der Doggerbank 1781) als patt, doch konnte der dauerhafte Verlust der niederländischen Kolonien nur durch das Eingreifen der französischen Flotte verhindert werden; vgl. Israel, The Dutch Republic, S. 1095–1097.

N[eben] B[emerkung]: da wegen des anhaltenden Krieges so nun mehro bereits 7.ben Jahr in America gedauert; der zucker und Caffee alhier so rahr und theuer geworden das 1. pf[und] ordin[arien][274] Caffeebohnen 18. g[roschen] kostet, so hat uns der liebe Gott andere Caffeebohnen, nemlich Eicheln, in großer Menge gegeben, hiervon trincken nunmehro bürger und bauren öffentlich ihren Caffee schmeckt uns alle wohl, und befinden uns auch gesund dabey (·ehemals nur für Schweine·) ///

ANNO 1782

Auf Jauchze heute Mein Hertz!
laß auch die Stimme erklingen,
ich will dir treuer Gott,
ein freuden Opfer bringen,
der Meinen Leib bewahrt
und Meinen Geist erquickt,
mit seinen gaben schmückt[275].

Das Neue Jahr hat mit veränderlicher Witterunge denn Anfang gemacht, und damit bis d[en] 20ten Januar[y] fortgefahren, auch fährt die übele Plage, mit dem kinder blattern[276] noch immer fort, so bereits seit voriger Meße Grassirt, und seitdem Manniges kinde weggeraft hat, so wie die beyden ersten Tage in Monat Januar vorzüglich strenge kalt waren, so waren auch die beyden letzten Tage, und fiel an diesem der erste Schnee, so daß die Erde damit bedecket war und hat der Febr[uar] bis d[en] 16ten noch beständig [///] mit zimlichen starcken frost und vermehrung des Schnees fort gefahren, heute als am 16ten Febr[uar] ists eine heftige beißende luft und kälte. letzten Tagen dieses Monats fort gedauert. Der Monat Mart[ii] hat mit freundlichen wetter zwar angefangen, aber nur 8. Tage damit Continuirt, da wiederum eine Rauhe und frostige witterunge, mit zimlich vielen Schnee einfiel, so das am 13ten u[nd] 14ten, beladene Wagen auf dem froste übergehen konten. Übrigens ist so wohl der frühling Sommer, und Herbst, fruchtbar und guth gewesen der Rocken ist zwar diesem Herbst bis auf 26. [Mariengroschen] gestiegen, der gersten bis auf 16. g[roschen].

In diesem 1782 Jahre, sind alhier Copulirt 206. Paar, getauft 710 kinder, begraben 832. Personen. Es sind also 122 mehr gestorben, als geboren.

N[eben] B[emerkung]: Von 4. August, bis d[en] 14 Sept[em]b[e]r bin ich von der Gicht, an der rechten seite, so schmertzhaft gemartert, das es nicht zu beschreiben ist.

---

274 Vgl. S. 120, Anm. 487, hier im Sinne von gewöhnlich.

275 »Auf! jauchze heut mein Herz, laß die Stimm erklingen, ich will dir, treuer Gott! ein Freudenopfer bringen, der meine Leib bewahrt, und meinen Geist erquickt, und mich bis diese Stund, mit seinen Gaben schmückt«. 6. Strophe eines *Lob- und Dankliedes*; vgl. Starck, Tägliches Gesangbuch, S. 459.

276 *Kinder blattern* = Windpocken, eine vorwiegend Kinder betreffende Virusinfektion, die nach einmaliger Erkrankung zu lebenslanger Immunität führt. In der Frühen Neuzeit konnte eine Erkrankung, aufgrund der schlechteren medizinischen Versorgung tödlich enden; vgl. den Art. »Blattern, Pocken, Kinder-Pocken«, in: Zedler, Grosses vollständiges Universal-Lexicon, Bd 4, Sp. 95–102.

Ach! Ohne dich, allgütigster, verging ich in der Noth, von trost und aller Hoffnung leer, War ohne dich mein Todt. J[ohann] H[einrich] L[udewig] G[rotehenn] ///

ANNO 1783

Noch läst der Herr mich leben! Mit fröhlichem gemüth, Eil ich, ihn zu erheben; Er hört Mein frohes lied[277].

Das verfloßene Jahr habe zwar eine schmertzhafte Plage ertragen müßen, Allein der gühtige Gott hat mich auch wieder davon befreyet, und das jetzige Jahr mit Neuen kräften, und gesundheit erleben laßen.

Darum will ich die lobsingen
Mich, gott deiner freuen
Nach deiner Gnade ringen
Mein gantzes Hertz dir Weihn[278].

Dieses 1783.ste Jahr, ist das große friedens Jahr, ein gefegnetes Jahr des Herrn, Nachdeme der könig von England[279] 10. Jahr, mit seinen Colonniern, in America Krieg geführt, wozu er die letzten Sieben Jahr Teutsche Hülfs Truppen gebraucht, also auch von unsern braunschw[eigischen] Völckern 6000 Mann, in besoldung und dienst gehabt; dieses ist ein solcher Krieg der nach dem Dreißig Jährigen Kriege [///] seines Gleichen in der gantzen Welt nicht gehabt, und daher würde es auch zu wenig sein, wenn ich mich unternehmen wolte viel davon zu schreiben.

In dem drey letzten Jahren, hat sich noch der könig von Frankreich[280], und der könig v[on] Spanien[281] wie die Republic Holland mit in diesem krieg Melirt[282] und zwar gegen dem könig von England ihre Waffen geführt, und haben mit dem Americanern gemeinschaftliche sache und bündniß gemacht.

Dieser große verworne und blutige krieg ist nach dem Weisen Rathschluße des Allmächtigen königs aller Reiche, in einen Angenehmen und allgemeinen frieden verwandelt, so das die krieg führende Mächte sich dahin vergleichen daß am 20sten January, dieses Jahrs, die friedens praliminarien, zu Franckreich in der Stadt Paris, auf dem Schloß Versailles von denen darzu ernandten Ministern, in [///] Namen ihrer Souverains, unterzeichnet sind. Merckwürdig ists, daß der Sechsjährige Franzosen krieg, so besonders in Westphalen und Niedersachsen, vor 20. Jahren geführt, gleicher Maßen, in der Jahrzahl, wo die hinterste zahl eine drey, Nemlich 1763. geschloßen wurde. (·diesem 6. Jährigen kriege habe ich, von ersten bis zum letzten Tage mit bey geweohnt·)

---

277 »Noch läßt der Herr mich leben! mit fröhlichem Gemüth eil' ich, ihn zu erheben; er hört mein frühes Lied.« 1. Strophe des Kirchenliedes *Noch läßt der Herr mich leben*; vgl. Neues Braunschweigisches Gesang-Buch, S. 341.

278 »Dir will ich freudig singen, Mich deines Namens freu'n, Nach deiner Gnade ringen, Mein ganzes Herz dir weih'n«. 5. Strophe des Kirchenliedes *Noch läßt der Herr mich leben*; vgl. ebd., S. 341.

279 Georg III., König von Großbritannien und Kurfürst von Braunschweig-Lüneburg; vgl. S. 160, Anm. 27.

280 Ludwig XV., König von Frankreich; vgl. S. 91, Anm. 356.

281 Karl III. (* 20.1.1716 im Madrid; † 14.12.1788 ebd.), fünfter König von Spanien aus dem Hause Bourbon.

282 *Melirt* = einmischen, Partei ergreifen; vgl. S. 104, Anm. 414.

So wie oben schon abgeführt ist, das die Praliminar artikel, am 20[sten] Januar[y] und der Definitive Tractat am 3[ten] Sept[em]b[e]r 1783. zu Paris[283], oder viel mehr zu Versailles unterzeichnet worden, so daß nun die friedens unterhandlungen zur völligen richtigkeit gebracht sind;

Am 2[ten] Novemb[e]r dieses Jahrs kahmen also unsere braunschw[eigischen] Völcker, so dem könig von England Sieben Jahr und 9. Monat als Hülfs Truppen, in America gedient, wieder zur großen freude aller hiesigen Einwohner, zu Hause, [an.] N[eben] B[emerkung]: in diesem Jahre ist die große brücke am Aug[ust] Thor abgenommen, und Neu überbauet und in vorigen Jahre geschahe solches auch mit der kleinen alda. [///] Am besagten 2ten Nov[ember], als am 20ten Sontage Nach Trinitatis hora 12. Rückten die Truppen hier in die Stadt ein, Mann kann sich die freude nicht gnungsam vorstellen, welche besonders, die getrenneten Familien bezeigten, aber auch die Traurigkeit, derer die unter der krieges Zeit durch dem Todt getrennet, oder sonst zurück geblieben waren. Indem vorigen Monat Octob[e]r hatten die Völcker sich in Wolffenbüttel versammelt, und in ordnung gebracht, weil selbige, in 3 verschiedenen Colonien von ihrer Reise alda angekommen waren. Diejenigen so unter diesem Truppen ausländer waren, sind mehrentheils ver abschiedet, und die alten und gebrechl[ichen] sind in pension, oder sonsten, nach ihrer glücklichkeit, in andere bedinung gesetzet. Gott wolle uns diesem Frieden lange erhalten. Was die fruchtbarigkeit dieses Jahrs anlanget, so ist wegen der vielen dürre etwas Mißwachs entstanden, so das der Rocken auf 33. der gersten auf 24. und der Haber bis 16. [Mariengroschen] gestiegen ist. In der Stadt Braunschweig, sind in diesem Jahre 201. Paar Copulirt, 773. getauft, und 805. begraben. G[rotehenn] ///

[ANNO] 1784

Dieses Jahr wird in der Geschichte, unvergeßlich bleiben, in sonderheit wegen des langen kalten Winters welcher seit 1709. u[nd] 1740. seines gleichen nicht gehabt 2[tens] Wegen der darauf in frühjahr erfolgten großen Waßerfluten, weil alle Wasser betten bis auf dem grund, mit Eys zugefroren und das viele Waßer, von der ungeheuren schneemenge, sich überal ergießen Muste. Und 3[tens] wegen der erfolgten großen theurunge des lieben brodkorns. Der Himbte Weitzen kostet bisher [~~bis~~] noch in dem Monat Julius 1 [Reichsthaler] 12. g[roschen] der [Himbter] Rocken 1. [Reichsthaler] 6. g[roschen] und der [Himbter] haber 25. bis 26. [Groschen]. Das liebe brodt wird also bey dem bäckern sehr klein, und das bier, von dem brauern gantz schlecht gebraut, weil der [Himbter] gersten einen [Reichsthaler] kostet der liebreiche Gott, mag uns durch die angehende Erndte, wieder beßere Zeiten schencken. ///

[Familiengeschichte]

In diesem buche will zum beschluße, von Meinen Ehestande, und denen darin erzeugten kindern, eine kurtze Nachricht Notiren.

283 Vgl. The treaty of Paris.

ANNO 1768. Am 10ten May, wurde ich, Joh[ann] Heinr[ich] Ludew[ig] Grotehenn, mit der Jungfer Chrisina Maria Magd[alena] Vowinckel des, in diesigen Herzogl[ich braunschweigischen] diensten gestandenen Lieutenant Herrn Martin Vowinckel Ehe[liche] Tochter, durch denn Herrn Garnison-Prediger Roerhand zum Heil[igen] Ehestande ein gesegnet.

ANNO 1769. Am 28[ten] August, wurde Meine Tochter Carolina Maria Friedrica geb[oren] und Am 31[sten] Ejusedem getauft; Ihre gev[ater] sind d[er] H[err] Hausvater Martin Christian Vowinckel, die Haus Mutter des hiesigen Reichen Waisenhaußes St. A. Frau Clara Friederica Cursen, und die frau Zeugwärter[i]n Christina Elisab[etha] Fritzius.

Anno 1771. Am 15[ten] Januar wurde Mein Sohn Adolph Friedrich geb[oren] und am 18[ten] Ejusd[em] getauft. Sein gevater ist, der Herzogl[ich] br[aunschweigische] Oberst, Herr Adolph Friedrich von Koppelow[284]. [///]

Anno 1773. Am 20[sten] Aprill wurde Mein Sohn Carl Jacob Christian geb[oren] und Am 23[ten] Ejusdem getauft[285]; seine Gevatern sind die beyden hiesigen bürgers, Herr Joh[ann] Jacob Müller, Herr Joh[ann] Christian Schwabach, und Jungfer Dor[othea] Cathar[ina] Conradina Isensee.

Anno 1782. Am 28[ten] Octob[e]r wurden meine zwillings Töchter, Augusta Beata und Christina Dorothea, Abends um 9. Uhr, schnell, hinter einander geb[oren] und am 1[sten] Novemb[e]r als am allerheiligen Tage getauft; die Gevattern zu dem ältesten kinde, sind der Zeichen M[ei]ster Herr Ludolph Wilh[elm] Benthe, und die Frau Schulhalterin Elisab[etha] beata Grotehenn, zu dem Jüngsten kinde der Cassier, Herr Christian Andr[eas] Drandt und Frau Dor[othea] Wilhelmina Knachstedt, geb[ürtige] Grotehenn. Der Herr sey gelobet, der uns bisher gesund erhalten.

Br[aunschweig] den 17ten Mart[ii] 1783.

J[ohann] H[einrich] L[udewig] G[rotehenn] ///

[Nachtrag eines Nachkommens]

Dieser Sohn ist mein Urgroßvater mütterlicherseits. Er war Besitzer des Leignitzhauses, in welchem meine Großmutter Sophia Grotehenn geboren wurde.

Schwester Tauline Danet

Meiner Großmutter Sophias Schwester war Lina Grotehenn, die Großmutter von Anna v[on] Lengerke.

Der Bruder war Wilhelm [~~v[on] Lengerke~~] Grotehenn, der unverheiratet in Loensen starb[286]. ///

---

284 Adolph Friedrich von Koppelow; vgl. S. 119, Anm. 485.

285 Unterstreichung durch spätere Hand eingefügt.

286 *Kursiv*, da andere Hand.

Literatur

Adelung, Johann Christoph, Grammatisch-kritisches Wörterbuch der hochdeutschen Mundart, mit beständiger Vergleichung der übrigen Mundarten, besonders aber der Oberdeutschen, 4 Bde, Bd 1. Mit D.W. Soltau's Beyträgen, revidirt und berichtiget von Franz Xaver Schönberger, Wien 1811

Adliges Leben am Ausgang des Ancien Régime. Die Tagebuchaufzeichnungen (1754–1798) des Georg Ernst von und zu Gilsa. Hrsg. von Holger Th. Gräf, Lena Haunert und Christoph Kampmann unter Mitarb. von Patrick Sturm, Marburg 2010 (= Untersuchungen und Materialien zur Verfassungs- und Landesgeschichte, 26)

Albers, Detlef, Nordwestdeutschland als Kriegsschauplatz im Siebenjährigen Krieg: In: Niedersächsisches Jahrbuch für Landesgeschichte, 15 (1938), S. 143–181

Allgemeine Deutsche Biographie. 57 Bde. Hrsg. durch die Historische Commission bei der Königl. Akademie der Wissenschaften, Leipzig 1875–1912

Altes Reich, Frankreich und Europa. Politische, philosophische und historische Aspekte des französischen Deutschlandbildes im 17. und 18. Jahrhundert. Hrsg. von Olaf Asbach, Klaus Malettke und Sven Externbrink, Berlin 2001 (= Historische Forschungen, 70)

Altpreussischer Kommiss: offiziell, offiziös und privat, 44 Bde. Hrsg. von Hans Bleckwenn, Osnabrück 1971–1982

Atwood, Rodney, The Hessians. Mercenaries from Hessen-Kassel in the American Revolution, Cambridge [u.a.] 1980

Auerbach, Inge, Die Hessen in Amerika 1776–1783, Darmstadt, Marburg 1996 (= Quellen und Forschungen zur Hessischen Geschichte, 105)

Aus dem siebenjährigen Krieg. Tagebuch des preußischen Musketiers Dominicus. Nebst ungedruckten Kriegs- und Soldatenliedern. Hrsg. von Dietrich Kerler, Neuaufl. der Ausg. München 1891, Osnabrück 1972 (= Altpreussischer Kommiss, 17)

Bailey, D.W., Frederic Lewis. In: Oxford Dictionary of National Biography, vol. 20, Oxford 2004, S. 903–912

Barsewisch, Ernst Friedrich Rudolf von, Von Rossbach bis Freiberg 1757–1763. Tagebuchblätter eines friderizianischen Fahnenjunkers und Offiziers. Nach dem wortgetreuen Erstabdruck von 1863 neu hrsg., komm. und bearb. von Jürgen Olmes, Krefeld 1959

Beaulieu-Marconnay, Carl von, Der Hubertusburger Friede. Nach archivalischen Quellen, Leipzig 1871

Beckmann, Karl, Das Lager der Armee des Herzogs von Cumberland bei Brackwede in einer Karte von 1757. In: Brackweder Heimatblätter, 2 (1977), S. 29–40

Beiträge zum Kolloquium: 300 Jahre Schloss Elisabethenburg. Gemeinsame Veranstaltung mit dem Hennebergisch Fränkischen Geschichtsverein, Meiningen 7.–8. November 1992. Hrsg. von Verona Gerasch, Meiningen 1992 (= Südthüringer Forschungen, 27)

Benninghoff-Lühl, Isabella, Impressionen aus der besetzten Stadt. Wesel während des Siebenjährigen Krieges 1756–1763. In: Stadt und Festung Wesel, S. 93–124

Berger, Patricia, Frank Thomas Gatter und Hans Klusmann-Burmeister, Ruhe süße Ruhe schwebe. Historische Friedhöfe in Nienburg, Nienburg 1993 (= Beiträge zur Nienburger Stadtgeschichte, Reihe B, 3)

Beringer, Ingo, Blutiger Karfreitag. Dokumentation zur Schlacht bei Bergen und Vilbel (Frankfurt am Main/Bad Vilbel); 13. April 1759, Bad Vilbel 2009 (= Bad Vilbeler Heimatblätter, 52)

Bessen, Georg Joseph, Geschichte des Bisthums Paderborn, Bd 2, Paderborn 1820

Blaschke, Karlheinz, Ernst. In: Neue Deutsche Biographie, Bd 4, Berlin 1959, S. 620

Blaschke, Karlheinz, und Uwe Ulrich Jäschke, Kursächsischer Ämteratlas 1790, Dresden 2008

Böttger, Erich, Kriegsleiden vor den Toren der Festung Kassel. Die Ereignisse im siebenjährigen Krieg (1756–1763). In: Baunatal: Chronik der Stadt Baunatal, 3 (1997), S. [245]–260

Bolle, Rainer, Der Göttinger Magistrat im Siebenjährigen Krieg. In: Göttinger Jahrbuch, 38 (1990), S. 101–125

Borchers, Heinrich, 450 Jahre Reformation in Frömern, Fröndenberg-Frömern 1995

Bothe, Rolf, Dichter, Fürst und Architekten. Das Weimarer Residenzschloss vom Mittelalter bis zum Anfang des 19. Jahrhunderts, Ostfildern-Ruit 2000

Bothmer, [Karl] Freiherr von, Einiges aus der Geschichte der Kur-Hannoverschen leichten Truppen während des Siebenjährigen Krieges. In: Beiheft zum Militär–Wochenblatt, 1893, S. 323–365

Bräker, Ulrich, Sämtliche Schriften, Bd 4: Lebensgeschichte und vermischte Schriften. Hrsg. von Andreas Bürgi, bearb. von Claudia Holliger-Wiesmann, München 2000

Braunschweig-Bevern. Ein Fürstenhaus als europäische Dynastie 1667–1884. Hrsg. von Christof Römer, Braunschweig 1997 (= Veröffentlichungen des Braunschweigischen Landesmuseums, 84)

Braunschweiger Stadtlexikon. Hrsg. im Auftrag der Stadt Braunschweig von Luitgard Camerer, Manfred R.W. Garzmann und Wolf-Dieter Schuegraf unter bes. Mitarb. von Norman-Mathias Pingel, Braunschweig 1992

Braunschweigisches Biographisches Lexikon, Bd 1: 8. bis 18. Jahrhundert. Hrsg. von Horst-Rüdiger Jarck, Braunschweig 2006

Brunner, Hugo, Geschichte der Residenzstadt Cassel 913–1913. Zur Feier des tausendjährigen Bestehens der Stadt im Auftrage des Magistrats verfasst, Kassel 1913

Brunner, Hugo, Kassel im siebenjährigen Kriege. Ein Beitrag zur Geschichte der Stadt, Kassel 1884

Bube, Adolf, Thüringische Volkssagen, Gotha 1837
Carl, Horst, Okkupation und Regionalismus. Die preußischen Westprovinzen im Siebenjährigen Krieg, Mainz 1993
Carl, Horst, Wesel im Siebenjährigen Krieg. In: Geschichte der Stadt Wesel, Bd 2, S. 279–294
Celle im Siebenjährigen Krieg: das Tagebuch des Garnisonsauditeurs Johann Philipp Schowart. Hrsg. von Jens Mastnak und Michael-Andreas Tänzer, Celle 2010 (= Forschungen zur Hannoverschen Militärgeschichte, 1)
Die Chur-braunschweig-lüneburgische Armee im Siebenjährigen Kriege. Das »Gmundener Prachtwerk«. Hrsg. von Joachim Niemeyer und Georg Ortenburg im Auftrage der Deutschen Gesellschaft für Heereskunde e.V. und der KLIO, Beckum 1976
Coesfeld 1197–1997. Beiträge zu 800 Jahren städtischer Geschichte, 3 Bde. Hrsg. von Norbert Damberg, Münster 1999
Dadelsen, Georg von, Anna Amalia. In: Neue Deutsche Biographie, Bd 1, Berlin 1953, S. 302 f.
Dethlefs, Gerd, Friedensappelle und Friedensecho. Kunst und Literatur während der Verhandlungen zum Westfälischen Frieden, Diss. Münster 1998 [Onlineausgabe http://miami.uni-muenster.de/servlets/DerivateServlet/Derivate-2170/diss_dethlefs.pdf]. [Letzter Zugriff am 14.8.2011]
Das deutsche evangelische Kirchenlied des 17. Jahrhunderts, Bd 2. Hrsg. von Albert Fischer und Wilhelm Tümpel, Nachdr. der Ausg. Gütersloh 1905, Hildesheim 1964; Bd 4. Hrsg. von Albert Fischer, Wilhelm Tümpel und Ancus Martius, Gütersloh 1908
Dictionnaire des Maréchaux de France. Du moyen âge à nos jours. Introd. de Joseph Valynseele. Avec la collab. de Christophe Brun. Coordination de Geneviève Maze-Sencier, Paris 1988
Dinges, Martin, Soldatenkörper in der Frühen Neuzeit. Erfahrungen mit einem unzureichend geschützten, formierten und verletzten Körper in Selbstzeugnissen. In: Körpergeschichten, Bd 5, S. 71–98
Ego-Dokumente: Annäherung an den Menschen in der Geschichte. Hrsg. von Winfried Schulze, Berlin 1996
Elster, Otto, Geschichte der stehenden Truppen im Herzogtum Braunschweig-Wolfenbüttel, Bd 2: Von 1714–1806, Leipzig 1901 (Neudr. Bad Honnef 1982)
Erdel, Eike, Das Gefecht bei Emsdorf am 16. Juli 1760. In: Zeitschrift des Vereins für hessische Geschichte und Landeskunde, 109 (2004), S. 115–140
Externbrink, Sven, Frankreich und die Reichsexekution gegen Friedrich II. Zur Wahrnehmung der Reichsverfassung durch die französische Diplomatie während des Siebenjährigen Krieges. In: Altes Reich, Frankreich und Europa, S. 221–254
Falkmann, Rudolf, Wilhelm, Graf von Schaumburg-Lippe. In: Allgemeine Deutsche Biographie, Bd 43, Leipzig 1898, S. 202 f.
Feldzüge der alliirten Armee in den Jahren 1757 bis 1762 nach dem Tagebuche des Generaladjutanten, nachmaligen Feldmarschalls von Reden. Drei Theile. Hrsg. von Wilhelm August von der Osten, Hamburg 1805–1806

Feuerle, Mark, Garnison und Gesellschaft. Nienburg und seine Soldaten, Bremen 2004

Flathe, Heinrich Theodor, Friedrich August I. (König von Sachsen). In: Allgemeine Deutsche Biographie, Bd 7, Leipzig 1877, S. 786–789

Franck, Michael, Ach wie flüchtig, ach wie nichtig (um 1650). In: Das deutsche evangelische Kirchenlied, Bd 4, S. 221 f.

Frankreich und Deutschland im Krieg (18.–20. Jahrhundert): Zur Kulturgeschichte der europäischen ›Erbfeindschaft‹ (Darstellung nach Kommunikationsgruppen). Projektleitung: Ute Daniel und Gerd Krumeich, Braunschweig 2005, [http://rzbl04.biblio.etc.tubs.de:8080/docportal/servlets/MCRFileNodeServlet/DocPortal_derivate_00001699/Darstellung_nach_Kommunikatorengruppen.pdf]. [letzter Zugriff 28.12.2011]

Freitag, Werner, Volks- und Elitenfrömmigkeit in der Frühen Neuzeit. Marienwallfahrten im Fürstbistum Münster, Paderborn [u.a.] 1991 (= Veröffentlichungen des Provinzialinstituts für Westfälische Landes- und Volksforschung des Landesverbandes Westfalen-Lippe, 29)

Friese, Friedrich, Historische Nachricht von den merkwürdigen Ceremonien der Altenburgischen Bauern (1703). Neudr. mit Einl. und Anm. vers.; mit einer Nachbildung des Trachtenbildes bei Friese und einem modernen Trachtenbilde, Neudr. Schmölln 1887

Fuchs, Antje, »Man versuchte den Krieg zu einem Religions-Kriege zu machen«. Beispiele von konfessioneller Propaganda und ihre Wirkung im Kurfürstentum Hannover während des Siebenjährigen Krieges (1756–1763). In: Militär und Religiosität, S. 313–343

Füssel, Marian, »Als Gefangener in ein ganz fremdes, abergläubisches Land gebracht zu werden, stimmte meine Seele trübe«. Kriegsgefangene in fremdkonfessionellem Umfeld und militärische Migration während des Siebenjährigen Krieges. In: Religion und Mobilität, S. 355–373

Füssel, Marian, Ansichten des Krieges: Deutsche Augenzeugenberichte zum 1. August 1759. In: Die Schlacht bei Minden, S. 97–108 und S. 231–234

Füssel, Marian, Der Wert der Dinge. Materielle Kultur in soldatischen Selbstzeugnissen des Siebenjährigen Krieges. In: Militär und Gesellschaft in der Frühen Neuzeit, 13 (2009), S. 104–121

Fundamenta Historiae. Geschichte im Spiegel der Numismatik und ihrer Nachbarwissenschaften. Festschrift für Niklot Klüßendorf zum 60. Geburtstag am 10. Februar 2004. Hrsg. von Reiner Cunz in Verb. mit Rainer Polley und Andreas Röpcke, Neustadt a.d. Aisch 2004

Gallophobie im 18. Jahrhundert. Akten der Fachtagung vom 2./3. Mai 2002 am Forschungszentrum Europäische Aufklärung. Hrsg. von Jens Hässler und Albert Meier, Berlin 2005 (= Aufklärung und Europa, 15)

Gedenkschrift anlässlich des 200. Jahrestages der Schlacht bei Warburg am 31. Juli 1760. Hrsg. vom Landkreis Warburg, Warburg 1961

Geschichte der Bergstadt Freiberg. Hrsg. von Hanns-Heinz Kasper, Weimar 1986

Geschichte der Stadt Celle. Mit besonderer Berücksichtigung des Geistes- und Kulturlebens der Bewohner, Bd 2. Unter Benutzung archivalischer Quellen bearb. von Clemens Cassel. Hrsg. von der Stadt Celle, Celle 1934

Geschichte der Stadt Dülmen. Hrsg. von Stefan Sudmann, Dülmen 2011

Geschichte der Stadt Wesel, Bd 2. Hrsg. von Jutta Prieur, Düsseldorf 1991

Giesau, Peter, Aegidienkirche. In: Braunschweiger Stadtlexikon. Hrsg. von Luitgard Camerer, Manfred R.W. Grazmann und Wolf-Dieter Schuegraf, Braunschweig 1992

Gregory, Jeremy, Secker, Thomas. In: Oxford Dictionary of National Biography, vol. 49, Oxford 2004, S. 622–631

Greyerz, Kaspar von, Einführung. In: Selbstzeugnisse in der Frühen Neuzeit, S. 1–9

Grimm, Jacob, und Wilhelm Grimm, Deutsches Wörterbuch, 33 Bde, Leipzig 1854–1971

Grotehenn, Johann Heinrich Ludewig, Briefe aus dem Siebenjährigen Krieg: 1757–1763, T. 1–3. Hrsg. von Hans Hölscher, Kirchbrak 1991–1992 (= Die gelbe Reihe, 10–12)

Grotehenn, Johann Heinrich Ludewig, Die Geschichte eines Schulmeistersohnes aus Breitenkamp im Weserbergland: 1734–1786. Bearb. und gestaltet von Hans Hölscher, Kirchbrak 1991 (= Die gelbe Reihe, 9)

Grotehenn, Johann Heinrich Ludewig, Mein Tagebuch: 1763–1783, T. 1: 1763–1770, T. 2: 1771–1777, T. 3: 1778–1784. Hrsg. von Hans Hölscher, Kirchbrak 1992–1993(= Die gelbe Reihe, 13–15)

Hagemann, Gunter, Die Festung Lippstadt. Ihre Baugeschichte und ihr Einfluß auf die Stadtentwicklung, Bonn 1985 (= Denkmalpflege und Forschung in Westfalen, 8)

Handbuch zum Evangelischen Kirchengesangbuch. Liederkunde. Zweiter Teil: Lied 176–394. Hrsg. von Joachim Stalmann und Johannes Heinrich, Göttingen 1990

Harari, Yuval Noah, Military Memoirs: A Historical Overview of the Genre from the Middle Ages to Late Modern Era. In: War in History, 14 (2007), 3, S. 289–309

Harari, Yuval Noah, The ultimate experience. Battlefield revelations and the making of modern war culture, 1450–2000, Basingstoke [u.a.] 2008

Harding, Elizabeth, Dülmen 1648–1803: Politik, Wirtschaft und Alltag in einer fürstbischöflichen Landstadt. In: Geschichte der Stadt Dülmen, S. 103–126

Hassell, William von, Die schlesischen Kriege und das Kurfürstenthum Hannover: insbes. die Katastrophe von Hastenbeck und Kloster Zeven, Hannover 1879

Heckmann, Helmut, Die Schlacht bei Mehr im Siebenjährigen Krieg. Generalleutnant von Imhoff schlug am 5. August 1758 die Franzosen bei Rees. In: Jahrbuch – Kreis Wesel, 30 (2009), S. 27–32, und 31 (2010), S. 37–43

Heinsen, Alfred, Die Königlich Großbritannische und Churfürstliche Braunschweig-Lüneburgische Feldpost während des Siebenjährigen Krieges. In: Archiv für deutsche Postgeschichte, 2 (1954), S. 3–7

Henry, Mathew, William Henry, Prince, first duke of Gloucester and Edinburgh. In: Oxford Dictionary of National Biography, vol. 59, Oxford 2004, S. 119–122

Hering, Daniel Heinrich, Beiträge zur Geschichte der Evangelisch-Reformierten Kirche in den Preußisch-Brandenburgischen Ländern. Zweiter Theil, Breslau 1785

Hermkes, Werner, Die Schlacht bei Crefeld am 23. Juni 1758, Eschweiler 1906

Herr, Johann Daniel Gottlieb, Wohl und Wehe der Stadt Hameln während des Krieges von 1757 bis 1763. Zsgest. von Manfred Börsch, Hameln 1986

Heyden, Christian F. von der, Das durch innerliche Kriege bedrängte Teutschland. Von deren ersten Ursprung hergeleitet, und historisch beschrieben, auch mit dazu gehoerigen Land-Karten und Plans erläutert, 4. Theil, Augsburg 1759

Heydenreich, Fritz, Die Geschichte der Naumburger Peter-Pauls-Messe, Halle 1927

Hillenkamp, Walther, 200 Jahre Schlacht bei Warburg. 31. Juli 1760–31. Juli 1960. In: Gedenkschrift anlässlich des 200. Jahrestages der Schlacht bei Warburg, S. 19–28

Hohrath, Daniel, »In Cartellen wird der Werth eines Gefangenen bestimmet«. Kriegsgefangenschaft als Teil der Kriegspraxis des Ancien Régime. In: In der Hand des Feindes, S. 141–170

Horstmann, Theodor, Generallieutenant Johann Nicolaus von Luckner und seine Husaren im Siebenjährigen Kriege. Hrsg., eingel. und um einen Anh. erw. von Michael Hochedlinger, Osnabrück 1997

Huck, Stephan, Soldaten gegen Nordamerika. Lebenswelten Braunschweiger Subsidientruppen im amerikanischen Unabhängigkeitskrieg, München 2011 (= Beiträge zur Militärgeschichte, 69)

Huppertz, Aegidius, Münster im Siebenjährigen Kriege, insbesondere die beiden Belagerungen des Jahres 1759, Münster 1908

Ilgen, Heinrich Theodor, Karl. In: Allgemeine Deutsche Biographie, Bd 15, Leipzig 1882, S. 292–296

In der Hand des Feindes. Kriegsgefangenschaft von der Antike bis zum Zweiten Weltkrieg. Hrsg. von Rüdiger Overmans, Köln [u.a.] 1999

Israel, Jonathan, The Dutch Republic. Its Rise, Greatness, and Fall 1477–1806, Oxford 1995

Jacobs, R., Behr, Jacob Georg Moritz von. In: Braunschweigisches Biographisches Lexikon, Bd 1: 8. bis 18. Jahrhundert, Braunschweig 2006, S. 75 f.

Jericho, Bernd, St. Magni. In: Braunschweiger Stadtlexikon, S. 151 f.

Johann Beckmann (1739–1811): Beiträge zu Leben, Werk und Wirkung des Begründers der Allgemeinen Technologie. Hrsg. von Günter Bayerl und Jürgen Beckmann, Münster [u.a.] 1999 (= Beiträge zur Beckmann-Forschung, 1; Cottbuser Studien zur Geschichte von Technik, Arbeit und Umwelt, 9)

Jünke, Wolfgang A., St. Petri. In: Braunschweiger Stadtlexikon, S. 179 f.

Jürgens, Klaus, St. Katharinen. In: Braunschweiger Stadtlexikon, S. 124–126

Keil, Gundolf, Die Bekämpfung des Ohrwurms nach Anweisungen spätmittelalterlicher und frühneuzeitlicher Arzneibücher. In: Zeitschrift für Deutsche Philologie, 79 (1960), S. 176–200

Kessel, Eberhard, Das Ende des Siebenjährigen Krieges 1760–1763. Teilbd 1: Torgau und Bunzelwitz, Teilbd 2: Schweidnitz und Freiberg. Im Auftrag des Militärgeschichtlichen Forschungsamtes hrsg. von Thomas Lindner, Paderborn [u.a.] 2007

Ketchum, Richard M., Saratoga. Turning point of America's Revolutionary War, New York 1997

Kindl, Harald, Der Siebenjährige Krieg und das Hochstift Paderborn. Ferdinand Herzog von Braunschweig auf dem französisch-englischen Kriegsschauplatz im Westen, Paderborn 1974 (= Heimatkundliche Schriftenreihe, 5)

Kirchhoff, Karl-Heinz, Die »Wiedertäufer-Käfige« in Münster. Zur Geschichte der drei Eisenkörbe am Turm von St. Lamberti, Münster 1996

Kloosterhuis, Jürgen, Donner, Blitz und Bräker. Der Soldatendienst des »armen Mannes im Tockenburg« aus der Sicht des preußischen Militärsystems. In: Schreibsucht, S. 129–187

Knappe, Rudolf, Mittelalterliche Burgen in Hessen. 800 Burgen, Burgruinen und Burgstätten, 3. Aufl., Gudensberg-Gleichen 2000

Knesebeck, Ernst von dem, Ferdinand, Herzog von Braunschweig und Lüneburg während des Siebenjährigen Kriegs, 2 Bde, Hannover 1857–1858

Koch, Barthold, Kurze Kriegsgeschichte des siebenjährigen deutschen, des achtjährigen englisch-amerikanischen, der Begebenheiten zwischen Hessen und Bückeburg nebst anderen Vorfällen in Hessen und zuletzt des französisch-deutsch-russischen Krieges (1758–1815). Aufgestellt und geführt von dem Sergeanten Barthold Koch damals noch gemeiner Soldat, jetzt pensionierter Capitaine. Hrsg. und komm. von Uwe-Peter Boehm und Reinhard G. Koch, Kassel 2007 (= Hessische Forschungen zur geschichtlichen Landes- und Volkskunde, 43)

Koch, Norbert, St. Martini. In: Braunschweiger Stadtlexikon, S. 153 f.

Körpergeschichten. Studien zur historischen Kulturforschung, Bd 5. Hrsg. von Richard von Dülmen, Frankfurt a.M. 1996

Kolbe, Wilhelm, Marburg und der siebenjährige Krieg. Ein Vortrag gehalten in der Versammlung des hessischen Geschichtsvereins zu Marburg am 28. Januar 1880, Marburg 1880

Kornemann, Helmut, und Martin Blindow, Ach wie flüchtig, ach wie nichtig. In: Handbuch zum Evangelischen Kirchengesangbuch, T. 2, S. 378–381

Der Krieg des kleinen Mannes. Eine Militärgeschichte von unten. Hrsg. von Wolfram Wette, 2. Aufl., München, Zürich 1995

Krieg und Frieden. Militär und Gesellschaft in der Frühen Neuzeit. Hrsg. von Bernhard R. Kroener und Ralf Pröve, Paderborn [u.a.] 1996

Die Kriege Friedrichs des Großen. Hrsg. vom Großen Generalstabe, Kriegsgeschichtl. Abt. II, Dritter Theil: Der Siebenjährige Krieg: 1756–1763, Bd 5: Hastenbeck und Roßbach, Berlin 1903; Bd 7: Olmütz und Crefeld, Berlin 1909; Bd 8: Zorndorf und Hochkirch, Berlin 1910; Bd 9: Bergen, Berlin 1911; Bd 11: Minden und Maxen, Berlin 1912

Kriegs- Ingenieur- Artillerie- und See-Lexicon. Worinnen Alles, was einem Officier, Ingenieur, Artilleristen und Seefahrenden, wie nicht weniger einem iedweden, absonderlich bey Lesung der Zeitungen, auch anderer Staats- und Historischen Schrifften, aus. der Historie, Geographie, Arithmetique, Geometrie, Civil- und Militair-Bau-Kunst [...] zu wissen nöthig, sattsam erkläret, und mit dienlichen Kupffern erläutert ist. Hrsg. von Johann Rudolph Fäsch, Dresden, Leipzig 1735

Kriegskosten und Kriegsfinanzierung in der Antike. Hrsg. von Friedrich Burrer und Holger Müller, Darmstadt 2008

Kroll, Stefan, »Gottesfurcht« und »Vaterlandsliebe«: Zwei Triebfedern zur Motivierung und Disziplinierung von Soldaten im Krieg? Das Beispiel Kursachsens im 18. Jahrhundert. In: Militär und Religiosität, S. 225–248

Kronk, Gary W., Cometography – A Catalog of Comets, vol. 1: Ancient–1799, Cambridge 1999

Küster, Carl Daniel, Bruchstück seines Campagnelebens im Siebenjährigen Krieg, Reprint der 2., bericht. und stark verm. Aufl., Berlin, Matzdorff 1791, Braunschweig 1998

Küther, Waldemar, Historisches Ortslexikon Fritzlar-Homberg. Ehem. Landkreis, Marburg 1980 (= Historisches Ortslexikon des Landes Hessen, 2)

Kurze Anleitung zum Besprüch des Herzens mit [...] oder Gebet-Buch, Herrmannstadt 1783

Kwan, Elisabeth E., und Anna Eunike Röhrig, Frauen vom Hof der Welfen. 20 Biografien, Göttingen 2006

Latzel, Klaus, Schlachtbank oder Feld der Ehre? Der Beginn des Einstellungswandels gegenüber Krieg und Tod 1756–1815. In: Der Krieg des kleinen Mannes, S. 76–92

Latzel, Klaus, Vom Kriegserlebnis zur Kriegserfahrung. Theoretische und methodische Überlegungen zur erfahrungsgeschichtlichen Untersuchung von Feldpostbriefen. In: MGM, 56 (1997), S. 1–30

Latzel, Klaus, Vom Sterben im Krieg. Wandlungen in der Einstellung zum Soldatentod vom Siebenjährigen Krieg bis zum II. Weltkrieg, Warendorf 1988

Leben in der Stadt. Eine Kultur- und Geschlechtergeschichte Magdeburgs. Hrsg. von Eva Labouvie, Köln [u.a.] 2004

Löwe, Peter, Der preußische Unteroffizier im stehenden Heer des Absolutismus bis 1806 am Beispiel der Infanteriekompanie, Phil. Diss. Konstanz 1989

Luh, Jürgen, Kriegskunst in Europa 1650–1800, Köln [u.a.] 2004

Massie, Alastair W., Manners, John, marquess of Granby. In: Oxford Dictionary of National Biography, vol. 36, Oxford 2006, S. 433–469

Die Matrikel der Universität Helmstedt, Bd 3: 1685–1810. Bearb. von Herbert Mundhenke, Hildesheim 1979 (= Veröffentlichungen der Historischen Kommission für Niedersachsen und Bremen, 9/3)

Mediger, Walter, Herzog Ferdinand von Braunschweig-Lüneburg und die alliierte Armee im Siebenjährigen Krieg (1757–1762). Für die Publikation aufbereitet und vollendet von Thomas Klingebiel, Hannover 2011

Mediger, Walther, Hastenbeck und Zeven: der Eintritt Hannovers in den Siebenjährigen Krieg. In: Niedersächsisches Jahrbuch für Landesgeschichte, 56 (1984), S. 137–166

Menneking, Friedrich, Victoria by Vellinghausen 1761. Spaziergänge in der Geschichte des Siebenjährigen Krieges in Westdeutschland, Paderborn 1989 (= Quellen und Schriften zur Militärgeschichte, 4)

Mielke, Andreas, Laokoon und die Hottentotten. Oder Über die Grenzen von Reisebeschreibungen und Satire, Baden-Baden 1993 (= Saecvla Spiritalia, 27)

Militär und Religiosität in der Frühen Neuzeit. Hrsg. von Michael Kaiser und Stephan Kroll, Münster 2004 (= Herrschaft und soziale Systeme in der Frühen Neuzeit, 4)

Militärische Erinnerungskultur. Soldaten im Spiegel von Biographien, Memoiren und Selbstzeugnissen. Hrsg. von Michael Epkenhans, Stig Förster und Karen Hagemann, Paderborn [u.a.] 2006 (= Krieg in der Geschichte, 29)

Mintz, Max M., Burgoyne, John. In: Oxford Dictionary of National Biography, vol. 8, Oxford 2004, S. 807–809

Möbius, Sascha, »Bravthun«, »entmannende Furcht« und »schöne Überläuferinnen«. Zum Männlichkeitsbild preussischer Soldaten im Siebenjährigen Krieg in Quellen aus Magdeburg, Halle und der Altmark. In: Leben in der Stadt, S. 79–96

Möbius, Sascha, »Haß gegen alles, was nur den Namen eines Franzosen führet«? Die Schlacht bei Roßbach und nationale Stereotype in der deutschsprachigen Militärliteratur der zweiten Hälfte des 18. Jahrhundert. In: Gallophobie im 18. Jahrhundert, S. 123–158

Möbius, Sascha, Die Kommunikation zwischen preußischen Soldaten und Offizieren im Siebenjährigen Krieg zwischen Gewalt und Konsens. In: MGZ, 63 (2004), S. 325–353

Möbius, Sascha, Mehr Angst vor dem Offizier als vor dem Feind? Eine mentalitätsgeschichtliche Studie zur preußischen Taktik im Siebenjährigen Krieg, Saarbrücken 2007

Möbius, Sascha, »Von Jast und Hitze wie vertaumelt«. Überlegungen zur Wahrnehmung von Gewalt durch preußische Soldaten im Siebenjährigen Krieg. In: Forschungen zur Brandenburgischen und Preußischen Geschichte, 12 (2002), S. 1–34

Möller, B., Verden im Siebenjährigen Kriege. In: Stader Archiv, N.F., 18 (1928), S. 170–174

Müller, Manfred, »St. Michael – der Deutschen Schutzpatron?«. Zur Verehrung des Erzengels in Geschichte und Gegenwart, 2. Aufl., Langwaden 2005

Müller-Luckner, Elisabeth, Luckner, Nickolaus Graf von, in: Neue Deutsche Biographie, Bd 15, Berlin 1987, S. 282

Neue Blicke. Historische Anthropologie in der Praxis. Hrsg. von Richard van Dülmen [u.a.], Wien [u.a.] 1997

Neue Deutsche Biographie, 24 Bde. Hrsg. von der Historischen Kommission bei der Bayerischen Akademie der Wissenschaften, Berlin 1953 ff.

Neues braunschweigisches Gesangbuch. Nebst einem kurzen Gebetbuche, zum öffentlichen und häuslichen Gottesdienste. Hrsg. von Elieser Gottlieb Küster und Johann Joachim Eschenburg, Braunschweig 1780

Niemann, Gerhard, Die Operationen im Westen während des Siebenjährigen Krieges bis zur Schlacht von Hastenbeck und die Schlacht bei Hastenbeck am 26. Juli 1757. In: WWR, 11 (1961), S. 577–598

Nowosadtko, Jutta, Realeinquartierung als bürgerliche Last. Unterhalt und Verwaltung von Militärbesatzungen im 17. und 18. Jahrhundert. In: Kriegskosten und Kriegsfinanzierung, S. 281–287

Oer, Rudolfine Freiin von, Coesfeld im 18. Jahrhundert. In: Coesfeld 1197–1997, Bd 1, S. 219–242

Oppermann, Moritz, Die Schlacht bei Hastenbeck. Zum 250. Jahrestag am 26. Juli 2007, 2. Aufl., Hameln 2007 (1. Aufl. 1957)

Otruba, Gustav, Europäische Commerzreisen um die Mitte des 18. Jahrhunderts, Linz 1982 (= Linzer Schriften zur Sozial- und Wirtschaftsgeschichte, 5)

Oxford Dictionary of National Biography: from the earliest times to the year 2000, vol. 1–61. Ed. by H.C.G. Matthew and Brian Harrison, Oxford 2004

Pfaff, Konrad, Der Dom zu Fulda. Eine kurze Darstellung seiner Geschichte, Bauart und Merkwürdigkeiten, Fulda 1855

Pieper, Gerhard, Die Festung Hameln. Geschichte, Bauwerke, Institutionen, 2., überarb. und erg. Aufl., Hameln 2006 (= Edition Weserbergland)

Poten, Bernhard von, Imhoff, Philipp. In: Allgemeine Deutsche Biographie, Bd 14, Leipzig 1881, S. 54 f.

Poten, Bernhard von, Xaver, Franz Xaver. In: Allgemeine Deutsche Biographie, Bd 44, Leipzig 1898, S. 578–580

Poten, Bernhard von, Ysenburg, Johann Kasimir. In: Allgemeine Deutsche Biographie, Bd 44, Leipzig 1898, S. 609 f.

Prittwitz, Christian Wilhelm von, »Ich bin ein Preuße...« Jugend und Kriegsleben eines preußischen Offiziers im Siebenjährigen Krieg. Mit einem Vorw. von Hans Bleckwenn, Neudr. des Erstdr. Breslau 1935, Paderborn 1989 (= Quellen und Schriften zur Militärgeschichte, 2)

Pröve, Ralf, Der Soldat in der ›guten Bürgerstube‹. Das frühneuzeitliche Einquartierungssystem und die sozioökonomischen Folgen. In: Krieg und Frieden, S. 191–217

Pröve, Ralf, Stehendes Heer und städtische Gesellschaft im 18. Jahrhundert. Göttingen und seine Militärbevölkerung 1713–1756, München 1995 (= Beiträge zur Militärgeschichte, 47)

Quast, Adolf, Der Sankt-Blasius-Dom zu Braunschweig. Seine Geschichte und seine Kunstwerke, Braunschweig 1975

Religion und Mobilität. Zum Verhältnis von raumbezogener Mobilität und religiöser Identitätsbildung im frühneuzeitlichen Europa. Hrsg. von Henning P. Jürgens und Thomas Weller, Göttingen 2010 (= Veröffentlichungen des Instituts für Europäische Geschichte Mainz, Beih., 81)

Renouard, Carl, Geschichte des Krieges in Hannover, Hessen und Westfalen von 1757 bis 1763. Nach bisher unbenutzten handschriftlichen Originalen und anderen Quellen. Erster Bd: Die Feldzüge von 1757 und 1758, Cassel 1863; Zweiter Bd: Die Feldzüge von 1759 und 1760, Cassel 1864; Dritter Bd: Die Feldzüge von 1761 und 1762, Cassel 1864

Reuling, Ulrich, Historisches Ortslexikon Ziegenhain. Ehem. Landkreis, Marburg 1991 (= Historisches Ortslexikon des Landes Hessen, 5)

Reuter, Heinz, Die Zerstörung Ziegenhains vor 220 Jahren. In: Schwälmer Jahrbuch, 1983, S. 13–19

Ribaucourt, Edouard de, La vie militaire et les exploits de J.-C. Fischer: Brigadier des Armées du Roy Louis XV, fondateur et commandant le Corps des Chasseurs (1743–1761), chef du Service des Renseignements, Paris 1928

Rößler, Hellmuth, Albrecht der Beherzte. In: Neue Deutsche Biographie, Bd 1, Berlin 1953, S. 174 f.

Sammlung geistlicher Lieder aus den Schriften der besten deutschen Dichter zur Beförderung der Haus-Andacht. Hrsg. von Johann Georg Schelhorn, Zweyte, vermehrte und verbesserte Auflage, Memmingen 1780

Sander, Helmut, Das Herkules-Bauwerk in Kassel-Wilhelmshöhe. Ein Beitrag zur Geschichte der Denkmalpflege und zum Wandel ihrer Methoden und Ziele, Diss. Kassel 1981

Savory, Reginald, His Britannic Majesty's Army in Germany during the Seven Years War, Oxford 1966

Schäfer, Arnold, Geschichte des Siebenjährigen Krieges. Zweiter Bd, Erste Abtheilung: Vom Anfang des Jahres 1758 bis zur Eröffnung des Feldzuges von 1760, Berlin 1870

Schaumburg, Ernst von, Die Schlacht bei Crefeld am 23. Juni 1758. In: Annalen des Historischen Vereins für den Niederrhein, 5 (1875), S. 158–203

Schirmer, Uwe, Kunz von Kauffungen und der Prinzenraub zu Altenburg (1455). Strukturen eines spätmittelalterlichen Konfliktes. In: Zeitschrift für Historische Forschung, 32 (2005), S. 369–405

Die Schlacht bei Minden. Weltpolitik und Lokalgeschichte. Hrsg. von Martin Steffen, 2. Aufl., Minden 2008

Schlösser, Burgen, alte Mauern. Hrsg. vom Hessendienst der Staatskanzlei, Wiesbaden 1990

Schlüter, Elke, Die Angehörigen der Dynastie Braunschweig-Bevern. In: Braunschweig-Bevern, S. 49–76

Schmidt, Burghart, Die Kämpfe um die Festung Harburg im Siebenjährigen Krieg. Ein Beitrag zur Militärgeschichte des 18. Jahrhunderts. In: Harburger Jahrbuch, 21 (2000), S. 47–77

Schmidt, Erich, Gellert, Christian Fürchtegott. In: Allgemeine Deutsche Biographie, Bd 8, Leipzig 1878, S. 544–549

Schmidt, Wilhelm, Der Braunschweiger Landtag von 1768–1777. In: Jahrbuch des Geschichtsvereins für das Herzogtum Braunschweig, 11 (1912), S. 78–115

Schneider, Alfred, Zum Ende des Siebenjährigen Krieges im Westen des Reiches. Das Gefecht an der Brücker Mühle bei Amöneburg am 21. September 1762. In: Fundamenta Historiae, S. 455–467

Schön, Theodor, Fischer, Johann Christian. In: Allgemeine Deutsche Biographie, Bd 48, Leipzig 1904, S. 568 f.

Schreibsucht. Autobiographische Schriften des Pietisten Ulrich Bräker. Hrsg. von Alfred Messerli und Adolf Muschg, Göttingen 2004 (= Arbeiten zur Geschichte des Pietismus, 44)

Schulze, Winfried, Ego-Dokumente: Annäherung an den Menschen in der Geschichte? Vorüberlegungen für die Tagung »Ego-Dokumente«. In: Ego-Dokumente, S. 11–30

Segin, Wilhelm, Kloster Dahlheim in Sintfelde bei Paderborn. Mit einer siedlungsgeschichtlichen Einleitung. In: Westfälische Zeitschrift. Zeitschrift für vaterländisches Geschichte und Altertumskunde, 91 (1936), S. 130–205

Selbstzeugnisse in der Frühen Neuzeit. Individualisierungsweisen in interdisziplinärer Perspektive. Hrsg. von Kaspar von Greyerz, München 2007 (= Schriften des Historischen Kollegs, Kolloquien, 68)

Sichart, Louis Heinrich Friedrich von, Geschichte der Königlich-Hannoverschen Armee, Bd 3: Vierter Zeitraum 1756–1789, Zweite Abtheilung, Hannover 1870

Sicker, Martin, The Islamic world in decline. From the Treaty of Karlowitz to the disintegration of the Ottoman Empire, Westport, CT, London 2001

Siebenjähriger Krieg in Fulda. Die Schlacht auf dem Münsterfeld von 1759. Hrsg. von Gregor Stasch, Petersberg 2003 (= Vonderau Museum Fulda, 9)

Sieburg, Armin, Beschießung und Einnahme des Marburger Schlosses (5. bis 12. September 1759). In: Marburger Almanach, 1980, S. 84–88

Sieburg, Armin, Fuldaer Land blutete in Siebenjährigen Krieg schwer. Fremde Truppen nahmen Bürger aus. In: Jahrbuch des Landkreises Fulda, 8 (1981), S. 170–182

The Siege and Capture of Havana 1762. Ed. by David Syrett, London 1970 (= Publications of the Navy Records Society, 114)

Sikora, Michael, Verzweiflung oder ›Leichtsinn‹? Militärstand und Desertion im 18. Jahrhundert. In: Krieg und Frieden, S. 237–264

Sodenstern, Arthur von, Die Schlacht bei Bergen am 13. April 1759: auf Grund des bisher noch nicht veröffentlichten Tagebuchs des Landgräfl. Hessischen Generallieute. von Wutginau, sowie andern Quellen u. genauer Kenntniss des Terrains dargestellt und critisch besprochen, Kassel 1864

Sökeland, Bernhard, Geschichte der Stadt Coesfeld, Coesfeld 1839

Sorger, Harald K., Der Abschiedsbrief der Mutter. Höhen und Tiefen im Leben von Dorothea Magdalena Beckmann. In: Johann Beckmann, S. 3–13

Spehr, Ludwig Ferdinand, Elisabeth Christine Ulrike. In: Allgemeine Deutsche Biographie, Bd 6, Leipzig 1877, S. 37 f.

Spehr, Ludwig Ferdinand, Friedrich Ulrich. In: Allgemeine Deutsche Biographie, Bd 7, Leipzig 1877, S. 501–505

Spehr, Ludwig Ferdinand, Friedrich August. In: Allgemeine Deutsche Biographie, Bd 7, Leipzig 1878, S. 505–507

Stadt und Festung Wesel. Beiträge zur Stadtgeschichte der frühen Neuzeit. Hrsg. von Jutta Prieur, Wesel 1998 (= Studien und Quellen zur Geschichte von Wesel, 20)

Stadt Wetzlar (Kulturdenkmäler in Hessen). Hrsg. vom Landesamt für Denkmalpflege Hessen durch Reinhold Schneider und Martina Weissenmayer, Wiesbaden 2004 (= Denkmaltopographie Bundesrepublik Deutschland)

Starck, Johann Friedrich, Tägliches Gesangbuch In Guten Und Bösen Tagen: Enthaltend Aufmunterungen, Gebete Und Gesänge, Philadelphia 1829

Stricker, Wilhelm Friedrich Karl, Der Ueberfall der Reichsstadt Frankfurt durch die Franzosen am 2. Januar 1759 und die vier ersten Monate der französischen Besetzung. Ein Beitrag zur Geschichte von Frankfurt, zur Geschichte des siebenjährigen Krieges und zur Jugendgeschichte Goethes, Frankfurt a.M. 1859

Das Tagebuch des Abraham ter Meer (1758–1769). Hrsg. von Gottfried Buschbell, Krefeld 1936

Tempelhoff, Georg Friedrich von, Geschichte des siebenjährigen Krieges in Deutschland zwischen dem Könige von Preußen und der Kaiserin Königin mit ihren Alliierten, Bd 3, Berlin 1787

Todd, William, The Journal of Corporal Todd 1745–1762. Ed. by Andrew Cormack and Alan Jones, London 2001

The treaty of Paris 1783 in a changing states system. Papers from a conference. Ed. by Prosser Grifford, Washington, DC, Lanham, MD 1985

Ulbrich, Claudia, und Gabriele Jancke, Vom Individuum zur Person. Neue Konzepte im Spannungsfeld von Autobiographietheorie und Selbstzeugnisforschung. In: Vom Individuum zur Person, S. 7–27

Ulbricht, Otto, Aus Marionetten werden Menschen. Die Rückkehr der unbekannten historischen Individuen in die Geschichte der Frühen Neuzeit. In: Neue Blicke, S. 13–32

Ungermann, Richard, Der Russisch-türkische Krieg 1768–1774, Wien, Leipzig 1906

Unzer, Adolf, Der Friede von Teschen. Ein Beitrag zur Geschichte des bayrischen Erbfolgestreites, Kiel 1903

Voitgländer, Lutz, Die preußischen Kriegsgefangenen der Reichsarmee 1760/63, Duisburg 1995 (= Duisburger Studien, 22)

Vollständiges Braunschweigisches Gesang-Buch. Darin nicht allein alle Des seligen Herrn Lutheri und anderer erleuchteten Männer Geistreiche Kirchen-Gesänge. Sondern auch Viele schöne Lieder so theils aus anderen gezogen theils auch vorhin nie in Druck kommen. befindlich sind also eingerichtet, Daß es auch in benachbarten Fürstentümern bequem zu gebrauchen. Nebst einem andächtigen Gebeth-Büchlein, Braunschweig 1734

Vom Individuum zur Person. Neue Konzepte im Spannungsfeld von Autobiographietheorie und Selbstzeugnisforschung. Hrsg. von Claudia Ulbrich und Gabriele Jancke, Göttingen 2005 (= Querelles. Jahrbuch für Frauen- und Geschlechterforschung, 10)

Wagenmann, Julius August, Jerusalem, Johann Friedrich Wilhelm. In: Allgemeine Deutsche Biographie, Bd 13, Leipzig 1881, S. 779–783

Wagenmann, Julius August, Rehkopf, Johann Friedrich. In: Allgemeine Deutsche Biographie, Bd 28, Leipzig 1889, S. 780

Weddigen, Theodor, Bielefeld und das Haus Milse im siebenjährigen Kriege. In: 13. Jahresbericht des Historischen Vereins für die Grafschaft Ravensberg, 1899, S. 26–69

Wedemeyer, Bernd, Das ehemalige Residenzschloß zu Braunschweig. Eine Dokumentation über das Gebäude und seinen Abbruch im Jahr 1960. Mit einem Nachw. von Kurt Seeleke, 3., erw. und überarb. Aufl., Braunschweig 1993

Weerth, Otto, Die Grafschaft Lippe und der siebenjährige Krieg, Detmold 1888

Westphalen, Christian Heinrich Philipp Edler von, Geschichte der Feldzüge des Herzogs Ferdinand von Braunschweig-Lüneburg, Bd 1. Nachgel. Manuskript, hrsg. von F.O.W.H. v. Westphalen, Berlin 1859; Bd 3. Zsgest. aus Materialien seines Nachlasses und des Kriegs-Archivs des Herzogs Ferdinand und hrsg. von F.O.W.H. v. Westphalen, Berlin 1871; Bd 4. Zsgest. aus Materialien seines Nachlasses und des Kriegs-Archivs des Herzogs Ferdinand und hrsg. von F.O.W.H. v. Westphalen, Berlin 1871

Wilbrand, Julius, Über ein militärisches Tagebuch aus dem siebenjährigen Kriege. In: 6. Jahresbericht des Historischen Vereins für die Grafschaft Ravensberg, 1885, S. 4–14

Wimmer, Otto, und Hartmann Melzer, Lexikon der Namen und Heiligen, 6. Aufl., Hamburg 2002

Zedler, Johann Heinrich, Grosses vollständiges Universal-Lexicon aller Wissenschaften und Künste, 68 Bde, Leipzig, Halle 1732–1754

Ziechmann, Jürgen, Der Bayerische Erbfolge-Krieg 1778/1779 oder Der Kampf der messerscharfen Federn, Südmoslesfehn 2007

Zimmermann, Paul, Schrader, Heinrich Bernhard. In: Allgemeine Deutsche Biographie, Bd 32, München 1891, S. 435–438

Zimmermann, Paul, Leopold (Maximilian Julius Leopold), Herzog von Braunschweig und Lüneburg. In: Allgemeine Deutsche Biographie, Bd 18, Leipzig 1883, S. 376 f.

Glossar der Briefe und Lebensbeschreibung

Das hier aufgestellte Glossar enthält die Erstnennung sämtlicher erklärter Begriffe in den Briefen in der Orthografie Grotehenns nach Briefnummern und der Lebensbeschreibung nach Seiten (kursiv).

Accidentzia 64
Adjunctus 49
Agirt 14
Amtmann *139*
Anger 38
Antecessor *152*
Apeliren 23
Armetur *141*
Arquebusiert 14
Arretirt 7
Arriergarde 51
Assemblen 49
Assigniret 57
Attent 13
Augmentation 30
Avanciment 32
Avantgarden 22
Aversion 6

Barte 53
Battaille 47
Bekostigen 1
Billet 48
Blessirt 1
Bouteile 53
Brauner kohl 10
Bravour 44

Camiso 23
Campagnen 1
Campirten 18
Cantonir Quartier 9
Cartetschen Kugel 4
Cartuffeln 6
Catarr 11
Cattun 26
Celebriret 31
Charge 20
Chargiren 51
Charmützel 1
Chasseur 54
Coffre 25
Colick 48
Comsumtion 52
Concession *154*
Condition *139*
Conduite 40
Confession 57
Confusion 13
Considerable 32
Constabel 5
Continnirte 61
Contract 32
Contramandirt 25
Couleuren 20
Creditoren 57
Curasse 22

Defilirten 38
Devot 11
Dignität 40
Dimission *143*
Diversions 44

Effectuirt 37
Emaillirten *141*
Equipirt 39
Escorte 7
Esquadrons 25
Estandarte 25
Examina *154*
Examinierte 25
Exercicium *145*
Exercirt 11
Exercirte 25

Fahnen Wache 13
Fändrich 40
Fason 48
Fatiguen 12
Feld Equipage 11
Feldschern 38
Feuerrohr 61
Flanque 13
Foragirt 14
Fourier 31
Frey Parthey 1
Friedens accord 2
Fronte 25

General treffen 32
Gepflanzet 5
Gersten 54
Gesticket 1
Grenadier 5
Gross 55
Guarnison *143*
Guhte Contenance 44
Guthen accord 5

Haber 57
Haupttreffen 44
Hora 11
Hostilitaeten 31

Importante 37
Incommode stiebel *141*
Ingenieur Officier 5
Insuln Franckreichs 33
Introducirunge *145*
Invitirunge 31
Juncker 40
Junkern Hof 40

Kirchhof 8
Kleinen Gewehr 4
Knebel bart 38
Kriegs Avansiment 10

Lafeten 18
Lamentiren 38
Leib Regiment 1
Logirt 3
Logirte 11
Louis d´or 38
Lusthauß 11

Magazine 4
Manszucht 14
Marode 38
Marque[ten]der 6
Meile 3
Melirte 40
Metscher 28
Minen 10
Mondirunge 13
Mousquete 14
Mousqueterie 44
Musterte 8

Notifications brieffe *147*

Occopirt 52
Ohrwürmer 42
Opfermann *149*
Ordinarien dienst 49
Ordonantz 49
Ordre de Bataille 42

Parüque 58
Patroullien 3
Pernoctiren 26

Piquet 3
Pläsir 12
Plaschen 3
Possession 46
Præcise 32
Præsumirten 25
Preiß gemacht 14

Randewou 51
Rapport 49
Recognoscirt 24
Recolligiren 35
Recruten 11
Recrutirt 13
Relation 57
Repoussirt 35
Resolution 61
Resolvirte 13
Resonabel *140*
Reteretschuß/Retiret[schuß] 3
Rocken 54
Rolliren 57
Rusticus 11

Schafer 14
Schantze 5
Schildwache 55
Schlachtordnunge 22
Schnapsack 1
Schnurpfeiferei 31
Schritt 12
Schupsack 61
Secours 13
Seiten-Gewehr *142*
Sergent 38
Sipolle 54
Spießruthen gaßegehen 39
Spolirt 38
Statuirt 14
Stipulirt 57
Strabatien 4
Stuterey 46
Subjectum *146*
Submiss 17
Successor *152*
Suiten 39

Tagel werck 12
Tornüster 12
Tractament 1
Treffen 4

VerNagelt 18
Victualien 29
Visite 26
Visitieren 1
Vocant *143*

Wahlplatz 13
Wahlstädte 13
Wetterschlag 26
Winter quartiren 14

Zeughauß *141*
Zur ader ließ 11

Ortsregister – Briefe aus dem Siebenjährigen Krieg – nach Briefnummern

Personenregister – Briefe aus dem Siebenjährigen Krieg – nach Briefnummern

Glossar – Quod libet de Anno Dom[ini] – nach Seiten

Das hier aufgestellte Glossar enthält die Erstnennung sämtlicher erklärter Begriffe in der Orthografie Grotehenns.

Accise 183
Arrestanten 153

Barel 185
Boutique 167

Carolinen 179
Carthaunen 174
Copulirt 159

Disponirt 178

Englischen Inseln 197

Galonen 185
Geheimten räthe 164
Gevatter 163
Gruben 182
Gulden 169

Himbte/Himbter 158
Hyacinth 169

Jacobi 156
Johannis 157
Jüngsten tage 189

Kinder blattern 206

Land verschweren müßen 190
Laquaien 165
Loth 169
Lübisch 157

Martini 176

Melancholie 181
Melirt 207
Michaelis 183
Mittägen 166

Peinlichen Zwancks mittel 190
Pfund Sterling 178
Portechaisen 185
Prälaten 165
Primas von gantz England 160

Ros oli 178

Salarium 183
Saltzwerke 166
Scene 175
Schinder Knechte 190
Schlagfluß 198
Schloßen 162
Schuh 168
Schwetzschen 187
Seculo 194
Seuche Inoculirt 170
Spargeld 183
Sultan 167

Tabatiern 179

Visicum 181

Welsche Meile 172
Wolkenborst 159

Zucker Candi 178

Ortsregister – Quod libet de Anno Dom[ini] – nach Seiten

Personenregister –
Quod libet de Anno Dom[ini] – nach Seiten

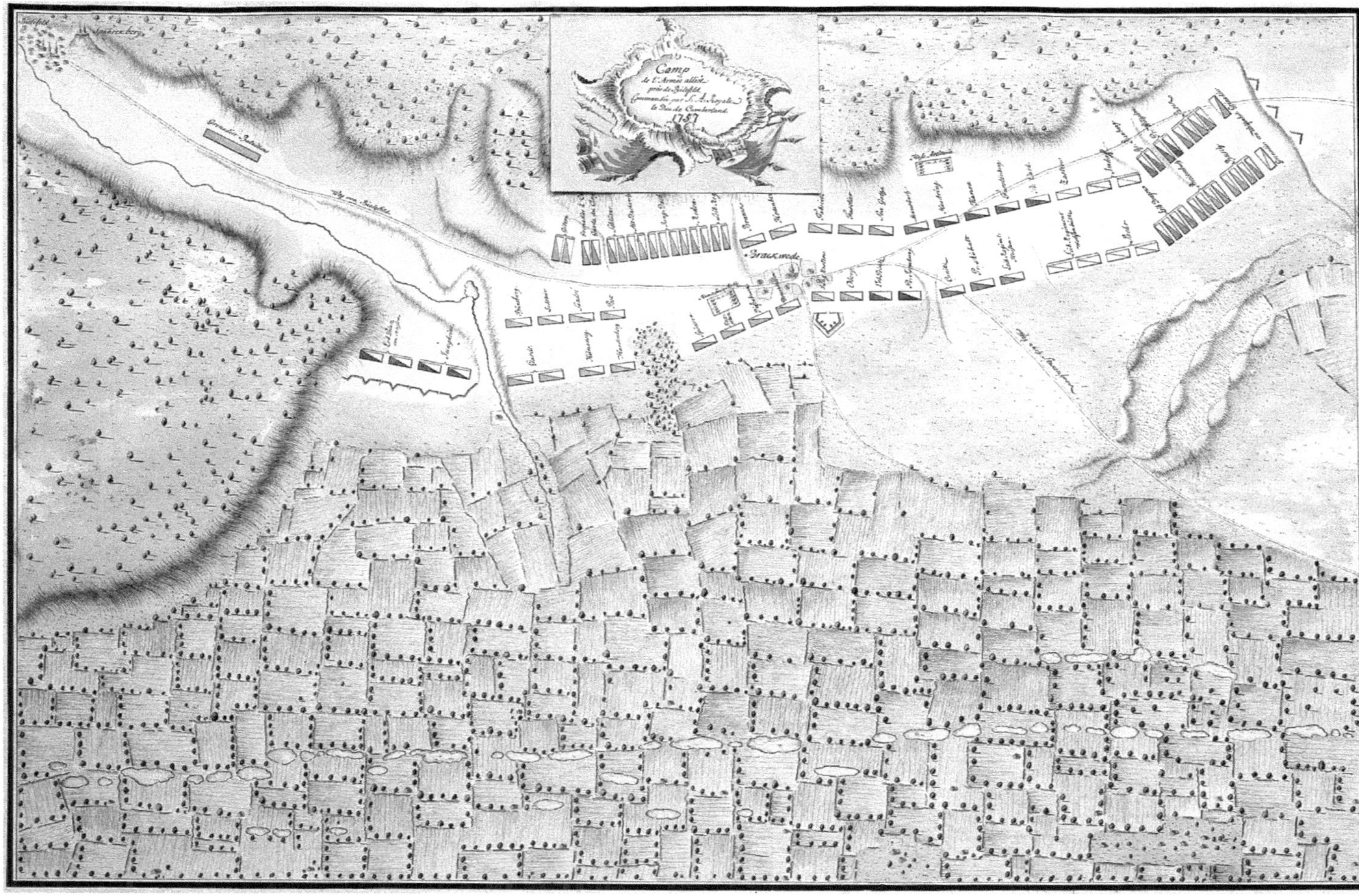

Plan des Feldlagers bei Brackwede, Lager der Alliierten unter dem Herzog von Cumberland bei Bielefeld, 1757
[Camp de l'Armée alliée près de Bilefeld. Commandée par S.A. Royale le Duc de Cumberland 1757],
Bestand/Sign. HStAM Karten WHK 24/19